Excel® Fórmulas & Funções

Para leigos

Excel® Fórmulas & Funções Para leigos

É fácil usar o Microsoft Office Excel para muitas de suas tarefas cotidianas envolvendo cálculos numéricos, como apurar a média de vendas de sua empresa, calcular as notas da sala de aula ou prever as despesas da faculdade. Utilize esta prática Folha de Cola para descobrir funções e dicas ótimas que o ajudam a tirar o máximo de proveito do Excel.

FUNÇÕES QUE VOCÊ PROVAVELMENTE USARÁ

Algumas funções do Excel se aplicam a áreas específicas, mas outras geralmente são utilizadas para tudo quanto é finalidade. A lista a seguir mostra um conjunto de funções do Excel. Confira esta Folha de Cola para uma rápida consulta sobre a utilização de cada função.

FUNÇÃO DO EXCEL	DESCRIÇÃO
SOMA	Calcula a soma de um grupo de valores
MÉDIA	Calcula a média de um grupo de valores
CONT.NÚM	Conta a quantidade de células em um intervalo que contém números
INT	Remove a parte decimal de um número, deixando somente a parte inteira
ARRED	Arredonda um número para uma quantidade específica de casas decimais ou posição dos dígitos
SE	Verifica se uma condição é verdadeira ou falsa e retorna um valor ou outro
AGORA	Retorna a data e a hora do sistema
HOJE	Retorna a data do sistema, sem a hora
SOMA.SE	Calcula a soma de um grupo de valores, mas somente dos valores que atendem a uma condição
CONTAR.SE	Conta o número de células em um intervalo que atendem a um critério

Excel® Fórmulas & Funções Para leigos

FUNÇÕES DE TEXTO QUE O AJUDAM MUITO

As funções de texto do Excel são bastante úteis quando se está trabalhando com nomes, endereços, lista de clientes ou qualquer outro texto com base em dados. A seguir você encontra uma lista de funções do Excel baseadas em texto com a descrição de cada uma:

FUNÇÃO	DESCRIÇÃO
ESQUERDA	Extrai um ou mais caracteres do lado esquerdo de uma string de texto (cadeia de texto)
DIREITA	Extrai um ou mais caracteres do lado direito de uma string de texto
SEG.TEXTO	Extrai um ou mais caracteres do meio de uma string de texto; você especifica a posição inicial do caractere e quantos caracteres incluir
CONCATENAR	Agrupa duas ou mais strings de texto em uma
SUBSTITUIR	Substitui parte de uma string de texto com outro texto
MINÚSCULA	Converte uma string de texto em letras minúsculas
MAIÚSCULA	Converte uma string de texto em letras maiúsculas
PRI.MAIÚSCULA	Converte em letra maiúscula a primeira letra de uma string de texto
NÚM.CARACT	Retorna o tamanho de uma string de texto (a quantidade de caracteres)

LEMBRE-SE DA ORDEM DAS OPERAÇÕES NO EXCEL

A matemática estabelece as regras de como as fórmulas são interpretadas, e o Excel segue essas regras. Temos abaixo a ordem dos operadores matemáticos e da sintaxe usadas no Excel e nos cálculos em geral. Você pode se lembrar desta ordem ao memorizar a frase mnemônica "*P*oxa, *e*u *m*e *d*ivirto *a*prendendo *s*empre".

1. **Parênteses**
2. **Expoentes**
3. **Multiplicação e divisão**
4. **Adição e subtração**

Excel® Fórmulas & Funções

Tradução da 5ª Edição

Ken Bluttman

ALTA BOOKS
EDITORA
Rio de Janeiro, 2021

Excel Fórmulas e Funções Para Leigos® – Tradução da 5ª Edição
Copyright © 2021 da Starlin Alta Editora e Consultoria Eireli. ISBN: 978-85-508-0845-1

Translated from original Excel Formulas & Functions For Dummies®, Copyright © 2019 by John Wiley & Sons, Inc. ISBN 9781119518259. This translation is published and sold by permission of John Wiley & Sons, Inc, the owner of all rights to publish and sell the same. PORTUGUESE language edition published by Starlin Alta Editora e Consultoria Eireli, Copyright © 2021 by Starlin Alta Editora e Consultoria Eireli.

Impresso no Brasil — 1ª Edição, 2021 — Edição revisada conforme o Acordo Ortográfico da Língua Portuguesa de 2009.

Publique seu livro com a Alta Books. Para mais informações envie um e-mail para autoria@altabooks.com.br

Obra disponível para venda corporativa e/ou personalizada. Para mais informações, fale com projetos@altabooks.com.br

Produção Editorial
Editora Alta Books

Gerência Editorial
Anderson Vieira

Gerência Comercial
Daniele Fonseca

Produtor Editorial
Thiê Alves

Coordenação de Eventos
Viviane Paiva
comercial@altabooks.com.br

Assistente Comercial
Filipe Amorim
vendas.corporativas@altabooks.com.br

Equipe de Marketing
Livia Carvalho
Gabriela Carvalho
marketing@altabooks.com.br

Editor de Aquisição
José Rugeri
j.rugeri@altabooks.com.br

Equipe Editorial
Ian Verçosa
Illysabelle Trajano
Luana Goulart
Maria de Lourdes Borges
Raquel Porto
Rodrigo Ramos
Thales Silva

Equipe de Design
Larissa Lima
Marcelli Ferreira
Paulo Gomes

Equipe Comercial
Daniana Costa
Daniel Leal
Kaique Luiz
Tairone Oliveira
Thiago Brito

Tradução
Welington Nascimento

Copi c/ Trad.
Cibelle Ravaglia

Revisão Gramatical
Samantha Batista
Hellen Suzuki

Revisão Técnica
Cristiano Galvão
Genecsis Informática Ltda
Especialista em Excel e VBA /
Consultor de TI

Diagramação
Luisa Maria Gomes

Dados Internacionais de Catalogação na Publicação (CIP) de acordo com ISBD

B659e Bluttman, Ken

Excel Fórmulas e Funções Para Leigos / Ken Bluttman ; traduzido por Welington Nascimento. - Rio de Janeiro, RJ : Alta Books, 2021.
400 p. ; 17cm x 24cm. – (Para leigos)

Tradução de: Excel Formulas & Functions
Inclui índice.
ISBN: 978-85-508-0845-1

1. Excel. 2. Previsão de Vendas. I. Nascimento, Welington. II. Título. III. Série.

2019-1921 CDD 005.3
CDU 004.42

Elaborado por Vagner Rodolfo da Silva - CRB-8/9410

ALTA BOOKS
E D I T O R A
Rua Viúva Cláudio, 291 — Bairro Industrial do Jacaré
CEP: 20.970-031 — Rio de Janeiro (RJ)
Tels.: (21) 3278-8069 / 3278-8419
www.altabooks.com.br — altabooks@altabooks.com.br
www.facebook.com/altabooks — www.instagram.com/altabooks

Sobre o Autor

Ken Bluttman é um experiente desenvolvedor web e de software, especialista em Excel/VBA e aplicações web de banco de dados. Ele escreveu inúmeros artigos e livros sobre uma série de assuntos técnicos. Seus últimos projetos incluem aplicativos baseados em nuvem de grande porte e o desenvolvimento de aplicativos móveis. Ken mora na Carolina do Norte com sua esposa, seu filho, dois gatos, uma rela-verde-australiana (uma espécie de rã) e dois geckos (uma espécie de lagarto).

Sobre o Autor

Dedicatória

Em memória de Rick Leighton. Eu não estaria escrevendo livros de informática se Rick não sugerisse que eu estudasse a fundo a programação quando estava no início da minha carreira.

Agradecimentos

Uma série de coisas acontecem nos bastidores até que se possa transformar a ideia de um livro em realidade. Muitas pessoas estão envolvidas. Gostaria de agradecer à excelente equipe da Wiley — Lynn Northrup, Katie Mohr e todo mundo que faz parte da equipe — pela dedicação. Meus sinceros agradecimentos a Guy Hart-Davis pela revisão técnica. Agradeço a Stacey Czarnowski e à equipe maravilhosa do StudioB.

Um agradecimento especial à minha família por entender que, às vezes, sentar em frente ao computador é prioridade, ainda que isso signifique sacrificar os momentos especiais juntos. Mas, poxa vida, como senti falta de assistir a programas e filmes divertidos (suspiros).

Sumário Resumido

Sumário

PARTE 3: SOLUÇÕES ESTATÍSTICAS 161

Introdução

As planilhas do Excel são utilizadas em diversas áreas: negócios, educação, controle financeiro doméstico e até mesmo com hobbies (para organizar sua coleção de álbuns de figurinhas de futebol). Na minha casa, usamos muito o Excel para acompanhar nossos impostos (um tédio!) e até para organizar o livro de receitas, que está cada vez maior (delícia!). Muitas vezes, prefiro usar o Excel a uma calculadora. Afinal de contas, ele é uma calculadora turbinada!

No ambiente de trabalho, o Excel é uma das ferramentas de análises e relatórios mais usadas. Demonstrativos financeiros, relatórios de vendas, inventários, cronogramas de projetos, movimentação de clientes — quase todas essas informações são armazenadas no Excel. A capacidade do programa de manipular e reportar dados o torna convidativo. Sua flexibilidade em armazenar e apresentar dados é como mágica.

Sobre Este Livro

Este livro tem a ver com a parte de cálculos numéricos do Excel. As fórmulas são os elementos-chave para a análise de dados — ou seja, para investigar a fundo os fragmentos de informações importantes. Qual é a média de vendas? Quantas vezes ficamos acima da média? Quantos dias o projeto ainda tem? Progredimos muito? Esse tipo de coisa.

As fórmulas calculam respostas, são simples e objetivas. Só que o negócio não para por aí. O Excel tem muitas funções internas que calculam de tudo um pouco, desde uma simples média a uma análise completa dos seus investimentos para cálculos complexos de estatística inferencial. Mas não se preocupe em saber usar tudo isso; utilize apenas as partes que são relevantes para o seu trabalho.

Este livro analisa mais de 150 funções desse tipo. Porém, em vez de mostrar apenas suas sintaxes e enumerá-las em ordem alfabética, eu as agrupo por categoria e apresento exemplos reais de como usá-las sozinhas e em fórmulas, junto às instruções detalhadas e com os exemplos dos resultados.

Penso que...

Suponho que você tenha um computador com Excel 2019. Isso é óbvio! Praticamente todo o material deste livro é compatível com as versões anteriores do Excel. Presumo também que você saiba usar um teclado e um mouse. Por último, acredito que você já tenha usado o Excel anteriormente, pelo menos uma vez. Analisaremos os princípios básicos no Capítulo 1, mas não tudo. Caso você esteja começando do zero, sugiro que leia o excelente livro *Excel 2019 For Dummies*, de Greg Harvey.

Fora isso, este livro foi escrito para o Excel 2019, mas, cá entre nós, funciona com as versões anteriores. Pode haver uma função ou outra que não esteja nelas ou que funcione um bocado diferente. A Microsoft tem feito um excelente trabalho para manter a compatibilidade entre as versões; portanto, quando se trata de fórmulas e funções, tenha certeza de que o que funciona em uma versão funciona também em outra.

Como Usar Este Livro

Não é necessário ler o livro sequencialmente, do começo ao fim, embora você possa fazê-lo. Cada capítulo é dedicado a uma categoria específica de funções — financeiras em um capítulo, estatísticas em outro e assim por diante. Algumas categorias são divididas em dois ou mais capítulos. Sugiro que você use este livro de duas formas:

- Use o sumário para encontrar os capítulos que lhe interessam.
- Use o índice para procurar funções específicas que lhe despertem curiosidade.

Ícones Usados Neste Livro

DICA

O ícone de Dicas deixa você por dentro das informações complementares relacionadas ao assunto. Talvez apresente um método alternativo. Talvez chegue a uma conclusão. Quem sabe até dê uma dica (nada de informações privilegiadas, desculpe).

LEMBRE-SE

Este ícone apresenta alguns conceitos básicos, que é bom guardar em algum lugar no seu cérebro para lembrar depois.

CUIDADO

Como o próprio nome sugere, o ícone Cuidado é coisa séria. Ele diz para ter cuidado — geralmente porque os dados podem ser apagados sem querer ou alguma outra coisa terrível pode acontecer.

PAPO DE ESPECIALISTA

De vez em quando, uma informação aqui, outra ali são bem-vindas para os MacGyvers da TI de plantão, mas isso não é para todo mundo. Você pode lê-las ou ignorá-las, como quiser.

Além Deste Livro

Você pode acessar a Folha de Cola Online no site da editora Alta Books (`www.altabooks.com.br`). Procure pelo título do livro. Faça o download da Folha de Cola completa, bem como de erratas e possíveis arquivos de apoio.

De Lá para Cá, Daqui para Lá

Arregace suas mangas, respire fundo e esqueça todas as estratégias para se conseguir fazer aquelas coisas difíceis. Usar Excel é fácil. Raramente você comete um erro que o Excel não encontra. Se precisar relembrar e praticar as noções básicas, comece pelo Capítulo 1. Esse capítulo também é ótimo para sentir o primeiro gostinho das fórmulas e das funções. Depois disso, é com você. O livro está organizado mais por áreas de interesse do que qualquer outra coisa. Se o seu negócio é finanças, vá para a Parte II. Caso trabalhe com prazos, vá para a Parte IV. Procure, que uma hora você acha.

1 Introdução a Fórmulas e Funções

NESTA PARTE...

Conheça os princípios básicos de fórmulas e funções.

Veja formas diferentes de inserir funções.

Entenda fórmulas e funções baseadas em arrays.

Saiba mais sobre erros de fórmulas e como corrigi-los.

NESTE CAPÍTULO

» **Sabendo tudo sobre os princípios básicos do Excel**

» **Escrevendo fórmulas**

» **Trabalhando com funções em fórmulas**

Capítulo **1**

Explorando os Princípios Básicos das Fórmulas e Funções

O Excel está para os computadores como a Ferrari está para os carros: sofisticado por fora e potente por dentro. O programa também é como um caminhão. Ele pode dar conta de todos os seus dados — muitos deles. Na verdade, o Excel 2019 possui 17.179.869.184 posições para armazenar dados. É, foi o que eu disse — mais de 17 *bilhões* de espaços reservados para eles. E isso em apenas *uma* planilha!

DICA

Pode ser que, ao abrir os arquivos criados em versões anteriores do Excel, a quantidade de linhas e colunas disponíveis da planilha seja exibida na versão da pasta de trabalho em que foi criada.

O Excel é utilizado em todos os ramos de atividades. E você sabe como isso é possível? Pelo fato de o programa conseguir armazenar e trabalhar com quaisquer tipos de dados. Não importa se você está no ramo de finanças ou de vendas; se gerencia um e-commerce ou se organiza viagens para regiões selvagens;

se você está elaborando a lista de confirmação de presença de uma festa ou se está acompanhando a classificação de seus times favoritos — o Excel consegue lidar com tudo isso. Essa capacidade de trabalhar com cálculos numéricos é simplesmente sensacional! E é tão fácil de usar!

Não basta inserir um monte de informação em planilhas para processar os dados ou para fornecer somas, resultados ou análises. Se você quiser armazenar seus dados em outro lugar, é possível usar o Excel ou obter um programa de banco de dados. Neste livro, mostrarei como criar fórmulas e como utilizar as diversas funções internas oferecidas pelo Excel. Este é o verdadeiro poder do Excel: interpretar os seus dados.

Não se preocupe com que isso seja desafiador e que você possa cometer erros. Aconteceu o mesmo comigo quando eu estava aprendendo. Além do mais, o Excel não vai brigar com você — vai até perdoá-lo. Ele aponta o erro e, às vezes, até o ajuda a corrigi-lo. Quantos programas fazem isso? Mas, primeiro, começaremos com o básico. Este primeiro capítulo é um ponto de partida fundamental para compreender o resto do livro. Quem dera eu tivesse um livro como este quando fui apresentado aos computadores. Tropecei em muitas pedras no caminho.

Trabalhando com os Princípios Básicos do Excel

Antes que você possa escrever qualquer fórmula ou calcular qualquer número, é necessário saber para onde os dados vão e como encontrá-los novamente. Não quero que eles se percam! Saber como as planilhas armazenam e apresentam seus dados é essencial para sua tentativa de análise.

Entendendo as pastas de trabalho e as planilhas

Uma *pasta de trabalho* é igual a um arquivo. O Excel abre e fecha pastas de trabalho, assim como um processador de texto abre e fecha documentos. O Excel apresenta uma variedade de modelos, o primeiro é uma pasta de trabalho padrão em branco. Além de tudo, você pode abrir os arquivos recentes novamente. Após abrir uma pasta de trabalho nova ou uma já existente, clique na guia Arquivo para visualizar as funções básicas, tais como Abrir, Salvar, Imprimir e Fechar seus arquivos do Excel (isso sem mencionar as outras funções sofisticadas de inicialização!). A Figura 1-1 mostra o conteúdo presente na guia Informações.

DICA

Os arquivos do Excel 2019 (e também das versões 2016, 2013, 2010 e 2007) tem a extensão `.xlsx`. As versões anteriores têm a extensão `.xls`.

Abra o Excel, selecione Arquivo, Novo, e clique duas vezes em Pasta de Trabalho em branco. Quando houver mais de uma pasta de trabalho aberta, escolha aquela com a qual queira trabalhar, clicando na barra de tarefas do Windows.

Geralmente, seus dados ficam em uma planilha. Uma pasta de trabalho contém pelo menos uma planilha. Se você não tivesse ao menos uma, onde colocaria seus dados? A Figura 1-2 mostra uma pasta de trabalho aberta que tem duas planilhas, convenientemente chamadas de Planilha1 e Planilha2. À direita das guias dessa planilha está o botão Nova planilha (se parece com um sinal de mais), utilizado para adicionar planilhas à pasta de trabalho.

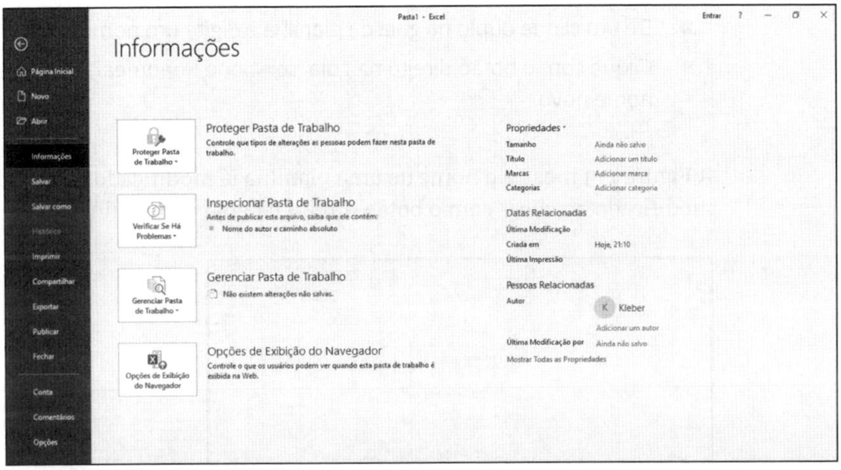

FIGURA 1-1: Vendo como usar as funções básicas de programa no Excel.

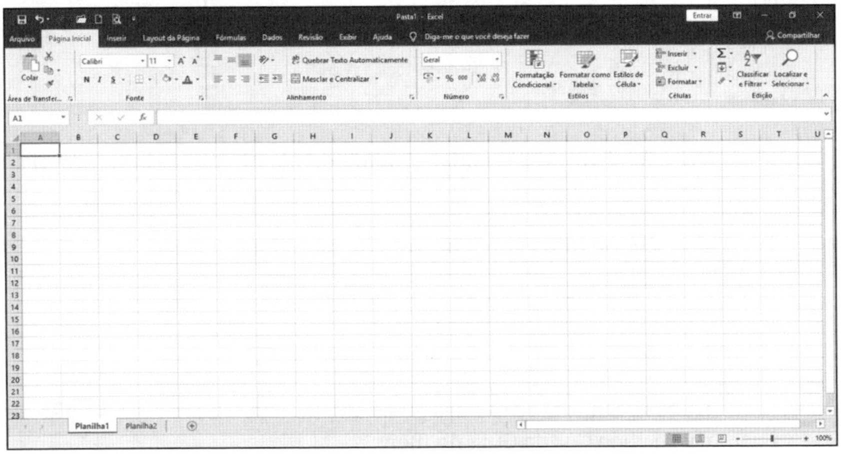

FIGURA 1-2: Vendo como são as pastas de trabalho e as planilhas.

Em algum momento, uma planilha estará na parte superior. Na Figura 1-2, a Planilha1 está na parte superior. Outra maneira de dizer isso é que a Planilha1 está *ativa*. Existe sempre uma — e apenas uma — planilha ativa. Para ativar outra planilha, basta clicar em sua guia.

DICA

Os nomes em inglês *worksheet, spreadsheet, sheet* querem dizer a mesma coisa: planilhas.

Sabe o que é superlegal? É possível mudar o nome das planilhas. Nomes como Planilha1 e Planilha2 não são lá muito bonitos. Que tal Coleção do Álbum de Figurinhas ou Impostos do Ano Passado? Nossa, Impostos do Ano Passado não é nem um pouco empolgante.

A questão é: dê nomes relevantes às suas planilhas. Há duas formas de fazer isso:

- » Dê um clique duplo na guia da planilha e digite um nome novo.
- » Clique com o botão direito na guia, selecione Renomear no menu e digite um nome novo.

A Figura 1-3 mostra o nome de uma planilha já modificado e outro prestes a ser modificado ao clicar com o botão direito na guia da planilha.

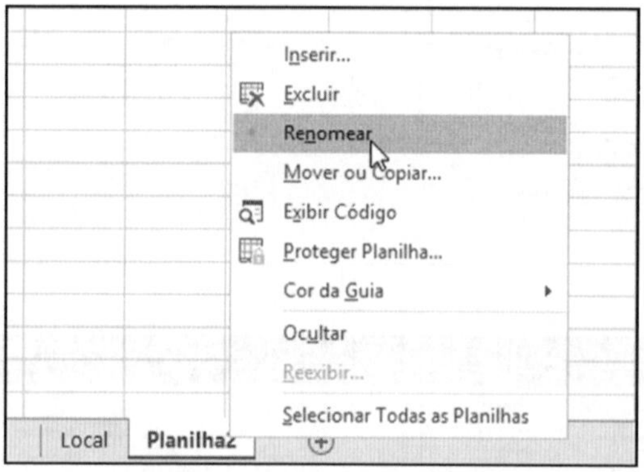

FIGURA 1-3: Modificando o nome de uma planilha.

Você também pode mudar o nome da planilha por conta própria. Faça isso de um jeito mais fácil:

1. **Clique duas vezes na guia da planilha.**
2. **Digite um nome novo e pressione a tecla Enter.**

   O nome não pode exceder 31 caracteres.

É possível alterar a cor das guias da planilha. Clique com o botão direito na guia e selecione Cor da Guia no menu.

Para inserir uma planilha nova em uma pasta de trabalho, clique no botão Nova planilha, localizado após a última guia da planilha. A Figura 1-4 exemplifica isso. Para excluir uma planilha, clique com o botão direito em sua guia e selecione Excluir no menu.

FIGURA 1-4: Inserindo uma planilha nova.

CUIDADO

Não exclua uma planilha a menos que você queira. Você não consegue recuperá-la depois de ela ter sido deletada. Ela não vai para a Lixeira do Windows.

Você pode inserir muitas planilhas novas. O limite depende da memória do seu computador, mas você consegue inserir 200 planilhas ou mais sem problemas. Espero que você tenha um bom motivo para ter tantas planilhas assim, o que me leva à próxima questão.

As planilhas organizam suas informações. Use-as de modo sensato e você achará bem fácil gerenciar os seus dados. Por exemplo, digamos que você seja o chefe (achei que gostaria disso!) e durante um ano você rastreou informações sobre 30 funcionários. Talvez você tenha 30 planilhas — uma para cada funcionário. Ou 12 planilhas — uma para cada mês. Ou quem sabe apenas uma com todos os dados. O modo como você usa o Excel só depende de você, mas ele está preparado para lidar com qualquer coisa que você insira dentro dele.

DICA

Você pode configurar as planilhas de acordo com o padrão da pasta de trabalho. Para fazer isso, clique na guia Arquivo, clique em Opções, depois em Geral. Abaixo da seção "Ao criar novas pastas de trabalho", clique no botão de rolagem Incluir este número de planilhas para selecionar um número.

Apresentando as Fórmulas na Faixa de Opções

Sem mais delongas, apresento as Fórmulas na Faixa de Opções. O menu Faixa de Opções fica na parte superior do Excel. Os itens da Faixa de Opções aparecem como cabeçalhos de menu na parte superior da tela do Excel, porém, na verdade, eles funcionam mais como guias. Ao clicar nelas, não aparece um menu. Em vez disso, a Faixa de Opções exibe os itens relacionados à guia da Faixa de Opções clicada.

A Figura 1-5 mostra a parte superior da tela, na qual a Faixa de Opções exibe os itens que aparecem quando você clica na guia Fórmulas. Na figura, a Faixa de Opções está configurada para mostrar os métodos baseados em fórmulas. Na parte final esquerda da guia, as funções estão categorizadas. Uma das categorias está aberta para mostrar como é possível acessar uma função específica.

Estas categorias ficam na parte inferior da Faixa de Opções de Fórmulas:

» **Biblioteca de Funções:** Inclui o assistente de função, a funcionalidade AutoSoma e as funções categorizadas.

- **Nomes Definidos:** Essas funcionalidades gerenciam as áreas nomeadas, que são as seções nas planilhas às quais você deu um nome relevante, para consultá-las com mais facilidade.
- **Auditoria de Fórmulas:** Essas ferramentas passaram por diversas versões do Excel, mas nunca foram tão conhecidas. É aqui também que fica a Janela de Inspeção, que lhe permite acompanhar os valores das células selecionadas, mas só dentro de uma janela. Você pode observar na Figura 1-6 que poucas células foram atribuídas à Janela de Inspeção. Ela mostra se houver qualquer mudança. Repare como as células de inspeção estão nas planilhas que não fazem parte da atual planilha ativa. Muito bem! A propósito, você pode mover a Janela de Inspeção pela tela ao clicar na área do título da janela e arrastá-la com o mouse.
- **Cálculo:** É aqui que as configurações de cálculo são gerenciadas; por exemplo, se o cálculo é automático ou manual.

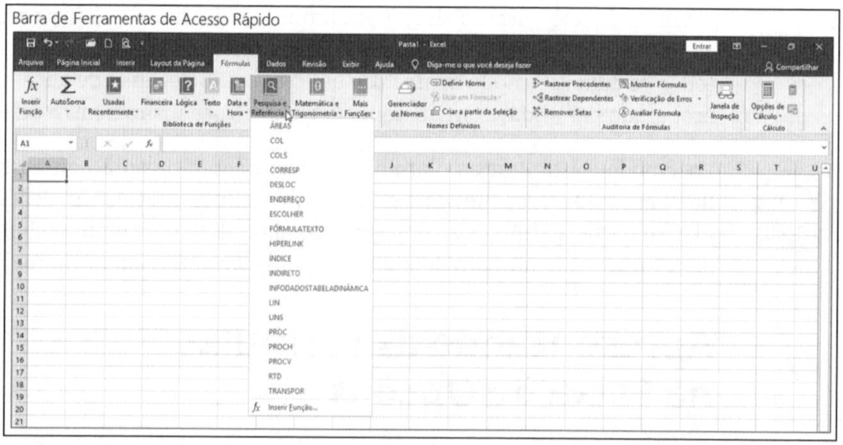

FIGURA 1-5: Conhecendo a Faixa de Opções.

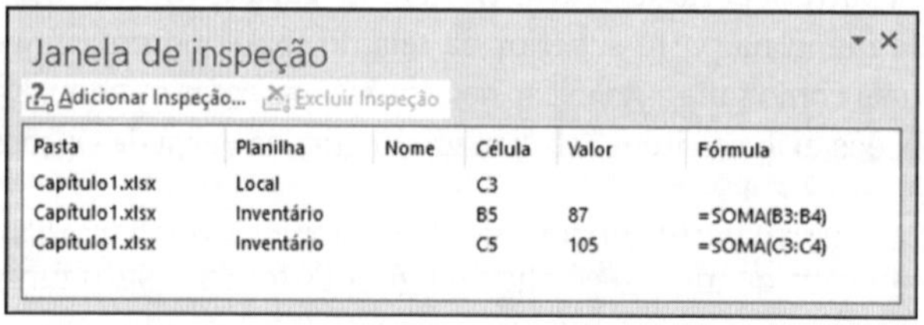

Pasta	Planilha	Nome	Célula	Valor	Fórmula
Capítulo1.xlsx	Local		C3		
Capítulo1.xlsx	Inventário		B5	87	=SOMA(B3:B4)
Capítulo1.xlsx	Inventário		C5	105	=SOMA(C3:C4)

FIGURA 1-6: Observando a Janela de Inspeção.

DICA

Outra funcionalidade ótima que anda de mãos dadas com a Faixa de Opções é a Barra de Ferramentas de Acesso Rápido. (Olha só, existe uma barra de ferramentas, no fim das contas!) Na Figura 1-5, a Barra de Ferramentas de Acesso Rápido está na parte superior esquerda, logo acima da Faixa de Opções. Nela, há ícones que executam ações com apenas um clique. Você acessa os ícones clicando na guia Barra de Ferramentas de Acesso Rápido, na caixa de diálogo Opções do Excel. É possível colocar a barra de ferramentas acima ou abaixo da

Faixa de Opções ao clicar com o botão direito na seta suspensa em Personalizar Barra de Ferramentas de Acesso Rápido e escolher uma opção. As outras opções da Barra de Ferramentas de Acesso Rápido também estão disponíveis nessa área.

Trabalhando com linhas, colunas, células, intervalos e tabelas

Uma *planilha* contém células. Muitas células. Bilhões delas. Aparentemente isso é impossível de gerenciar, mas, na verdade, é bem simples. A Figura 1-7 mostra uma planilha repleta de dados. Use-a para analisar os componentes de uma planilha. Cada *célula* pode conter dados ou uma fórmula. Na Figura 1-7, as células contêm dados. Algumas células — ou até mesmo todas — podem conter fórmulas, o que não vem ao caso aqui.

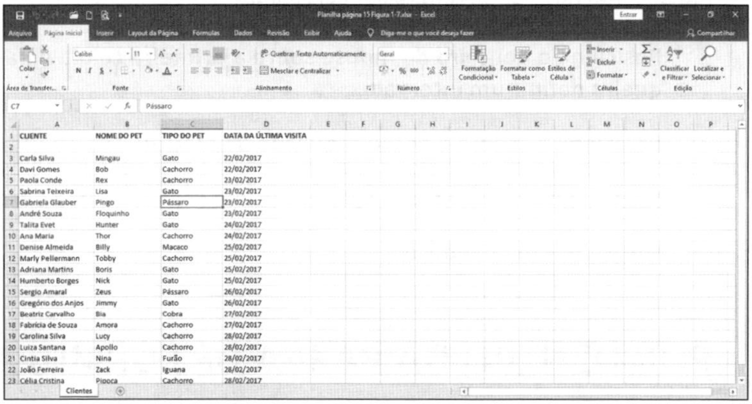

FIGURA 1-7: Analisando o conteúdo de uma planilha.

As colunas têm cabeçalhos de letras — A, B, C e assim sucessivamente. Você pode vê-las enumeradas de modo vertical logo acima da área em que as células estão. Depois da célula 26, utiliza-se um sistema duplo de letras — AA, BB e assim por diante. Depois que todas as combinações de duas letras forem usadas, emprega-se o sistema de três letras. As linhas estão listadas horizontalmente ao lado esquerdo da tela e usam um sistema numérico.

Você encontrará células na interseção de linhas e colunas. A célula A1 é a célula de interseção da coluna A e da linha 1. A1 é o *endereço* da célula. Existe sempre uma célula *ativa* — ou seja, uma célula na qual você entraria com qualquer informação ao digitar. A célula ativa tem uma borda ao seu redor. Além disso, o conteúdo da célula ativa aparece na *Barra de Fórmulas*.

LEMBRE-SE

Quando falo ou menciono *célula*, me refiro ao seu endereço. Um endereço é a interseção entre uma coluna e uma linha. Falar sobre a célula D20 é mencionar a célula que você encontra na interseção da coluna D e da linha 20.

Na Figura 1-7 a célula ativa é a C7, e há duas maneiras de enxergar isso. Para os marinheiros de primeira viagem, a célula C7 tem uma borda em volta dela. Repare também que o cabeçalho da coluna C está sombreado, assim como a linha número 7. Acima dos cabeçalhos das colunas está a Caixa de Nome e a Barra de Fórmulas. A Caixa de Nome está à esquerda e mostra o endereço da célula ativa C7. À direita da Caixa de Nome, a Barra de Fórmulas mostra o conteúdo da célula C7.

DICA

Se a Barra de Fórmulas não estiver visível, acesse Arquivo → Opções e clique na guia Avançado. Em seguida, na seção Exibir, na caixa de diálogo Opções do Excel, selecione "Mostrar barra de fórmulas" para visualizá-la.

Um *intervalo* é um grupo de células adjacentes, embora células não adjacentes possam ser incluídas no mesmo intervalo (isso vale mais para os sabichões de carteirinha e para os alucinados por cálculos que gostam de montar quebra-cabeças). Para seus objetivos, imagine que um intervalo é um grupo de células contínuas. Hora de criar um intervalo! Veja como:

1. **Posicione o ponteiro do mouse sobre a primeira célula a partir da qual queira definir um intervalo.**
2. **Pressione e segure o botão esquerdo do mouse.**
3. **Mova o ponteiro do mouse para a última célula na área desejada.**
4. **Solte o botão do mouse.**

PAPO DE ESPECIALISTA

POR DENTRO DA BARRA DE FÓRMULAS

Juntas, a Barra de Fórmulas e a Caixa de Nome formam a Barra de Fórmulas. Você usa bastante a Barra de Fórmulas à medida que trabalha com fórmulas e funções. Ela é utilizada para inserir e editar fórmulas, e é uma caixa que fica no meio da barra. Ao inserir uma fórmula nessa caixa, você pode clicar no botão de verificação para processar a entrada. O botão de verificação fica visível somente quando você está inserindo uma fórmula. Pressionar a tecla Enter também completa sua entrada, e clicar no X cancela a entrada.

Uma alternativa é inserir a fórmula diretamente na célula. A Barra de Fórmulas exibe a fórmula enquanto ela é inserida na célula. Quando quiser ver o conteúdo da célula que tem a fórmula, deixe-a ativa e observe seu conteúdo na Barra de Fórmulas. As células que contêm fórmulas geralmente não exibem a fórmula, mas apresentam seu resultado. A Barra de Fórmulas é o lugar para quando você quiser ver a fórmula atual. A Caixa de Nome, ao lado esquerdo da Barra de Fórmulas, é utilizada para selecionar áreas nomeadas na pasta de trabalho.

A Figura 1-8 mostra o que aconteceu quando fiz isso. Eu selecionei um *intervalo* de células. O endereço desse intervalo é A3:D21.

	A	B	C	D	E	F
1	CLIENTE	NOME DO PET	TIPO DO PET	DATA DA ÚLTIMA VISITA		
2						
3	Carla Silva	Mingau	Gato	22/02/2017		
4	Davi Gomes	Bob	Cachorro	22/02/2017		
5	Paola Conde	Rex	Cachorro	23/02/2017		
6	Sabrina Teixeira	Lisa	Gato	23/02/2017		
7	Gabriela Glauber	Pingo	Pássaro	23/02/2017		
8	André Souza	Floquinho	Gato	23/02/2017		
9	Talita Evet	Hunter	Gato	24/02/2017		
10	Ana Maria	Thor	Cachorro	24/02/2017		
11	Denise Almeida	Billy	Macaco	25/02/2017		
12	Marly Pellermann	Tobby	Cachorro	25/02/2017		
13	Adriana Martins	Boris	Gato	25/02/2017		
14	Humberto Borges	Nick	Gato	25/02/2017		
15	Sergio Amaral	Zeus	Pássaro	26/02/2017		
16	Gregório dos Anjos	Jimmy	Gato	26/02/2017		
17	Beatriz Carvalho	Bia	Cobra	27/02/2017		
18	Fabrícia de Souza	Amora	Cachorro	27/02/2017		
19	Carolina Silva	Lucy	Cachorro	28/02/2017		
20	Luiza Santana	Apollo	Cachorro	28/02/2017		
21	Cintia Silva	Nina	Furão	28/02/2017		
22	João Ferreira	Zack	Iguana	28/02/2017		
23	Célia Cristina	Pipoca	Cachorro	28/02/2017		

FIGURA 1-8: Selecionando um intervalo de células.

LEMBRE-SE

Um endereço de intervalo se assemelha a dois endereços de célula juntos, com dois-pontos (:) no meio. E é isso mesmo! Um endereço de intervalo começa com o endereço da célula no canto superior esquerdo do intervalo, depois tem dois-pontos e termina com o endereço da célula no canto inferior direito.

Mais um detalhe a respeito dos intervalos: você pode dar um nome a eles. Essa funcionalidade é ótima porque você pode pensar em um intervalo no que se refere ao seu uso, em vez de pensar qual é o endereço dele. Além do mais, se eu não fizesse a etapa extra para atribuir um nome, o intervalo desapareceria assim que eu clicasse em qualquer lugar na planilha. Ao nomear um intervalo, você pode usá-lo pelo nome diversas vezes.

Digamos que você tenha uma lista de clientes em uma planilha. O que é mais fácil — imaginar quais células estão, de fato, ocupadas ou pensar que essa é sua lista de clientes?

No decorrer deste livro, eu uso intervalos e endereços de células que receberam nomes. Hora de botar a mão na massa e criar uma área *nomeada*. Sigas as etapas abaixo:

1. **Posicione o ponteiro do mouse sobre uma célula, clique e segure o botão esquerdo do mouse e arraste o ponteiro.**
2. **Solte o botão quando terminar.**

   Você selecionou uma área da planilha.

3. **Clique em Definir Nome na categoria Nomes Definidos, na Faixa de Opção de Fórmulas.**

   A caixa de diálogo Novo Nome aparece, conforme mostra a Figura 1-9.

4. **Nomeie a área ou fique com o nome sugerido. Você também pode alterar o nome sugerido.**

   O Excel parte do princípio de que você quer preencher o nome da área com o valor encontrado na primeira célula do intervalo. Talvez você queira fazer isso, talvez não queira. Troque o nome, caso seja necessário. Na Figura 1-9, eu mudei o nome para Clientes.

   DICA

   Um método alternativo para nomear a área é selecioná-la, digitar o nome na Caixa de Nome (à esquerda da Barra de Fórmula) e pressionar a tecla Enter.

5. **Clique em OK.**

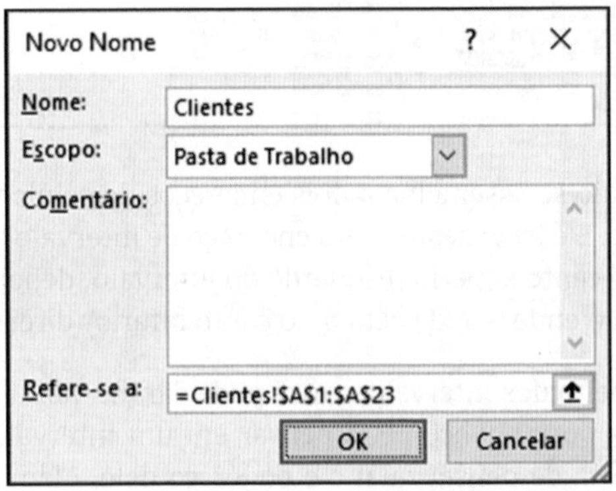

FIGURA 1-9: Adicionando um nome à pasta de trabalho.

Pronto. Viu só? Você já está a meio caminho andado de ser um especialista em Excel! Agora que você tem uma área nomeada, pode facilmente selecionar seus dados a qualquer momento. Basta ir para a Caixa de Nome e selecioná-la na lista. A Figura 1-10 mostra como selecionar a área Clientes.

As tabelas funcionam do mesmo jeito que as áreas nomeadas. Elas têm algumas funcionalidades que não estão disponíveis para as áreas nomeadas. Com as tabelas, é possível especificar que a linha de cima contém os rótulos dos cabeçalhos. Além do mais, as tabelas-padrão têm a capacidade de filtrar informações. A Figura 1-11 mostra uma tabela em uma planilha com cabeçalhos e a opção de criar filtros.

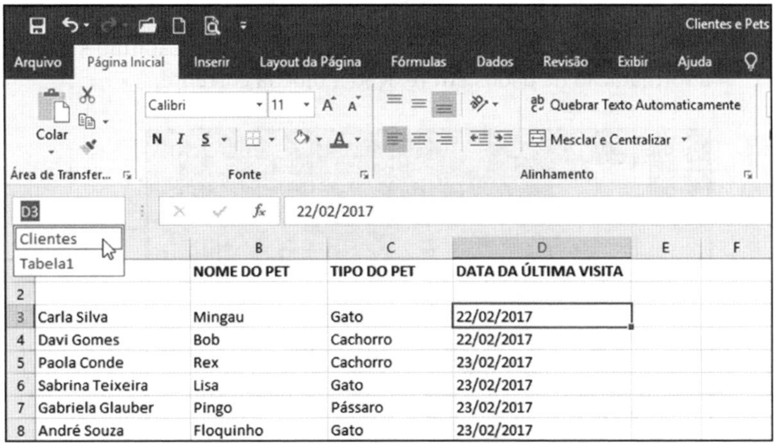

FIGURA 1-10: Usando a Caixa de Nome para encontrar a área nomeada.

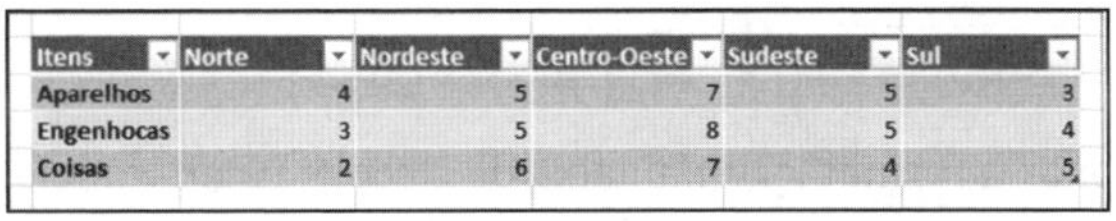

FIGURA 1-11: Testando uma tabela.

Com os filtros, é possível limitar quais linhas exibir com base nos valores que você selecionar.

DICA

A Faixa de Opções Inserir contém o botão usado para inserir uma tabela.

Formatando seus dados

É óbvio que você quer que seus dados pareçam sofisticados e radiantes. Os chefes gostam disso. O número 98,60 é uma temperatura? É uma pontuação em um teste? São 98 reais e 60 centavos? É uma porcentagem? Qualquer um destes formatos está correto:

- 98,60
- R$98,60
- 98,60%

O Excel possibilita que você formate seus dados do jeito que quiser. As opções de formatação estão na Faixa de Opções Página Inicial, na categoria Números.

A Figura 1-12 mostra como a formatação ajuda na legibilidade e no entendimento de uma planilha. A célula B1 tem um valor monetário e está formatada com o estilo Contábil. A célula B2 está formatada como porcentagem. O valor real da célula B2 é 0,05. A célula B7 está formatada de acordo com a moeda corrente. O formato da moeda exibe um valor negativo entre parênteses. Essa é apenas uma opção de formatação para moedas. O Capítulo 5 explica mais sobre a formatação de dados em relação à moeda corrente.

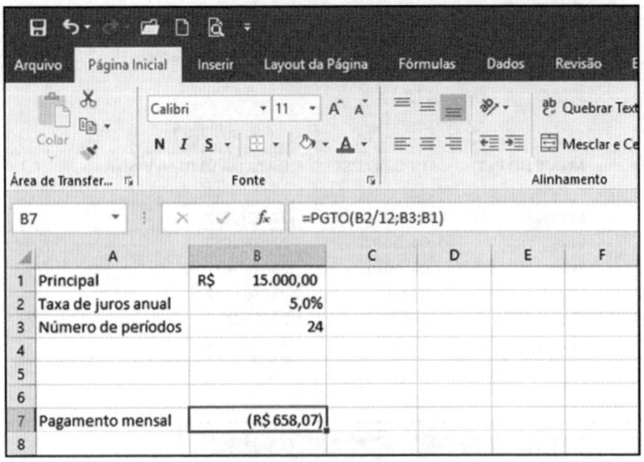

FIGURA 1-12: Formatando dados.

Além de selecionar a formatação na Faixa de Opções Página Inicial, você também pode usar a conhecida (nas versões anteriores) caixa de diálogo Formatar Células. Este é o lugar certo para todas as suas necessidades de formatação, fora que está disponível na Barra de Ferramentas da Faixa de Opções. É possível até criar formatos personalizados. Você pode exibir a caixa de diálogo Formatar Células de duas formas:

- Na Faixa de Opções Página Inicial, clique na lista suspensa na categoria Número e depois clique em Mais Formatos de Número.
- Clique com o botão direito e selecione Formatar Células no menu pop-up.

A Figura 1-13 mostra a caixa de diálogo Formatar Células. Analisaremos essa caixa de diálogo e as formatações com mais detalhes no Capítulo 5.

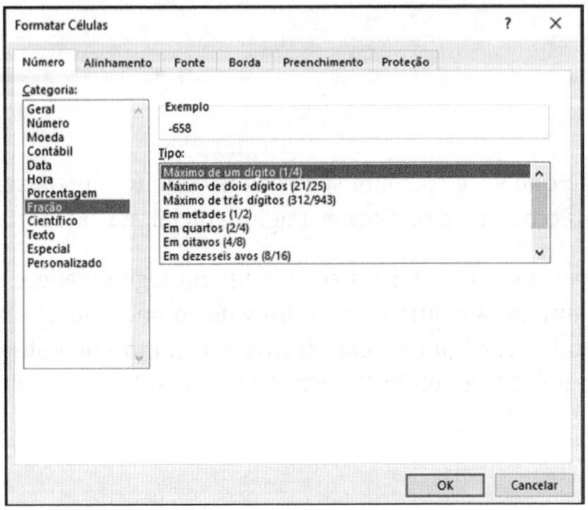

FIGURA 1-13: Usando a caixa de diálogo Formatar Células para opções avançadas de formatação.

Obtendo ajuda

O Excel é complexo — não se pode negar isso. E, para nossa sorte, a ajuda fica a uma tecla de distância. Sim, precisamente uma tecla — pressione F1. Tente isso agora para você ver.

Ao pressionar F1, abre-se o sistema de ajuda. Lá, você pode pesquisar uma palavra-chave ou navegar pelo conteúdo da Ajuda. Mais tarde quando estiver trabalhando com as funções do Excel, você pode obter ajuda para funções específicas clicando diretamente na Ajuda ou no link Ajuda Sobre Esta Função, na caixa de diálogo Inserir Função. O Capítulo 2 fala com mais detalhes sobre a caixa de diálogo Inserir Função.

Dominando as Fórmulas

Bom, hora de entrar no X da questão quando se trata de Excel. Claro que você pode somente inserir os dados e deixá-los de qualquer jeito, e até mesmo gerar alguns gráficos. Entretanto, para obter respostas dos seus dados, criar um resumo ou aplicar testes E-SE, são necessárias fórmulas.

Em termos concretos, uma fórmula no Excel calcula algo ou retorna um resultado com base nos dados de uma ou mais planilhas. Essas planilhas podem estar em mais de uma pasta de trabalho. Insere-se uma fórmula nas células que deve começar com um sinal de igual (=), que por sua vez informa ao Excel que é uma fórmula, e não dados. Parece simples, e é.

LEMBRE-SE

Todas as fórmulas começam com um sinal de igual (=).

Veja a seguir algumas fórmulas básicas. A Tabela 1-1 apresenta um bocado de fórmulas e o que elas fazem.

TABELA 1-1 Fórmulas Básicas

Fórmula	O que Significa
`=2 + 2`	Retorna o número 4.
`=A1 + A2`	Retorna a soma dos valores contidos nas células A1 e A2, quaisquer que sejam esses valores. Caso A1 e A2 tenham algum tipo de texto, um erro é retornado.
`=D5`	A célula que contém essa fórmula acaba exibindo o valor que está na célula D5. Se você tentar inserir essa fórmula na própria célula D5, uma referência circular é criada. Isso não é nada bom. Veja o Capítulo 4.
`=SOMA(A2:A5)`	Retorna uma soma de valores nas células A2, A3, A4 e A5. Esta fórmula usa a função SOMA para somar todos os valores do intervalo.

DICA

Eu uso a palavra *retornar* para me referir ao resultado da fórmula ou cálculo da função. Logo, dizer "A fórmula retorna um 7" é o mesmo que dizer "A fórmula calculou a resposta e o resultado foi 7".

Inserindo sua primeira fórmula

Pronto para inserir sua primeira fórmula? Certifique-se de que o Excel esteja aberto, tenha uma planilha à sua frente e siga os seguintes passos:

1. **Clique em uma célula vazia.**
2. **Digite** = 10 + 10.
3. **Pressione a tecla Enter.**

Foi moleza, não foi? Você deve ver o *resultado* da fórmula — o número 20.

Vamos fazer outra. Desta vez, crie uma fórmula que some o valor de duas células:

1. **Clique em qualquer célula.**
2. **Digite qualquer número.**
3. **Clique em outra célula.**
4. **Digite outro número.**
5. **Clique em uma terceira célula.**

   Esta célula conterá a fórmula.

6. **Digite =.**
7. **Clique na primeira célula.**

   Este é um momento importante na criação de uma fórmula. Ela pode ser escrita quando você digita com seu teclado ou quando usa o seu mouse. A fórmula deve aparecer com a metade completa, com um sinal de igual seguido do endereço da célula em que você acabou de clicar, conforme mostra a Figura 1-14. No exemplo, o valor `15` foi inserido na célula B3, e o valor `35` na célula B6. A fórmula começou na célula E3, portanto ela exibe `=B3`.

8. **Digite** +.
9. **Clique na célula com o segundo valor inserido.**

   Neste exemplo, é a célula B6. A fórmula na célula E3 agora é: `=B3 + B6`. Você pode conferir isso na Figura 1-15.

10. Pressione a tecla Enter.

Isso encerra a entrada da função. Muito bem! Mandou bem!

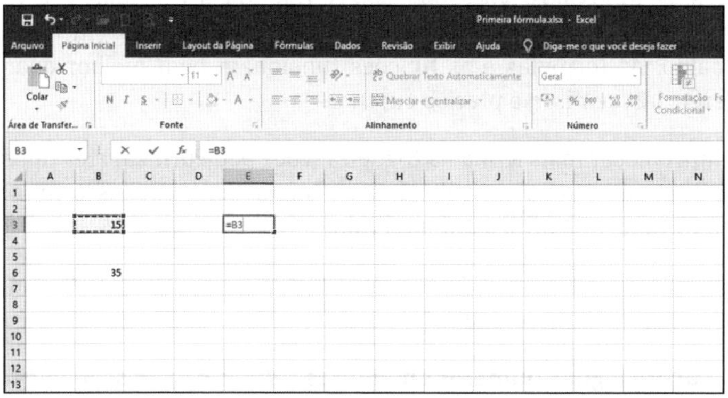

FIGURA 1-14: Inserindo uma fórmula que faz referência a uma célula.

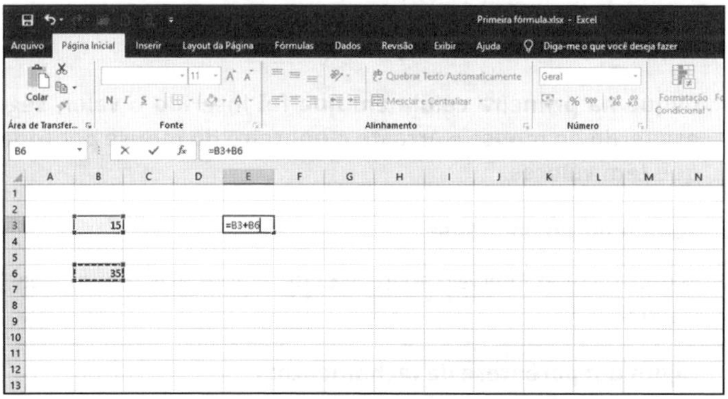

FIGURA 1-15: Completando a fórmula.

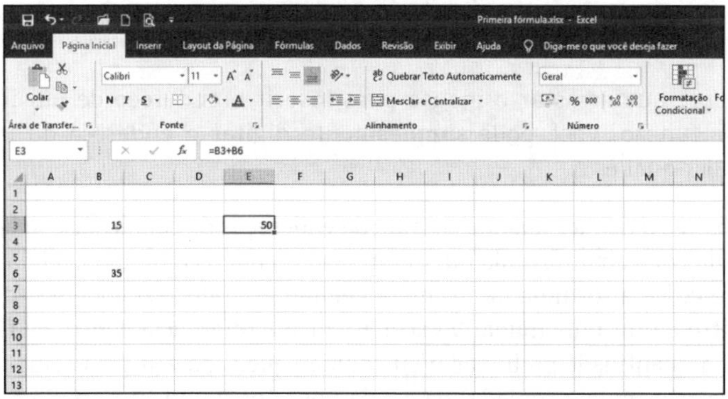

FIGURA 1-16: Uma fórmula concluída.

A Figura 1-16 demonstra como o exemplo acabou. A célula E3 exibe o resultado do cálculo. Observe também que a Barra de Fórmulas exibe o conteúdo da célula E3, que na prática é a fórmula.

Entendendo as referências

Há referências para dar e vender nas fórmulas do Excel. Você pode referenciar células e intervalos. Você pode fazer referência a células e a intervalos em outras planilhas. Pode referenciar células e intervalos em outras pastas de trabalho. As fórmulas e as funções funcionam bem melhor quando se usam referências, por isso é preciso entendê-las.

E, para colocar mais lenha na fogueira, você pode utilizar três tipos de referências de célula: a relativa, a absoluta e a mista. Bom, um passo de cada vez. Teste uma fórmula que utiliza um intervalo.

Geralmente, as fórmulas com intervalo têm uma função na fórmula; portanto, use a função SOMA a seguir:

1. **Digite alguns números em muitas células e vá descendo pela coluna.**
2. **Clique na célula em que quer que o resultado apareça.**
3. **Digite** =SOMA(**para começar a função.**
4. **Clique na primeira célula em que foi inserido o valor, segure o botão esquerdo do mouse e arraste o ponteiro do mouse por todas as células que têm valores.**
5. **Solte o botão do mouse.**

   O endereço do intervalo aparece onde as fórmulas e as funções estão sendo inseridas.
6. **Digite um parêntese de fechamento:**).
7. **Pressione a tecla Enter.**

   Já pode comemorar sua primeira referência!

DICA

Sempre que arrastar o mouse para inserir o endereço de um intervalo em uma função, você pode simplesmente digitar o endereço do intervalo, se souber qual é.

O Excel é *dinâmico* quando se trata de endereços de célula. Caso você tenha uma célula com uma fórmula que referencia o endereço de uma célula diferente, e você copie a fórmula da primeira célula para outra, o endereço de referência dentro da fórmula muda. O Excel atualiza a referência dentro da fórmula para que a quantidade de linhas e/ou colunas que separam uma célula original (de onde a fórmula é copiada) da célula nova (para onde a fórmula é colada) seja correspondente. Talvez isso seja confuso, então tente fazer um exemplo para ver como é:

1. **Na célula B2, digite** 100.
2. **Na célula B2, digite** =B2 * 2.
3. **Pressione a tecla Enter.**

   A célula C2 retorna o valor `200`.

4. **Se C2 não for a célula ativa, clique nela uma vez.**
5. **Pressione Ctrl + C ou clique no botão Copiar na categoria Área de Transferência, na Faixa de Opções Página Inicial.**
6. **Clique na célula C3.**
7. **Pressione Ctrl + V ou clique no botão Colar na categoria Área de Transferência, na Faixa de Opções Página Inicial.**
8. **Se você vir uma linha estranha em torno da célula C2, pressione a tecla Esc.**

   A célula C3 deve ser a célula ativa, mas se não for clique nela uma vez. Veja a Barra de Fórmulas. O conteúdo da célula é `=B3*2`, e não o `=B2*2` que você copiou.

DICA

Você reparou que tinha uma linha se movendo em volta da célula? Essa linha se chama *letreiro*. É um lembrete de que você está no meio de uma operação de recortar ou copiar, e o letreiro ficará piscando em volta dos dados recortados ou copiados.

O que aconteceu? O Excel, ao seu entender, presumiu que, se uma fórmula na célula C2 faz referência à célula B2 — uma célula à esquerda —, a mesma fórmula inserida na célula C3 deve referenciar a célula B3 — uma célula à esquerda também.

Quando você está copiando fórmulas no Excel, o endereço relativo geralmente é o que você quer. Esse é o comportamento-padrão. Às vezes, você não quer o endereço relativo, e sim o endereço *absoluto*. Isso faz com que a referência de uma célula fixa vá para um endereço de célula absoluto de modo que ela não seja alterada quando a fórmula for copiada.

Em uma referência de célula absoluta, o cifrão ($) antecede a letra da coluna e o número da linha. Você também pode ter uma referência mista na qual a coluna é absoluta e a linha é relativa, e vice-versa. Para criar uma referência mista, coloque o cifrão em frente à letra da coluna ou do número da linha. Veja alguns exemplos:

Tipo de Referência	Fórmula	O que Acontece Depois de Copiar a Fórmula
Relativa	`=A1`	Tanto a coluna A quanto a linha 1 podem mudar.
Absoluta	`=$A$1`	A letra da coluna A e o número da linha não mudam.
Mista	`=$A1`	A coluna A não muda. A linha 1 pode mudar.
Mista	`=A$1`	A letra da coluna A pode mudar. A linha 1 não muda.

Copiando as fórmulas com a alça de preenchimento

Enquanto eu estiver falando a respeito do assunto de copiar fórmulas por aí, dê uma espiada na alça de preenchimento. Você vai adorar essa funcionalidade! A alça de preenchimento é uma maneira rápida de copiar o conteúdo de uma célula para outras simplesmente clicando e arrastando o mouse.

A célula ativa tem sempre um pequeno quadrado ao lado inferior direito de sua borda. Essa é a alça de preenchimento. Quando você move o ponteiro do mouse sobre uma alça de preenchimento, o ponteiro muda para a forma de uma cruz. Caso clique e segure o botão do mouse, você pode arrastar a célula para cima, para baixo ou passar por todas as outras células. Ao soltar o botão, o conteúdo da célula ativa é copiado automaticamente para as células que você arrastou.

Uma imagem vale mais do que mil palavras, então dê uma olhada na Figura 1-17, que mostra uma planilha que soma alguns números. A célula E4 tem esta fórmula: `=B4 + C4 + D4`. Ela precisa ser colocada entre as células E5 e E15. Preste atenção na célula E4. A alça de preenchimento está no canto inferior direito. Estou prestes a usar a alça de preenchimento para arrastar a fórmula para as outras células. Clicar e segurar o botão esquerdo do mouse, e depois arrastá-lo para E15 funciona muito bem.

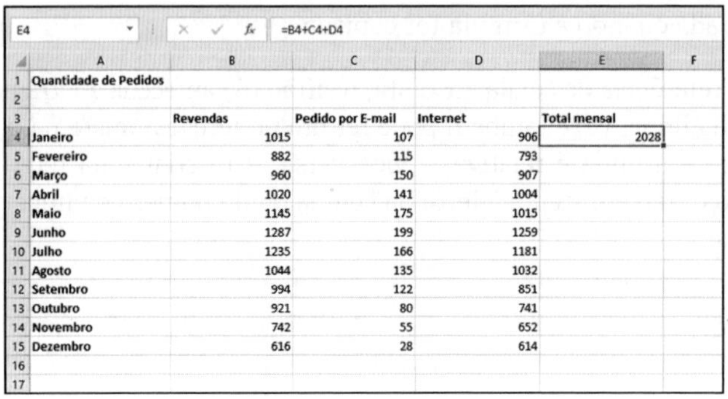
E4 | =B4+C4+D4

	A	B	C	D	E	F
1	Quantidade de Pedidos					
2						
3		Revendas	Pedido por E-mail	Internet	Total mensal	
4	Janeiro	1015	107	906	2028	
5	Fevereiro	882	115	793		
6	Março	960	150	907		
7	Abril	1020	141	1004		
8	Maio	1145	175	1015		
9	Junho	1287	199	1259		
10	Julho	1235	166	1181		
11	Agosto	1044	135	1032		
12	Setembro	994	122	851		
13	Outubro	921	80	741		
14	Novembro	742	55	652		
15	Dezembro	616	28	614		
16						
17						

FIGURA 1-17: Preparando-se para arrastar a fórmula para baixo.

A Figura 1-18 mostra como a planilha fica após a alça de preenchimento ser usada para inserir as fórmulas em todas as células. Isso poupa bastante tempo. Além disso, você pode ver que a fórmula em cada célula da coluna E referencia as células à esquerda corretamente. Esse é o motivo de usar a referência relativa. Por exemplo, a fórmula na célula E15 acaba com esta fórmula: `=B15 + C15 + D15`.

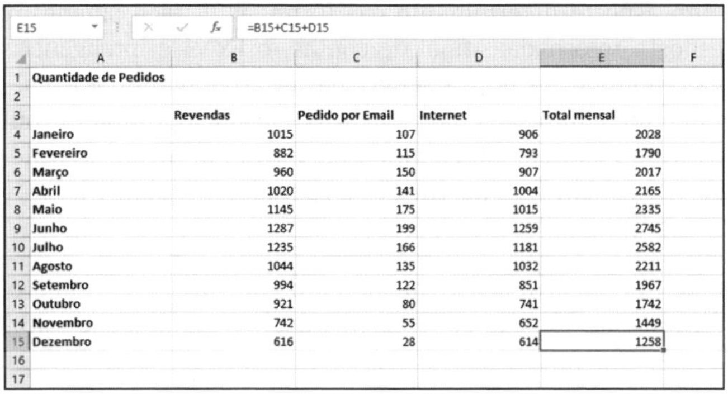

E15 =B15+C15+D15

	A	B	C	D	E
1	Quantidade de Pedidos				
2					
3		Revendas	Pedido por Email	Internet	Total mensal
4	Janeiro	1015	107	906	2028
5	Fevereiro	882	115	793	1790
6	Março	960	150	907	2017
7	Abril	1020	141	1004	2165
8	Maio	1145	175	1015	2335
9	Junho	1287	199	1259	2745
10	Julho	1235	166	1181	2582
11	Agosto	1044	135	1032	2211
12	Setembro	994	122	851	1967
13	Outubro	921	80	741	1742
14	Novembro	742	55	652	1449
15	Dezembro	616	28	614	1258
16					
17					

FIGURA 1-18: Preenchendo as células com uma fórmula usando a alça de preenchimento.

Agrupando fórmulas da forma certa

Há um ditado no campo da informática: entra lixo, sai lixo. E isso se aplica em como as fórmulas são agrupadas. Se uma fórmula for elaborada de forma errada, ela retorna um resultado incorreto ou um erro.

Podem ocorrer dois tipos de erros em fórmulas. Em um tipo, o Excel pode calcular a fórmula, porém o resultado está errado. No outro, o Excel não consegue calcular a fórmula. Vamos conferir os dois tipos.

Uma fórmula pode funcionar e ainda fornecer um resultado equivocado. O Excel não informa um erro, porque não há um erro para ser encontrado. Muitas vezes, esse é um resultado de não usar os parênteses adequadamente na fórmula. Veja alguns exemplos:

Fórmula	Resultado
`=7 + 5 * 20 + 25 / 5`	112
`=(7 + 5) * 20 + 25 / 5`	245
`=7 + 5 * (20 + 25) / 5`	52
`=(7 + 5 * 20 + 25) / 5`	26,4

Todas essas fórmulas são válidas, mas o posicionamento dos parênteses faz toda a diferença no resultado. Você deve levar em consideração a ordem dos operadores matemáticos ao escrever as fórmulas. Esta é a ordem de precedência:

1. **Parênteses**
2. **Expoentes**
3. **Multiplicação e divisão**
4. **Adição e subtração**

Esse é um aspecto determinante das fórmulas. É fácil simplesmente aceitar uma resposta retornada. Afinal de contas, o Excel é inteligentíssimo. Certo? Errado! Como todos os outros programas de computador, o Excel só consegue fazer o que lhe é dito. Se você pedir para ele calcular uma fórmula incorreta, mas estruturalmente certa, ele fará isso. Portanto, preste atenção no que está fazendo — digo, em seus parênteses e operadores matemáticos — ao escrever as fórmulas.

O segundo tipo de erro ocorre quando um equívoco na fórmula ou nos dados que a fórmula usa impede que o Excel calcule o resultado. O Excel facilita sua vida informando quando um tipo de erro desses acontece. Para ser exato, ele tem duas opções:

- » O Excel exibe uma mensagem quando você tenta inserir uma fórmula que não foi elaborada corretamente.
- » O Excel retorna uma mensagem de erro na célula quando há algum problema com o resultado do cálculo.

Primeiro, observe o que aconteceu na Figura 1-19 quando tentei inserir uma fórmula que tinha a quantidade errada de parênteses.

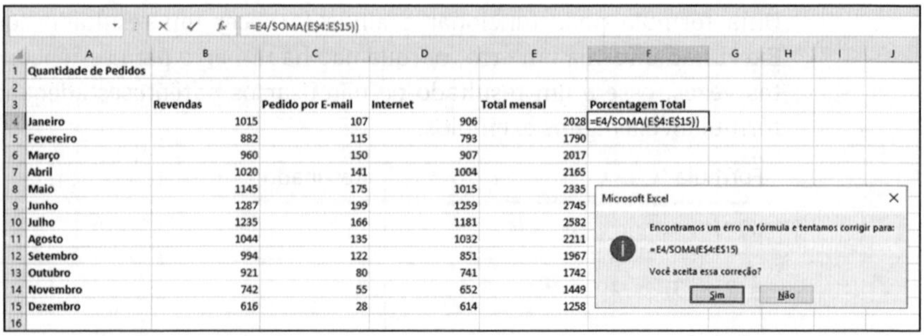

FIGURA 1-19: Recebendo uma mensagem do Excel.

O Excel encontra um número ímpar de parênteses abertos e fechados. Assim, a fórmula não funciona (matematicamente, não faz sentido), e o Excel o informa. Preste atenção nessas mensagens, pois elas geralmente oferecem soluções.

Em algum lugar existem erros nos valores retornados. Se você chegou até aqui, a sintaxe das fórmulas atendeu aos requisitos mínimos necessários, mas, apesar de tudo, alguma coisa deu errado. Os possíveis erros são:

- Tentar realizar uma operação matemática em um texto.
- Tentar dividir um número por 0 (um erro em matemática).
- Tentar fazer referência a uma célula, intervalo, planilha ou pasta de trabalho inexistente.
- Inserir o tipo errado de informação em um argumento de função.

Essa não é, de modo algum, uma lista completa das possíveis condições de erros, mas você entendeu a ideia. Então, o que o Excel faz a respeito? Ele exibe uma boa dose de erros na célula com fórmula problemática.

Tipo de Erro	Quando Acontece
#DIV/0!	Quando você está tentando dividir algum valor por 0.
#N/A!	Quando uma fórmula ou uma função dentro da fórmula não consegue encontrar os dados referenciados.
#NOME?	Quando o texto em uma fórmula não é reconhecido.
#NULO!	Quando se usa um espaço em vez de vírgula em fórmulas que referenciam múltiplos intervalos. A vírgula é necessária para separar as referências dos intervalos.
#NÚM!	Quando uma fórmula tem dados numéricos inválidos para o tipo de operação.
#REF!	Quando uma referência é inválida.
#VALOR!	Quando o tipo errado de operando ou argumento de função é usado.

O Capítulo 4 analisa detalhadamente a identificação e o tratamento dos erros em fórmulas.

Usando Funções em Fórmulas

As funções são como pequenos programas utilitários que executam uma única tarefa. Por exemplo, a função SOMA soma os números, a função CONTAR faz contagens e a função MÉDIA calcula uma média.

Existem funções para lidar com muitas necessidades: trabalhar com números, texto, datas e horas, finanças e assim por diante. Elas podem ser combinadas e aninhadas (uma dentro da outra). As funções retornam um valor, e ele pode ser combinado com os resultados de outra função ou fórmula. As possibilidades são quase infinitas.

Entretanto, as funções não estão sozinhas. Elas sempre fazem parte de uma fórmula. Agora, isso pode sugerir que a fórmula é feita a partir da função ou a fórmula combina a função com outras funções, dados, operadores ou referências. Mas todas as funções devem seguir a regra prática das fórmulas: *começar com um sinal de igual*. Veja alguns exemplos:

Função/Fórmula	Resultado
`=SOMA(A1:A5)`	Retorna a soma dos valores no intervalo A1:A5. Este é um exemplo de uma função que funciona como uma fórmula inteira.
`=SOMA(A1:A5) / B5`	Retorna a soma dos valores no intervalo A1:A5 dividido pelo valor na célula B5. Este exemplo é a mistura do resultado da função com outros dados.
`=SOMA(A1:A5) + (MÉDIA(B1:B5)`	Retorna a soma dos valores no intervalo A1:A5 junto com a soma da média do intervalo B1:B5. Este exemplo é uma fórmula que combina o resultado de duas funções.

Preparado para escrever sua primeira fórmula com uma função? Siga as etapas abaixo para escrever uma função que cria uma média:

1. **Digite alguns números nas células de uma das colunas.**
2. **Clique em uma célula vazia em que você queira ver o resultado.**
3. **Digite** =MÉDIA(**para começar a função.**

   Nota: Conforme você digita a primeira letra da função, o Excel apresenta uma lista de funções. Quanto mais letras você digitar, menor a lista fica. A vantagem é que, por exemplo, se você digitar a letra M, pode usar a ↓ para selecionar a função MÉDIA, e depois pressionar a tecla Tab.

4. **Clique na primeira célula com um valor inserido e, enquanto segura o botão do mouse, arraste o ponteiro dele sobre as outras células que têm valores.**

   Outra alternativa é inserir o intervalo dessas células.

5. **Digite**).
6. **Pressione a tecla Enter.**

Se tudo deu certo, sua planilha deve ficar parecida com a minha na Figura 1-20. A célula B11 tem o resultado calculado, mas observe a Barra de Fórmulas e você poderá ver a função atual como foi inserida.

As fórmulas e funções dependem das células e dos intervalos aos quais fazem referência. Se você alterar os dados em uma das células, o resultado retornado pela função será atualizado. Tente fazer isso. No exemplo em que acabou de calcular a média, clique em uma das células com os valores e insira um número diferente. A média retornada muda.

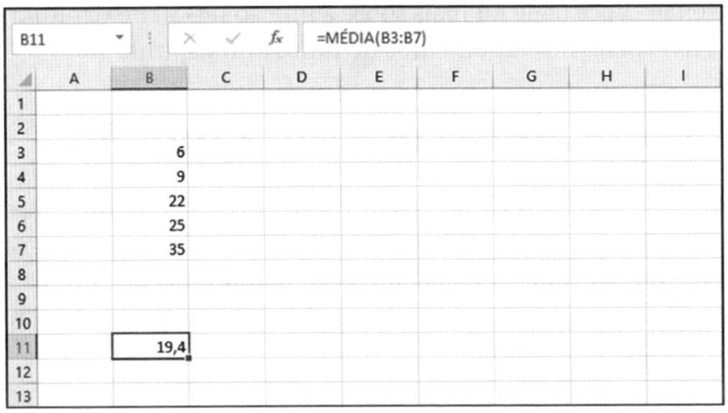

FIGURA 1-20: Inserindo a função MÉDIA.

LEMBRE-SE

Uma fórmula pode ser constituída de nada mais que uma função — precedida por um sinal de igual, é claro!

Analisando o que há dentro de uma função

A maioria das funções recebe entradas — chamadas de *argumentos* ou *parâmetros* — que especificam os dados que as funções devem usar. Algumas funções não aceitam argumentos, outras aceitam um, e há aquelas que aceitam muitos; tudo depende da função. A lista de argumentos é sempre delimitada com parênteses seguidos do nome da função. Se houver mais de um argumento, a separação é feita por ponto e vírgula. Veja alguns exemplos:

Função	Comentário
`=AGORA()`	Não aceita argumentos.
`=MÉDIA(A6;A11;B7)`	Pode aceitar até 255 argumentos. Aqui, três referências de células são incluídas como argumentos. Os argumentos são separados por ponto e vírgula.
`=MÉDIA(A6:A10;A13:A19;A23:A29)`	Neste exemplo, os argumentos fazem referência aos intervalos em vez de referenciar as células. Os argumentos são separados por ponto e vírgula.
`=IPGTO(B5; B6; B7; B8)`	Exige quatro argumentos que são separados por ponto e vírgula.

Algumas funções exigem argumentos e argumentos opcionais. Você deve fornecer aqueles que são exigidos. Os opcionais são, veja bem, opcionais. Mas talvez você queira incluí-los se eles forem ajudar a função a retornar o valor de que precisa.

A função IPGTO é um bom exemplo. Quatro argumentos são necessários e dois são opcionais. Você pode ler mais sobre a função IPGTO no Capítulo 5. Você pode ler mais a respeito dos argumentos de função no Capítulo 2.

Argumentando com uma função

Memorizar os argumentos que cada função aceita seria uma tarefa hercúlea. Acho que se você conseguisse, poderia até aparecer em um programa de televisão. Mas vamos voltar à realidade. Você não precisa decorar os argumentos, porque o Excel o ajuda a selecionar qual função usar e depois informa quais argumentos são necessários.

A Figura 1-21 mostra a caixa de diálogo Inserir Função. Você acessa esse ajudante incrível clicando no botão Inserir Função na Faixa de Opções de Fórmulas. Na caixa de diálogo, você seleciona uma função para usar.

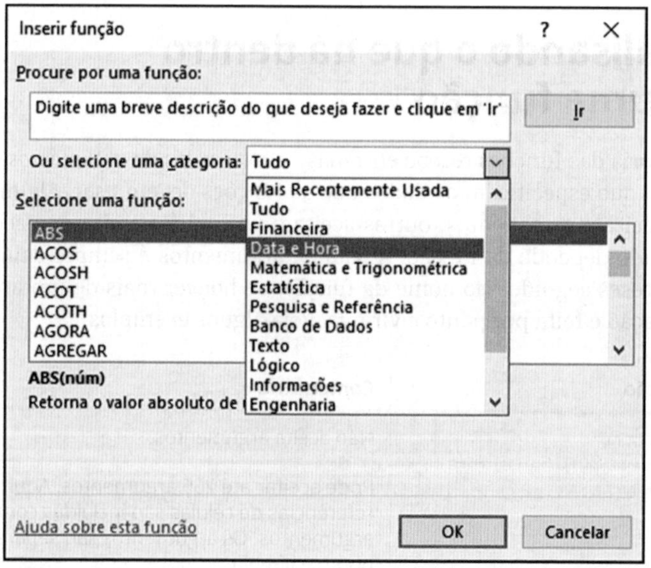

FIGURA 1-21: Usando a caixa de diálogo Inserir Função.

Essa caixa de diálogo contém uma listagem de todas as funções disponíveis —e bota função nisso! A fim de simplificar as coisas, a caixa de diálogo oferece uma maneira de pesquisar uma função por uma palavra-chave ou há a possibilidade de filtrar a lista de funções por categoria.

DICA

Se souber a qual categoria uma função pertence, clique no botão da categoria da função na Faixa de Opções de Fórmulas e selecione a função no menu.

Experimente! Veja um exemplo de como usar a caixa de diálogo Inserir Função para multiplicar alguns números:

1. **Digite três números em três células diferentes.**
2. **Clique na célula vazia em que você quer que o resultado apareça.**
3. **Clique no botão Inserir Função na Faixa de Opções de Fórmulas.**

   Outra alternativa, é clicar no pequeno botão *fx* na Barra de Fórmulas. A caixa de diálogo Inserir Função aparece.

4. **Na lista de categorias do menu suspenso, selecione Tudo ou Matemática e Trigonométrica.**
5. **Na lista de funções, encontre e selecione a função MULT.**
6. **Clique em OK.**

   A caixa de diálogo Inserir Função fecha e exibe a caixa de diálogo Argumentos de Função (veja a Figura 1-22), em que você pode inserir quantos argumentos quiser. A princípio, temos a impressão de que a caixa de diálogo não consegue acomodar tantos argumentos. Para este exemplo, digite três argumentos, mesmo parecendo haver espaço somente para dois. Até parece a dança das cadeiras!

   Aparecem mais caixas de entradas de argumentos conforme você precisa delas. Mas, em primeiro lugar, como você insere um argumento?

7. **Você consegue inserir o argumento de duas formas:**

   - Digite os números ou as referências de células nas caixas.
   - Utilize os quadrados engraçadinhos à direita.

   Na Figura 1-22, duas caixas de entrada estão prontinhas para serem usadas. À esquerda delas estão os nomes Núm1 e Núm2. À direita, estão os quadradinhos chamados de *controles RefEdit*. Eles entram com os argumentos em um piscar de olhos. Tudo o que você tem que fazer é clicar em um desses controles, clicar na célula com o valor e pressionar a tecla Enter.

8. **Clique no controle RefEdit à direita da caixa de entrada Núm1.**

   A caixa de diálogo Argumentos de Função diminui para o tamanho da caixa de entrada.

9. **Clique na célula com o primeiro número.**

A Figura 1-23 mostra como a tela fica neste momento.

10. **Pressione a tecla Enter.**

A caixa de diálogo Argumentos de Função reaparece com o argumento inserido na caixa. O argumento não é o valor na célula, mas o endereço da célula que contém o valor — exatamente o que você quer.

11. **Repita os Passos 7–9 para inserir as outras duas referências de células.**

A Figura 1-24 mostra como a tela deve ficar neste momento.

DICA

A quantidade de caixas de entrada e controles associados ao RefEdit aumentam de acordo com a quantidade de caixas de entrada necessárias.

12. **Clique em OK e pressione a tecla Enter para completar a função.**

A Figura 1-25 mostra o resultado dessa bagunça. A função MULT retorna o resultado dos números individuais sendo multiplicados juntos.

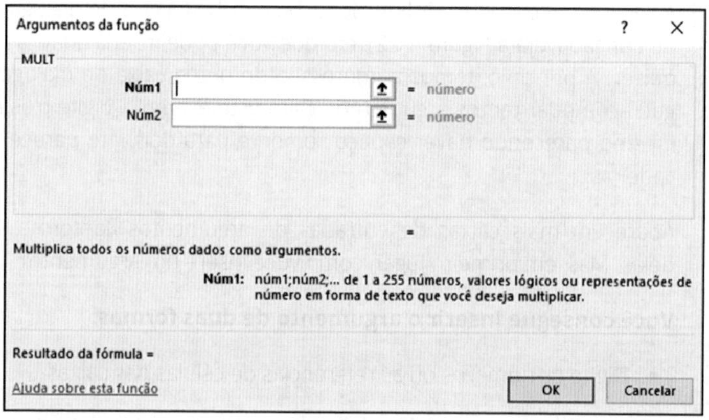

FIGURA 1-22: Preparando-se para inserir alguns argumentos na função.

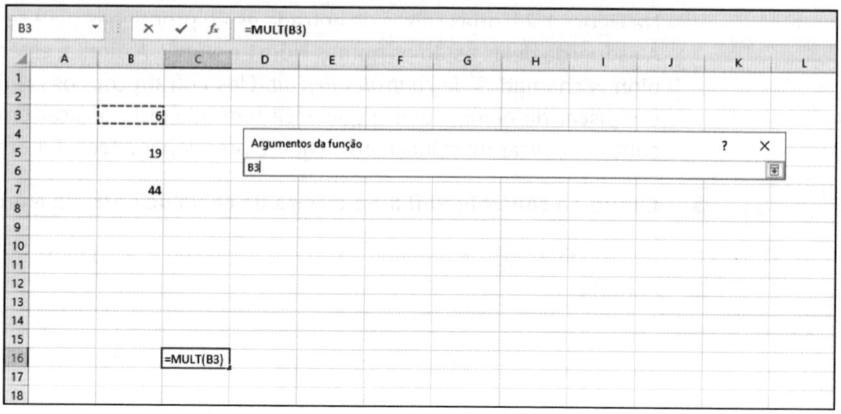

FIGURA 1-23: Usando RefEdit para inserir argumento.

Você não precisa utilizar a caixa de diálogo Inserir Função para inserir funções nas células. Ela está lá por conveniência. À medida que se familiarizar com determinadas funções usadas constantemente, talvez você ache mais rápido apenas digitar a função diretamente na célula.

DICA

Aninhamento de funções

Ninho é uma coisa que o passarinho faz, não é mesmo? Bem, um biólogo especializado em pássaros saberia responder essa pergunta; no entanto, eu também sei fazer ninhos, só que com funções do Excel. Uma *função aninhada* é inserida dentro de outra função como um de seus argumentos. As funções aninhadas possibilitam que você retorne resultados que, de outra forma, seriam difíceis de retornar. (As funções aninhadas são usadas em exemplos em diversas partes do livro. As funções CONT.SE, MÉDIA e MÁXIMO são analisadas no Capítulo 9.)

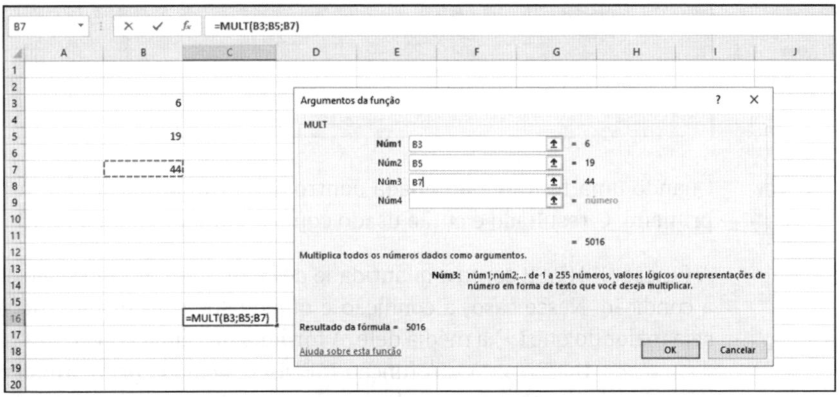

FIGURA 1-24: Completando a entrada da função.

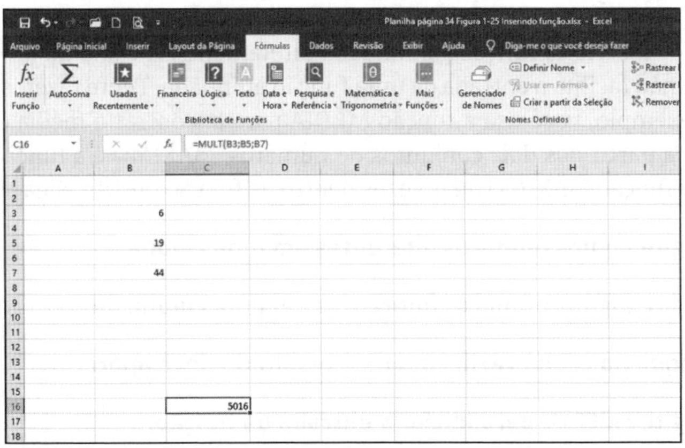

FIGURA 1-25: Matemática nunca foi tão fácil.

A Figura 1-26 mostra o preço do balanço diário do Índice S&P 500 [carteira teórica das 500 ações de maior peso e mais negociadas na Bolsa de Nova York e na NASDAQ] para o mês de setembro de 2004. Uma possível análise é observar quantas vezes o preço do balanço foi maior do que a média dentro do mês. Portanto, a média deve ser calculada antes de comparar qualquer preço único. Insira a função MÉDIA em outra função para calcular a média primeiro.

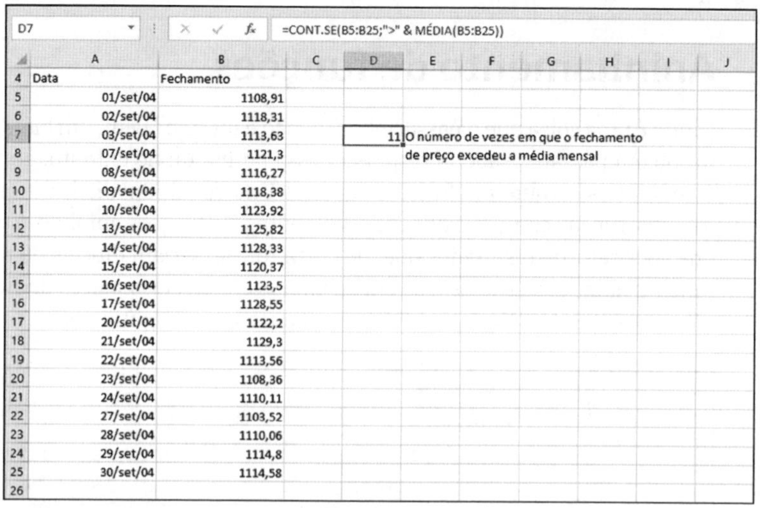

D7 =CONT.SE(B5:B25;">" & MÉDIA(B5:B25))

	A	B	C	D	E
4	Data	Fechamento			
5	01/set/04	1108,91			
6	02/set/04	1118,31			
7	03/set/04	1113,63		11	O número de vezes em que o fechamento
8	07/set/04	1121,3			de preço excedeu a média mensal
9	08/set/04	1116,27			
10	09/set/04	1118,38			
11	10/set/04	1123,92			
12	13/set/04	1125,82			
13	14/set/04	1128,33			
14	15/set/04	1120,37			
15	16/set/04	1123,5			
16	17/set/04	1128,55			
17	20/set/04	1122,2			
18	21/set/04	1129,3			
19	22/set/04	1113,56			
20	23/set/04	1108,36			
21	24/set/04	1110,11			
22	27/set/04	1103,52			
23	28/set/04	1110,06			
24	29/set/04	1114,8			
25	30/set/04	1114,58			
26					

FIGURA 1-26: Aninhamento de função.

DICA

Quando uma função é aninhada dentro de outra, a função interna é calculada primeiro. O resultado é então usado como argumento para a função externa.

A função CONT.SE conta a quantidade de células em um intervalo que atendem à condição. Nesse caso, a condição é que qualquer valor unitário no intervalo seja maior do que (>) a média dele. A fórmula na célula D7 é `=CONT.SE(B5:B25; ">" & MÉDIA(B5:B25))`. A função MÉDIA é avaliada primeiro; depois se avalia a função CONT.SE, usando o valor retornado da função aninhada como argumento.

É melhor inserir as funções aninhadas diretamente. A caixa de diálogo Inserir Função não facilita a entrada de uma função aninhada. Tente fazer isso uma vez. Neste exemplo, você usa a função MÉDIA para encontrar a média dos maiores valores a partir dos dois conjuntos de números. MÁXIMO é a função aninhada. Digite a função MÁXIMO duas vezes dentro da função MÉDIA. Siga estes passos:

1. **Digite alguns números diferentes em uma coluna.**
2. **Digite alguns números diferentes em uma coluna diferente.**
3. **Clique na célula vazia em que o resultado deve aparecer.**
4. **Digite** =MÉDIA(**para iniciar a entrada da função.**
5. **Digite** MÁXIMO(.

6. **Clique na primeira célula no segundo conjunto de números, pressione o botão do mouse e arraste-o por todas as células do primeiro conjunto.**

   O endereço desse intervalo é introduzido na função MÁXIMO.

7. **Insira um parêntese de fechamento no final da primeira função MÁXIMO.**

8. **Insira um ponto e vírgula (;).**

9. **Novamente, digite** MÁXIMO(.

10. **Clique na primeira célula do segundo conjunto de números, pressione o botão do mouse e arraste-o por todas as células do segundo conjunto.**

    O endereço desse intervalo é introduzido na função MÁXIMO.

11. **Insira um parêntese de fechamento no final da segunda função MÁXIMO.**

12. **Digite um**).

    Isso finaliza a função MÉDIA.

13. **Pressione a tecla Enter.**

A Figura 1-27 mostra o resultado da sua função aninhada. A célula C14 contém a fórmula: `=MÉDIA(MÁXIMO(B4:B10);MÁXIMO(D4:D10))`.

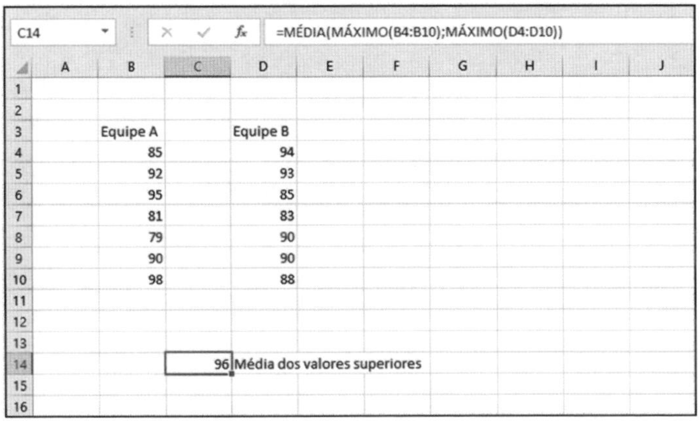

FIGURA 1-27: Obtendo um resultado a partir das funções aninhadas.

LEMBRE-SE

Ao usar as funções aninhadas, a função externa é precedida com um sinal de igual (=) caso seja o início da fórmula. Quaisquer outras funções aninhadas *não* são antecedidas pelo sinal de igual.

DICA

É possível aninhar funções até o nível 64.

NESTE CAPÍTULO

» **Exibindo a caixa de diálogo Inserir Função**

» **Encontrando a função que você precisa**

» **Usando a caixa de diálogo Argumentos da Função**

» **Inserindo fórmulas e funções**

Capítulo **2**

Economizando Tempo com as Ferramentas das Funções

O Excel tem um mundaréu de funções, e isso pode ser tanto uma bênção quanto uma maldição. Você pode fazer muitas coisas com as funções do Excel — se conseguir lembrar todas elas! Ainda que você se lembrasse dos nomes das funções, memorizar todos os argumentos que uma função pode usar é um belo de um desafio.

LEMBRE-SE

Os *argumentos* são fragmentos de informações que as funções utilizam para calcular e retornar um valor.

Não tema: a Microsoft não deixou você no escuro para descobrir quais argumentos usar. O Excel tem um utilitário ótimo para ajudá-lo a inserir as funções e seus argumentos em sua planilha. Desse jeito, você consegue encontrar as funções de que precisa em um piscar de olhos. Você economiza tempo e muita dor de cabeça, e ainda comete menos erros — portanto, continue lendo!

Conhecendo a Caixa de Diálogo Inserir Função

A caixa de diálogo Inserir Função (mostrada na Figura 2-1) é projetada para simplificar a tarefa de usar as funções em sua planilha. A caixa de diálogo não só ajuda a localizar a função adequada, como também disponibiliza informações sobre os argumentos que a função aceita. Caso utilize a caixa de diálogo Inserir Funções, você não precisa digitar as funções diretamente nas células da planilha. Em vez disso, a caixa de diálogo o direciona para um processo de (praticamente) apontar e clicar — uma coisa ótima, pois, se você for como eu, precisará de toda ajuda possível.

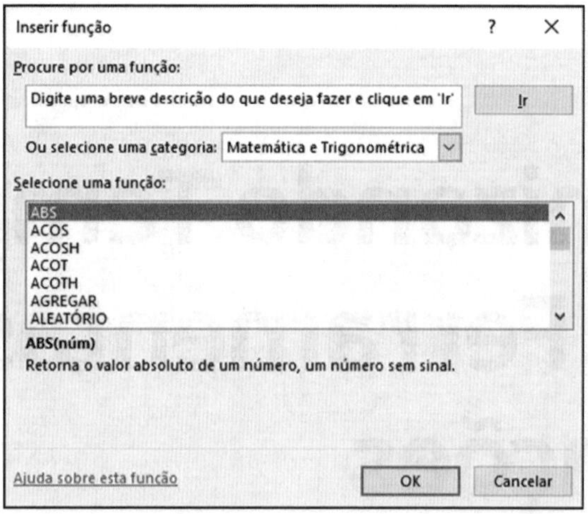

FIGURA 2-1: Use a caixa de diálogo Inserir Função para inserir facilmente as funções em uma planilha.

Na caixa de diálogo Inserir Função, você pode pesquisar as funções por categorias ou percorrer com a barra de rolagem a lista em ordem alfabética. Uma funcionalidade de pesquisa — digite uma frase na caixa Procure por uma Função, clique no botão Ir e veja o que acontece — é bem útil. Quando você seleciona uma função na caixa Selecione uma Função, uma breve descrição do que a função faz aparece abaixo da lista. Você também pode clicar em Ajuda sobre esta função, na parte inferior da caixa de diálogo, para visualizar mais informações a respeito da função.

Você pode exibir a caixa de diálogo Inserir Função de três formas:

- Clique no botão Inserir Função na Faixa de Opções de Fórmulas.
- Na Barra de Fórmulas, clique no botão pequeno Inserir Função (que se parece com f_x).
- Clique na pequena seta à direita da funcionalidade AutoSoma na Faixa de Opções de Fórmulas e selecione Mais Funções (veja a Figura 2-2). A

AutoSoma tem uma lista das funções mais usadas que você pode inserir com um clique. Se selecionar Mais Funções, a caixa de diálogo Inserir Função abre.

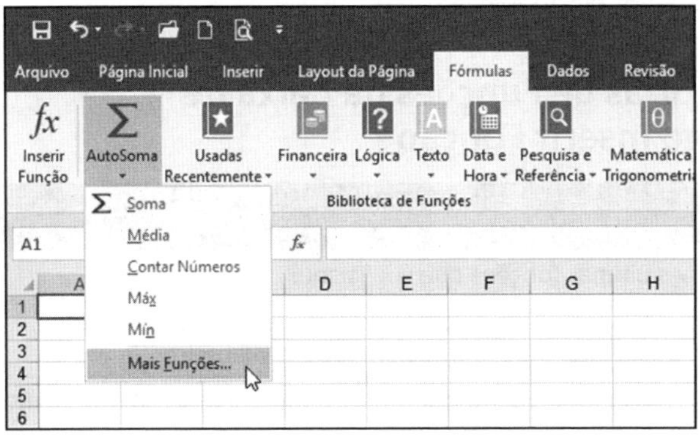

FIGURA 2-2: O botão AutoSoma oferece acesso rápido às funções básicas e à caixa de diálogo Inserir Função.

Encontrando a Função Correta

O primeiro passo para usar uma função é encontrar aquela que você precisa! Mesmo quando você sabe qual é a função necessária, talvez não se lembre de todos os argumentos que ela aceita. Você pode encontrar uma função na caixa de diálogo Inserir Função de duas maneiras:

- **Pesquisa:** Digite uma ou mais palavras-chave ou uma expressão na caixa Procure por uma Função, e depois clique no botão OK.
  - Se uma combinação for encontrada, o menu suspenso Ou Selecione uma Categoria exibe a Mais Recentemente Usada, e a caixa de diálogo Selecione uma Função exibe uma listagem das funções que correspondem à sua procura.
  - Se não for encontrada nenhuma combinação, o menu suspenso Ou Selecione uma Categoria exibe Mais Recentemente Usada — e as funções mais usadas recentemente aparecem na caixa de diálogo Selecione uma Função. A caixa Procure por uma Função exibe uma mensagem para reformular o texto inserido na busca.
- **Busca:** Clique na seta para baixo em Ou Selecione uma Categoria e, no menu suspenso, selecione Tudo ou a categoria da função atual. Quando uma função atual é selecionada, a caixa Selecione uma Função é atualizada para mostrar apenas as funções relevantes. Veja a lista para encontrar a função que precisa. Como alternativa, se souber a categoria, você pode selecioná-la na Faixa de Opções de Fórmulas.

A Tabela 2-1 enumera as categorias do menu suspenso Ou Selecione uma Categoria. Encontrar a função necessária é diferente de saber quais funções você precisa. O Excel é ótimo em oferecer funções, mas, na realidade, você precisa saber com solicitá-las ao Excel.

TABELA 2-1 **Categorias de Funções na Caixa de Diálogo Inserir Função**

Categoria	Tipos de Funções
Mais Recentemente Usada	As últimas funções que você usou.
Tudo	A lista inteira de funções em ordem alfabética.
Financeira	Funções para gerenciar empréstimos, analisar investimentos e assim por diante.
Data e Hora	Funções para calcular os dias da semana, o tempo decorrido e assim por diante.
Matemática e Trigonométrica	Uma quantidade considerável de funções matemáticas.
Estatística	Funções para usar a estatística descritiva e inferencial.
Pesquisa e Referência	Funções para obter informações sobre os dados na planilha.
Banco de Dados	Funções para selecionar os dados estruturados em linhas e colunas.
Texto	Funções para manipular e procurar valores de texto.
Lógico	Funções booleanas (E, OU e assim por diante).
Informações	Funções para obter informações sobre as células da planilha e os dados dela.
Engenharia	Algumas funções de conversão e de engenharia. Essas funções também são fornecidas pelo Analysis ToolPak.
Cubo	Funções usadas com os cubos do processo analítico online (OLAP).
Compatibilidade	Algumas funções foram atualizadas no Excel 2010 e 2013. As funções desta categoria são as mais antigas e ainda são compatíveis com o Excel 2007 e com suas versões anteriores.
Web	Algumas funções que são úteis ao compartilhar dados com os serviços da web.
Definido pelo Usuário	Qualquer função personalizada criada em código VBA ou a partir de suplementos. Talvez essa categoria não esteja listada.

Inserindo Funções Usando a Caixa de Diálogo Inserir Função

Agora que você já viu como pesquisar e selecionar uma função, é hora de usar a caixa de diálogo Inserir Função para, de fato, inserir uma função. A caixa de diálogo facilita a inserção de funções que não aceitam argumentos e de funções que *aceitam*. De um jeito ou de outro, a caixa de diálogo o direciona ao longo do processo de inserir uma função.

Algumas vezes, os argumentos das funções não são valores, mas referências a células, intervalos, áreas nomeadas ou tabelas. Eles também fazem parte da caixa de diálogo Inserir Função, cujo uso é mais do que vantajoso.

Selecionando uma função sem argumentos

Algumas funções retornam um valor, e só. Nenhum argumento é necessário para tais funções. Isso significa que os argumentos não precisam estar prontos para serem usados. O que poderia ser mais fácil que isso? Veja como inserir uma função que não leva nenhum argumento. A função HOJE é utilizada neste exemplo:

1. **Posicione o cursor do mouse sobre a célula na qual você deseja que os resultados apareçam.**
2. **Clique no botão Inserir Função, na Faixa de Opções, para abrir a caixa de diálogo Inserir Função.**
3. **Selecione Tudo, no menu suspenso Ou Selecione uma Categoria.**
4. **Na barra de rolagem, percorra a lista Selecione uma Função até encontrar a função HOJE e clique nela.**

   A Figura 2-3 mostra como a tela fica.
5. **Clique em OK.**

   A caixa de diálogo Inserir Função fecha, e a caixa de diálogo Argumentos da Função abre. Essa caixa informa que a função não aceita nenhum argumento, conforme mostra a Figura 2-4.

6. **Clique em OK.**

A caixa de diálogo Argumentos da Função fecha e a entrada da função é concluída.

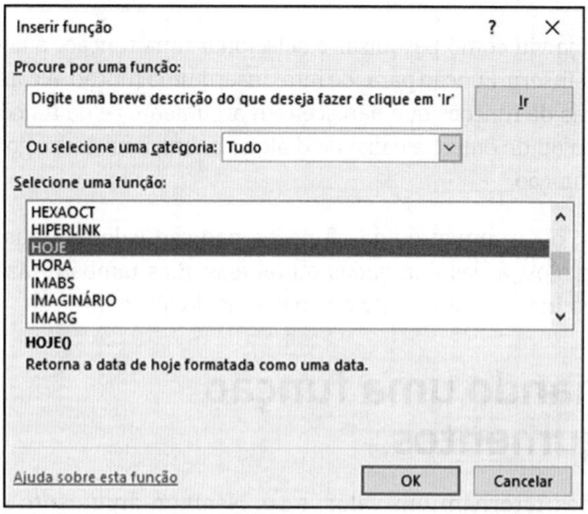

FIGURA 2-3: Selecionando uma função.

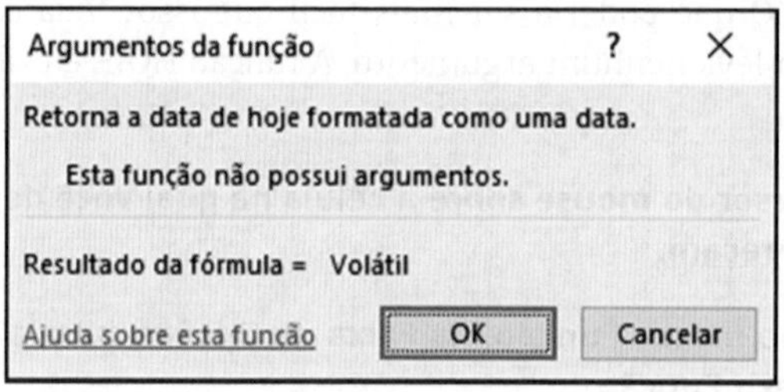

FIGURA 2-4: A caixa de diálogo Argumentos da Função informa que não há argumentos.

PAPO DE ESPECIALISTA

Talvez você tenha percebido que a caixa de diálogo Argumentos da Função informa que o resultado da Fórmula será igual a `VOLÁTIL`. Não há com o que se preocupar! Isso significa que a resposta pode ser diferente sempre que a função for usada. Por exemplo, a função HOJE retornará uma data diferente se for usada amanhã.

A Figura 2-5 mostra como o resultado da função foi retornado para a planilha. A célula B2 exibia a data de quando escrevi este exemplo. A data que você verá na sua tela é a data atual.

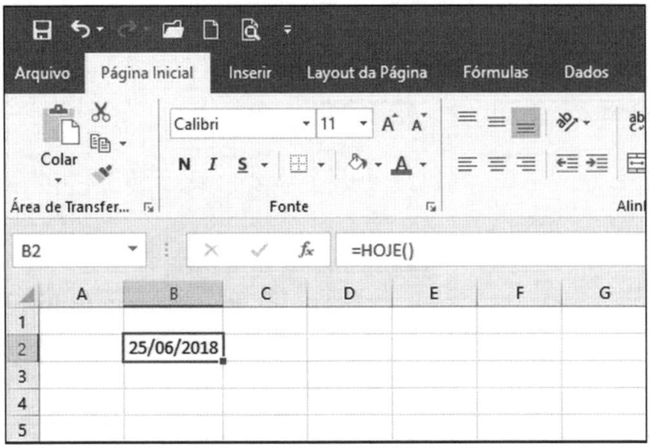

FIGURA 2-5: Populando a célula de uma planilha com a data de hoje.

LEMBRE-SE

A maioria das funções aceita argumentos. As poucas que *não aceitam* podem retornar um resultado sem que nenhuma informação seja necessária. Por exemplo, a função HOJE retorna a data atual; ela não precisa de nenhuma informação adicional para isso.

Selecionando uma função com argumentos

A maioria das funções aceita argumentos a fim de fornecer informações necessárias para as funções executarem seus cálculos. Algumas funções utilizam um único argumento; outras utilizam muitos. *Aceitar argumentos* e *usar argumentos* são termos intercambiáveis. A maior parte das funções aceita argumentos, porém a quantidade deles depende da função atual. Algumas aceitam apenas um, e outras aceitam até 255.

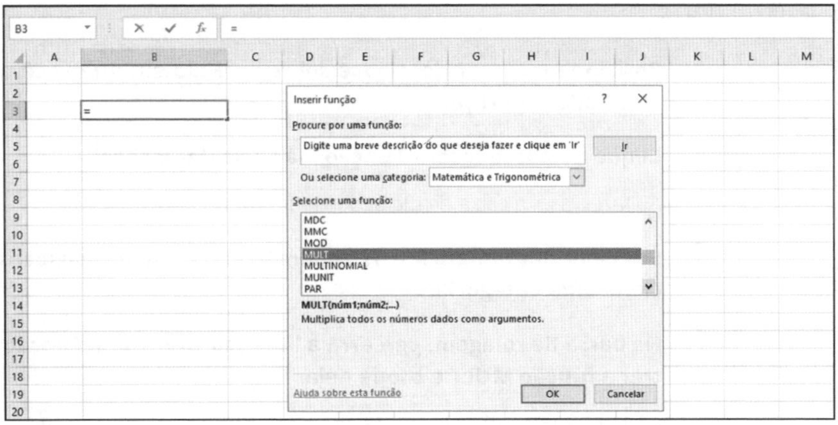

FIGURA 2-6: Preparando para multiplicar alguns números com a função MULT.

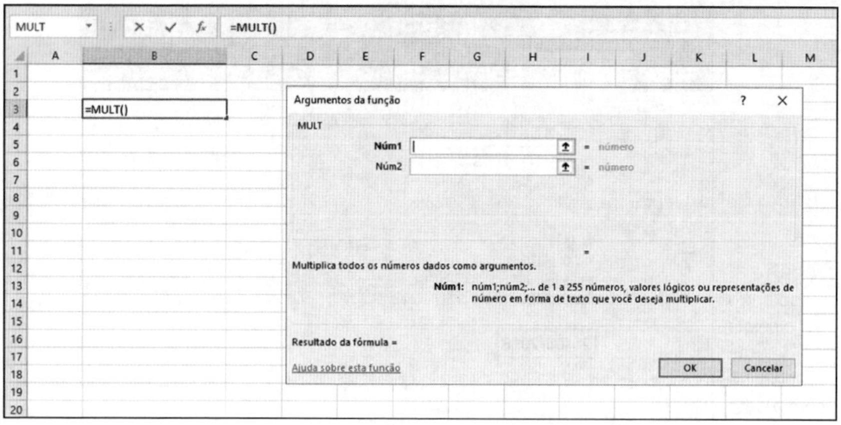

FIGURA 2-7: Pronto para inserir Argumentos da Função.

Os exemplos a seguir mostram como usar a caixa de diálogo Inserir Função para inserir uma função que *aceita* argumentos. O exemplo utiliza a função MULT. Veja como inserir a função e seus argumentos:

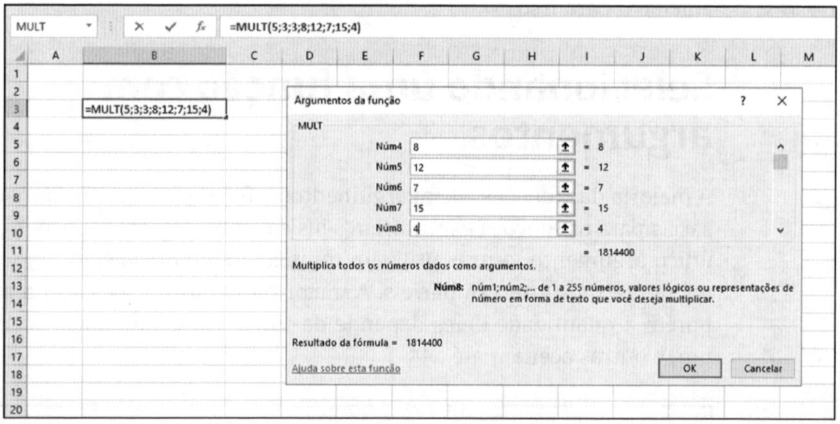

FIGURA 2-8: Obtendo resultados instantâneos na caixa de diálogo Argumentos da Função.

1. **Posicione o cursor do mouse sobre a célula em que você quer que os resultados apareçam.**
2. **Clique no botão Inserir Função, na Faixa de Opções.**

   Ao fazer isso, a caixa de diálogo Inserir Função abre.
3. **Selecione Matemática e Trigonométrica, no menu suspenso Ou Selecione uma Categoria.**
4. **Na barra de rolagem, percorra a lista Selecione uma Função até encontrar a função MULT e clique nela.**

   A Figura 2-6 mostra como a tela fica.

5. **Clique em OK.**

   A caixa de diálogo Inserir Função fecha, e a caixa de diálogo Argumentos da Função abre. A Figura 2-7 mostra como a tela fica. A caixa de diálogo informa que a função pode aceitar até 255 argumentos, mesmo parecendo ter lugar somente para dois. Conforme você insere os argumentos, a caixa de diálogo fornece uma barra de rolagem para gerenciar os múltiplos argumentos.

6. **Na caixa de diálogo Argumentos da Função, insira um número na caixa Núm1.**

7. **Digite outro número na caixa Núm2.**

   Você está inserindo argumentos reais. À medida que os números são inseridos na caixa de diálogo, a barra de rolagem aparece, possibilitando que você digite mais argumentos. Insira quantos desejar, até 255. A Figura 2-8 mostra como inseri 8 argumentos. Além disso, observe a parte inferior esquerda da caixa de diálogo. Enquanto as funções são inseridas, o resultado da Fórmula é recalculado instantaneamente. Não seria bom ser tão inteligente assim?

8. **Clique em OK para concluir a entrada da função.**

   A Figura 2-9 mostra o resultado da planilha.

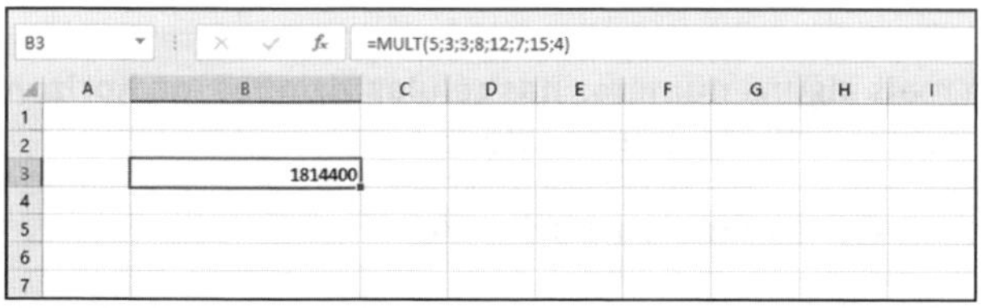

FIGURA 2-9: Obtendo o resultado final da função.

Inserindo células, intervalos, áreas nomeadas e tabelas como argumentos de função

O Excel é tão legal. Você pode não apenas fornecer referências de uma única célula como argumentos, mas também, em muitos casos, pode inserir uma referência de intervalo inteiro ou o nome de uma área ou tabela como um único argumento! E, ainda por cima, inserir tais argumentos por meio do teclado ou mouse.

Este exemplo demonstra o uso de referências de uma única célula e de um intervalo, bem como uma área nomeada e uma tabela como argumentos. Para este exemplo, uso a função SOMA. Veja como usar a caixa de diálogo Inserir Função para inserir a função e seus argumentos:

1. **Insira alguns números em uma planilha em células vizinhas.**
2. **Selecione as células e, em seguida, clique no botão Tabela na Faixa de Opções Inserir.**

   A caixa de diálogo Criar Tabela abre.
3. **Clique em OK para concluir a criação da tabela.**

   A Faixa de Opções deve exibir o estilo de tabela e outras opções. (Caso contrário, procure por Ferramentas de Tabela na barra de título do Excel e clique nela.) À esquerda, no final da Faixa de Opções, está o nome que o Excel deu à tabela. Você pode altear o nome e a aparência da tabela. Anote o nome da tabela, pois será necessário inseri-lo novamente nos próximos passos.
4. **Em algum lugar na planilha, digite números em células vizinhas.**
5. **Selecione as células e clique no botão Definir Nome na Faixa de Opções de Fórmulas.**

   A caixa de diálogo Novo Nome aparece.
6. **Insira um nome para a área.**

   Usei o nome MinhaÁrea. Veja na Figura 2-10 como a planilha está tomando forma.
7. **Insira mais alguns números nas células vizinhas, na horizontal em uma linha ou na vertical em uma coluna.**
8. **Insira um único número na célula A1.**
9. **Clique na célula vazia em que você quer que o resultado apareça.**
10. **Clique no botão Inserir Função na Faixa de Opções de Fórmula.**

    A caixa de diálogo inserir função abre.
11. **Selecione a função SOMA.**

    A função SOMA está na categoria Tudo ou Matemática e Trigonométrica, e existe a possibilidade de ela estar na categoria das Mais Recentemente Usadas.
12. **Clique em OK.**

    A caixa de diálogo Argumentos da Função abre.

LEMBRE-SE

À direita de cada caixa Número há um pequeno botão elegante — um controle especial do Excel chamado de *RefEdit*. Ele permite que você saia da caixa de diálogo, selecione uma célula ou intervalo na planilha e depois retorne para a caixa de diálogo. Qualquer célula ou intervalo que você clicar ou arrastar na planilha será trazido para a caixa de entrada como referência.

É possível digitar as referências de célula e intervalo, as áreas nomeadas e os nomes das tabelas diretamente nas caixas Número também. Os controles RefEdit estão lá para serem utilizados com o mouse, caso você prefira.

13. **Clique no primeiro RefEdit.**

    A caixa de diálogo encolhe tanto, de modo que a única coisa visível é o campo no qual os dados são inseridos. Clique na célula A1, na qual você inseriu um número.

14. **Pressione a tecla Enter.**

    A caixa de diálogo Argumentos da Função reaparece.

15. **Na segunda caixa de entrada, digite o nome da sua área nomeada.**

    Se você não se lembrar do nome que usou, utilize o controle RefEdit para selecionar a área na planilha.

16. **Na terceira caixa de entrada, insira o nome da sua tabela e pressione a tecla Enter.**

17. **Se não você não se lembrar do nome que usou, use o controle RefEdit para selecionar a tabela.**

18. **Na quarta caixa de entrada, insira um intervalo a partir da planilha em que os valores estão localizados.**

    Não importa se esse intervalo faz parte da área nomeada ou da tabela. Use o controle RefEdit caso queira arrastar o mouse sobre um intervalo de números. Sua tela deve se parecer com a Figura 2-11.

19. **Clique em OK.**

    A soma final das diversas partes da planilha é exibida na célula em que a função foi inserida. A Figura 2-12 mostra como a planilha de exemplo ficou.

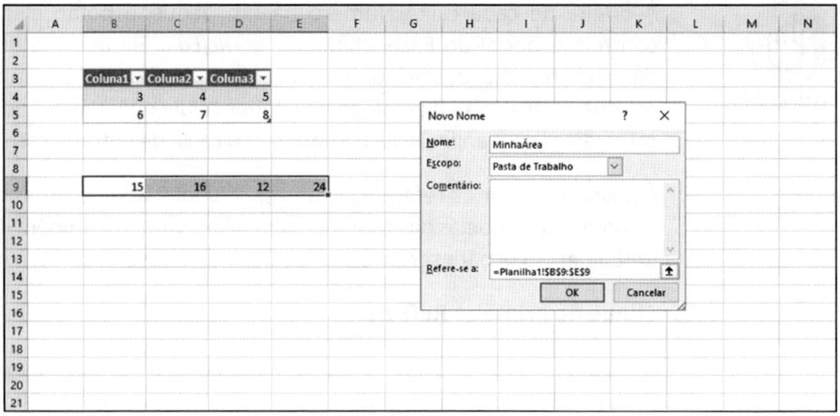

FIGURA 2-10: Adicionando uma tabela e uma área nomeada a uma planilha.

FIGURA 2-11: Inserindo argumentos.

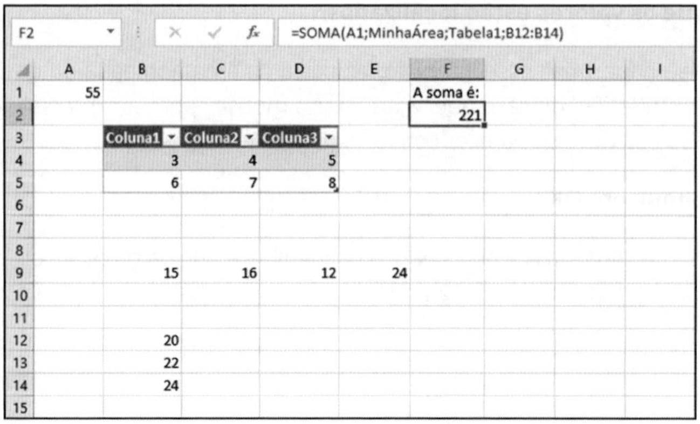

FIGURA 2-12: Calculando a soma com base nas referências da célula e do intervalo.

Parabéns! Você conseguiu! Você inseriu satisfatoriamente uma função com uma referência de célula, uma referência de intervalo, uma área nomeada e o nome de uma tabela. Você está aproveitando as potencialidades do Excel. Observe o resultado — a soma de muitos números localizados em várias partes da planilha. Agora, imagine quantas somas podem ser feitas. Você tem até 255 entradas e, se necessário, cada uma pode ser um *intervalo* de células.

DICA

Você pode usar a caixa de diálogo Inserir Função a qualquer momento enquanto estiver inserindo uma fórmula. Isso é bem conveniente quando a fórmula utiliza valores e referências além da função. Basta abrir a caixa de diálogo Inserir Função quando a entrada da fórmula estiver no lugar em que a função vai ficar.

Obtendo ajuda na caixa de diálogo Inserir Função

A quantidade de funções e suas inúmeras utilidades lhe faculta a capacidade de fazer coisas grandiosas no Excel. Contudo, de vez em quando, você talvez precise de orientação sobre como fazer as fórmulas funcionarem. Para sua sorte, a ajuda está a um clique de distância.

As caixas de diálogo Inserir Função e Argumentos da Função têm um link para o sistema de Ajuda. A qualquer momento você pode clicar no link Ajuda Sobre Esta Função, no canto inferior esquerdo da caixa de diálogo, e obter ajuda para a função que está sendo usada. O sistema de Ajuda tem muitos exemplos. Em geral, rever como uma função funciona leva a outras funções similares que, talvez, adéquem-se melhor à sua realidade.

Usando a caixa de diálogo Argumentos de Função para editar funções

O Excel facilita a inserção de funções com a caixa de diálogo Inserir Função. Mas o que fazer para modificar uma função já inserida em uma célula? Que tal adicionar ou retirar alguns argumentos? Há uma maneira fácil de fazer isso! Siga as etapas abaixo:

1. **Clique na célula da função existente.**
2. **Clique no botão Inserir Função.**

   A caixa de diálogo Inserir Função aparece. Essa caixa de diálogo já está configurada para funcionar com a sua função. Na verdade, os argumentos já inseridos na função são exibidos na caixa de diálogo também!

3. **Adicione, edite ou apague os argumentos da seguinte forma:**

   - Para adicionar um argumento (se a função permitir), use o controle RefEdit para pegar os valores extras a partir da planilha. Em contrapartida, se você clicar no botão de referência do argumento, uma nova caixa abre e você pode inserir um valor ou um intervalo nela.

- Para editar um argumento, apenas clique nele e modifique-o.
- Para excluir um argumento, clique nele e pressione a tecla backspace.

4. **Clique em OK quando tiver concluído.**

   A função é atualizada com as suas mudanças.

Inserindo Fórmulas e Funções Diretamente

Conforme vai pegando a manha das funções, é bem provável que você ignore a caixa de diálogo Inserir Função e digite as funções diretamente. A Barra de Fórmulas é o lugar para fazer isso. Outra forma é simplesmente digitar em uma célula.

Inserindo fórmulas e funções na Barra de Fórmulas

Ao inserir uma entrada na Barra de Fórmulas, ela vai para a célula ativa. Entretanto, como a célula ativa pode estar em qualquer lugar, talvez você prefira inserir as fórmulas e as funções diretamente na Barra de Fórmulas. Desse modo, você sabe que a entrada estará no lugar em que você precisa que ela esteja. Antes de inserir uma fórmula na caixa de fórmulas (à direita, no final da Barra de Fórmulas), a Caixa de Nome à esquerda indica onde a fórmula ficará. Talvez a célula que receba a entrada não esteja na área visível da planilha. Caramba, ela pode estar um milhão de linhas abaixo e milhares de colunas à direita! Depois de começar a inserir a fórmula, a Caixa de Nome se transforma em um menu suspenso de funções. Esse menu é bem prático para funções aninhadas. À medida que insere as fórmulas na Caixa de Fórmulas, você pode clicar em uma função na Caixa de Nome, e ela é inserida na entrada iniciada na Caixa de Fórmulas. Confuso? Imagine o que eu passei tentando explicar isso! Sério, mas esse é um jeito eficaz de organizar as funções aninhadas. Experimente fazer isso e acostume-se a fazê-lo, é mais uma habilidade que você acrescentará aos seus dotes do Excel.

Ao concluir sua entrada, pressione a tecla Enter ou clique no pequeno botão de verificação à esquerda da Caixa de Fórmulas.

A Figura 2-13 deixa isso claro. Uma fórmula está sendo inserida na Caixa de Fórmulas, e a Caixa de Nome acompanha a(s) função(ões) que está(ão) sendo inserida(s). Repare, no entanto, que a célula ativa não está na área visível da planilha. Ela deve estar abaixo e/ou à direita da área visível, já que a parte superior esquerda da planilha é mostrada na Figura 2-13.

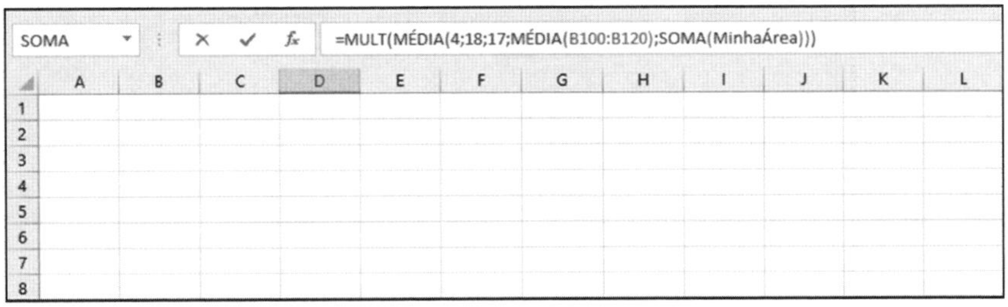

FIGURA 2-13: Inserir uma fórmula na caixa de fórmulas tem lá suas conveniências.

Entre a Caixa de Nome e a Barra de Fórmulas estão três pequenos botões. Da esquerda para a direita, eles fazem o seguinte:

- Cancelam a entrada.
- Concluem a entrada.
- Exibem a caixa de diálogo Inserir Função.

LEMBRE-SE

Os botões Cancelar e Inserir Função ficam disponíveis quando uma fórmula, uma função ou somente valores antigos são inseridos na Barra de Fórmulas ou diretamente na célula.

Inserindo fórmulas e funções diretamente nas células das planilhas

Talvez o método de entrada mais fácil seja digitar a fórmula diretamente na célula. Digite apenas fórmulas que não contenham funções e pressione a tecla Enter para concluir a entrada. Tente fazer este simples exemplo:

1. **Clique em uma célula na qual a fórmula será inserida.**
2. **Insira esta simples fórmula matemática:**

   =6 + (9/5) *100

3. **Pressione a tecla Enter.**

   A resposta é 186. (Não se esqueça da ordem dos operadores; veja o Capítulo 18 para mais informações sobre a ordem dos operadores matemáticos.)

O Excel faz com que a inserção de funções em fórmulas seja tão fácil quanto um clique. À medida que a função é inserida na célula, apresenta-se imediatamente uma lista de funções começando com a letra (veja a Figura 2-14).

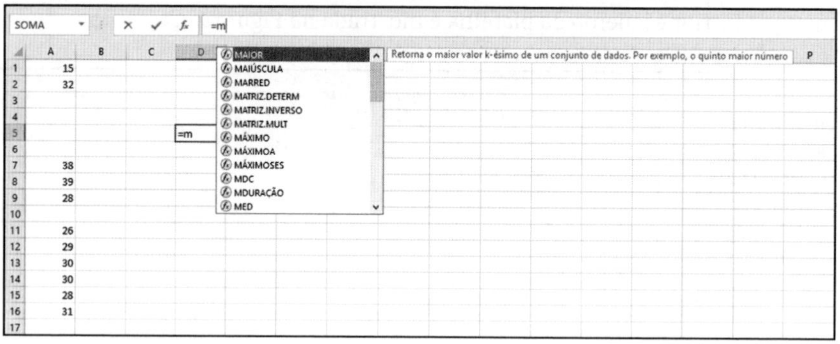

FIGURA 2-14: Inserir funções nunca foi tão fácil.

A função desejada neste exemplo é a MÍNIMO, que retorna um valor mínimo a partir de um grupo de valores. Assim que você digita M (primeiro digite o sinal de igual, se for o início da entrada da fórmula), a lista da Figura 2-14 aparece, mostrando todas as funções que começam com M. Agora que existe uma opção, continue a digitar o nome completo da função ou desça com o mouse pela barra de rolagem para MÍNIMO e pressione a tecla Tab. A Figura 2-15 mostra o que acontece quando você faz isso. A MÍNIMO é completada e fornece a estrutura de sintaxe exigida — nem precisa pensar muito! Agora seu cérebro pode se concentrar em coisas mais interessantes, como qual é a probabilidade de você ganhar um jogo de pôquer. (Será que a Microsoft um dia vai desenvolver uma função que calcule isso? Por favor!) Na Figura 2-15, a função MÍNIMO é usada para encontrar o valor mínimo no intervalo A7:A15 (que é multiplicado com a soma dos valores em A1 + A2). Para completar a função, insira um parêntese de fechamento e pressione a tecla Enter. Neste exemplo, a resposta é 1222.

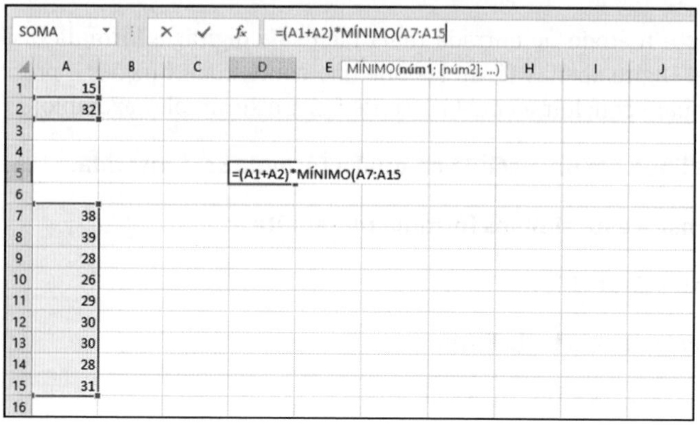

FIGURA 2-15: Entrada da fórmula sendo completada diretamente na célula.

A1: 15

A2: 32

A7: 38

A8: 39

A9: 28

A10: 26

A11: 29

A12: 30

A13: 30

A14: 28

A15: 31

A fórmula em D5 é `=(A1+A2) * MÍNIMO(A7:A15)`.

LEMBRE-SE

A capacidade do Excel em mostrar uma lista de funções com base na grafia é chamada de *Preenchimento Automático de Fórmula.*

Você pode ativar ou desativar o Preenchimento Automático de Fórmula na caixa de diálogo Opções do Excel seguindo estes passos:

1. **Clique na guia Arquivo, na parte superior esquerda da tela.**
2. **Clique em Opções.**
3. **Na caixa de diálogo Opções do Excel, selecione a guia Fórmulas.**
4. **Na seção Trabalhando com Fórmulas, marque ou desmarque a caixa de verificação Preenchimento Automático de Fórmula.**
5. **Clique em OK.**

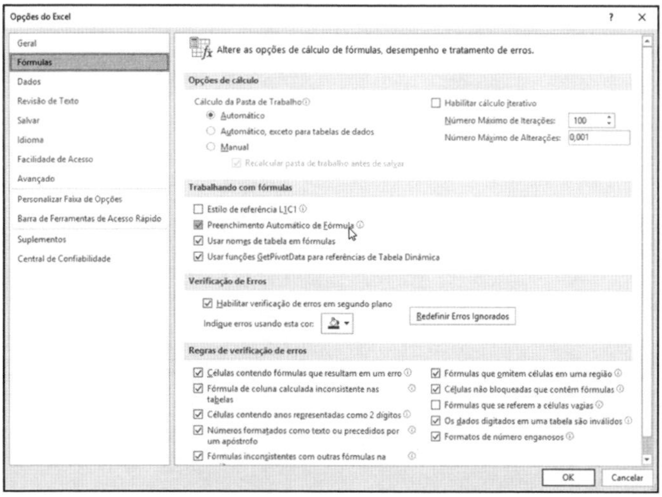

FIGURA 2-16: Configurando o Preenchimento Automático de Fórmula.

NESTE CAPÍTULO

» **Entendendo as matrizes**

» **Criando fórmulas que usam matrizes**

» **Usando as funções que retornam arrays de dados**

Capítulo 3

Fórmulas e Funções: Bem-vindas, Matrizes!

O Excel é bem sofisticado; ele tem muitas funções internas para facilitar o seu trabalho. E ainda por cima permite que você informe as funções de modo que elas trabalhem em conjuntos inteiros de valores chamados de *matrizes*, resultando em uma análise ainda mais habilidosa.

Uma *matriz* é um conjunto de dois ou mais valores (por exemplo, o conteúdo de duas ou mais células ou até mesmo o conteúdo de dois ou mais intervalos em uma planilha). Determinadas funções usam matrizes como argumentos.

Você deve estar pensando: "Como isso pode ser diferente de entrar com um monte de argumentos?" E está certo ao fazer essa comparação. Por exemplo, a função SOMA pode aceitar até 255 argumentos. Isso não é a mesma coisa que dar à função uma matriz com 255 valores? É e não é. É a mesma ideia, mas usar a abordagem de matriz pode simplificar seu trabalho, como você verá daqui a pouco.

Há ainda um outro lado das funções com matriz. Algumas delas *retornam* uma matriz. É isso mesmo. Na maioria das vezes, uma função retorna um valor único em uma célula única. Neste capítulo, veremos como uma função retorna um grupo de valores em múltiplas células.

Desvendando as Matrizes

Uma matriz é como uma caixa. Ela pode armazenar uma quantidade de itens. No Excel, uma matriz armazena uma coleção de valores ou referências de células. Essas matrizes são utilizadas exclusivamente pelas fórmulas e pelas funções. Ou seja, a associação de alguns valores como um grupo integrado existe somente para fins de cálculo de resultados. Uma matriz difere das áreas nomeadas (um intervalo de células) criadas no Excel. As áreas nomeadas se tornam parte da planilha e podem ser referenciadas a qualquer momento.

As áreas nomeadas são definidas por meio da caixa de diálogo Novo Nome, como mostra a Figura 3-1. Em contrapartida, não existe caixa de diálogo ou método que crie matrizes que possam ser referenciados a partir de fórmulas ou funções. As matrizes, em vez disso, são incorporadas às fórmulas.

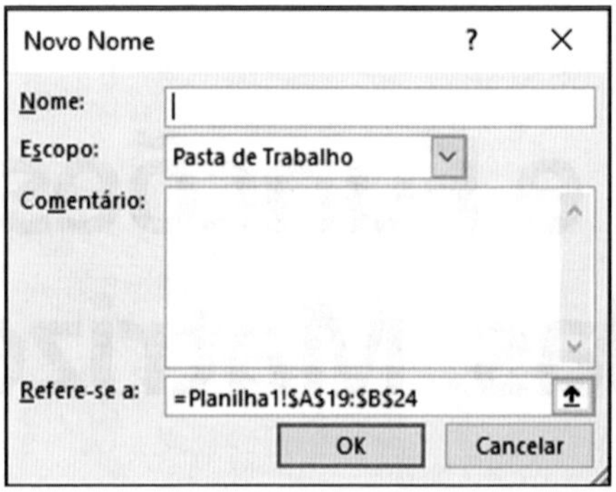

FIGURA 3-1: Criando uma área nomeada com a caixa de diálogo Novo Nome.

As áreas nomeadas são referenciadas com facilidade nas fórmulas. Por exemplo, se uma pasta de trabalho contém a área nomeada Vendas, os valores de todas as células em Vendas podem ser somados assim:

```
=SOMA(Vendas)
```

Suponha que Vendas contenha três células com estes valores: 10, 15 e 20. Tais valores, claro, podem ser inseridos diretamente na função SOMA desta forma:

```
=SOMA(10,15,20)
```

É quase uma matriz, falta pouco. O Excel reconhece um grupo de valores para ser uma matriz quando eles estão entre chaves ({ e }). Portanto, para inserir uma matriz de valores na função, a entrada deve ser assim:

```
=SOMA({10,15,20})
```

Basicamente, as chaves informam ao Excel para tratar o grupo de valores como uma matriz. Até agora, você deve estar se perguntando qual a utilidade de uma matriz, mas, na próxima seção, veremos como o uso das matrizes com funções-padrão como a SOMA fornece resultados elegantes.

LEMBRE-SE

Para inserir valores como uma matriz dentro de uma função, delimite-os entre chaves. As chaves têm uma aparência encurvada e não devem ser confundidas com colchetes. Em um teclado comum, as chaves e os colchetes ficam na mesma tecla. Segure a tecla Shift enquanto pressiona a tecla chave/colchete.

No entanto, para colocar as chaves nas fórmulas, você precisa segurar a tecla Shift e pressionar a tecla com as chaves. Não se pode sair digitando as chaves diretamente.

Usando as Matrizes em Fórmulas

As matrizes podem ser inseridas junto com as fórmulas e funções. Geralmente, os argumentos de uma função são inseridos de modo diferente, demonstrado nesta seção. O uso de matrizes pode poupar as etapas de entrada e fornecer uma resposta em uma única fórmula. Isso é bem prático em situações que normalmente exigem um conjunto de cálculos intermediários cujo resultado final é calculado. Não sei você, mas gosto de atalhos, ainda mais quando eu tenho um monte de coisas para fazer!

Veja um exemplo: a função SOMA é regularmente utilizada para somar alguns números. Somar alguns números não requer uma fórmula de matriz propriamente dita, mas que tal somar os resultados de outros cálculos? O próximo exemplo mostra como o uso da matriz simplifica a obtenção do resultado final.

A Figura 3-2 mostra uma pequena carteira de ações. A Coluna A apresenta as siglas dos títulos de participações das ações, a Coluna B tem os números de ações por título e a Coluna C apresente o preço recente de cada ação.

	A	B	C	D	E
1					
2	Ações	Número de ações por título	Valor da ação		
3					
4	IBM	100	R$ 120,82		
5	MSFT	200	R$ 25,71		
6	THOO	200	R$ 17,21		
7	INTC	300	R$ 19,88		
8	BA	150	R$ 25,37		
9					
10					
11					

FIGURA 3-2: Carteira de ações.

A tarefa é descobrir o valor *total* da carteira de ações. O jeito habitual de fazer isso é:

1. **Multiplicar o número de ações de cada título de participação pelo seu preço.**
2. **Somar os resultados do Passo 1.**

A Figura 3-3 mostra uma maneira comum de fazer isso. A coluna D contém as fórmulas para calcular o valor de cada ação na carteira. Isso é feito multiplicando-se o número de ações de cada título de participação pelo seu preço. Por exemplo, a célula D4 contém a fórmula `=B4*C4`. A célula D10 soma os resultados provisórios com a fórmula `=SOMA(D4:D8)`.

O método da Figura 3-3 exige a criação de cálculos adicionais — os que estão na Coluna D. Se você precisa saber o valor de cada ação, tais cálculos são necessários, caso contrário, tudo o que precisa saber é o valor total da carteira de ações.

	A	B	C		D		E
1							
2	Ações	Número de ações por título	Valor da ação				
3							
4	IBM	100	R$	120,82	R$	12.082,00	
5	MSFT	200	R$	25,71	R$	5.142,00	
6	THOO	200	R$	17,21	R$	3.442,00	
7	INTC	300	R$	19,88	R$	5.964,00	
8	BA	150	R$	25,37	R$	3.805,50	
9							
10					R$	30.435,50	Valor Total
11							

FIGURA 3-3: Calculando o valor de uma carteira de ações à moda antiga.

Felizmente, existem alternativas a esse método-padrão. Uma delas é incorporar os passos de multiplicação separados diretamente na função SOMA, desta forma:

```
=SOMA(B4*C4;B5*C5;B6*C6;B7*C7;B8*C8)
```

Isso funciona, mas digamos que seja um pouco demais. E se você tivesse 20 ações na carteira? Nem pensar!

Outra alternativa é a função SOMARPRODUTO. Essa função soma os resultados, assim como os outros métodos mostrados aqui. A limitação, no entanto, é que SOMARPRODUTO só pode ser usada para a soma. Não há como ela gerar uma média, por exemplo.

Em muitas situações como essa, o melhor caminho é usar uma função de matriz. A Figura 3-4 demonstra o resultado correto do uso da função SOMA inserida como uma função de matriz. Repare que a fórmula na Barra de Fórmulas começa e termina com uma chave.

	A	B	C		D	E
1						
2	Ações	Número de ações por título	Valor da ação			
3						
4	IBM	100	R$	120,82		
5	MSFT	200	R$	25,71		
6	THOO	200	R$	17,21		
7	INTC	300	R$	19,88		
8	BA	150	R$	25,37		
9						
10					R$ 30.435,50	Valor Total
11						

FIGURA 3-4: Calculando o valor da carteira de ações usando uma função de matriz.

A sintaxe é importante. Dois intervalos são inseridos na função: um contém as células que armazenam o número de participações de títulos e o outro contém as células que têm os preços das ações. Eles são multiplicados na função, digitando o operador de multiplicação (*):

```
{=SOMA(B4:B8*C4:C8)}
```

Para transformar tudo em uma função de matriz, pressione Ctrl+Shift+Enter. Essa combinação especial de teclas deve ser usada quando a fórmula já estiver inserida, e não antes. Repare na falta de subtotais (por ação) nas células D4:D8. Compare a Figura 3-4 com a 3-3 e veja se consegue encontrar a diferença.

DICA

Use as teclas Ctrl+Shift+Enter para transformar uma fórmula em uma fórmula de matriz. Essa combinação de teclas deve ser usada depois de inserir a fórmula em vez de pressionar a tecla Enter. A combinação de teclas toma o lugar do Enter.

Veja como utilizar uma matriz com a função SOMA:

1. **Insira duas colunas de valores.**

   As duas listas precisam ter o mesmo tamanho.

2. **Posicione o cursor do mouse sobre a célula em que você deseja que o resultado apareça.**

3. **Digite** =SOMA(**para iniciar a entrada da função.**

   Repare que a chave *não* é inserida neste passo.

4. **Clique na primeira célula na primeira lista, segure o botão esquerdo do mouse, arraste o ponteiro sobre a primeira lista e, depois, solte o botão.**

5. **Digite o sinal de multiplicação** (*).

6. **Clique na primeira célula da segunda lista, segure o botão esquerdo do mouse e arraste o ponteiro do mouse sobre a segunda lista.**

7. **Solte o botão do mouse.**

8. **Digite**).

9. **Pressione Ctrl+Shift+Enter para concluir a função.**

   Não basta pressionar somente a tecla Enter quando usar uma matriz com a função SOMA.

LEMBRE-SE

As funções de matriz são práticas para economizar etapas de operações matemáticas. Assim, você pode aplicar esses exemplos em algumas funções, tais como MÉDIA, MÁXIMO, MÍNIMO e assim por diante.

Um outro exemplo seria supor que você administra uma frota de táxis e precisa calcular a média do custo de gasolina por quilômetro percorrido. É fácil calcular a média de um veículo só. Basta dividir o total gasto em gasolina pelos quilômetros totais percorridos por um determinado período de tempo. O cálculo fica assim:

```
custo de gasolina por quilômetro percorrido = gasto total em
  gasolina / total de quilômetros percorridos
```

Como você pode fazer um cálculo desse facilmente para uma frota de táxis? A Figura 3-5 exemplifica como tal cálculo é realizado. Os veículos (TÁXI) estão listados na Coluna A, os quilômetros totais percorridos dentro do mês estão na Coluna B, e a quantidade total de gasolina gasta está na Coluna C.

C19 | {=MÉDIA(C6:C17/B6:B17)}

	A	B	C	D
1	Empresa Táxi Feliz			
2	Quilômetros percorridos e gasolina consumida de Outubro a Dezembro de 2012			
3				
4				
5	Táxi	Quilômetros percorridos	Gastos com Gasolina	
6	Táxi 1	4020	R$ 707,32	
7	Táxi 2	3355	R$ 602,15	
8	Táxi 3	3800	R$ 624,84	
9	Táxi 4	2487	R$ 428,36	
10	Táxi 5	3661	R$ 620,75	
11	Táxi 6	4050	R$ 715,92	
12	Táxi 7	3742	R$ 622,30	
13	Táxi 8	3410	R$ 585,65	
14	Táxi 9	2880	R$ 472,12	
15	Táxi 10	3100	R$ 526,45	
16	Táxi 11	2844	R$ 587,98	
17	Táxi 12	3854	R$ 671,15	
18				
19	Gasto médio de gasolina por quilômetro rodado		R$ 0,17	
20				

FIGURA 3-5: Calculando facilmente uma fórmula de matriz.

Uma única fórmula na célula C21 responde a pergunta. Ao usar a função MÉDIA em uma fórmula de matriz, o resultado é retornado sem a necessidade de cálculos intermediários. A fórmula fica assim:

```
{=MÉDIA(C6:C17/B6:B17)}
```

Funções que Retornam Matrizes

Algumas funções retornam matrizes de dados. Em vez de gerar um único resultado, como a maioria das funções faz, elas retornam vários valores. A quantidade atual de valores retornados é diretamente relacionada aos argumentos da função. Os valores retornados se localizam dentro do intervalo de células.

LEMBRE-SE

As funções de matrizes do Excel aceitam matrizes como argumentos e, possivelmente, retornam matrizes de dados.

Um bom exemplo disso é a função TRANSPOR. Essa função interessante é utilizada para reorientar os dados. Os dados localizados de uma certa forma em colunas e linhas são transpostos (modificados para serem apresentados em linhas e colunas). A Figura 3-6 mostra como isso funciona.

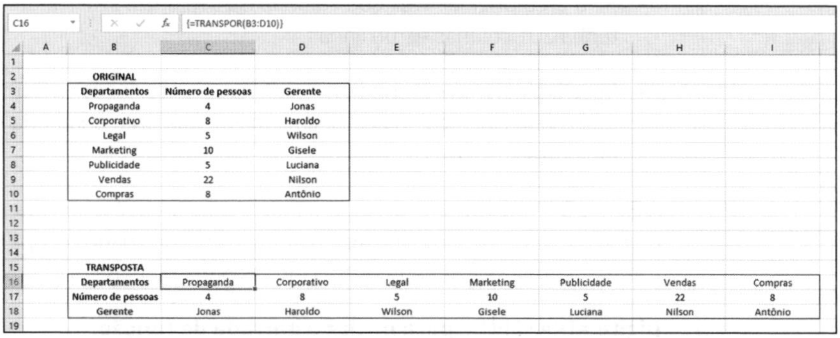

FIGURA 3-6: Transpondo os dados.

As células B3 a D10 contêm informações sobre os departamentos de uma empresa. Os departamentos estão enumerados ao longo da Coluna B. Repare que a área de B3 até D10 ocupa três colunas e oito linhas, especificamente. A linha do cabeçalho está incluída na área.

As células B16 até I18 contêm os dados transpostos. São os mesmos dados, mas agora eles ocupam oito colunas e três linhas. Em relação ao número total de células, o tamanho da área original é o mesmo. De igual importância é que a área apresenta as mesmas dimensões, porém invertidas. Ou seja, a área 3x8 se transformou em uma área 8x3. A quantidade de células permanece 24. No entanto a área transposta não foi alterada para ser 6x4, 2x12 ou quaisquer outras duas dimensões que englobem as 24 células.

Toda célula no intervalo B16:I18 contém a mesma fórmula: `{=TRANSPOR(B3:D10)}`; embora a função tenha sido inserida apenas uma vez.

Veja como usar detalhadamente a função TRANSPOR:

1. **Insira alguns dados de modo que ocupem ao menos duas células adjacentes.**

   É melhor criar uma área de dados que abranja múltiplas linhas e colunas para ver como a função é eficaz.

2. **Em algum outro lugar na planilha, selecione uma área que cubra a mesma quantidade de células, mas que tenha o comprimento dos lados da área original inversa.**

   Por exemplo:

   - Se a área original tiver duas colunas e seis linhas, selecione uma área que tenha seis colunas e duas linhas.
   - Caso a área original tenha uma coluna e duas linhas, selecione uma área que tenha duas colunas e uma linha.
   - Se a área original tiver 200 colunas e 201 linhas, selecione uma área que tenha 201 colunas e 200 linhas.
   - Caso a área original tenha cinco colunas e cinco linhas, selecione uma área que tenha cinco colunas e cinco linhas. (Uma área quadrada é transposta em outra.)

   A Figura 3-7 mostra uma área de dados e uma área selecionada prontas para receberem os dados transpostos. A área original dos dados ocupa 11 colunas e 3 linhas. A área selecionada tem 3 colunas por 11 linhas.

3. **Digite** =TRANSPOR(**para iniciar a entrada da função.**

   Como a área de destino já está selecionada, a entrada vai para a primeira célula da área.

4. **Clique na primeira célula dos dados originais, arraste o cursor do mouse sobre todos eles enquanto segura o botão do mouse e solte o botão quando a área estiver selecionada.**

   Agora, a função mostra o intervalo da área original. A Figura 3-8 mostra como a entrada deve se comportar nesta etapa.

5. **Digite**).

6. Pressione Ctrl+Shift+Enter para concluir a função.

Observe que os dados transpostos não apresentam a mesma formatação da área original. Talvez você precise formatar a área. A Figura 3-9 mostra o resultado do uso da função TRANSPOR *e* depois a formatação dos dados transpostos.

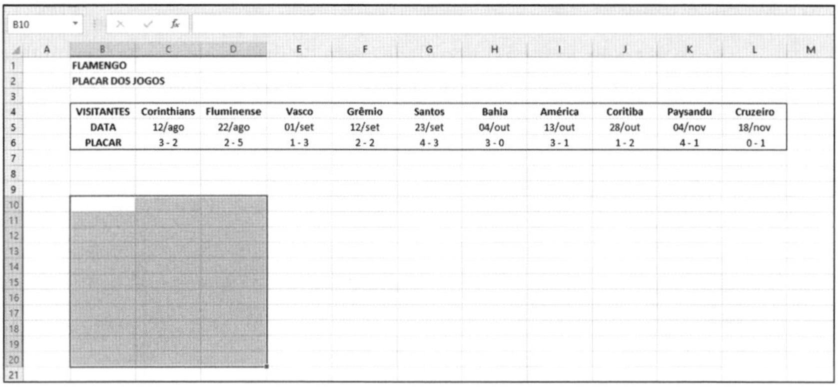

FIGURA 3-7: Preparando uma área para receber os dados transpostos.

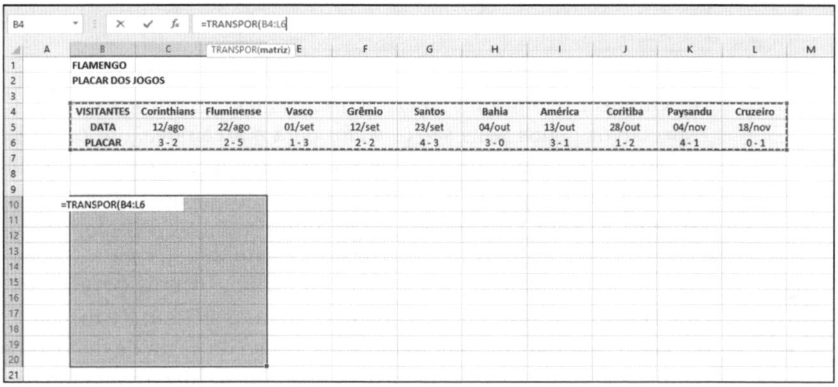

FIGURA 3-8: Completando a função.

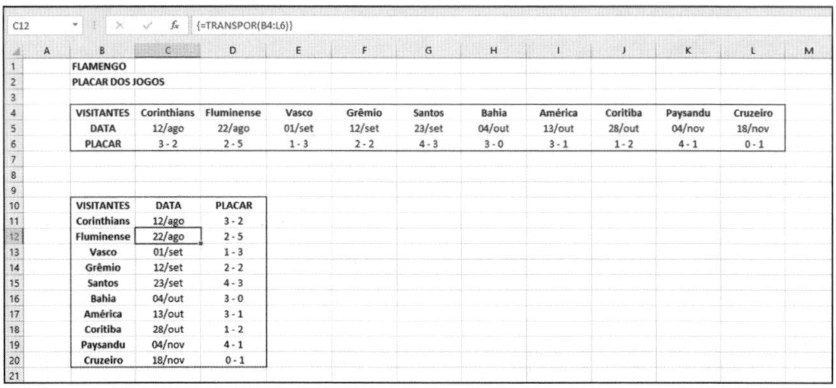

FIGURA 3-9: Os dados transpostos depois da formatação.

Espere! Isso não é uma perda de tempo? O Excel pode transpor os dados com facilidade ao usar a caixa de diálogo Colar Especial. Basta copiar um intervalo de dados e utilizar essa caixa de diálogo para colar os dados que isso fornece o mesmo resultado que a função TRANSPOR. Ou não?

A Figura 3-10 mostra a caixa de diálogo Colar Especial com a caixa de verificação marcada na função Transpor. Essa opção transpõe os dados. Você não precisa selecionar a quantidade certa de linhas e colunas nas quais os dados são transpostos. Eles aparecem transpostos, com a célula ativa no canto da área.

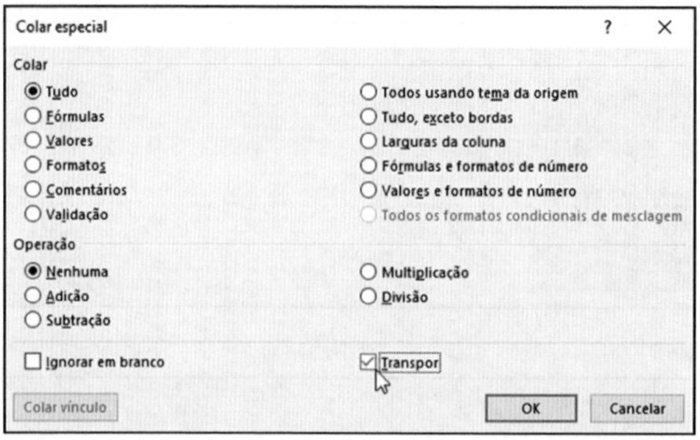

FIGURA 3-10: Usando a caixa de diálogo Colar Especial para transpor dados.

No entanto, quando os dados são transpostos com a caixa de diálogo Colar Especial, os dados reais são *copiados* para a área nova. Por outro lado, a função TRANSPOR cola uma fórmula que faz referência aos dados originais — e esse é o X da questão. Quando os dados são alterados na área original, a modificação é refletida na nova área transposta se a função TRANSPOR for usada.

LEMBRE-SE

Você pode transpor os dados de duas formas. A área preenchida com a função TRANSPOR referencia os dados originais e será atualizada à medida que os dados originais forem modificados. O uso da caixa de diálogo Colar Especial para transpor os dados cria valores que não atualizam quando os dados originais mudam.

NESTE CAPÍTULO

» Evitando erros com o Excel

» Acompanhando o fluxo das referências da célula e do intervalo que entram e saem das fórmulas

» Ficando de olho nas mudanças com a Janela de Inspeção

» Percorrendo um cálculo para achar o erro

» Exibindo mensagens de erro simples

Capítulo 4

Corrigindo Erros Simples em Fórmulas

O Excel não serviria de nada se não permitisse a criação de fórmulas. No final das contas, criar fórmulas é o objetivo principal de uma planilha: possibilitar que você elabore uma solução que esteja de acordo com suas necessidades. Sem as fórmulas, o Excel não seria nada além de um lugar para armazenar informação. Seria uma chatice sem fim!

O Excel viabiliza que as fórmulas tenham até 8.192 caracteres. Isso significa que você pode criar fórmulas monstruosas! As fórmulas podem referenciar as células que têm fórmulas, que, por sua vez, referenciam outras células que têm fórmulas que fazem referência... bem, você entendeu!

Só que tudo isso tem um preço. Como detectar erros em fórmulas grandes? Em primeiro lugar, como evitá-los? Neste capítulo, explico como o Excel o impede de inserir fórmulas problemáticas e aborda como corrigir fórmulas completas que não estejam funcionando do modo como você pretendia.

Identificando Erros ao Inseri-los

O Excel fica de olho em você conforme insere as fórmulas. Não se preocupe! Isso é bom. Você não está sendo avaliado. O Excel está ajudando você, não testando.

Todas as fórmulas começam com um sinal de igual. Quando você completa a entrada pressionando a tecla Enter ou Tab (ou clicando em outra célula), o Excel a examina cuidadosamente. Se a entrada realmente começou com um sinal de igual, o Excel mais do que depressa procura três problemas significativos:

- » A quantidade de parênteses abertos e fechados está igual?
- » A fórmula referencia a mesma célula na qual foi inserida? Imagine que a célula A1 tenha a fórmula: `=A1*5`. Isso se chama *referência circular*. É como um cachorro perseguindo o próprio rabo.
- » A fórmula faz referência a algo que não existe?

Cada um desses problemas é tratado de maneira diferente. O Excel oferece correção para os parênteses que não combinam, mas apenas *avisa* sobre as fórmulas que referenciam a célula na qual estão inseridas. Para referências inexistentes, o Excel pergunta onde pode encontrá-las. Ele exibe uma caixa de diálogo Abrir Arquivo a fim de que você localize as referências, presumindo que a referência esteja em uma pasta de trabalho externa. Se uma referência de uma pasta de trabalho externa não for o objetivo, a caixa de diálogo não terá utilidade. Nesse caso, feche a caixa de diálogo e edite a fórmula.

Os parênteses devem coincidir

Em uma fórmula matemática, cada parêntese aberto precisa ter um parêntese de fechamento correspondente. O Excel verifica suas fórmulas para garantir que eles se igualem. A Figura 4-1 mostra um simples cálculo comercial que requer parênteses para ser aceitável. O resultado é baseado na multiplicação das unidades vendidas pelo preço por unidade, adicionando uma compra adicional, aplicando um desconto e, finalmente, aplicando os impostos.

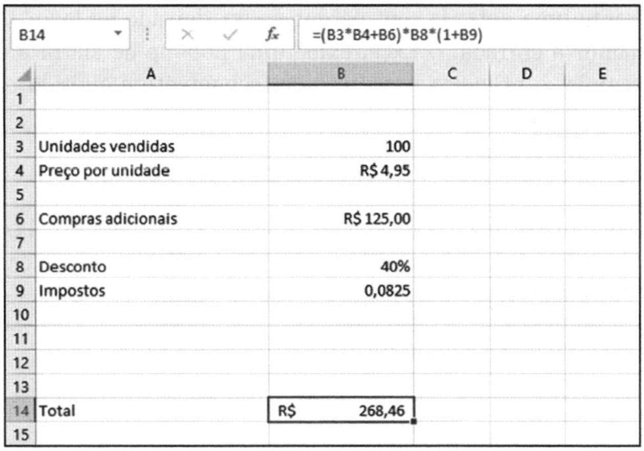

FIGURA 4-1: Usando parênteses em uma fórmula.

Em termos matemáticos, veja como a fórmula funciona:

> (unidades vendidas × preço por unidade + compra adicional) × desconto × (1 + valor do imposto)

A posição dos parênteses é fundamental para fazer com que a fórmula funcione. O Excel não identificará um problema se algum parêntese estiver no lugar errado, desde que haja uma quantidade certa de parênteses abertos e fechados. Por exemplo, usando as células e valores da Figura 4-1, veja abaixo algumas fórmulas hipotéticas que retornam respostas erradas:

Fórmula	Resultado
`=B3*(B4+B6) * B8 * (1 + B9)`	5626,84
`=B3*B4+(B6 * B8) * (1 + B9)`	549,13
`=(B3*B4+B6 * B8) * (1 + B9)`	589,96
`=(B3*B4+B6) * (B8 * 1 + B9)`	299,15

CUIDADO

A posição correta dos parênteses e um entendimento concreto da precedência dos operadores matemáticos são fundamentais para calcular as respostas corretas. Sugiro que você reveja tais conceitos de matemática básica se não estiver muito seguro para criar suas fórmulas. Veja o Capítulo 18 para mais detalhes.

DICA

Existe um mnemônico excelente para a ordem das operações: *P*oxa, *e*u *m*e *d*ivirto *a*prendendo *s*empre. Ele o ajuda a relembrar a ordem: parênteses, expoentes, multiplicação, divisão, adição e subtração (PEMDAS).

E se, durante uma entrada, um parêntese for deixado de lado? Quando você tenta concluir a entrada, o Excel exibe uma pop-up de alerta e de sugestão. Neste exemplo, o primeiro parêntese de fechamento é omitido de propósito. Esta é a fórmula *incorreta*: `=(B3*B4+B6*B8*(1+B9)`.

A Figura 4-2 mostra como o Excel encontra o erro e oferece uma solução.

Não tire conclusões precipitadas! A correção proposta pelo Excel corrige o erro do parêntese, mas não cria uma fórmula correta. Veja com atenção o exemplo a seguir de uma correção proposta pelo Excel: `=(B3*B4+B6*B8*(1+B9))`.

Aliás, o que você precisa na prática é: `=(B3*B4+B6)*B8*(1+B9)`.

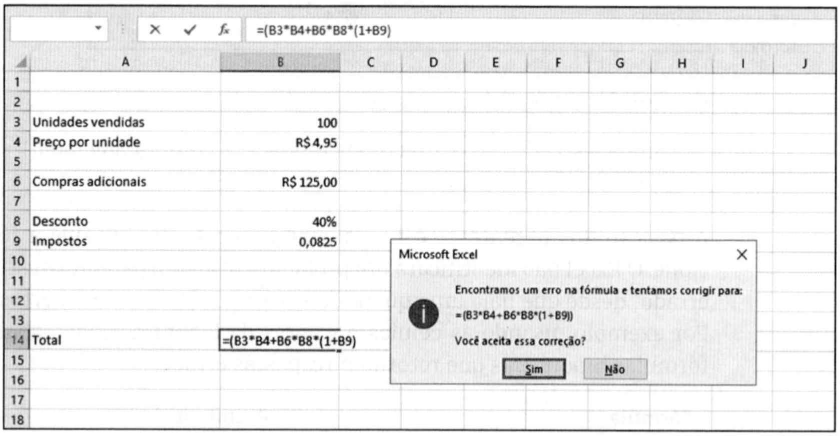

FIGURA 4-2: Usando parênteses em uma fórmula.

O Excel simplesmente adicionou o parêntese que faltava ao final da fórmula. Uma boa ideia, mas não boa o suficiente. Se a solução proposta fosse aceita, o resultado R$549,13 seria retornado nesse exemplo. A resposta correta é R$268,46. Nesse caso, você deve rejeitar a proposta e corrigir a fórmula manualmente.

CUIDADO

Não presuma que as correções de fórmulas propostas pelo Excel estão sempre certas. Com cuidado, reveja a correção proposta, aceite-a ou rejeite-a.

Evitando referências circulares

Uma *referência circular* ocorre quando uma célula se refere a ela mesma, direta ou indiretamente. Por exemplo, se `=100 + A2` for inserido na célula A2, uma referência circular direta é criada. Uma referência circular indireta é quando a fórmula em uma determinada célula se refere a uma ou mais outras células que, em contrapartida, referem-se à célula original. Por exemplo, uma fórmula em A1 se refere à célula A2, e A2 se refere à A3, e A3 se refere à A1 novamente.

A Figura 4-3 mostra uma planilha que tem uma referência circular direta. A célula D10 deveria somar os valores acima, mas, por engano, ela foi incluída na soma: `=SOMA(D4:D10)`. O Excel reporta o problema na mensagem de erro também mostrada na Figura 4-3:

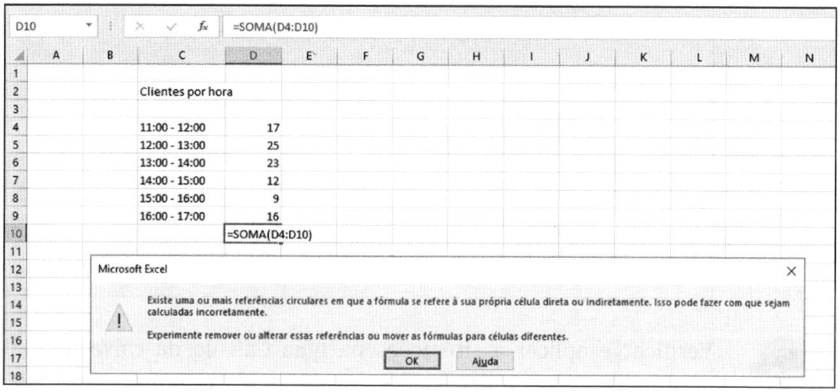

FIGURA 4-3: Corrigindo uma referência circular.

DICA

Caso o Cálculo Automático esteja desabilitado, a referência circular passará despercebida até que você faça um cálculo manual (pressionando a tecla F9) ou habilite o Cálculo Automático.

Quando a caixa de diálogo na Figura 4-3 aparece, você tem algumas opções:

- » Clicar em OK permite que a entrada da fórmula seja concluída, mas o resultado não está correto. Na verdade, você pode acabar com um zero.
- » Se você clicar em Ajuda, será direcionado para tópico Referência Circular do sistema de Ajuda.

A Figura 4-4 mostra a guia Fórmulas da caixa de diálogo Opções do Excel. Os cálculos — automático ou manual — são definidos aqui. Repare que a caixa de verificação de Habilitar Cálculo Iterativo também está aqui. Quando essa opção está marcada, as referências circulares são permitidas. Nesse caso, como o cálculo dos valores é realizado depende do Número Máximo de Iterações e do Número Máximo de Alterações.

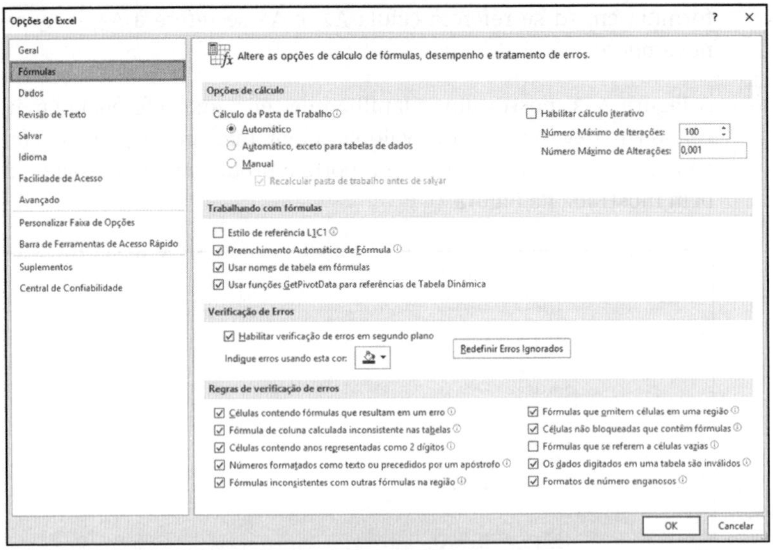

FIGURA 4-4: Definindo as opções de cálculo e iteração.

PAPO DE ESPECIALISTA

Verificar e aplicar as iterações na guia Cálculo da caixa de diálogo Opções permite que você utilize as referências circulares em suas fórmulas. Tais referências são válidas em alguns cálculos avançados que fogem ao escopo deste livro. (Veja a Ajuda do Excel para mais informações.)

O Excel 2019 tem um método para encontrar as referências circulares. A guia Fórmulas na Faixa de Opções tem uma seção chamada Auditoria de Fórmulas. Nessa seção, há o menu suspenso Verificação de Erros, que mostra quaisquer referências circulares (veja a Figura 4-5).

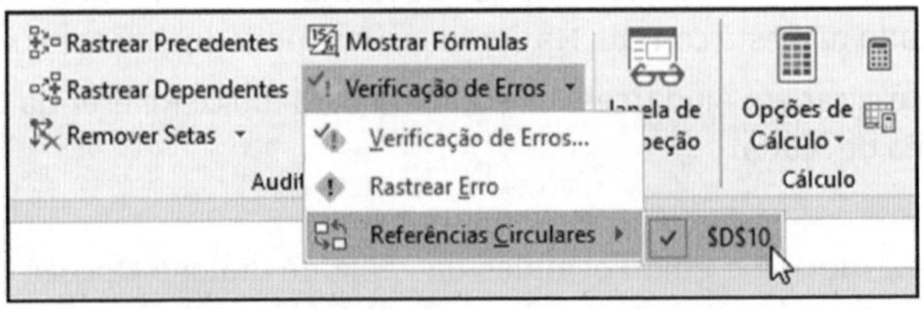

FIGURA 4-5: Procurando as referências circulares.

O menu suspenso enumera as referências circulares e, ao clicar em uma, ela o leva para a célula listada com a referência circular. Isso possibilita que você encontre as referências circulares com facilidade em vez de ter que rever todas as suas fórmulas. E também lhe poupa bastante tempo!

Talvez você tenha percebido que o erro da referência circular aparece somente na primeira vez que você insere uma fórmula com referência circular. A reação do Excel, depois disso, é inserir um zero na célula com a fórmula problemática. Contudo, você ainda é notificado do problema ao visualizar a barra de status ou ao ver o menu suspenso Verificação de Erros, conforme mostra a Figura 4-5.

Reparando vínculos quebrados

As fórmulas podem se referir a pastas de trabalhos externas. Por exemplo, uma fórmula poderia ser escrita desta forma: `='C:\Inventário\[Inventário.xlsx]Peças de Motor'!$D$8`. Ela usa o valor da pasta de trabalho externa `Inventário.xlsx`. Mas e se a pasta de trabalho não for encontrada?

Quando uma fórmula faz referência a uma pasta de trabalho não reconhecida, uma caixa de diálogo aparece para que você procure uma pasta de trabalho adequada em algum outro lugar. A Figura 4-6 mostra que a caixa de diálogo apareceu após o arquivo `Inventário.xlsx` ter sido referenciado. Esse arquivo não foi encontrado, e o Excel está solicitando que você o encontre.

A caixa de diálogo Editar Vínculos fornece outras opções para lidar com vínculos quebrados. Clique na guia Dados na Faixa de Opções e clique em Editar Links na seção Conexões. A caixa de diálogo Editar Links abre, como demonstra a Figura 4-7.

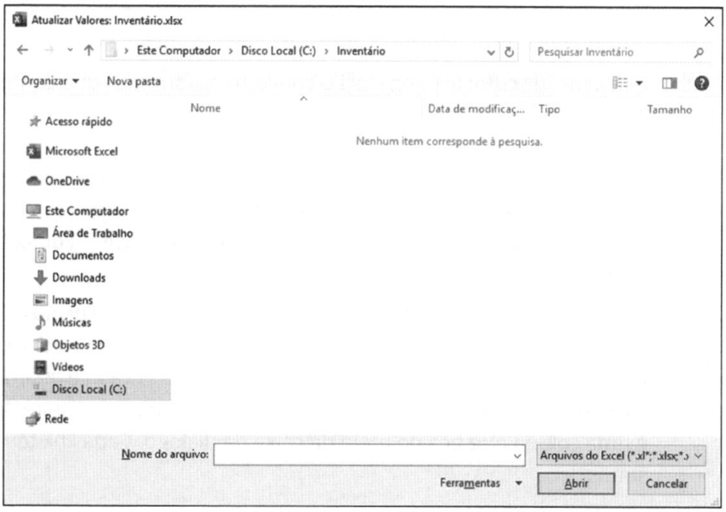

FIGURA 4-6: Buscando uma pasta de trabalho externa não encontrada.

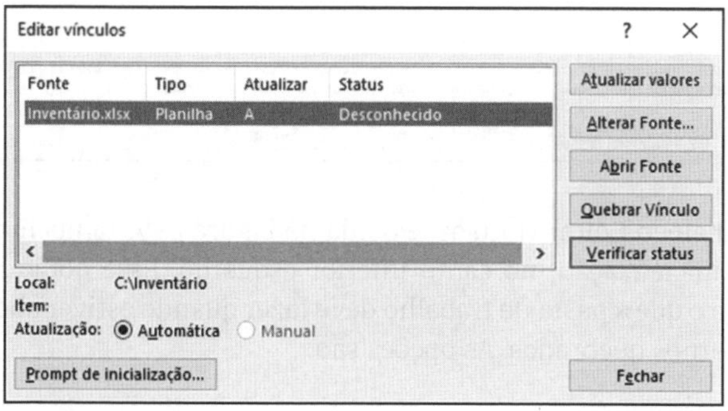

FIGURA 4-7: Usando a caixa de diálogo Editar Vínculos para corrigir problemas de referências externas.

Os botões à direita na caixa de diálogo funcionam da seguinte forma:

- **Atualizar Valores:** Quando as pastas de trabalho estão no lugar que deveriam estar, essa operação obtém os valores das pastas de trabalho externas e as células com essas fórmulas são recalculadas. Quando houver vínculos quebrados, a caixa de diálogo Atualizar Valores aparece, permitindo que você procure um arquivo para obter os valores. Esse arquivo não precisa ser a pasta de trabalho não encontrada; pode ser outra. Esteja ciente de que o uso do Atualizar Valores desse jeito não corrige os vínculos. Ele o ajuda a obter os valores, mas não muda a maneira como as fórmulas são escritas. Em vez disso, use a opção Alterar Fonte, listada a seguir.
- **Alterar Fonte:** Esta opção exibe a caixa de diálogo Alterar Fonte, possibilitando que você selecione uma pasta de trabalho externa. Ao fazer isso, a fórmula que referencia uma pasta de trabalho externa é alterada. Essa é a melhor maneira de corrigir definitivamente um vínculo quebrado.
- **Abrir Fonte:** No caso de vínculos quebrados, esta operação não executa nada, porque a fonte (a pasta de trabalho externa) não pode ser encontrada. Uma mensagem de erro confirma isso. No caso de vínculos que estejam funcionando, esta operação abre a pasta de trabalho referenciada no vínculo.
- **Quebrar Vínculo:** Esta operação converte as fórmulas que contêm vínculos externos em valores calculados. Em outras palavras, as células que contêm as fórmulas com vínculos externos são substituídas com um valor; as fórmulas são removidas. Tenha certeza de que isso é o que deseja fazer. Não há como desfazer essa operação, e pode ser um erro grave se isso for feito sem querer. O Excel exibe uma caixa de diálogo de aviso, conforme mostra a Figura 4-8.
- **Verificar Status:** Esta operação informa os status dos vínculos. Uma quantidade de valores é possível (OK; Desconhecido; Erro: Fonte não encontrada; Erro: Pasta de trabalho não encontrada e assim sucessivamente). Na caixa diálogo Editar vínculos (veja a Figura 4-7), o Status é uma coluna que fica no meio da caixa de diálogo. Cada link tem seu próprio status.

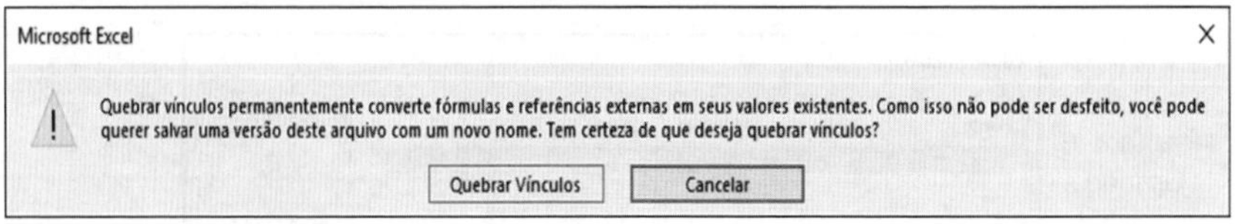

FIGURA 4-8: Confirmando que você quer quebrar os vínculos.

A caixa de diálogo Editar vínculos, exibida na Figura 4-7, também tem o botão Prompt de inicialização, no canto inferior esquerdo. Esse botão permite que você escolha o que a pasta de trabalho deve fazer quando estiver aberta e não há vínculos externos quebrados. As opções são:

- Permitir que os usuários escolham se o aviso deve ser exibido.
- Não exibir o aviso e não atualizar os vínculos automáticos.
- Não exibir o aviso e atualizar os vínculos.

Usando a Verificação de Erro em Fórmulas

Alguns erros são percebidos logo de cara, como os parênteses incompatíveis, explicados anteriormente. Outros tipos de entradas não são erros gritantes, mas *se assemelham a* erros. Nesse caso, o Excel informa o possível problema e lhe dá a chance de escolher como lidar com ele.

A Figura 4-9 mostra alguns números e uma soma no final. A fórmula na célula B10 é `=SOMA(B4:B9)`. Não há nada de errado aqui — nenhum erro provável ainda.

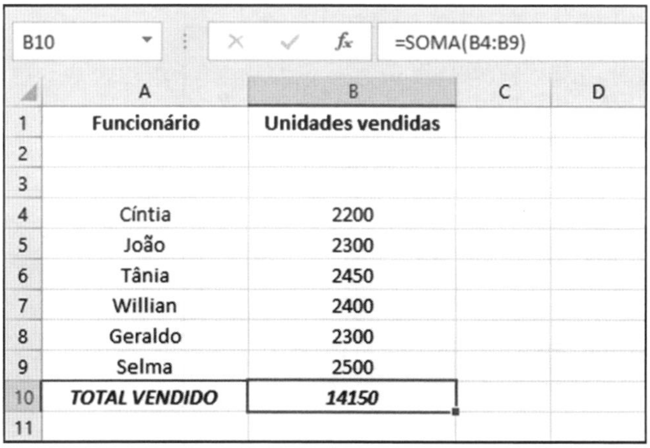

	A	B	C	D
1	**Funcionário**	**Unidades vendidas**		
2				
3				
4	Cíntia	2200		
5	João	2300		
6	Tânia	2450		
7	Willian	2400		
8	Geraldo	2300		
9	Selma	2500		
10	***TOTAL VENDIDO***	***14150***		
11				

FIGURA 4-9: Calculando uma soma sem erro provável.

Perceba que, na Figura 4-9, a linha do cabeçalho não está adjacente às linhas de informação. As Linhas 2 e 3 estão entre os cabeçalhos e os dados. Isso não é incomum, porque resulta em um relatório mais legível.

No entanto veja o que acontece se um valor é inserido na área entre o cabeçalho e os dados por engano. A fórmula na célula B10 calcula os valores que começam na Linha 4. Quando um valor é inserido na célula B3, o Excel avisa que *talvez* exista um erro. Você pode ver isso na Figura 4-10. Agora, um pequeno triângulo está visível no canto superior esquerdo da célula B10 — a célula com a fórmula.

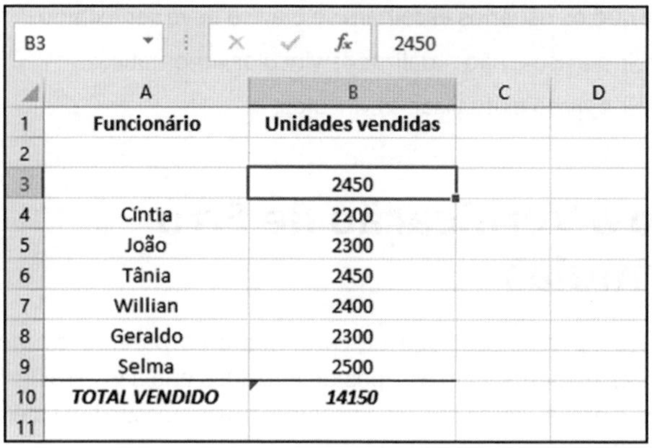

FIGURA 4-10: O Excel detecta um possível erro.

Clicar na célula B10 e mover o ponteiro do mouse sobre o triângulo faz com que um pequeno símbolo com uma exclamação apareça. Ao clicar no símbolo, uma lista de opções é exibida, como mostra a Figura 4-11.

FIGURA 4-11: Decidindo o que fazer com um possível erro.

PAPO DE ESPECIALISTA

Um erro é representado por um triângulo no canto superior esquerdo de uma célula. Ele é diferente de uma marca inteligente, que aparece como um triângulo no canto inferior direito de uma célula. As marcas inteligentes levam a opções úteis com base no conteúdo da célula. Consulte a Ajuda do Excel para obter mais informações a respeito das marcas inteligentes.

O primeiro item da lista é uma declaração do problema. Neste exemplo, a declaração é A Fórmula Omite as Células Adjacentes. E, de fato, é justamente isso!

Mas é apenas um erro? Você realmente quis inserir um valor extra na célula B3? Talvez tenha algum outro significado ou uso.

Os outros itens da lista fornecem as seguintes opções:

- **Atualizar fórmula para incluir células:** Modifica automaticamente a fórmula para incluir a célula extra nesse exemplo. Portanto, a fórmula na célula B10 muda de `=SOMA(B4:B9)` para `=SOMA(B3:B9)`. É óbvio que a soma calculada muda também.
- **Ajuda sobre Este Erro:** Você é direcionado para o sistema de Ajuda do Excel.
- **Ignorar erro:** Fecha a lista e retorna para a planilha. O triângulo é removido da célula em questão. Você informou ao Excel que sabe o que está fazendo e não quer mais opiniões sobre isso. Bom trabalho!
- **Editar na barra de fórmulas:** Posiciona o cursor do mouse na Barra de Fórmulas para que você possa editar a fórmula.
- **Opções de Verificação de Erro:** Exibe a guia Fórmulas na caixa de diálogo Opções do Excel (veja a Figura 4-12). Nesta guia, você define opções de como o Excel lida com os erros.

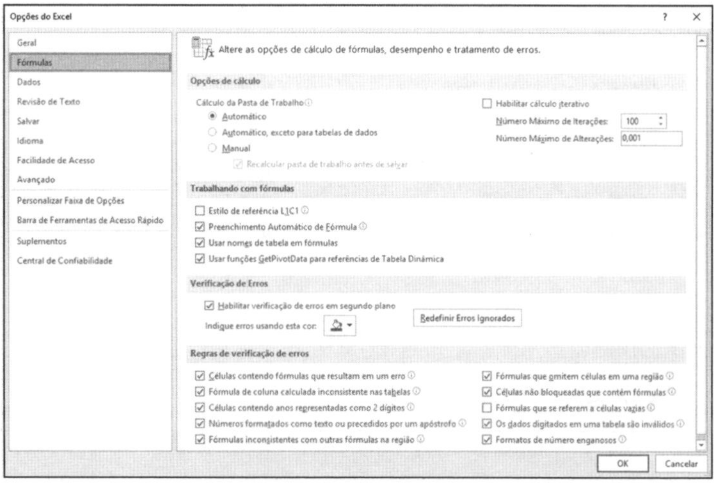

FIGURA 4-12: Definindo as opções de tratamento de erros.

Auditando as Fórmulas

Com o Excel, é possível criar soluções bem complexas. Uma célula pode conter uma fórmula que usa valores de milhares de outras células e intervalos. Ao trabalhar nisso, as fórmulas complexas monitoram problemas que podem ser bem cansativos. A boa notícia é que o Excel pode ajudar!

As fórmulas podem conter precedentes e servir como dependentes de outras fórmulas:

» *Precedentes* são células ou intervalos que afetam o valor da célula ativa.

» *Dependentes* são células ou intervalos afetados pela célula ativa.

É tudo muito relativo! Uma célula pode servir como precedente e dependente ao mesmo tempo. A Figura 4-13 mostra uma simples planilha com alguns valores e cálculos. A célula B9 contém a fórmula `=SOMA(B3:B8)`. A célula F9 contém a fórmula `=SOMA(F3:F8)`. A célula B18 contém a fórmula `=B9-F9`.

» As células B3:B8 são precedentes de B9, mas, ao mesmo tempo, a célula B9 é dependente de todas as células em B3:B8.

» As células F3:F8 são precedentes de F9, mas, ao mesmo tempo, a célula F9 é dependente de todas as células em F3:F8.

» As células B9 e F9 são precedentes de B18, mas, ao mesmo tempo, a célula B18 é dependente das células em B9 e F9.

	A	B	C	D	E	F	G	H
1	Funcionário	Unidades vendidas			Funcionário	Unidades devolvidas		
2								
3	Cíntia	2200			Cíntia	0		
4	João	2300			João	100		
5	Tânia	2450			Tânia	350		
6	Willian	2400			Willian	50		
7	Geraldo	2300			Geraldo	0		
8	Selma	2500			Selma	0		
9	TOTAL VENDIDO	14150			TOTAL VENDIDO	500		
10								
11								
12								
13								
14								
15								
16								
17								
18	TOTAL LÍQUIDO	13650						
19								

FIGURA 4-13: Compreendendo as células precedentes e dependentes.

Com o intuito de ajudá-lo a corrigir e a acompanhar as fórmulas, o Excel oferece as ferramentas de auditoria de fórmulas. A seção Auditoria de Fórmulas na guia Fórmulas na Faixa de Opções tem três botões que o permitem usar a auditoria de fórmulas. A Figura 4-14 mostra a planilha da Figura 4-13 com as linhas precedentes e dependentes visíveis. Os métodos para exibir tais linhas estão na Faixa de Opções.

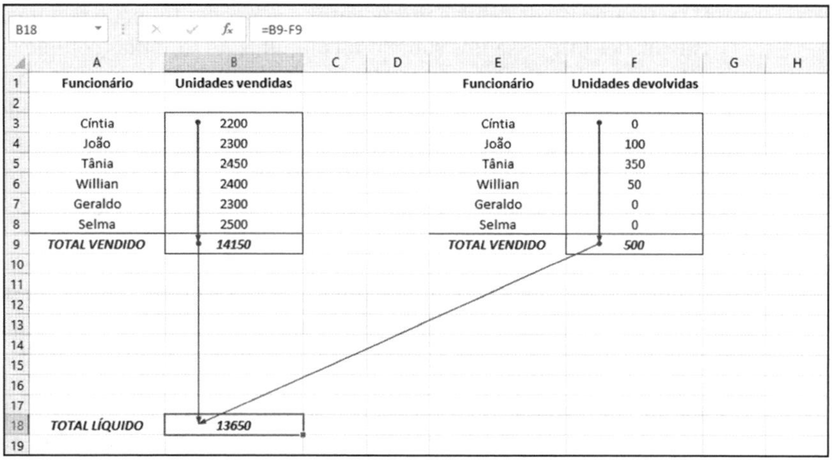

FIGURA 4-14: Monitorando as fórmulas.

As linhas precedentes e dependentes são sempre inseridas a partir ou dentro da célula ativa. A partir da célula ativa:

- Para ver quais outras células são referenciadas na fórmula da célula ativa, clique no botão Rastrear Precedentes.
- Para ver quais células contêm uma referência para a célula ativa, clique no botão Rastrear Dependentes.

O menu suspenso Remover Setas tem três opções:

- Remover Setas
- Remover Setas Precedentes
- Remover Setas Dependentes

Na Figura 4-14, as células B9 e F9 têm setas que se originam na célula de cima. Isso mostra o fluxo de precedentes dentro de determinadas células. A cabeça da seta fica na célula que tem a fórmula que contém as referências das precedentes.

Por outro lado, as próprias células B9 e F9 têm linhas que vêm delas e que terminam nas cabeças das setas na célula B18. No entanto B9 e F9 servem como precedentes da célula B18. Dito de outra forma, a célula B18 é dependente das células B9 e F9.

DICA

Um clique duplo em uma seta rastreadora ativa a célula em uma extremidade da linha. O segundo clique duplo ativa a célula na outra extremidade.

O rastreamento de células precedentes e dependentes pode resultar em algumas conclusões interessantes sobre uma planilha. As fórmulas complexas podem ser difíceis de monitorar, mas, ao exibir o rastreamento por setas, você pode ver melhor o que acontece. A Figura 4-15 mostra a parte de uma planilha usada em uma solução financeira integrada. A célula ativa, H2, contém uma fórmula complexa, conforme mostra a Barra de Fórmulas. A seta rastreadora mostra que as inúmeras precedentes estão alimentando a fórmula na célula ativa.

Quando uma célula faz referência a uma célula em uma planilha diferente, um ícone que se parece com uma planilha aparece no final da linha precedente. É uma dica visual de que a fórmula é composta de mais valores do que a planilha atual.

A seta rastreadora facilita a visualização dos valores que estão alimentando a fórmula e, portanto, simplifica a análise da origem de um problema. Por exemplo, a célula H2 pode estar retornando um número negativo como resposta. Então, a fórmula soma determinados valores. Os números positivos somados com um número negativo podem retornar um número negativo como resultado do cálculo. Assim sendo, procurar um número negativo entre os valores no final da seta rastreadora pode ajudar a identificar o problema, talvez, em questão de segundos!

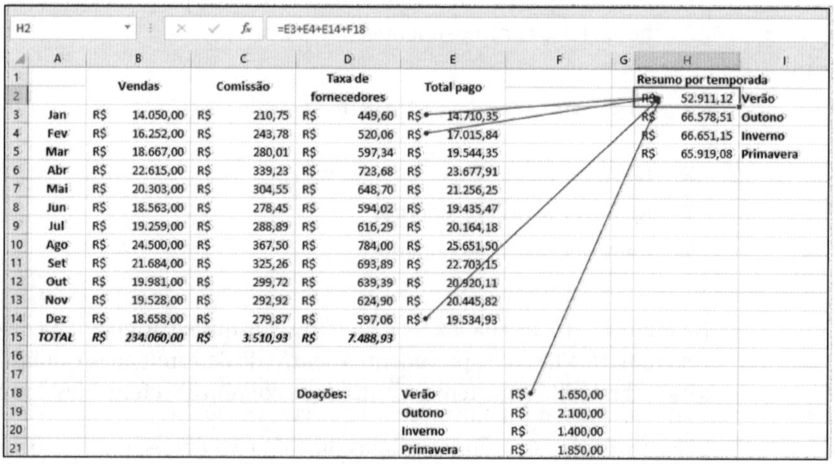

H2 =E3+E4+E14+F18

	A	B	C	D	E	F	G	H	I
1		Vendas	Comissão	Taxa de fornecedores	Total pago			Resumo por temporada	
2								R$ 52.911,12	Verão
3	Jan	R$ 14.050,00	R$ 210,75	R$ 449,60	R$ 14.710,35			R$ 66.578,51	Outono
4	Fev	R$ 16.252,00	R$ 243,78	R$ 520,06	R$ 17.015,84			R$ 66.651,15	Inverno
5	Mar	R$ 18.667,00	R$ 280,01	R$ 597,34	R$ 19.544,35			R$ 65.919,08	Primavera
6	Abr	R$ 22.615,00	R$ 339,23	R$ 723,68	R$ 23.677,91				
7	Mai	R$ 20.303,00	R$ 304,55	R$ 648,70	R$ 21.256,25				
8	Jun	R$ 18.563,00	R$ 278,45	R$ 594,02	R$ 19.435,47				
9	Jul	R$ 19.259,00	R$ 288,89	R$ 616,29	R$ 20.164,18				
10	Ago	R$ 24.500,00	R$ 367,50	R$ 784,00	R$ 25.651,50				
11	Set	R$ 21.684,00	R$ 325,26	R$ 693,89	R$ 22.703,15				
12	Out	R$ 19.981,00	R$ 299,72	R$ 639,39	R$ 20.920,11				
13	Nov	R$ 19.528,00	R$ 292,92	R$ 624,90	R$ 20.445,82				
14	Dez	R$ 18.658,00	R$ 279,87	R$ 597,06	R$ 19.534,93				
15	*TOTAL*	*R$ 234.060,00*	*R$ 3.510,93*	*R$ 7.488,93*					
16									
17									
18				Doações:	Verão	R$ 1.650,00			
19					Outono	R$ 2.100,00			
20					Inverno	R$ 1.400,00			
21					Primavera	R$ 1.850,00			

FIGURA 4-15: Examinando os componentes de uma fórmula complexa.

Vigiando a Janela de Inspeção

A Janela de Inspeção possibilita que você observe os resultados calculados de uma fórmula, mas sem a limitação de ter a célula na área de visualização do Excel. É uma funcionalidade conveniente quando se está trabalhando na correção de fórmulas que usam precedentes e que estão espalhados pela planilha ou pela pasta de trabalho.

Primeiro, para configurar uma inspeção, siga as etapas abaixo:

1. **Clique no botão Janela de Inspeção, na guia Fórmulas da Faixa de Opções.**
2. **Na Janela de Inspeção, clique no botão Adicionar Inspeção de Variáveis.**

   A caixa de diálogo Adicionar Inspeção abre.

3. **Utilize o controle RefEdit (o botão quadrado à direita da caixa de entrada) para especificar a(s) célula(s), ou digite o endereço ou intervalo na célula.**
4. **Clique no botão Adicionar na caixa de diálogo Adicionar Inspeção de Variáveis para finalizar a configuração da janela.**

A Figura 4-16 mostra a Janela de Inspeção com uma inspeção já pronta. A célula C6 da planilha Custos está sendo inspecionada. A fórmula usa os precedentes das planilhas Entregas e Pedidos. A Janela de Inspeção fica na parte superior da pasta de trabalho e fica visível, independente de qual planilha esteja ativa. Isso significa, por exemplo, que você poderia testar valores diferentes na planilha Pedidos e ver o resultado no cálculo na planilha Custos! Vá até a célula C6, sem alternar entre as planilhas, para ver como os valores novos alteram o resultado calculado.

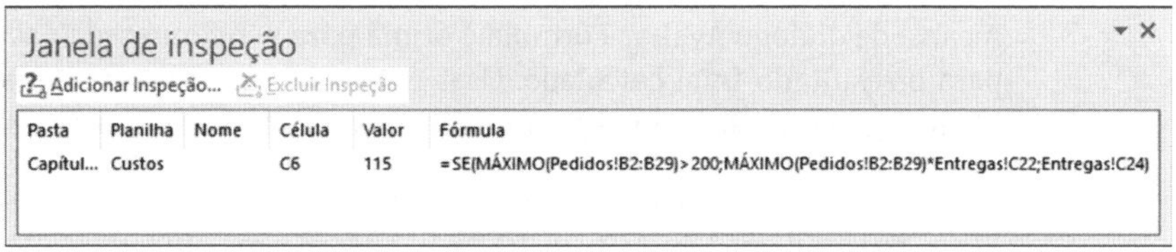

FIGURA 4-16: Usando a Janela de Inspeção para acompanhar o resultado de uma fórmula.

A Janela de Inspeção possibilita que você delete uma inspeção. Isso é uma coisa boa; caso contrário, acabaria com um monte de inspeções desnecessárias! Para apagar uma inspeção, siga estes passos:

1. **Selecione uma inspeção da lista de inspeções na Janela de Inspeção.**
2. **Clique no botão Excluir Inspeção.**

Avaliando e Verificando os Erros

A caixa de diálogo Avaliar Fórmula explica a sequência de passos para calcular o resultado de uma fórmula. Esses passos são relevantes para rastrear erros em fórmulas grandes ou que têm precedentes. Por exemplo, a fórmula

=SE(MÁXIMO(Pedidos!B2:B29)>200;MÁXIMO(Pedidos!B2:B29)*Entregas!C22;Pedidos!C24) se refere a planilhas diferentes. Usar a caixa de diálogo Avaliar Fórmulas facilita a visualização de como o Excel trabalha com fórmulas. A abordagem passo a passo permite que você veja o que é feito em cada etapa.

A Figura 4-17 mostra a caixa de diálogo Avaliar Fórmula no início da avaliação de uma fórmula. Para exibir a caixa de diálogo Avaliar Fórmula, clique no botão Avaliar Fórmula na seção Auditoria de Fórmulas, na guia Fórmula da Faixa de Opções. A cada clique sucessivo no botão Avaliar, a caixa de Avaliação exibe os resultados temporários. Os botões Depuração Total e Depuração Circular estão disponíveis durante as etapas que funcionam com as células precedentes.

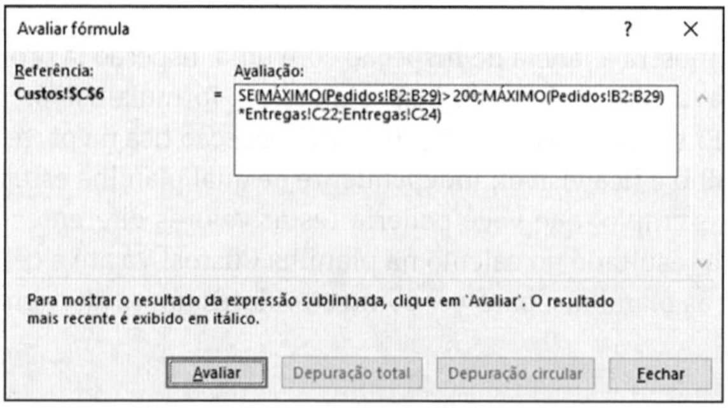

FIGURA 4-17: Avaliando uma fórmula.

A caixa de diálogo Avaliar Fórmula é ótima para ver como cada passo contribui para o resultado final calculado. Usar essa caixa de diálogo permite que você identifique com exatidão onde uma fórmula complexa desandou.

Uma ferramenta parecida de busca de erros é a caixa de diálogo Verificação de Erros, mostrada na Figura 4-18. (O Excel quer mesmo ajudar você!)

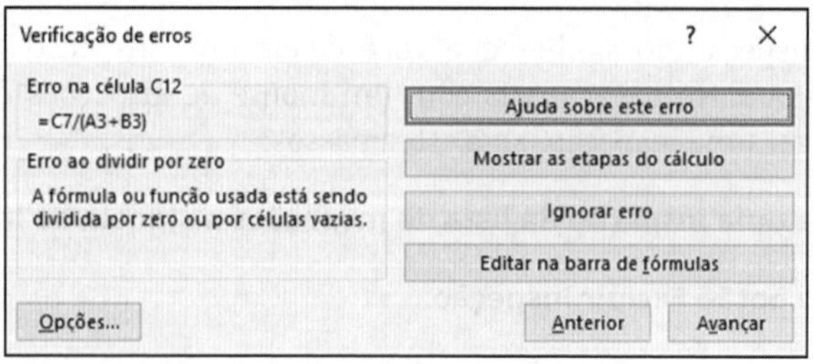

FIGURA 4-18: Verificando a causa de um erro.

Exiba a caixa de diálogo Verificação de Erros selecionando Verificação de Erro no menu suspenso na Faixa de Opções (na guia Fórmulas, é claro).

A caixa de diálogo tem um monte de botões que analisam erros e tomam decisões:

- **Ajuda sobre Este Erro** inicia o sistema de Ajuda do Excel.
- **Mostrar Etapas de Cálculo** abre a caixa de diálogo Avaliar Fórmula.
- **Ignorar Erro** garante que o Excel não se preocupe mais com o erro. A célula ainda pode exibir o símbolo de erro, mas o Excel não vai dar a mínima, e você também não, porque clicou no botão.
- **Editar na Barra de Fórmulas** posiciona o cursor do mouse na Barra de Fórmulas, facilitando a edição da fórmula.
- **Opções** abre a caixa de diálogo Opções do Excel.
- **Anterior e Avançar** alternam entre os múltiplos erros na planilha, presumindo que há mais de um.

DICA

O menu suspenso Verificação de Erros abriga o comando Rastrear Erro. Somente as células precedentes são destacadas pelas linhas rastreadoras. Isso facilita a visualização das células que alimentam uma célula com erro.

Fazendo um Erro Se Comportar do Jeito que Você Quer

O Excel tem uma função perfeita: SEERRO. Não confunda com ÉERRO, que é parecida, mas não tão eficiente. A Figura 4-19 mostra como SEERRO é superior a ÉERRO. Na figura, F7 apresenta o temível erro Dividir por Zero. É uma coisa nada agradável de se ver, e tenho certeza de que seu chefe gostaria de ver um negócio mais legível.

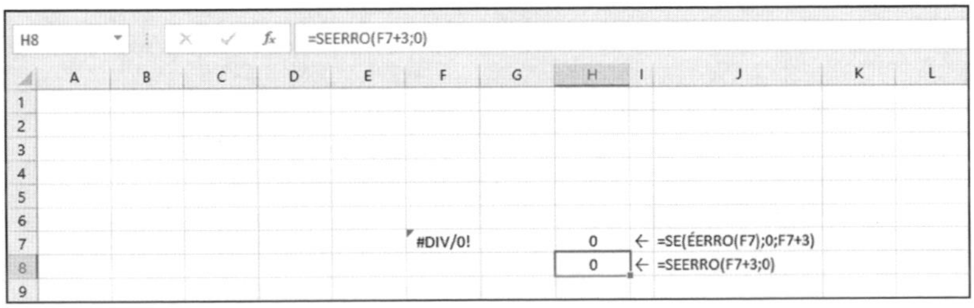

FIGURA 4-19: Duas formas de evitar que um erro seja visto.

A célula H7 tem um modo consagrado de fazer com que um erro *não* pareça um erro. Usar a função aninhada ÉERRO dentro de uma função SE resolve a aparência do erro, como mostra a célula H7 (que se refere à célula F7). A célula H8 obtém o mesmo resultado com a função SEERRO. As células J7 e J8, respectivamente, mostram as fórmulas que estão nas células H7 e H8.

- Na célula H7 está `=SE(ÉERRO(F7);0;F7+3`.
- Na célula H8 está `=SEERRO(F7+3;0)`.

A principal diferença é que SEERRO, como função única, costuma executar o que seria feito por duas funções. Não sei quantas vezes é preciso bater na tecla "não complicar as coisas", mas o que importa — não somos a favor de simplificar nosso trabalho? Com a função SEERRO, o primeiro argumento está sendo testado. Se o teste funcionar, o Excel prossegue. Caso contrário, o segundo argumento é usado.

DICA

SEERRO pode retornar uma mensagem. Por exemplo, considere: `=SEERRO(-F7+3;"Alguém cometeu um erro!")`.

2

Fazendo as Contas

NESTA PARTE...

Lidando com seus financiamentos.

Descubra como entender as taxas de amortização.

Reveja as operações matemáticas.

Aprenda algumas funções legais e fique fera em matemática.

NESTE CAPÍTULO

» Formatando valores monetários

» Trabalhando com cálculos de empréstimo

Capítulo 5

Calculando o Pagamento de Financiamentos e as Taxas de Juros

De grão em grão a galinha enche o papo. Um trocado por si só não é lá muita coisa. Mas se você juntar um pouco aqui e ali, ou no período em que estiver pagando um financiamento, a soma pode ser significativa! Pense no que você pode fazer com um dinheiro extra — tirar umas férias prolongadas, doar para caridade ou economizar para dias turbulentos.

Financiar um carro, uma casa ou recorrer a qualquer outro tipo de financiamento envolve o planejamento de como você consegue administrar o pagamento desses financiamentos. Em termos simples, tudo o que você precisa saber é o valor do pagamento mensal. Agora, saber as particularidades de um financiamento e ser capaz de comparar um financiamento com outro pode auxiliá-lo com a administração de seus recursos financeiros e contribuir para seus próprios interesses.

Leve em consideração um financiamento de automóvel, o tipo mais comum de financiamento. Os fatores envolvidos incluem o custo do veículo, o valor de entrada, a duração do financiamento e a taxa de juros. O Excel pode ajudá-lo a ver como todos esses fatores afetam suas finanças, permitindo que você tome a melhor decisão (eu adoraria ter uma Ferrari, mas vou ter que me contentar com um Chevrolet).

Você pode utilizar as funções financeiras do Excel para analisar os cálculos de seus financiamentos. Você fornece essas funções para os números relevantes: o valor principal, a taxa de juros, a *parcela* (a frequência de pagamentos) e a duração do financiamento. Essas funções retornam uma resposta, tal como o valor do pagamento. Neste capítulo, mostrarei como usar tais funções para transformar seus dados financeiros em resultados significativos.

LEMBRE-SE

O *principal* é a quantia que foi emprestada ou financiada. A *taxa de juros* é a porcentagem anual que o credor cobra por ter financiado o dinheiro. Seu pagamento total é igual ao principal mais a soma de todas as cobranças de juros.

Entendendo como o Excel Lida com Dinheiro

O Excel é muito mais do que uma simples máquina de calcular. Ele tem ótimas ferramentas para trabalhar com valores monetários e inúmeras formas de apresentar os valores. Por exemplo, o Excel facilita que você garanta que sua quantia financeira seja exibida com duas casas decimais. Você pode até trabalhar com moedas diferentes de tudo quanto é canto do mundo.

Acompanhando o fluxo financeiro

O Excel trabalha com dinheiro com base no fluxo financeiro. Em outras palavras, as quantias de dinheiro são tratadas ou como fluxos de caixa de *entrada* (o dinheiro que você recebe) ou como fluxo de caixa de *saída* (o dinheiro que você paga). Sim, aparentemente sempre temos mais fluxo de saída do que de entrada — mas, veja bem, não é culpa do Excel! O Excel representa os fluxos de caixa de *entrada* com números positivos e os fluxos de caixa de *saída* com números negativos. Por exemplo, ao calcular os pagamentos de um financiamento, a situação fica assim:

» A quantia do financiamento é inserida como valor positivo, porque esse é um dinheiro que você receberá do banco ou de quem estiver emprestando-lhe.

- O pagamento mensal que o Excel calcula é um valor negativo, porque esse é um dinheiro que você pagará.

Formatando os tipos de moedas correntes

Um dos pontos fortes do Excel é aceitar, manipular e disponibilizar informações sobre os dados monetários. Assim, o Excel fornece uma formatação sólida para os dados numéricos, incluindo a capacidade de controlar o posicionamento de pontos e vírgulas decimais e até mesmo formatar valores negativos.

As pessoas estão acostumadas a ver valores monetários formatados com o símbolo da moeda e algumas casas decimais. No Brasil, usamos o R maiúsculo seguido do cifrão, R$, e duas casas decimais. Convenhamos, R$ 199,95 parece dinheiro, mas 199,950 não. O Excel faz com que as células exibam os valores monetários de modo tão fácil quanto clicar em um botão. Para formatar valores como dólares, siga estes passos:

1. **Selecione a célula ou as células que você quer formatar.**
2. **Clique no botão Formato de Número de Contabilização na guia Página Inicial da Faixa de Opções, na categoria Número.**

Essa técnica atribui ao Excel o padrão da formatação Contábil para as células selecionadas. No Brasil, o formato-padrão da moeda é:

- O símbolo monetário (R$) alinhado à esquerda da célula.
- Duas casas decimais, separadas por vírgula.
- Números negativos com sinal de menos antecedendo o símbolo monetário (-R$).

O formato-padrão depende da sua localidade, que se refere à configuração do sistema operacional. Se estiver na Itália, por exemplo, o local deve ser configurado a fim de que o formato-padrão da moeda seja o euro (€).

Mas imagine que você não quer o formato-padrão da moeda. Você pode estar no Brasil trabalhando em uma planilha para um escritório de Londres. Você pode especificar o símbolo da moeda, a quantidade de casas decimais e como os valores negativos são mostrados seguindo as etapas:

1. **Selecione a célula ou as células que você quer formatar.**
2. **Clique com o botão direito na(s) célula(s) e escolha Formatar Células, no menu suspenso.**

3. **Na caixa de diálogo Formatar Células, selecione a guia Número, como mostra a Figura 5-1.**

4. **Clique em Moeda da lista Categoria.**

5. **Selecione a quantidade desejada de casas decimais com o controle giratório Casas Decimais.**

6. **Selecione o símbolo da moeda desejada no menu suspenso Símbolo.**

7. **Selecione o formato desejado para números negativos na listagem Números Negativos.**

8. **Clique em OK para aplicar a formatação.**

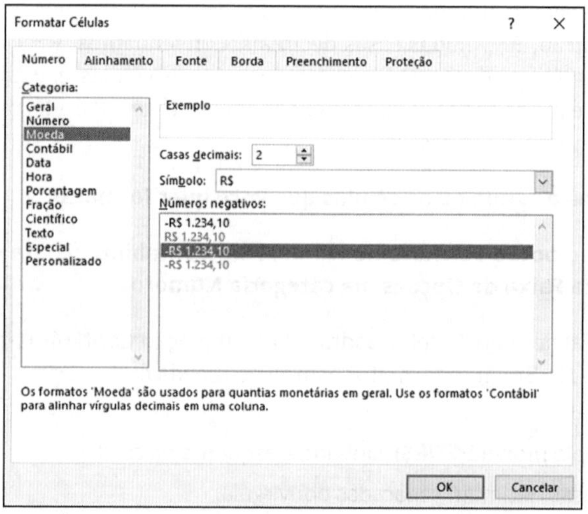

FIGURA 5-1: Usando a caixa de diálogo Formatar Células para controlar a exibição numérica.

DICA

Os formatos Moeda e Contábil são similares, tirando alguns aspectos fundamentais. O formato Moeda oferece opções para exibir os valores negativos; o Contábil usa uma exibição única com sinal negativo. O formato Moeda coloca o símbolo da moeda próximo ao número; já o Contábil posiciona o símbolo da moeda à esquerda da célula.

Escolhendo os separadores

Quando os números são formatados de acordo com a moeda corrente, dois símbolos separadores são mais usados — um para separar os milhares e outro para separar a parte decimal do valor. No Brasil, o ponto é utilizado para separar os milhares, e a vírgula para os decimais, desta forma:

R$12.345,67

Outros países fazem isso de modo diferente. Nos Estados Unidos, por exemplo, a vírgula é usada para separar os milhares, e o ponto para separar os decimais. Uma quantia em dólar, por exemplo, deve ser formatada assim:

$12,345.67

Em quase todas as situações, o resultado da configuração do local do sistema operacional utiliza os separadores adequados. Caso você precise mudar os separadores do padrão, faça isso na seção Relógio, Idioma e Região no Painel de Controle do Windows. ***Nota:*** Estas instruções são para computadores que rodam com o sistema operacional Windows.

1. **Acesse Iniciar ➪ digite Painel de controle na caixa de Pesquisa, e clique em Painel de Controle nos resultados da pesquisa.**
2. **Clique em Relógio e Região.**
3. **Clique no link Região.**

   A caixa de diálogo Região aparece, conforme mostra a Figura 5-2.

4. **Clique em Configurações Adicionais. A caixa de diálogo Personalizar Formatos aparecerá.**
5. **Clique na guia Unidade Monetária, como mostra a Figura 5-3.**
6. **Clique em OK ou Cancelar para fechar a caixa de diálogo Personalizar Formatos.**
7. **Clique em OK ou Cancelar para fechar a caixa de diálogo Região.**

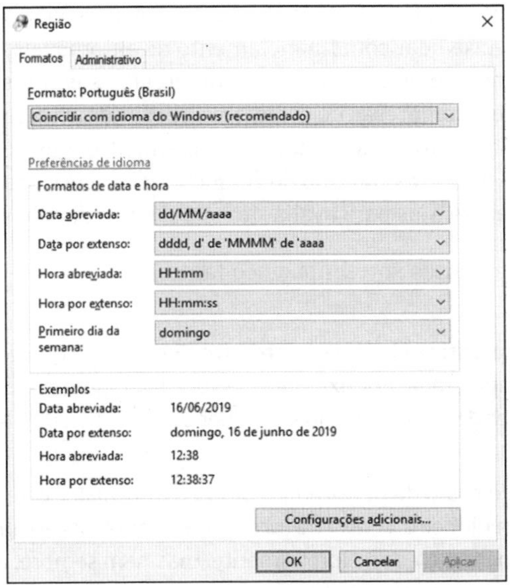

FIGURA 5-2: Visualizando as configurações de locais.

DICA

Você pode alterar as configurações de números, moeda, datas e hora na caixa de diálogo Personalizar Formatos.

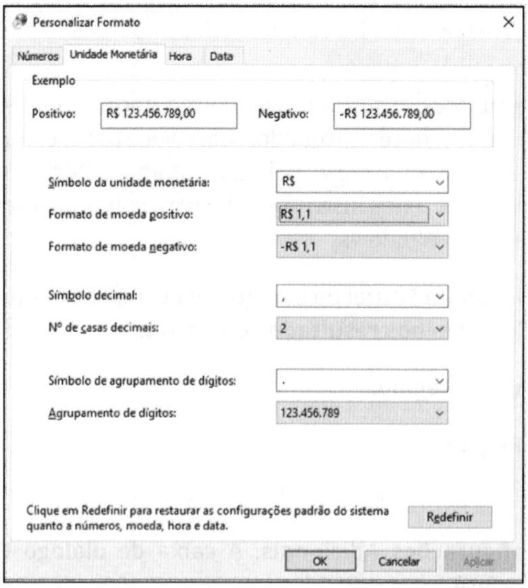

FIGURA 5-3: Personalizando como os valores numéricos são tratados.

Compreendendo os Cálculos de Financiamentos

Os financiamentos fazem parte da vida de quase todas as pessoas. Pessoalmente, talvez você precise lidar com financiamento de automóveis, educacional e de um imóvel. Partindo de uma perspectiva comercial, as empresas, desde os pequenos negócios até as empresas de grande porte, geralmente recorrem com frequência ao financiamento para comprar equipamentos novos, expandir e assim por diante. Não importa qual tipo de financiamento você precisa, o Excel tem as ferramentas necessárias para avaliá-lo e calcular os detalhes específicos.

A maioria dos financiamentos apresenta cinco fatores:

- **Principal de empréstimo ou financiamento:** É a quantia que você está pegando emprestada. Por exemplo, se você tiver interesse em um financiamento de R$5.000, o principal do financiamento ou do empréstimo é de R$5.000.
- **Taxa de juros:** É o custo de pegar emprestado o principal. É como os credores ganham dinheiro. A taxa de juros é uma tarifa, por assim dizer, que o devedor paga para o credor. Normalmente, mas nem sempre, a taxa de juros é expressa como porcentagem por ano.

» **Prazo de pagamento:** Os financiamentos ou empréstimos geralmente são pagos mediante pagamentos de quantias periódicas. Na maioria deles, o período é mensal.

» **Duração do financiamento:** É a contagem dos pagamentos de um período. Por exemplo, um financiamento pode ter 36 parcelas de pagamentos mensais.

» **Pagamento:** Quantia paga em cada data de pagamento.

Cada um desses fatores está relacionado a todos os outros. Se você pedir mais financiamento ou solicitar um empréstimo, seu pagamento mensal aumentará; isso não é novidade. Caso tenha uma taxa de juros baixa, talvez consiga pagar seu financiamento em menos tempo — algo para se levar em conta.

As funções usadas para calcular os fatores do financiamento funcionam com o mesmo grupo de entrada, os cinco fatores enumerados anteriormente. As funções aceitam três ou quatro entradas como dados e depois calculam o valor desejado, assim como na matemática.

Calculando a quantia do pagamento

A função PGTO informa a quantia do pagamento periódico (parcelas) para o seu financiamento. Caso saiba o principal, a taxa de juros e a quantidade de pagamento para o financiamento, você pode utilizar a função PGTO para calcular a quantia do pagamento. Mas, primeiro, um pouco mais sobre taxas de juros.

A maioria das taxas de juros é expressa como taxas anuais. No entanto o Excel precisa da taxa de juros por *prazo* de pagamento para calcular adequadamente. Por exemplo, se estiver calculando um financiamento com pagamentos mensais, você precisa da taxa de juros mensal. É fácil obter esse número dividindo a taxa de juros anual por 12, a quantidade de meses do ano. Para calcular o pagamento de um financiamento, siga estes passos:

1. **Insira o principal do financiamento, a taxa de juros anual e a quantidade de parcelas de pagamento em células separadas da planilha.**

   Você pode adicionar rótulos às células adjacentes para identificar os valores, se quiser.

2. **Posicione o cursor do mouse sobre a célula em que você quer ver o resultado.**

3. **Digite** =PGTO(**para iniciar a entrada da função.**

   Um pequeno menu pop-up mostra os argumentos usados na função.

4. **Clique na célula na qual a taxa de juros foi inserida ou insira o endereço da célula.**

5. **Digite** /12 **para dividir a taxa de juros anual a fim de obter a taxa de juros mensal.**

6. **Digite um ponto e vírgula (;).**

7. **Clique na célula em que você inseriu a quantidade de pagamentos ou insira o endereço da célula.**

8. **Digite um ponto e vírgula (;).**

9. **Clique na célula em que você inseriu o valor do principal ou insira o endereço da célula.**

10. **Digite) e pressione Enter.**

CUIDADO

Tome cuidado com as porcentagens! Lembre-se de que uma porcentagem é exatamente um centésimo, assim 5% é valor numérico para 0,05. Você pode formatar os valores para serem exibidos como porcentagens no Excel, mas deve inserir o valor adequado.

A Figura 5-4 mostra como configurei uma planilha com valores e retornei a quantia de pagamento periódica para um financiamento. A quantia é expressa como número negativo porque os pagamentos são fluxos de caixa de saída. Por exemplo, talvez você pense em pegar um financiamento de um banco para reformar a sua casa. Em cálculos reais, o empréstimo é estruturado desta forma:

- » Uma quantia do financiamento de R$15.000,00.
- » Uma taxa de juros anual de 5%.
- » Uma parcela de pagamento mensal.
- » Um pagamento de 24 parcelas.

B7 =PGTO(B2/12;B3;B1)

	A	B	C	D	E
1	Principal	R$ 15.000,00			
2	Taxa de juros anual	0,05			
3	Número de períodos	24			
4					
5					
6					
7	Pagamento mensal	-R$ 658,07			
8					

FIGURA 5-4: A função PGTO calcula o valor do pagamento do empréstimo.

Isso resume quatro dos principais parâmetros. A função PGTO identifica o quinto: o pagamento periódico, a quantia que você deve desembolsar todo mês.

Embora a função PGTO retorne a quantia de pagamento periódico constante para um financiamento, repare que cada pagamento consiste em duas partes.

Uma parte procura reduzir o principal financiado e a outra é o pagamento dos juros. Como se isso tudo não fosse confuso o bastante!

PAPO DE ESPECIALISTA

Talvez você tenha notado alguns termos novos ao usar essa função: vp, vf e nper. Na terminologia financeira, o *valor presente* (vp) se refere ao valor de uma transação no momento atual. Quando se está lidando com um financiamento, por exemplo, o valor presente é a quantia que você recebe do financiamento — ou seja, o principal. O termo *valor futuro* (vf) se refere ao valor de uma transação em algum momento posterior, tal como a quantia que você acumulará ao economizar R$50 por mês por cinco anos. *nper* representa a quantidade de parcelas de pagamento do financiamento.

Calculando o pagamento dos juros

A função IPGTO informa o pagamento dos juros em um dado período. Em um financiamento normal, cada parcela de pagamento é composta de uma parte definida que visa reduzir o principal do financiamento e de outra parte que é os juros sobre o principal financiado. A quantia dos juros varia de pagamento para pagamento. Em um financiamento típico, as primeiras parcelas que são compostas dos juros são mais altas e, conforme você paga, elas vão diminuindo.

A função IPGTO aceita quatro entradas: o principal, a taxa de juros, a quantidade de pagamentos para o financiamento e a quantidade de parcelas na qual você está interessado. Por exemplo, um financiamento pode ter 24 parcelas de pagamentos, e você quer saber os juros que estão incluídos na décima segunda parcela do pagamento. Para alguns tipos de financiamentos, os juros são dedutíveis, portanto isso pode valer muito a pena! Veja a seguir os passos para usar a função IPGTO:

1. **Insira as informações a seguir em células separadas, em uma coluna da planilha:**
   - O principal do financiamento.
   - A taxa de juros anual.
   - O número de parcelas do pagamento (períodos).
   - O número do período atual para o qual você quer calcular os juros.

   Você pode adicionar rótulos às células adjacentes para identificar os valores, se quiser.

2. **Posicione o cursor do mouse sobre a célula em que você quer ver o resultado.**
3. **Digite** =IPGTO(**para iniciar a entrada da função.**

4. **Clique na célula em que a taxa de juros foi inserida ou insira o endereço da célula.**
5. **Digite** /12.

   Isso divide a taxa de juros anual para obter a taxa de juros mensal.

6. **Digite um ponto e vírgula (;).**
7. **Clique na célula em que você inseriu o período cujos juros deseja saber ou insira o endereço da célula.**
8. **Digite um ponto e vírgula (;).**
9. **Clique na célula em que você inseriu a quantidade de pagamentos ou insira o endereço da célula.**
10. **Digite um ponto e vírgula (;).**
11. **Clique na célula em que você inseriu o valor do principal ou insira o endereço da célula.**
12. **Digite um**) **e pressione a tecla Enter.**

A função IPGTO retorna a parte de juros da parcela do pagamento especificado. Essa quantia é menor que a quantia do pagamento periódico inteiro. Em que medida é menor, depende de qual pagamento sequencial está sendo examinado. O aviso do pagamento — a parte que não é juros — visa reduzir o principal.

Você pode usar dois argumentos opcionais com a IPGTO:

» **Valor futuro:** É a quantia que você quer que o financiamento valha ao final de sua vida útil. O padrão é 0.

» **Tipo:** Informa à função se os pagamentos são aplicados no final ou no início do período. O valor 0 indica o final do período. O valor 1 indica o início. O padrão é 0.

Quando esses argumentos opcionais são usados, eles se tornam o quinto e o sexto argumentos, respectivamente.

Calculando os pagamentos do principal

A função PPGTO informa o pagamento do principal em um determinado período. Cada parcela do pagamento durante um financiamento normal é composta de uma parte destinada à redução do principal do financiamento e outra parte destinada aos juros. Com a função PPGTO, você pode descobrir a quantia que reduz o principal.

O coeficiente da taxa dos juros para o pagamento da parte que se destina ao principal varia de pagamento a pagamento. Em um financiamento típico, as primeiras parcelas que são compostas dos juros são mais altas e, conforme você paga, elas vão diminuindo. Invertendo a situação, o último pagamento é praticamente para liquidar o principal.

A função PPGTO aceita quatro entradas: o principal, a taxa de juros, a quantidade de pagamentos para o financiamento e a quantidade de pagamentos em questão. Por exemplo, um financiamento pode ter 36 parcelas de pagamentos, e você quer saber os juros que estão incluídos na última parcela. Estes são os passos para usar essa função:

1. **Insira o principal do financiamento, a taxa de juros anual, a quantidade de parcelas de pagamentos e o número da parcela atual para a qual os juros devem ser calculados em células separadas dentro da planilha.**

   Você pode adicionar rótulos às células adjacentes para identificar valores, caso queira.

2. **Posicione o cursor do mouse sobre a célula em que você quer ver o resultado.**
3. **Digite** =PPGTO(**para iniciar a entrada da função.**
4. **Clique na célula em que a taxa de juros foi inserida ou insira o endereço da célula.**
5. **Digite** /12 **para dividir a taxa de juros anual a fim de obter a taxa de juros mensal.**
6. **Digite um ponto e vírgula (;).**
7. **Clique na célula em que você inseriu o período cuja dedução do principal deseja saber ou insira o endereço da célula.**
8. **Digite um ponto e vírgula (;).**
9. **Clique na célula em que você inseriu a quantidade de pagamentos ou insira o endereço da célula.**
10. **Digite um ponto e vírgula (;).**
11. **Clique na célula em você inseriu o valor do principal ou insira o endereço da célula.**
12. **Digite um**) **e pressione a tecla Enter.**

A função PPGTO retorna a quantia de pagamento que reduz o valor do principal. Essa quantia é menor que a quantia do pagamento periódico inteiro. Em que medida é menor, depende de qual pagamento sequencial está sendo examinado. O aviso do pagamento, óbvio, é a cobrança de juros.

DICA

A função PGTO informa quando é cada pagamento. A função IPGTO informa a parte dos juros. Já a PPGTO informa a função principal. Para qualquer período de pagamento, as quantias retornadas pela IPGTO e pela PPGTO devem ser iguais à quantia retornada pela PGTO.

Você pode utilizar dois argumentos opcionais com a PPGTO:

- » **Valor futuro:** É a quantia que você quer que o financiamento valha ao final de sua vida útil. O padrão é 0.
- » **Tipo:** Informa à função se os pagamentos são aplicados no final ou no início do período. O valor 0 indica o final do período. O valor 1 indica o início. O padrão é 0.

Quando esses argumentos opcionais são usados, eles se tornam o quinto e o sexto argumentos, respectivamente.

Calculando a quantidade de pagamentos

A função NPER informa quantos pagamentos são necessários para saldar o financiamento. Ela é bem útil quando você sabe o quanto pode pagar por mês e precisa saber quanto tempo levará para terminar de pagar o financiamento. As entradas para essa função são o principal, a taxa de juros, e a quantia de parcelas de pagamentos:

Veja como usar a função NPER:

1. **Insira as informações a seguir em células separadas, em uma coluna da planilha:**

   - O principal do financiamento.
   - A taxa de juros anual.
   - O valor que deseja pagar em cada parcela.

   Insira as parcelas do pagamento como números negativos porque os pagamentos são fluxos de caixa de saída. Você pode adicionar rótulos nas células adjacentes para identificar os valores, se quiser.

2. **Posicione o cursor do mouse sobre a célula em que você quer ver o resultado.**
3. **Digite** =NPER(**para iniciar a entrada da função.**

4. **Clique na célula em que a taxa de juros foi inserida ou insira o endereço da célula.**

5. **Digite** /12 **para dividir a taxa de juros anual a fim de obter a taxa de juros mensal.**

6. **Digite um ponto e vírgula (;).**

7. **Clique na célula em que você inseriu o valor que deseja pagar em cada parcela.**

8. **Digite um ponto e vírgula (;).**

9. **Clique na célula em você inseriu o valor do principal ou insira o endereço da célula.**

10. **Digite**) **e pressione a tecla Enter.**

A Figura 5-5 mostra como configurei uma planilha com valores e usei a função NPER para descobrir quantos pagamentos são necessários para liquidar o financiamento. Neste exemplo, presumo que você possa pagar R$200 por mês. A quantia necessária é de R$4.000, e você terá uma taxa de juros anual de 6%.

B7 | =NPER(B2/12;B3;B1)

	A	B	C	D
1	Principal	R$ 4.000,00		
2	Taxa de juros anual	0,06		
3	Valor a pagar por parcela	-R$ 200,00		
4				
5				
6				
7	**Quantidade de parcelas:**	**21,12**		
8				

FIGURA 5-5: A função NPER calcula a quantidade de pagamentos para um financiamento.

Partindo desses pressupostos, a função NPER retorna um valor de 21,12 meses restantes para liquidar o financiamento. Acho que ninguém vai se importar caso você arredonde para 21 meses. Saber que você pagará o financiamento em menos de dois anos lhe possibilita planejar com antecedência outras atividades para esse mesmo período de tempo. Que tal um pulinho em Las Vegas?

Você pode usar dois argumentos opcionais com a NPER:

- **Valor futuro:** É a quantia que você quer que o financiamento valha ao final de sua vida útil. O padrão é 0.
- **Tipo:** Informa à função se os pagamentos são aplicados no final ou no início do período. O valor 0 indica o final do período. O valor 1 indica o início. O padrão é 0.

Quando esses argumentos opcionais são utilizados, eles se tornam o quinto e o sexto argumentos, respectivamente.

Calculando a quantidade de pagamentos com DURAÇÃOP

Essa função é uma reviravolta na identificação da quantidade de pagamentos. Em vez de usar uma quantia de pagamento periódica no cálculo, a DURAÇÃOP utiliza o valor presente do financiamento (a quantia que foi emprestada) e o valor futuro do financiamento (o total que você terá que pagar quando o financiamento estiver liquidado). Este cálculo é interessante se e quando você ficar sabendo das seguintes informações:

» O principal do financiamento.

» A taxa de juros anual.

» A quantia paga (a soma do principal e dos juros).

O resultado que DURAÇÃOP fornece é a quantidade de períodos com base nos fatores listados.

Veja como usar a função DURAÇÃOP:

1. **Insira as informações a seguir em células separadas da sua planilha:**
   - Principal do financiamento.
   - A taxa de juros anual.
   - A quantia total que você espera pagar até o final do financiamento.
2. **Posicione o cursor do mouse sobre a célula em que você quer que o resultado apareça.**
3. **Digite** =DURAÇÃOP(**para iniciar a entrada da função.**
4. **Clique na célula em que a taxa de juros foi inserida ou insira o endereço da célula.**
5. **Digite** /12 **para dividir a taxa de juros anual a fim de obter a taxa de juros mensal.**
6. **Digite um ponto e vírgula (;).**
7. **Clique na célula em que você inseriu o valor do principal ou insira o endereço da célula.**
8. **Digite um ponto e vírgula (;).**

9. **Clique na célula em que você inseriu a quantia total paga ou insira o endereço da célula.**

10. **Digite um) e pressione a tecla Enter.**

A Figura 5-6 mostra como configurei uma planilha com valores e usei a função DURAÇÃOP para descobrir quantos pagamentos são necessários para liquidar o financiamento. Neste exemplo, presumo que a quantia paga seja de R$4.400 (incluindo o principal e a taxa de juros). A quantia que foi emprestada é R$4.000 e a taxa de juros anual é de 5%.

A quantidade de pagamentos é de 22,92, portanto terei 23 pagamentos — menos de 2 anos.

Calculando a taxa de juros

A função TAXA informa qual é a taxa de juros em um financiamento. Essa função é excelente para comparar as ofertas de financiamento. Embora um financiamento sempre inclua uma taxa de juros, você talvez queira que o Excel verifique duas vezes para se certificar que outras tarifas não estão incluídas nos pagamentos. Portanto, você pode comparar diferentes cenários de financiamento para ver qual oferece a taxa de juros mais baixa. Não acho que alguém queira pagar mais do que o necessário!

B7 =DURAÇÃOP(B2/12;B1;B3)

	A	B	C	D	E
1	Principal (Valor presente)	R$ 4.000,00			
2	Taxa de juros anual	0,05			
3	Valor pago (Valor futuro)	R$ 4.400,00			
4					
5					
6					
7	Número de parcelas:	22,92			
8					

FIGURA 5-6: A função DURAÇÃOP calcula a quantidade de pagamentos de um financiamento.

DICA

Alguns credores cobram tarifas assim como taxas de juros anuais. Quando essas tarifas são reconhecidas, a *taxa de juros efetiva* será maior do que a taxa de juros declarada. Você pode usar a função TAXA para determinar a taxa de juros efetiva para um financiamento. Se for igual à taxa de juros declarada, nenhuma tarifa foi acrescida.

As entradas para essa função são o capital, as parcelas de pagamentos, e a quantia fixa do pagamento periódico. Veja como usar a função TAXA:

1. **Insira as informações a seguir em células separadas da sua planilha:**
   - O principal do financiamento.
   - O número de períodos.
   - A quantia que você pagará mensalmente.

Insira a quantia de pagamentos mensal como números negativos porque pagamentos são fluxos de caixa de saída. Você pode adicionar rótulos às células adjacentes para identificar os valores, caso queira.

2. **Posicione o cursor do mouse sobre a célula em que você quer que o resultado apareça.**
3. **Digite** =TAXA(**para iniciar a entrada da função.**
4. **Clique na célula em que o número de períodos foi inserido ou insira o endereço da célula.**
5. **Digite um ponto e vírgula (;).**
6. **Clique na célula em que você inseriu o valor pago mensalmente ou insira o endereço da célula.**
7. **Digite um ponto e vírgula (;).**
8. **Clique na célula em você inseriu o principal ou insira o endereço da célula.**
9. **Digite um) e pressione a tecla Enter.**

A função TAXA retorna a taxa de juros *por período*. Porém esse número pode estar incorreto. A quantia de juros periódicos pode ser pequena o bastante para ser exibida como 0% caso a formatação da célula não esteja configurada para exibir as casas decimais suficientes.

Para descobrir a taxa anual, basta pegar os números retornados pela função TAXA e multiplicá-los por 12. Para fazer isso, siga estes passos:

1. **Posicione o cursor do mouse sobre a célula em que você quer ver a taxa de juros anual.**
2. **Digite** =.
3. **Clique na célula em que a função TAXA retornou a taxa de juros periódica.**
4. **Digite** * **(símbolo utilizado para multiplicação no Excel).**
5. **Digite** 12.
6. **Pressione a tecla Enter.**

Nesse exemplo, suponha a que o principal do financiamento seja de R$15.000 com um pagamento mensal de R$650. O financiamento será pago em 24 meses. A Figura 5-7 mostra uma planilha com esses valores. A taxa de juros periódica é calculada com a função TAXA, e a taxa anual é calculada pela multiplicação da taxa de juros periódica por 12.

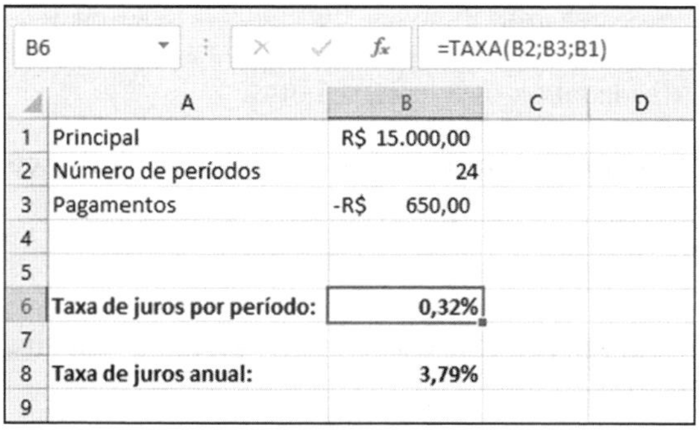

FIGURA 5-7: A função TAXA calcula a taxa de juros periódica.

Você pode usar três argumentos opcionais com a TAXA:

- **Valor futuro:** É a quantia que você quer que o financiamento valha ao final de sua vida útil. O padrão é 0.
- **Tipo:** Informa à função se os pagamentos são aplicados no final ou no início do período. O valor 0 indica o final do período. O valor 1 indica o início. O padrão é 0.
- **Estimativa:** É a estimativa do que a taxa de juros deveria ser. É possível que a função precise desse valor para determinar um resultado. Veja o sistema de Ajuda do Excel para mais informações. O valor-padrão é 0,1 (ou 10%).

Quando esses argumentos opcionais são usados, eles se tornam o quarto, o quinto e o sexto argumentos, respectivamente.

Calculando o principal

A função VP informa qual é a quantia do principal do financiamento quando você está a par dos outros fatores do financiamento, tais como a taxa de juros e a quantidade de pagamentos periódicos. A função VP pode determinar quanto você pode pegar emprestado quando já sabe quanto pagará por mês e por quanto tempo terá que pagar.

As entradas para essa função são a taxa de juros, as parcelas de pagamentos e a quantia do pagamento mensal. A taxa de juros usada na função é a taxa periódica, não a anual. Veja como usar a função VP:

1. **Insira as informações a seguir em células separadas da sua planilha:**
   - A taxa de juros anual.
   - A quantidade de parcelas do pagamento.
   - A quantia do pagamento mensal.

Insira as parcelas dos pagamentos como número negativo, porque os pagamentos são fluxos de caixa de saída. Você pode adicionar rótulos às células adjacentes para identificar os valores, se quiser.

2. **Posicione o cursor do mouse sobre a célula em que você quer ver o resultado.**
3. **Digite** =VP(**para iniciar a entrada da função.**
4. **Clique na célula em que a taxa de juros foi inserida ou insira o endereço da célula.**
5. **Digite** /12 **para dividir a taxa de juros anual a fim de obter a taxa de juros mensal.**
6. **Digite um ponto e vírgula (;).**
7. **Clique na célula em que você inseriu o número de pagamentos ou insira o endereço da célula.**
8. **Digite um ponto e vírgula (;).**
9. **Clique na célula em que você inseriu as parcelas do pagamento ou insira o endereço da célula.**
10. **Digite um**) **e pressione a tecla Enter.**

Neste exemplo, presumo que a quantia do pagamento mensal é de R$600. A taxa de juros anual é de 5% e existem 24 pagamentos mensais. A Figura 5-8 mostra a planilha com os cálculos.

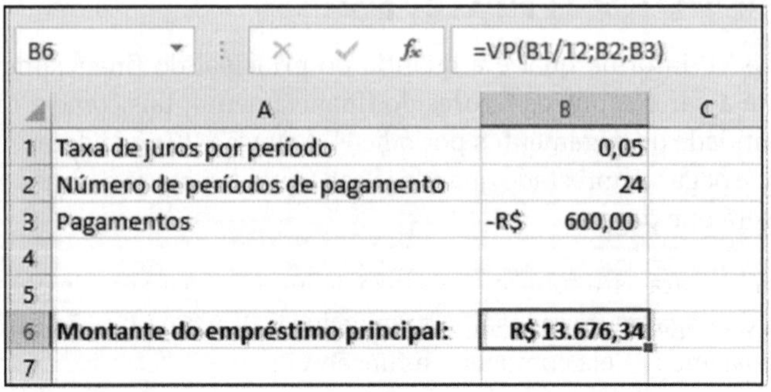
B6 =VP(B1/12;B2;B3)

	A	B	C
1	Taxa de juros por período	0,05	
2	Número de períodos de pagamento	24	
3	Pagamentos	-R$ 600,00	
4			
5			
6	**Montante do empréstimo principal:**	**R$ 13.676,34**	
7			

FIGURA 5-8: A função VP calcula a quantia do principal do financiamento.

Partindo desses pressupostos, o principal do financiamento é de R$13.676. Alterar qualquer parâmetro faz com que VP retorne uma quantia diferente do principal. Por exemplo, aumentar a taxa de juros para 7,5% faz com que você possa pegar emprestado somente R$13.333. Embora você talvez pense no quanto está pegando emprestado, ter interesse nos juros é tão importante quanto!

Você pode utilizar dois argumentos opcionais com a VP:

- **Valor futuro:** É a quantia que você quer que o financiamento valha ao final de sua vida útil. O padrão é 0.
- **Tipo:** Informa à função se os pagamentos são aplicados no final ou no início do período. O valor 0 indica o final do período. O valor 1 indica o início. O padrão é 0.

Quando esses argumentos opcionais são usados, eles se tornam o quinto e o sexto argumentos, respectivamente.

NESTE CAPÍTULO

» **Descobrindo se um investimento vale a pena**

» **Usando diferentes métodos de depreciação**

» **Avaliando as oportunidades de negócios**

Capítulo **6**

Valorização dos Bens Futuros e Depreciação do que Você Já Tem

O dinheiro faz o mundo girar, diz o ditado. Mas tenho um ditado novo: as funções do Excel fazem o dinheiro girar. Elas possibilitam que você descubra quanto um investimento valerá no futuro. Todos nós sabemos que é bom procurar uma boa taxa de juros em um investimento. Com a função VF (*valor futuro*), você pode ir um pouco mais além e saber se o investimento valerá a pena futuramente.

Você já se perguntou o que fazer com aquele dinheirinho extra? Você pode depositá-lo no banco, pagar uma dívida ou comprar alguma coisa. O Excel o ajuda a descobrir qual o melhor caminho a seguir usando a função TIR (*Taxa Interna de Retorno*). Essa função permite que você limite cada opção em um único valor a fim de comparar as oportunidades e escolher a melhor.

No cenário de negócios, o Excel tem muitas funções para ajudar a criar o cronograma de depreciação. As funções DPD, SDA, BD e BDD são o que você precisa. Estude-as mais a fundo e conseguirá falar de contabilidade com seu contador!

DICA

DPD é a função usada para calcular a depreciação linear. A função SDA calcula a depreciação dos dígitos da soma dos anos. A BD e a BDD são variações do método da depreciação de saldos decrescentes.

Investigando o Futuro

A função VF informa quanto um investimento valerá no futuro. Ela pega uma quantia inicial do dinheiro e leva em consideração os pagamentos fixos periódicos adicionais. Você também pode especificar uma taxa de retorno — a taxa de juros —, e o valor retornado informa quanto o investimento valerá em um determinado período de tempo.

Por exemplo, você abre uma conta poupança e começa com uma quantia de, digamos, R$1.000. Todo mês você deposita R$50 na conta. O banco paga a taxa anual de juros de 5%. Ao final de dois anos, qual será o valor na conta?

Esse é o tipo de pergunta que a função VF responde. Ela aceita cinco argumentos:

- **Taxa de juros:** Este argumento é a taxa de juros anual. Ao ser inserida na função, ela precisa ser dividida pela quantidade de pagamentos por ano — provavelmente 12, se os pagamentos (parcelas) forem mensais.
- **Quantidade de pagamentos:** Este argumento é a quantidade total de pagamentos em um investimento. Ele está além do investimento inicial; não inclua o investimento inicial neste valor. Se os pagamentos ocorrem mensalmente e o investimento é de 3 anos, o total é de 36 pagamentos.
- **Quantia do pagamento:** Este argumento é a quantia fixa disponibilizada para o investimento em cada período de pagamento.
- **Investimento inicial (também chamado de VP ou valor presente):** Este argumento é a quantia do início do investimento. Um valor possível é 0, o que significa que não houve uma quantia inicial no investimento. Ele é opcional, e, se não for usado, presume-se o valor 0.
- **Como os pagamentos são realizados:** Os pagamentos periódicos podem ser realizados no início ou no final de cada período. Este argumento afeta o resultado em um nível menor, mas considerável. Tanto 0 quanto 1 podem ser inseridos. O 0 indica que os pagamentos ocorrem no final do período. O 1 indica que os pagamentos ocorrem no início. Este argumento é opcional, e, se não for usado, presume-se o valor 0.

LEMBRE-SE

Ao usar a função VF, certifique-se de inserir a quantia de investimento inicial e a quantia das parcelas como números negativos. Embora esteja investindo esse dinheiro, você está basicamente desembolsando um dinheiro (mesmo que seja para a sua conta). Portanto, eles são fluxos de caixa de saída.

Veja como utilizar a função VF:

1. **Insira as informações a seguir em células separadas da planilha:**

   - A taxa de juros anual.
   - A quantidade de períodos de pagamento.
   - A quantia dos pagamentos periódicos.
   - A quantia inicial do investimento.

   Você pode adicionar rótulos às células adjacentes para identificar os valores, caso queira.

2. **Posicione o cursor do mouse sobre a célula em que você quer que o resultado apareça.**
3. **Digite** =VF(**para iniciar a entrada da função.**
4. **Clique na célula em que a taxa de juros anual foi inserida ou insira o endereço da célula.**
5. **Digite** /12 **para dividir a taxa de juros anual a fim de obter a taxa de juros mensal.**
6. **Digite um ponto e vírgula (;).**
7. **Clique na célula em que você inseriu a quantidade total de pagamentos ou insira o endereço da célula.**
8. **Digite um ponto e vírgula (;).**
9. **Clique na célula em que você inseriu a quantia dos pagamentos periódicos ou insira o endereço da célula.**
10. **Digite um ponto e vírgula (;).**
11. **Clique na célula em que você inseriu a quantia inicial do investimento ou insira o endereço da célula.**
12. **(Opcional) Digite um ponto e vírgula (;) e, depois, digite 0 ou 1 para identificar se os pagamentos são feitos no final (0) ou no início (1) do período.**
13. **Digite um**) **e pressione a tecla Enter.**

A Figura 6-1 mostra quanto o investimento valerá depois de dois anos. O investimento começou com R$1.000 e todo mês foram depositados R$50. A taxa de juros é de 5%. O valor do investimento final é de R$2.364,24. O valor investido foi R$2.200,00, ou seja, (R$ 1.000,00 +(R$ 50,00 x 24)). A poupança rendeu R$164,24.

B12 =VF(B1/12;B2;B3;B4)

	A	B	C	D
1	Taxa de juros anual	0,05		
2	Quantidade de períodos de pagamento	24		
3	Quantia dos pagamentos	-R$ 50,00		
4	Investimento inicial	-R$ 1.000,00		
5				
6				
7				
8				
9	Um investimento inicial de R$ 1.000,00,			
10	com pagamentos mensais de R$ 50,00,			
11	a uma taxa anual de 5%, no final de dois			
12	anos você acumulará uma quantia de:	R$ 2.364,24		
13				

FIGURA 6-1: Ganhando um dinheiro extra em um investimento.

Calculando a Depreciação das Coisas Boas da Vida

Depreciação é a técnica de alocar o custo de um ativo durante o período útil em que ele é usado. A depreciação se refere aos *bens patrimoniais*, bens tangíveis que terão algumas serventia por um ano ou mais.

A depreciação pode ser aplicada em ativos como automóveis, edifícios e equipamentos. Uma coxinha não é um bem patrimonial porque sua serventia não dura nem um minuto, o tempo que leva para alguém comê-la — ainda que a pessoa que esteja comendo-a possa ganhar dinheiro vendendo coxinhas!

Veja o exemplo da compra de um caminhão de entrega. O veículo custa R$35.000. Espera-se que ele seja usado por 12 anos; isso é conhecido como *vida útil*. Ao final dos 12 anos, o caminhão terá um preço estimado de R$8.000. Esses valores seguem as terminologias usadas nas fórmulas de depreciação:

- **Custo:** É o valor inicial do item (R$35.000). Além de incluir o preço, também inclui os valores associados à aquisição e instalação do item, como os custos de entrega.
- **Valor residual:** É o valor do item ao final de sua vida útil (R$8.000).
- **Vida útil:** É a quantidade de períodos em que se calcula a depreciação. Geralmente é expressa em anos (neste caso, 12 anos).

A depreciação é calculada de formas diferentes. Algumas técnicas partem do princípio de que boa parte da utilidade de um ativo se dá durante os primeiros períodos de sua vida útil. Nesse caso, a depreciação é aplicada conforme uma escala descendente, indo do primeiro período para o último. A maior parte da depreciação é aplicada nos primeiros períodos e é conhecida como *cronograma de depreciação acelerada*. Às vezes, o volume de depreciação acaba antes da vida útil do ativo. Como alternativa, a depreciação pode ser aplicada uniformemente ao longo de todos os períodos. Nesta situação, cada período da vida útil do ativo tem o mesmo valor de depreciação a ser aplicado. Os diferentes métodos de depreciação estão enumerados na Tabela 6-1.

TABELA 6-1 **Métodos de Depreciação**

Método	Comentários	Função do Excel que Utiliza o Método
Depreciação Linear	Geralmente aplica a depreciação de custo (Custo - Valor Residual) entre os períodos. Utiliza a fórmula (Custo - Valor Residual) ÷ Quantidade de Períodos.	DPD
Dígitos da Soma dos Anos	Primeiro soma os períodos. Por exemplo, se houver cinco períodos, o método calcula os dígitos da soma dos anos como 1 + 2 + 3 + 4 + 5 = 15. Esse método cria um cronograma de depreciação acelerada. Veja a Ajuda do Excel para mais informações.	SDA
Saldo Decrescente Duplo	Cria um cronograma de depreciação acelerada ao dobrar a taxa de depreciação linear e, então, aplica ao saldo decrescente do custo do ativo atual, em vez de aplicar à depreciação de valor fixo.	BDD, BD

DICA

O valor do *custo depreciável* é o custo original menos o valor residual.

A Figura 6-2 mostra uma planilha com alguns métodos diferentes. Os métodos usam como exemplo um caminhão de entregas que custa R$35.000 e é utilizado por 12 anos, e que tem o valor final de R$8.000. Um cálculo imprescindível para todos esses métodos é o custo depreciável — o custo original menos o valor residual. Nesse exemplo, o custo depreciável é de R$27.000, calculado como R$35.000 – R$8.000.

Todos os três métodos de depreciação mostrados na Figura 6-2 — depreciação linear, dígitos da soma dos anos e saldo decrescente duplo — terminam com o valor da depreciação acumulada no final da vida útil igual ao valor depreciável, ou o custo menos o valor residual.

No entanto cada método chega a um total de forma diferente. O método da depreciação linear aplica somente uma quantia regular entre os períodos. Os dígitos da soma dos anos e o saldo decrescente duplo aceleram a depreciação. Na verdade, o saldo decrescente duplo faz isso em um grau tão alto que toda a depreciação é contabilizada antes do final da vida útil do ativo.

D9 | =DPD($B$2;$B$3;$B$4)

	A	B	C	D	E	F	G	H	I
1									
2	Custo do ativo	R$ 35.000,00							
3	Valor residual	R$ 8.000,00							
4	Vida útil (em anos)	12							
5									
6				Depreciação linear		Dígitos da soma dos anos		Saldo decrescente duplo	
7									
8		Ano							
9		1		R$ 2.250,00		R$ 4.153,85		R$ 5.833,33	
10		2		R$ 2.250,00		R$ 3.807,69		R$ 4.861,11	
11		3		R$ 2.250,00		R$ 3.461,54		R$ 4.050,93	
12		4		R$ 2.250,00		R$ 3.115,38		R$ 3.375,77	
13		5		R$ 2.250,00		R$ 2.769,23		R$ 2.813,14	
14		6		R$ 2.250,00		R$ 2.423,08		R$ 2.344,29	
15		7		R$ 2.250,00		R$ 2.076,92		R$ 1.953,57	
16		8		R$ 2.250,00		R$ 1.730,77		R$ 1.627,98	
17		9		R$ 2.250,00		R$ 1.384,62		R$ 139,88	
18		10		R$ 2.250,00		R$ 1.038,46		R$ 0,00	
19		11		R$ 2.250,00		R$ 692,31		R$ 0,00	
20		12		R$ 2.250,00		R$ 346,15		R$ 0,00	
21									
22		Depreciação total		R$ 27.000,00		R$ 27.000,00		R$ 27.000,00	
23									

FIGURA 6-2: Depreciando um ativo.

Calculando a depreciação linear

A função DPD calcula o montante da depreciação para cada período de vida útil do ativo. Os argumentos são simples: o custo, o valor residual e a quantidade de períodos. Na Figura 6-2, cada célula no intervalo D9:D20 tem a mesma fórmula: `=DPD($B$2;$B$3;$B$4)`. Como a depreciação linear fornece uma quantia igual de depreciação para cada período, faz sentido que cada célula use a fórmula integral. A resposta é a mesma independente do período. (Este método difere dos métodos de depreciação acelerada a seguir.)

LEMBRE-SE

O uso do cifrão ($) na frente dos indicadores da coluna e da linha fixa o endereço da célula para que ele não seja alterado.

Veja como usar a função DPD:

1. **Insira estes três valores em uma planilha:**
   - O custo do ativo.
   - O valor residual (sempre menor do que o custo original).
   - A quantidade de períodos na vida útil do ativo (geralmente, anos).
2. **Digite** =DPD(**para iniciar a entrada da função.**
3. **Clique na célula que tem o valor original ou insira seu endereço.**
4. **Digite um ponto e vírgula (;).**

5. **Clique na célula que tem o valor residual ou insira seu endereço.**
6. **Digite um ponto e vírgula (;).**
7. **Clique na célula com a quantidade de períodos ou insira seu endereço.**
8. **Digite um) e pressione a tecla Enter.**

O valor retornado é a quantia da depreciação por período. Cada período tem a mesma quantia de depreciação. A mesma fórmula, referenciando as mesmas células (usando $ para referência absoluta), está em todas as células do intervalo D9:D20.

Criando um cronograma de depreciação acelerada

A função SDA cria um cronograma de depreciação acelerada (ou seja, roda-se a depreciação nos primeiros períodos da vida útil do ativo). O método usa uma técnica interessante da primeira soma dos dígitos do ano. Portanto, para um cronograma de depreciação que englobe 5 anos, o valor 15 é calculado como 1 + 2 + 3 + 4 + 5 = 15. Se o cronograma for para 10 anos, o primeiro passo é calcular a soma dos dígitos 1 até 10, assim: 1 + 2 + 3 + 4 + 5 + 6 + 7 + 8 + 9 + 10 = 55.

A soma dos dígitos do ano é utilizada como denominador nos cálculos com os próprios dígitos reais para calcular a porcentagem por período. Nos cálculos, os dígitos são o contrário dos períodos reais. Em outras palavras, em um cronograma de depreciação de 5 anos, a depreciação para o primeiro período é calculada como (5 ÷ 15) × valor de depreciação. O segundo período de depreciação é calculado como (4 ÷ 15) × valor de depreciação. A tabela a seguir deixa isso claro, com uma suposta depreciação de 5 anos sobre o custo depreciável de R$6.000 e um valor residual de 0:

Período	Cálculo	Resultado
1	() × 6.000	R$2.000
2	() × 6.000	R$1.600
3	() × 6.000	R$1.200
4	() × 6.000	R$800
5	() × 6.000	R$400

Adivinha? Você nem precisa saber como isso funciona! O Excel calcula todos os valores para você. A função SDA aceita quatro argumentos: o custo, o valor residual, a vida útil (a quantidade de períodos) e o período a ser calculado.

A função SDA retorna a depreciação para um único período. Anteriormente neste capítulo, mencionei que a função DPD também retorna a depreciação por período, mas, como todos os períodos são iguais, a função DPD não precisa ter um período real inserido como argumento.

A função SDA retorna uma depreciação diferente para cada período, portanto o período deve ser inserido como um argumento. Na Figura 6-2, cada fórmula no intervalo F9:F20 utiliza a função SDA, mas tem um período diferente como o quarto argumento. Por exemplo, a célula F9 tem a fórmula `=SDA($B$2;$B$3;$B$4;B9)` e a célula F10 apresenta a fórmula `=SDA($B$2;$B$3;$B$4;B10)`. O último argumento fornece um valor diferente.

Veja como usar a função SDA para calcular a depreciação para um período:

1. **Insira estes três valores em uma planilha:**
   - O custo do ativo.
   - O valor residual (sempre menor do que o valor original).
   - A quantidade de períodos na vida útil do ativo (geralmente, anos).
2. **Digite** =SDA(**para iniciar a entrada da função.**
3. **Clique na célula que tem o valor original ou insira seu endereço.**
4. **Digite um ponto e vírgula (;).**
5. **Clique na célula que tem o valor residual ou insira seu endereço.**
6. **Digite um ponto e vírgula (;).**
7. **Clique na célula com a quantidade de períodos ou insira seu endereço.**
8. **Digite um ponto e vírgula (;).**
9. **Insira um número para o período, para o qual deve ser calculado a depreciação.**
10. **Digite um**) **e pressione a tecla Enter.**

O *valor retornado* é o valor da depreciação para o período inserido. Para calcular a depreciação para a entrada do conjunto de períodos, insira uma fórmula com a função SDA no mesmo número de células e de períodos. Neste caso, cada célula tem um período diferente inserido para o quarto argumento. Com o intuito de facilitar esse tipo de entrada, insira os primeiros três argumentos como endereços absolutos da célula. Em outras palavras, use o cifrão ($) na frente dos indicadores de linha e de coluna. Deixe o quarto argumento para o formato do endereço relativo.

Na célula F9 da Figura 6-2, a fórmula é =SDA($B$2;$B$3;$B$4;B9). Repare que os primeiros três argumentos estão fixos nas células B2, B3 e B4. Com essa fórmula inserida na célula F9, arraste a fórmula (use a alça de preenchimento no canto inferior direito da célula) até F20 para preencher o intervalo de células que precise do cálculo. O quarto argumento muda em cada linha. Por exemplo, a célula F20 apresenta esta fórmula: =SDA($B$2;$B$3;$B$4;B20).

Criando um cronograma de depreciação acelerada ainda mais acelerado

O método saldo decrescente duplo apresenta um cronograma de depreciação acelerado, porém calcula as quantias de forma diferente do método dos dígitos da soma dos anos.

Ainda que inspirado na duplicação do método linear (que não é um método acelerado), o cálculo para cada período sucessivo é baseado no valor restante do ativo depois de cada período em vez de ter como base o custo depreciável. Como o valor restante é reduzido em cada período, o cronograma para cada período é diferente.

A função BDD aceita cinco argumentos. Os quatro primeiros são:

- Custo.
- Valor residual.
- Vida útil (a quantidade de períodos).
- Período para o qual a depreciação será calculada.

O quinto argumento é o fator. Um fator 2 avisa a função para usar o método saldo decrescente duplo. Podem ser usados outros valores, tal como 1,5. O fator é a taxa em que o saldo diminui. Um valor menor (do que o padrão 2) resulta em mais tempo para o saldo diminuir. Quando o quinto argumento é omitido, 2 é o valor-padrão.

A função BDD retorna um valor de depreciação diferente para cada período, portanto o período deve ser inserido como um argumento. Na Figura 6-2, cada fórmula no intervalo H9:H20 utiliza a função BDD, porém tem um período diferente como o quarto argumento. Por exemplo, a célula H9 tem a fórmula =BDD($B$2;$B$3;$B$4;B9) e a célula H10 apresenta a fórmula =BDD($B$2;$B$3;$B$4;B10). O último argumento fornece um valor diferente.

Conforme demonstrado na Figura 6-2 anteriormente neste capítulo, o método saldo decrescente duplo fornece um cronograma de depreciação acelerada ainda mais acelerado do que o método dígito da soma dos anos. Na verdade, a depreciação é totalmente contabilizada antes de o ativo atingir o final de sua vida útil.

Veja como utilizar a função BDD para calcular a depreciação para um período:

1. **Insira estes três valores em uma planilha:**
   - O custo do ativo.
   - O valor residual (sempre menor do que o valor original).
   - A quantidade de períodos na vida útil do ativo (geralmente, anos).
2. **Digite** =BDD(**para iniciar a entrada da função.**
3. **Clique na célula que tem o valor original ou insira seu endereço.**
4. **Digite um ponto e vírgula (;).**
5. **Clique na célula que tem o valor residual ou insira seu endereço.**
6. **Digite um ponto e vírgula (;).**
7. **Clique na célula com a quantidade de períodos.**
8. **Digite um ponto e vírgula (;).**
9. **Insira um número para o período, para o qual deve ser calculado a depreciação.**
10. **Se a variação do método saldo decrescente duplo for solicitada, insira um ponto e vírgula (;) e um valor que não seja 2.**
11. **Digite um**) **e pressione Enter.**

O valor retornado é o montante da depreciação para o período inserido. A fim de calcular a depreciação para a entrada do conjunto de períodos, insira uma fórmula com a função BDD tanto nos mesmos números de células como no de períodos. Neste caso, cada célula dever ter um período diferente inserido para o quarto argumento. Uma das melhores abordagens é usar o endereço absoluto para os três primeiros argumentos. Depois, quando você preenche o restante das células arrastando ou copiando, as referências do custo original, a quantia do valor residual e a quantidade de períodos ficam uniformes. Há um exemplo de endereço absoluto na Barra de Fórmulas na Figura 6-2.

DICA

Não existe uma regra obrigatória para escolher o melhor método de depreciação. Contudo, faz sentido usar um que coincida com o valor de depreciação do ativo. Por exemplo, os carros desvalorizam muito nos primeiros anos; desse modo, usar o cronograma de depreciação acelerado é a melhor opção.

Calculando um cronograma de depreciação no meio do ano

A maioria dos ativos não é comprada, entregue ou está disponível para uso em 1º de janeiro. O Excel tem a fórmula de depreciação, a BD, que se responsabiliza pelos períodos fora do ano civil. A função BD aceita cinco argumentos. Os quatro primeiro são os mais comuns: o custo, o valor residual, a vida útil (a quantidade de períodos) e o período para o qual a depreciação dever ser calculada. O quinto argumento é a quantidade de meses no primeiro ano. O quinto argumento é opcional; quando não é utilizado, a função usa 12 como padrão.

Para o quinto argumento, um valor 3 significa que a depreciação começa em outubro (de outubro até dezembro existem 3 meses); logo, a quantia de depreciação cobrada no primeiro ano civil é pequena. O valor 11 significa que a depreciação começa em fevereiro (de fevereiro até dezembro existem 11 meses).

A Figura 6-3 mostra um cronograma de depreciação criado com a função BD. Repare que a vida útil do ativo é de 12 anos (na célula B4), mas a fórmula é aplicada em 13 períodos diferentes. É necessário incluir um ano extra, porque o primeiro ano já está na metade. Os meses restantes devem ser colocados em um ano civil extra. Os períodos de depreciação e anos civis são amortizados.

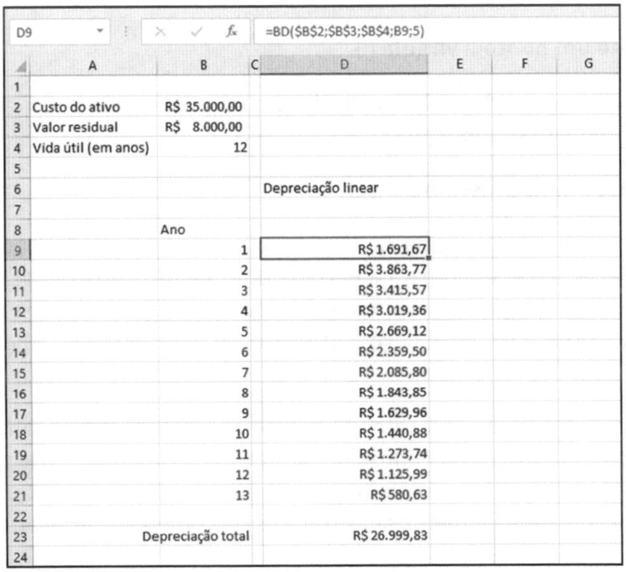

D9 | =BD($B$2;$B$3;$B$4;B9;5)

	A	B	C	D	E	F	G
1							
2	Custo do ativo	R$ 35.000,00					
3	Valor residual	R$ 8.000,00					
4	Vida útil (em anos)	12					
5							
6				Depreciação linear			
7							
8		Ano					
9		1		R$ 1.691,67			
10		2		R$ 3.863,77			
11		3		R$ 3.415,57			
12		4		R$ 3.019,36			
13		5		R$ 2.669,12			
14		6		R$ 2.359,50			
15		7		R$ 2.085,80			
16		8		R$ 1.843,85			
17		9		R$ 1.629,96			
18		10		R$ 1.440,88			
19		11		R$ 1.273,74			
20		12		R$ 1.125,99			
21		13		R$ 580,63			
22							
23		Depreciação total		R$ 26.999,83			
24							

FIGURA 6-3: Compensando períodos de depreciação a partir do calendário.

O exemplo na Figura 6-3 está relacionado a um ativo colocado em circulação em agosto. A célula D9 tem a fórmula `=BD($B$2;$B$3;$B$4;B9;5)`. O quinto argumento é 5, o que indica que a depreciação do primeiro ano engloba 5 meses: agosto, setembro, outubro, novembro e dezembro.

Veja como usar a função BD para calcular a depreciação para um período:

1. **Insira estes três valores em uma planilha:**
   - O custo do ativo.
   - O valor residual (sempre menor do que o valor original).
   - A quantidade de períodos na vida útil do ativo (geralmente, anos).
2. **Digite** =BD(**para iniciar a entrada da função.**
3. **Clique na célula que tem o valor original ou insira seu endereço.**
4. **Digite um ponto e vírgula (;).**
5. **Clique na célula que tem o valor residual ou insira seu endereço.**
6. **Digite um ponto vírgula (;).**
7. **Clique na célula com a quantidade de períodos.**
8. **Digite um ponto e vírgula (;).**
9. **Insira um número para o período, para o qual deve ser calculado a depreciação.**
10. **Digite um ponto e vírgula (;).**
11. **Insira a quantidade de meses dentro do primeiro ano em que a depreciação deve ser aplicada.**
12. **Digite um**) **e pressione Enter.**

O valor retornado é a soma da depreciação para o período inserido. A fim de calcular a depreciação para a entrada do conjunto de períodos, insira uma fórmula com a função BD tanto nos mesmos números de células como no de períodos. Entretanto, você deve deixar espaço para períodos adicionais. Veja a Figura 6-3.

DICA

Insira os argumentos constantes da função com o endereço absoluto (o cifrão na frente dos números das linhas ou das letras das colunas). Isso faz com que a função seja aplicada facilmente por múltiplas células ao copiar a fórmula. As referências aos argumentos das funções correspondentes ficam uniformes.

Calculando Seus Internos

O que é melhor? Liquidar a dívida do cartão de crédito ou investir no negócio novo do tio João? Você está prestes a financiar um carro. Deve dar uma entrada grande? Ou dar uma pequena quantia como entrada e investir o restante? Como pode tomar decisões a respeito de oportunidades financeiras alternativas como essas?

O método TIR (*taxa interna de retorno*) ajuda a responder a esses tipos de perguntas. A função TIR analisa os fluxos de caixa de entrada e saída de um investimento e calcula a taxa de juros efetiva que é o resultado dos fluxos de caixa. Ou seja, todos os fluxos de caixa são contabilizados e uma taxa de juros é retornada. Então, você pode comparar esse valor com outras oportunidades financeiras.

Talvez o empreendimento comercial do tio João proporcione um retorno de 10% sobre seu investimento. Por outro lado, a empresa do cartão de crédito cobra 12% do seu saldo. Neste caso, liquidar o cartão de crédito é mais sensato. Por quê? Porque não faz sentido ganhar 10% se você vai perder 12% em outro lugar. O tio João vai entender, não vai?

A função TIR aceita dois argumentos. O primeiro é obrigatório, o segundo é opcional em algumas situações, mas obrigatório em outras.

O primeiro argumento é uma matriz de fluxos de caixa. Seguindo o padrão dos fluxos de caixa, o dinheiro de entrada é um valor positivo e o dinheiro de saída é um valor negativo. Presumindo que os fluxos de caixa de entrada e de saída específicos sejam inseridos em uma planilha, o primeiro argumento para a função é o intervalo de células.

O segundo argumento é uma estimativa do que o resultado deveria ser. Sei que aparentemente isso é loucura, mas o Excel talvez precise da sua ajuda aqui (embora, na maioria das vezes, ele não precise). A função TIR funciona ao começar a estimar o resultado e a calcular o grau de proximidade dessa estimativa em relação aos dados reais. Em seguida, ela ajusta a estimativa para mais ou para menos e repete o processo (uma técnica chamada *iteração*) até chegar na resposta correta. Se o Excel não descobrir em 20 tentativas, o erro `#NÚM!` é retornado. Nesse caso, você poderia inserir um palpite na função para ajudar no cálculo. Por exemplo, 0,05 indica uma estimativa de 5%, 0,15 indica uma estimativa de 15% e assim por diante. Você pode inserir um número negativo também. Por exemplo, inserir −0,05 informa à função que você espera uma percentual de perda de 5%. Caso não insira nenhum palpite, o Excel presume 0,1 (10%).

A Figura 6-4 mostra um empreendimento comercial que foi avaliado com a TIR. É um projeto para confeccionar e vender camisetas. Os custos variados como pagar os artistas são fluxos de caixa de saída, inseridos como números negativos. Um valor positivo na célula B7 é a renda esperada.

A função TIR foi utilizada para calcular a taxa esperada de retorno. A fórmula na célula B10 é `=TIR(B3:B7)`. O intervalo inserido inclui todos os fluxos de caixa, de entrada e saída.

Esse projeto tem uma taxa interna de retorno de 12%. A propósito, a quantia de investimento aqui é a soma de todos os fluxos de caixa de saída: R$8.400. O lucro de R$11.960 faz com que esse seja um bom negócio. A receita é significativamente maior que os gastos.

B9 =TIR(B3:B7)

	A	B	C	D	E	F	G	H
1								
2								
3		-R$ 2.500,00		Criação (pagamento para artistas)				
4		-R$ 3.500,00		Produção das camisetas				
5		-R$ 2.000,00		Marketing				
6		-R$ 400,00		Custos administrativos				
7		R$ 11.960,00		Faturamento esperado				
8								
9		12%		TIR - Taxa interna de retorno				
10								
11								

FIGURA 6-4: Calculando o retorno de um negócio.

LEMBRE-SE

Mesmo que uma oportunidade de negócios pareça tentadora após os cálculos da função TIR, você deve considerar outros fatores. Por exemplo, você talvez tenha que pegar dinheiro *emprestado* para investir. O número real que deve ser analisado é o cálculo da TIR do empreendimento menos o valor do dinheiro emprestado para investir.

Contudo, o projeto agora pode ser comparado com outros investimentos. Talvez outro projeto possa proporcionar uma taxa de retorno maior. Logo, o segundo projeto valeria mais a pena. Claro, não se esqueça do fator diversão. Confeccionar camisetas pode ser divertido!

DICA

Quando você está comparando a oportunidade com a função TIR, o maior valor retornado é um resultado melhor do que uma TIR menor.

A Figura 6-5 faz uma comparação do empreendimento comercial da Figura 6-4 com outra oportunidade de investimento. O segundo negócio é uma startup de filmagem para casamentos e outros eventos. O equipamento e a divulgação são despesas importantes. Uma taxa interna de retorno é calculada para o primeiro ano e, então, para o primeiro e o segundo ano juntos. A célula H10 tem a fórmula `=TIR(H3:H5)`, e a célula H11 tem a fórmula `=TIR(H3:H6)`. Fica claro que, ainda no primeiro ano, a segunda oportunidade supera a primeira.

H9 | =TIR(H3:H5)

	B	D	H	J
1	Risco de negócio 1		Risco de negócio 2	
2				
3	-R$ 2.500,00	Criação (pagamento para artistas)	-R$ 9.000,00	Compra de equipamentos de vídeo
4	-R$ 3.500,00	Produção das camisetas	-R$ 6.500,00	Marketing
5	-R$ 2.000,00	Marketing	R$ 26.000,00	Faturamento esperado no 1º ano
6	-R$ 400,00	Custos administrativos	R$ 54.000,00	Faturamento esperado no 2º ano
7	R$ 11.960,00	Faturamento esperado		
8				
9	12%	TIR - Taxa interna de retorno	38%	TIR - Taxa interna de retorno depois de 1 ano
10			107%	TIR - Taxa interna de retorno depois de 2 anos
11				

FIGURA 6-5: Comparando as oportunidades de negócio.

Veja como usar a função TIR:

1. **Insira diversos valores de fluxo de caixa:**
   - Dinheiro desembolsado, por exemplo o investimento inicial, como um valor negativo.
   - Dinheiro que entra, por exemplo a receita, como um valor positivo.
2. **Digite** =TIR(**para iniciar a entrada da função.**
3. **Arraste o cursor do mouse sobre o intervalo de células contendo os fluxos de caixa ou insira o endereço do intervalo.**
4. **Como opção, insira um palpite para ajudar a função.**

   Para fazer isso, digite um ponto e vírgula (;) e insira um valor decimal para ser usado como porcentagem (tal como 0,2 para 20%). Você pode inserir um valor negativo ou positivo.
5. **Digite um**) **e pressione a tecla Enter.**

Considerando que TIR tem como base os fluxos de caixa de entrada e saída, não se esqueça de concluir o seu próprio pagamento e também de contabilizar os investimentos dos negócios que você recuperou. O salário é fluxo de caixa de saída; o investimento é fluxo de caixa de entrada.

A Figura 6-6 incrementa a empresa de filmagem com um exemplo detalhado. Como negócio, ela tem muitos fluxos de caixa de entrada e saída — investimento, pagamentos de serviços, tarifas profissionais (do contador e do advogado), publicidade, salário e assim sucessivamente.

E1 | fx =TIR(B4:B25;-0,2)

	A	B		C	D	E	F
1	Taxa interna de retorno de Março a Maio de 2018					-5%	
2							
3	Data	Montante			Item		
4	02/03/2018	R$	13.000,00		Investimento inicial		
5	05/03/2018	-R$	9.000,00		Compra de equipamentos de vídeo		
6	18/03/2018	-R$	325,00		Material de escritório		
7	20/03/2018	-R$	700,00		Propaganda		
8	20/03/2018	-R$	1.450,00		Honorários profissionais		
9	24/03/2018	R$	1.800,00		Pagamento pelo trabalho		
10	28/03/2018	R$	2.400,00		Pagamento pelo trabalho		
11	31/03/2018	-R$	3.000,00		Salário		
12	04/04/2018	R$	500,00		Investimento adicional		
13	12/04/2018	R$	1.295,00		Pagamento pelo trabalho		
14	19/04/2018	R$	1.600,00		Pagamento pelo trabalho		
15	20/04/2018	-R$	350,00		Equipamentos de vídeo adicionais		
16	21/04/2018	-R$	225,00		Seguro		
17	21/04/2018	-R$	140,00		Telefonia e internet		
18	24/04/2018	R$	2.650,00		Pagamento pelo trabalho		
19	27/04/2018	R$	1.725,00		Pagamento pelo trabalho		
20	28/04/2018	-R$	1.000,00		Propaganda		
21	30/04/2018	-R$	4.500,00		Salário		
22	12/05/2018	R$	2.000,00		Pagamento pelo trabalho		
23	20/05/2018	-R$	140,00		Telefonia e internet		
24	20/05/2018	R$	1.700,00		Pagamento pelo trabalho		
25	31/05/2018	-R$	4.000,00		Salário		
26							

FIGURA 6-6: Calculando a TIR com diversos fluxos de caixa.

A taxa interna de retorno para os primeiros três meses do negócio está exibida na célula E1. A fórmula é `=TIR(B4:B25;-0,2)`. Por falar nisso, ela precisou de um palpite para retornar uma resposta. O estimativa foi de −0,2. A taxa interna ou o retorno é de −5%. Após alguns meses, a empresa de filmagem não é lá uma fábrica de dinheiro, mas é a realidade de muitas startups.

PAPO DE ESPECIALISTA

Repare que esse exemplo inclui datas. A função TIR trabalha com a premissa de que os fluxos de caixa são periódicos, o que não está demonstrado neste exemplo. Uma outra função, a XTIR, manipula datas em seu cálculo de taxa interna de retorno.

NESTE CAPÍTULO

» **Somando, arredondando e truncando valores**

» **Usando o sinal de um valor em um cálculo**

» **Removendo o sinal de um número**

Capítulo **7**

Usando Funções Matemáticas Básicas

O Excel é excelente para trabalhar com matemática avançada e cálculos complexos. Você consegue fazer tantas coisas complicadas com o Excel, que é fácil esquecer que ele também é ótimo com a matemática simples.

Precisa somar um monte de números? Sem problemas. Precisa arredondar um número? Continue lendo! Neste capítulo, além de mostrar a soma e o arredondamento de números, mostro também como usar esses métodos de maneiras que eles forneçam as respostas de que você precisa.

Juntando Tudo com a Função SOMA

Se tem uma coisa em que o Excel manda muito bem é somar os números. Ah, você também pode usar sua calculadora para somar os números, mas pare para pensar: você insere um número em uma calculadora, pressiona o botão +, insere outro número, pressiona o botão + e assim por diante. Em algum momento, você pressiona o botão = e obtém sua resposta. Porém, se tiver cometido algum erro no meio do caminho, terá que começar tudo de novo!

A função SOMA do Excel soma os números de um jeito mais eficiente. Primeiro, você lista todos os seus números em uma planilha. Você pode ver todos e verificar se estão corretos. Use a função SOMA para somar todos eles. Veja como:

1. **Insira alguns números em uma planilha.**

   Esses números podem ser valores inteiros e reais (decimais). Você pode adicionar rótulos às células adjacentes para identificar os valores, caso queira.

2. **Posicione o cursor do mouse sobre a célula em que você quer que o resultado apareça.**
3. **Digite** =SOMA(**para iniciar a entrada da função.**
4. **Clique na célula em que você inseriu um número.**
5. **Digite um ponto e vírgula (;).**
6. **Clique na célula em você inseriu outro número.**
7. **Repita os Passos 5 e 6 até todos os números serem inseridos na função.**
8. **Digite um) e pressione a tecla Enter.**

A Figura 7-1 mostra um exemplo de como esses passos ajudaram a somar quantias que não estavam próximas umas das outras da planilha. A célula F6 contém a soma dos valores das células C2, E2, G2 e I2.

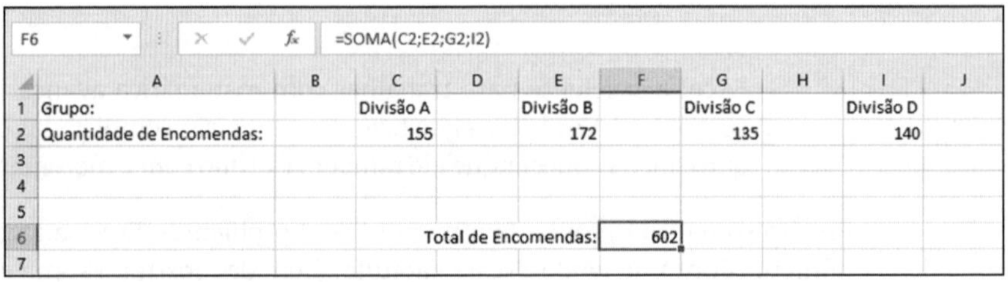

FIGURA 7-1: Usando a função SOMA para somar números que não estão próximos.

Usar a função SOMA é até mais fácil quando os números que você está somando estão próximos uns dos outros em uma coluna ou linha. A função SOMA permite que você insira um intervalo de células em vez de células únicas nos argumentos da função. Dessa forma, adicionar uma lista de números vizinhos é tão fácil quanto atribuir à SOMA um único argumento. Veja como inserir um intervalo como um único argumento:

1. **Insira alguns números em uma planilha.**

   Certifique-se de que os números estejam próximos em uma linha ou coluna. Você pode adicionar rótulos às células adjacentes para identificar valores se quiser, mas isso não afeta a função SOMA.

2. **Posicione o cursor do mouse sobre a célula em que você quer ver o resultado.**

3. **Digite** = SOMA(**para iniciar a entrada da função.**

4. **Insira o endereço do intervalo que contém números.**

   Outra alternativa é clicar na primeira célula que contenha número, segurar o botão esquerdo do mouse e arrastá-lo sobre o intervalo de células.

5. **Digite um**) **e pressione a tecla Enter.**

Usar o endereço de um intervalo na função poupa bastante tempo — e é mais tranquilo para os dedos também. A Figura 7-2 mostra como um único intervalo é utilizado com a função SOMA. Observe a Barra de Fórmulas e você verá que a sintaxe da função inteira é `=SOMA(B6:B12)`. Um único intervalo toma o lugar de múltiplos endereços de células individuais.

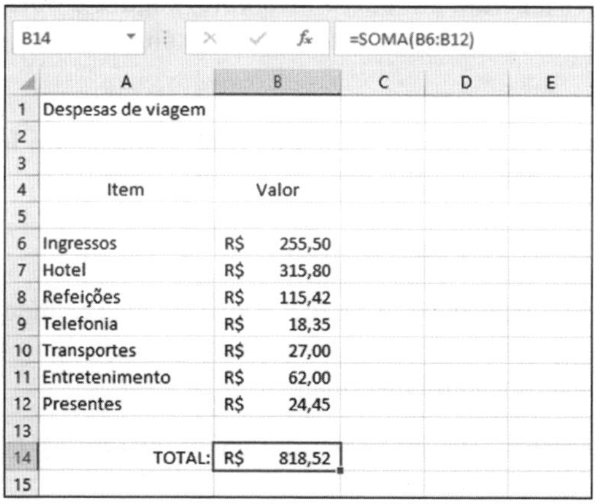

FIGURA 7-2: Usando a função SOMA a partir de um intervalo de células.

Você pode somar múltiplos intervalos em uma única fórmula, o que é ótimo quando inúmeros intervalos de células vizinhas distintas precisam alimentar um total geral. A Figura 7-3 mostra essa situação.

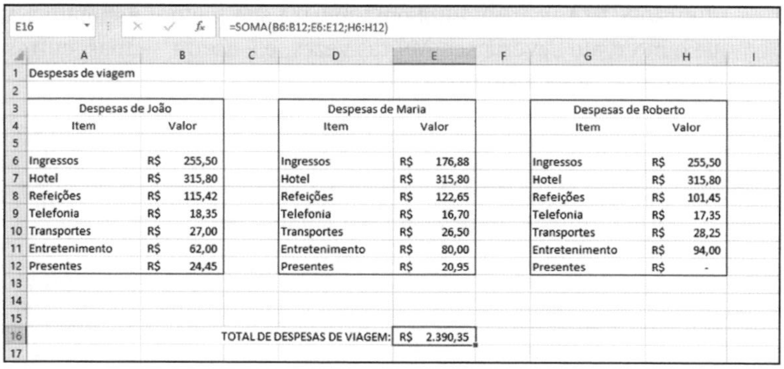

FIGURA 7-3: Calculando a soma de intervalos múltiplos.

Veja como usar SOMA para somar valores em intervalos múltiplos:

1. **Insira alguns números em uma planilha.**

   Você pode adicionar rótulos às células adjacentes para identificar os valores, se quiser.

2. **Posicione o cursor do mouse sobre a célula em que você quer ver o resultado.**
3. **Digite** =SOMA(**para iniciar a entrada da função.**
4. **Clique na primeira célula com um intervalo, segure o botão esquerdo do mouse e arraste-o sobre as células em um intervalo. Solte o botão do mouse.**
5. **Digite um ponto e vírgula (;).**
6. **Clique na primeira célula em outro intervalo, segure o botão esquerdo do mouse e arraste-o sobre o intervalo de células, solte o botão do mouse.**
7. **Repita os Passos 5 e 6 até que todos os intervalos sejam inseridos na função.**
8. **Digite um**) **e pressiona a tecla Enter.**

A entrada completa da função deve se parecer com a entrada exibida na Barra de Fórmulas na Figura 7-3. Os intervalos são separados por vírgulas e a soma total está na célula em que a função foi inserida.

DICA

Ao inserir intervalos dentro de uma fórmula, você pode digitá-los ou usar o mouse para arrastá-los sobre o intervalo.

O Excel tem um botão especial, o botão AutoSoma, facilitando o uso da função SOMA. O botão está na Faixa de Opções da Página Inicial e das Fórmulas. A funcionalidade AutoSoma funciona melhor com números em uma lista vertical ou horizontal. Resumindo, o AutoSoma cria uma referência de intervalo para a função SOMA usar. O AutoSoma mostra sua melhor estimativa a respeito do que o intervalo deveria ser. Muitas vezes, ele acerta — mas, outras vezes, você tem que dar aquela ajudinha.

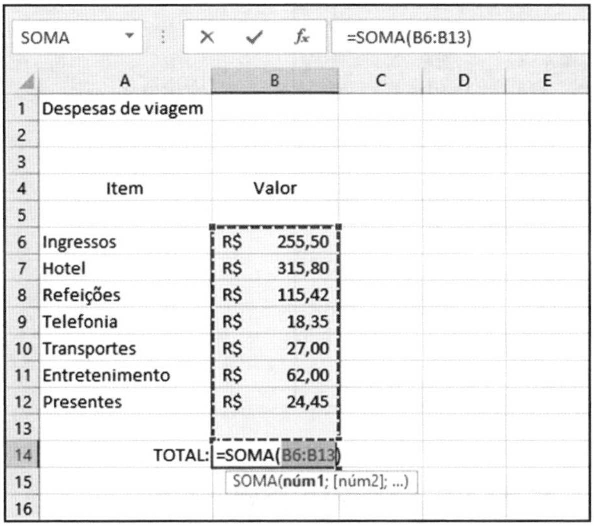

FIGURA 7-4: Usando o AutoSoma para estimar um intervalo para a função SOMA.

DICA

Você pode clicar na caixa de verificação à esquerda da fórmula, na Barra de Fórmulas, para completar a operação.

Siga estas etapas para usar o botão AutoSoma:

1. **Insira alguns números em uma planilha.**

   Você pode adicionar rótulos às células adjacentes para identificar os valores, se quiser.

2. **Posicione o cursor do mouse sobre a célula em que você quer que o resultado apareça.**

3. **Clique no botão AutoSoma.**

   O AutoSoma inseriu um intervalo como palpite na função SOMA.

4. **Mude o intervalo sugerido, se necessário, digitando-o ou usando o mouse para arrastá-lo sobre um intervalo de células.**

5. **Pressione a tecla Enter ou clique na caixa de verificação na Barra de Fórmula para completar a função.**

DICA

É fácil usar o AutoSoma para registrar múltiplos intervalos, como os mostrados na Figura 7-3. Antes de encerrar a função com a tecla Enter ou a caixa de verificação, insira uma vírgula e arraste o mouse sobre outro intervalo. Faça isso para os intervalos que precisam ser somados. Por fim, encerre a função pressionando Enter ou clicando na caixa de verificação.

Aliás, o botão AutoSoma pode fazer mais do que adição. Caso clique na seta para baixo no botão, você pode escolher algumas outras funções importantes, como Média (veja a Figura 7-5).

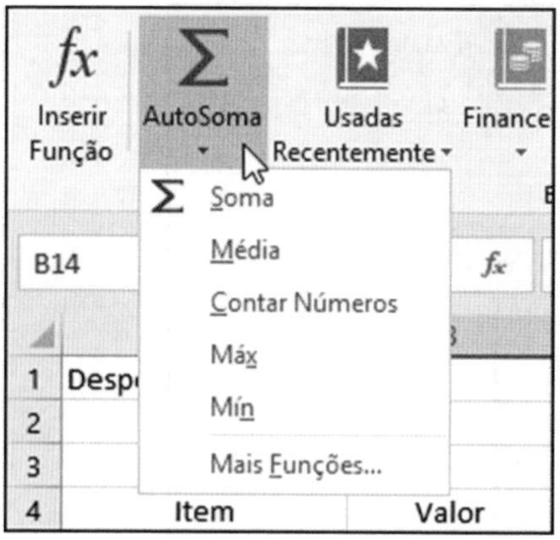

FIGURA 7-5: Usando o AutoSoma para trabalhar com outras funções conhecidas.

Ampliando Seus Horizontes

O Excel calcula as respostas para muitas casas decimais. A menos que esteja fazendo algo extremamente difícil, você não precisa de respostas tão precisas. O Excel conta com um vasto conjunto de funções para arredondar os números, de modo que eles se tornem funcionais para todos nós.

As funções de arredondamento do Excel são bastante úteis. Outro dia, dois amigos do meu filho estavam lá em casa. Eu pedi uma pizza grande para o almoço. São oito pedaços de pizza para três garotos famintos. Quantas fatias cada um pode comer? Como um passe de mágica, fui até o computador, onde o Excel já estava rodando (tá, eu admito, sou fissurado em Excel) e inseri a simples fórmula: `=8/3`.

É óbvio que o Excel me deu a resposta perfeita. Cada garoto podia comer 2,66667 fatias. Você já tentou cortar 66.667/100.000-ésimos fatias de pizza? Não é nada fácil! O arredondamento é utilizado para esse tipo de resposta. Para falar a verdade, resolvi a situação da pizza de maneira diferente. Cada garoto comeu dois pedaços e eu comi os dois pedaços que sobraram (muito gostosos, com champignon!).

O bom e velho arredondamento

Fácil de usar, a função ARRED é um método simples e tradicional para arredondar um número. Ela aceita dois argumentos. Um argumento é o número a ser arredondado (geralmente, é a referência de uma célula) e o outro indica para quantas casas decimais o determinado número deve ser arredondado.

A função ARRED arredonda para cima ou para baixo, dependendo do número a ser arredondado. Quando o valor for menor do que o ponto médio do próximo algarismo significativo, o número é arredondado para baixo. Quando o valor for maior do que o ponto médio, o número é arredondado para cima, desta forma:

- » 10,4 arredonda para 10.
- » 10,6 arredonda para 11.
- » 10,5 também arredonda para 11.

A Tabela 7-1 mostra alguns exemplos da função ARRED.

TABELA 7-1 **Usando a função ARRED**

Exemplo da função	Resultado	Comentários
`=ARRED(12,3456;1)`	12,3	O segundo argumento é 1. O resultado é arredondado para uma única casa decimal.
`=ARRED(12,3456;2)`	12,35	O segundo argumento é 2. O resultado é arredondado para duas casas decimais. Repare que o decimal de ,3456 se transforma em ,35 porque a parte ,0456 do valor decimal arredonda para a segunda casa decimal mais próxima, que é ,05.
`=ARRED(12,3456;3)`	12,346	O segundo argumento é 3. O resultado é arredondado para três casas decimais. Repare que o decimal ,3456 se transforma em ,346 porque a parte ,0056 do valor decimal arredonda para a terceira casa decimal mais próxima, que é ,006.
`=ARRED(12,3456;4)`	12,3456	O segundo argumento é 4. Há quatro casas decimais. Não é necessário arredondar.
`=ARRED(12,3456;0)`	12	Quando o segundo argumento for 0, o número é arredondado para o inteiro mais próximo. Como 12,3456 está mais próximo de 12 do que de 13, o número arredonda para 12.
`= ARRED(12,3456;-1)`	10	Quando um valor negativo é usado no segundo argumento, o arredondamento acontece do lado decimal esquerdo (a parte inteira). O valor do segundo argumento de –1 informa a função para arredondar o valor mais próximo de 10. Neste exemplo o valor é 10, porque 12 está mais próximo de 10 do que de 20.

Veja como utilizar a função ARRED:

1. **Em uma célula de sua escolha, insira um número que tenha uma parte decimal.**
2. **Posicione o cursor do mouse sobre a célula em que você quer que o resultado apareça.**

3. **Digite** =ARRED(**para iniciar a entrada da função.**
4. **Clique na célula em você inseriu o número.**
5. **Digite um ponto e vírgula (;).**
6. **Insira um número para indicar quantas casas decimais devem ser arredondadas.**
7. **Digite um**) **e pressione a tecla Enter.**

LEMBRE-SE

Fica mais fácil de entender as funções de arredondamento quando o primeiro argumento é a referência de uma célula, não um número real. Pense bem: se você sabe como um número deve ficar, apenas o insira. Não seria necessário uma função para arredondá-lo.

Arredondando em uma direção

O Excel tem um leque de funções que sempre arredondam os números para cima ou para baixo. Ou seja, quando o Excel está arredondando um número, as funções que arredondam para baixo sempre mostram um resultado menor do que o número em si. As funções que arredondam para cima, claro, sempre mostram um número maior. Essas funções são bem práticas quando deixam a boa e velha função ARRED determinar qual tipo de arredondamento não é para ser usado.

Algumas das funções de arredondamento não só arredondam na direção desejada, como também permitem que você especifique outras maneiras de arredondar. As funções PAR e ÍMPAR, por exemplo, arredondam para o número par ou ímpar mais próximo, respectivamente. As funções TETO e ARREDMULTB arredondam para múltiplas direções. As funções PAR, ÍMPAR, TETO e ARREDMULTB serão discutidas mais adiante.

Arredondamento direto e simples

As funções ARREDONDAR.PARA.CIMA e ARREDONDAR.PARA.BAIXO são parecidas com a função ARRED. O primeiro argumento da função é a referência da célula do número a ser arredondado. O segundo argumento indica a quantidade de casas decimais que devem ser usadas. Mas, diferentemente da função ARRED, a direção do arredondamento não é baseada no ponto médio do algarismo significativo mais próximo, mas em qual função você usa.

Por exemplo, `=ARRED(4,22;1)` retorna 4,2, mas `=ARREDONDAR.PARA.CIMA(4,22;1)` retorna 4,3. A função ARREDONDAR.PARA.BAIXO, no entanto, retorna 4,2 porque 4,2 é menor do que 4,22. A Tabela 7-2 mostra alguns exemplos de ARREDONDAR.PARA.CIMA e de ARREDONDAR.PARA.BAIXO.

TABELA 7-2 **Usando as Funções ARREDONDAR.PARA.CIMA e ARREDONDAR.PARA.BAIXO**

Exemplo da Função	Resultado	Comentário
=ARREDONDAR.PARA.CIMA(150,255;0)	151	O segundo argumento é 0. O resultado é arredondado para cima para o próximo inteiro maior, independente do fato de que a parte decimal indicaria o arredondamento para o próximo inteiro menor.
=ARREDONDAR.PARA.CIMA(150,255;1)	150,3	O segundo argumento é 1. O resultado é arredondado para uma única casa decimal. Repare que o decimal inteiro ,255 arredonda para 3. Isso também aconteceria com a função-padrão ARRED.
=ARREDONDAR.PARA.CIMA(150,255;2)	150,26	O segundo argumento é 2. O resultado é arredondado para duas casas decimais. Note que o decimal inteiro ,255 se transforma em ,26. Isso também aconteceria com a função-padrão ARRED.
=ARREDONDAR PARA.CIMA(150,255;3)	150,255	O segundo argumento é 3 e há três casas decimais. O arredondamento não é necessário.
=ARREDONDAR.PARA.BAIXO(155,798;0)	155	O segundo argumento é 0. O resultado é arredondado para baixo para a parte inteira do número, independente do fato de que a parte decimal indicaria o arredondamento para o próximo inteiro maior.
=ARREDONDAR.PARA.BAIXO(155,798;1)	155,7	O segundo argumento é 1. O resultado é arredondado para uma única casa decimal. Observe que o decimal inteiro ,798 arredonda para 7. A função-padrão ARRED arredondaria o decimal para 8.
=ARREDONDAR.PARA.BAIXO(155,798;2	155,79	O segundo argumento é 2. O resultado é arredondado para duas casas decimais. Repare que o decimal inteiro ,798 arredonda para ,79. A função-padrão ARRED arredondaria o decimal para ,8.
=ARREDONDAR.PARA.BAIXO(155,798;3)	155,798	O segundo argumento é 3, e há três casas decimais. O arredondamento não é necessário.

Veja como usar as funções ARREDONDAR.PARA.CIMA e ARREDONDAR.PARA.BAIXO:

1. **Em uma célula de sua escolha, insira um número que tenha uma parte decimal.**

2. **Posicione o cursor do mouse sobre a célula em que você quer ver o resultado.**

3. **Digite** =ARREDONDAR.PARA.CIMA(**ou** =ARREDONDAR.PARA.BAIXO(**para iniciar a entrada da função.**

4. **Clique na célula em você inseriu o número.**

5. **Digite um ponto e vírgula (;).**

6. **Insira um número para indicar quantas casas decimais devem ser arredondadas.**

7. **Digite um**) **e pressione Enter.**

Arredondamento para o múltiplo escolhido

As funções ARREDMULTB e TETO levam o arredondamento direcional a um nível mais alto. Com essas funções, o segundo argumento é um múltiplo em que se deve aplicar o arredondamento. O que isso quer dizer?

Veja bem, imagine isso: você é gerente de recursos humanos e precisa elaborar um relatório sintetizado dos salários dos funcionários. Não é necessário informar os valores à risca — basta arredondá-los para o múltiplo mais próximo de R$250. Tanto ARREDMULTB quanto TETO podem fazer isso. Para este exemplo, ARREDMULTB pode ser usada para arredondar para baixo o múltiplo mais próximo de R$250 que é menor do que o salário, ou pode-se utilizar TETO para arredondar para cima o múltiplo mais próximo de R$250 que seja maior do que o salário. A Figura 7-6 mostra como ARREDMULTB e TETO retornam os valores arredondados.

C6 | =ARREDMULTB(B6;250)

	A	B	C	D	E
1			Salário arredondado para múltiplos de 250 usando a função ARREDMULTB	Salário arredondado para múltiplos de 250 usando a função TETO	
2					
3					
4					
5	ID DO EMPREGADO	SALÁRIO			
6	W234	R$ 54.677,00	R$ 54.500,00	R$ 54.750,00	
7	N552	R$ 36.125,00	R$ 36.000,00	R$ 36.250,00	
8	P310	R$ 28.900,00	R$ 28.750,00	R$ 29.000,00	
9	B533	R$ 31.950,00	R$ 31.750,00	R$ 32.000,00	
10	R390	R$ 48.305,00	R$ 48.250,00	R$ 48.500,00	
11	R418	R$ 78.500,00	R$ 78.500,00	R$ 78.500,00	
12	W602	R$ 60.252,00	R$ 60.250,00	R$ 60.500,00	
13	C177	R$ 58.900,00	R$ 58.750,00	R$ 59.000,00	
14	T542	R$ 36.550,00	R$ 36.500,00	R$ 36.750,00	
15	T833	R$ 38.740,00	R$ 38.500,00	R$ 38.750,00	
16	M405	R$ 52.580,00	R$ 52.500,00	R$ 52.750,00	
17					

FIGURA 7-6: Usando as funções ARREDMULTB e TETO para arredondar para o múltiplo desejado.

As funções ARREDMULTB e TETO superam a capacidade de arredondamento das funções ARRED, ARREDONDAR.PARA.CIMA e ARREDONDAR.PARA.BAIXO. Essas três funções podem utilizar o espaço reservado dos algarismos de acordo com seu funcionamento. Por exemplo, `=ARRED(B4,-3)` informa à função ARRED para arredondar na milésima posição. Por outro lado, ARREDMULTB e TETO podem arredondar para qualquer múltiplo específico que você defina.

A função ARREDMULTB arredonda para 0, retornando o múltiplo mais próximo do segundo argumento que seja menor do que o número em si.

A função TETO faz exatamente o oposto. TETO arredondará seu primeiro argumento, o número a ser arredondado, para o próximo múltiplo do segundo número que esteja longe de 0.

Alguns exemplos deixarão as coisas mais claras, sem dúvidas! A Tabela 7-3 mostra como as funções ARREDMULTB e TETO podem ser usadas.

TABELA 7-3 **Usando o Arredondamento Elegante das Funções ARREDMULTB e TETO**

Exemplo da Função	Resultado	Comentário
`=ARREDMULTB(30,17;0,05)`	30,15	O segundo argumento diz para arredondar para o próximo múltiplo de 0,05, em direção a 0.
`=ARREDMULTB(30,17;0,1)`	30,1	O segundo argumento diz para arredondar para o próximo múltiplo de 0,1, em direção a 0.
`=ARREDMULTB(-30,17;-0,1)`	-30,1	O segundo argumento diz para arredondar para o próximo múltiplo de 0,1, em direção a 0.
`=TETO(30,17;0,05)`	30,2	O segundo argumento diz para arredondar para o próximo múltiplo de 0,05, longe de 0.
`=TETO(30,17;0,1)`	30,2	O segundo argumento diz para arredondar para o próximo múltiplo de 0,1, longe de 0.
`=TETO(-30,17;-0,1)`	-30,2	O segundo argumento diz para arredondar para o próximo múltiplo de 0,1, longe de 0.

ARREDMULTB e TETO podem ser utilizadas para arredondar números negativos. ARREDMULTB arredonda para próximo de 0, e TETO para longe de 0. ARREDMULTB diminui um número positivo enquanto arredonda para próximo de 0, e também diminui um número negativo para próximo de 0. Mesmo que em termos absolutos, a ARREDMULTB, na verdade, aumenta o valor de um número negativo. Estranho, não?

TETO faz o oposto. Ela aumenta um número positivo e um negativo para longe de 0, o que, em termos absolutos, significa que o número está ficando menor.

CUIDADO

Para as funções ARREDMULTB e TETO, o primeiro e o segundo argumentos devem ter os mesmos sinais. Tentar usar um número positivo com um negativo, ou vice-versa, resulta em erro.

Veja como usar as funções ARREDMULTB e TETO:

1. **Insira um número em qualquer célula.**
2. **Posicione o cursor do mouse sobre a célula em que você quer ver o resultado.**
3. **Digite** = ARREDMULTB(**ou** =TETO(**para iniciar a entrada da função.**
4. **Clique na célula em que você inseriu o número.**
5. **Digite um ponto e vírgula (;).**
6. **Insira o número do múltiplo mais próximo para o qual você queira arredondar.**

   Por exemplo, para obter o valor de ARREDMULTB, em seu lugar, certifique-se de que 1 seja o segundo argumento. O primeiro argumento deveria, é claro, ser um número maior do que 1 e ser um valor decimal, assim: `=ARREDMULTB(19,77;1)`. Isso retorna 19 como teto, mas, espere — não bata a cabeça no teto ainda!

7. **Digite um) e pressione Enter.**

Arredondamento para o número par ou ímpar mais próximo

As funções PAR e ÍMPAR arredondam os números para longe de 0. A função PAR arredonda o número para o próximo inteiro par que seja maior, e a ÍMPAR, para o próximo inteiro ímpar que seja maior. A Tabela 7-4 mostra o funcionamento dessas funções.

TABELA 7-4 Arredondamento para Inteiros Pares ou Ímpares

Exemplo da Função	Resultado	Comentário
`=PAR(3)`	4	Arredonda para o próximo inteiro par, longe de 0.
`=PAR(4)`	4	Como 4 é um número par, não é necessário arredondar. O próprio número 4 é retornado.
`=PAR(4,01)`	6	Arredonda para o próximo inteiro par, longe de 0.
`=PAR(-3,5)`	-4	Arredonda para o próximo inteiro par, longe de 0.
`=ÍMPAR(3)`	3	Como 3 é um número ímpar, não é necessário arredondar. O próprio número 3 é retornado.
`=ÍMPAR(4)`	5	Arredonda para o próximo inteiro ímpar, longe de 0.
`=ÍMPAR(5,01)`	7	Arredonda para o próximo inteiro ímpar, longe de 0.
`=ÍMPAR(-3,5)`	-5	Arredonda para o próximo inteiro ímpar, longe de 0.

A função PAR é de grande ajuda nos cálculos que dependem de múltiplos de dois. Digamos que você seja responsável pelo planejamento de uma excursão escolar. Você precisa descobrir quantos assentos no ônibus são necessários para cada turma. Cada assento acomoda duas crianças. Se uma turma tem um número ímpar de crianças, você ainda tem que contar o último assento como ocupado, mesmo que somente uma criança sente nele.

Digamos que a turma tenha 17 crianças. Esta fórmula informa quantos assentos são necessários: `=PAR(17)/2`. A função PAR retorna o número 18 (o próximo inteiro par), e esse resultado é dividido por 2 porque um lugar tem dois assentos para duas crianças. A resposta é que são necessários 9 assentos para uma turma com 17 crianças.

Veja como usar as funções PAR e ÍMPAR:

1. **Posicione o cursor do mouse sobre a célula em que você quer que o resultado apareça.**
2. **Digite** =PAR(**ou** =ÍMPAR(**para iniciar a entrada da função.**
3. **Clique na célula em que você inseriu o número.**
4. **Digite um**) **e pressione Enter.**

Deixando Todos os Decimais para Trás com a Função INT

A função INT arredonda um número para baixo até o próximo inteiro menor. O efeito é como se a parte decimal acabasse sendo descartada, e, com frequência, INT é usada para facilitar justamente isso: eliminar a parte decimal

INT é bem útil quando tudo o que você precisa saber é a parte inteira de um número ou a parte inteira do resultado de um cálculo. Por exemplo, você pode estimar quanto custará para fabricar um móvel. Você tem em mãos o preço da matéria-prima, e só quer calcular uma estimativa de preço aproximada.

A Figura 7-7 mostra uma planilha com um projeto criado. A coluna A contém as descrições dos itens e a coluna B, o preço de cada um. As colunas C e D contêm os parâmetros para o projeto. Ou seja, a coluna C contém a contagem de cada item necessário e a coluna D tem o valor a ser gasto para cada item — isto é, o preço por item multiplicado pelo número de itens necessários.

D8 =INT(SOMA(D3:D5))

	A	B		C	D		E
1	Item	Preço por unidade		Unidades necessárias	Custo		
2							
3	Madeira	R$	6,99	12	R$	83,88	
4	Dobradiças	R$	4,49	24	R$	107,76	
5	Puxadores	R$	4,99	4	R$	19,96	
6							
7							
8					R$	211,00	
9							

FIGURA 7-7: Usando INT para excluir os decimais desnecessários.

As somas a serem gastas são adicionadas ao projeto total. Se você acrescentou as somas dos itens como eles estão — 83,88, 107,76 e 19,96 — o total é de R$211,60. Em vez disso, a função INT é utilizada para arredondar o total do valor estimado de R$211.

Na célula D8, INT é aplicada à soma total, desta forma:

```
=INT(SOMA(D3:D5))
```

A função INT exclui a parte decimal com eficácia, (,60), e retorna a parte inteira, 211. A estimativa do projeto é de R$211.

INT aceita apenas um número como argumento. Ela pode funcionar com valores positivos ou negativos, mas se comporta um bocado diferente com valores negativos. Na verdade, INT arredonda o número para baixo até o próximo inteiro menor. Quando INT está trabalhando com números positivos, o efeito parece o mesmo que descartar uma parte decimal. Com números negativos, a função exclui a parte decimal e subtrai 1.

Junto a números negativos, a função produz um inteiro que está muito longe de 0. Portanto, um número como −25,25 se transforma em −26. Veja alguns exemplos:

- `INT(25,25)` retorna 25.
- `INT(25,75)` retorna 25.
- `INT(-25,25)` retorna -26.
- `INT (-25,75)` retorna -26.

Veja como utilizar a função INT:

1. **Em uma célula de sua escolha, insira um número que tenha uma parte decimal.**
2. **Posicione o cursor do mouse sobre a célula em que você quer ver o resultado.**
3. **Digite** =INT(**para iniciar a entrada da função.**

4. **Clique na célula em que você inseriu o número.**

5. **Digite um parêntese de fechamento para finalizar a função e pressione a tecla Enter.**

DICA

A função INT também pode ser utilizada para retornar somente a parte decimal de um número. Excluir a parte inteira de um número a partir do seu valor cheio deixa apenas a parte decimal como resposta. Por exemplo, `10,95-INT(10,95)` é igual a 0,95.

Deixando Alguns Decimais para Trás com a Função TRUNCAR

A função TRUNCAR descarta uma parte de um número. A função aceita dois argumentos. O primeiro argumento é o número a ser modificado. O segundo argumento indica quanto do número deve ser reduzido. O valor 2 para o segundo argumento diz para deixar duas casas decimais restantes. O valor 1 deixa uma casa decimal restante.

TRUNCAR não arredonda os números, ela os trunca. Veja alguns exemplos:

- `=TRUNCAR(212,65; 2)` retorna 212,65.
- `=TRUNCAR(212,65; 1)` retorna 212,6.
- `=TRUNCAR(212,65; 0)` retorna 212.

Você pode usar a TRUNCAR para reduzir uma parte do número a partir do lado inteiro. Para tal, insira os valores negativos para o segundo argumento, assim:

- `=TRUNCAR(212,65; -1)` retorna 210.
- `=TRUNCAR(212,65; -2)` retorna 200.

DICA

As funções INT e TRUNCAR funcionam da mesma maneira com números positivos. A única diferença é quando números negativos são modificados. O arredondamento da INT gera um resultado diferente do truncamento da TRUNCAR.

Procurando um Sinal

A função SINAL do Excel informa quando um número é positivo ou negativo. Essa função não altera o número, mas é usada para encontrar informações sobre ele.

SINAL também retorna um número, só que não é uma variação do número que está sendo testado na função. Ela retorna somente três números:

» 1 se o número testado for positivo.
» -1 se o número testado for negativo.
» 0 se o número testado for 0.

Observe os seguintes exemplos:

» `=SINAL(5)` retorna 1.
» `=SINAL(-5)` retorna -1.
» `=SINAL(0)` retorna 0.

O uso da função SINAL junto com outras funções demonstra formas sofisticadas de trabalhar com a sua informação. Por exemplo, digamos que você esteja registrando os recibos da sua loja. Você quer saber o valor total de mercadorias vendidas e o valor total de mercadorias devolvidas. As vendas são registradas como quantias positivas, e as devoluções como valores negativos.

A Figura 7-8 mostra uma planilha com esses dados. A coluna A exibe as quantias de transação individuais. A maioria das quantias são vendas e positivas. Poucas devoluções aconteceram durante o dia, e elas são inseridas como quantias negativas.

B18 | =SOMASE(B3:B15;1;A3:A15)

	A	B	C	D	E	F
1	RECEITAS DIÁRIAS					
2						
3	R$ 34,95	1				
4	R$ 24,82	1				
5	R$ 90,63	1				
6	R$ 44,50	1				
7	-R$ 17,24	-1				
8	R$ 12,00	1				
9	R$ 25,90	1				
10	R$ 28,99	1				
11	-R$ 30,15	-1				
12	R$ 115,99	1				
13	R$ 104,10	1				
14	-R$ 16,79	-1				
15	R$ 32,35	1				
16						
17						
18	Vendas	R$ 514,23				
19	Devoluções	R$ 64,18				
20						

FIGURA 7-8: Usando a função SINAL para somar as quantias corretamente.

Basta somar toda a lista de transações para calcular a receita líquida do dia, porém, não raro, uma empresa precisa de informações melhores. Em vez disso, duas somas são calculadas: a soma das vendas e a soma das devoluções.

Para cada valor na coluna A, existe um valor na coluna B, cujos valores são o resultado do uso da função SINAL. Por exemplo, a célula B3 tem esta fórmula: `=SINAL(A3)`.

Conforme mostrado na Figura 7-8, os valores na coluna B são iguais a 1 quando o valor respectivo na coluna for positivo. A coluna B exibe –1 quando o valor associado for negativo. Essas informações são usadas na função SOMASE, que soma as informações da coluna A.

A fórmula `=SOMASE(B3:B15;1;A3:A15)` está na célula B18.

A fórmula `=ABS(SOMASE(B3:B15;-1;A3:A15))` está na célula B19.

A função SOMASE é usada para definir um critério a fim de determinar quais valores somar. Para a soma das vendas na célula B18, a presença do valor 1 na coluna B determina quais valores somar na coluna A. Para a soma das devoluções na célula B19, a presença dos valores –1 na coluna B estipula quais valores somar na coluna A.

Além disso, a função ABS é utilizada para apresentar o número na célula B19 como um número positivo. A resposta na célula B19 é a soma das devoluções das mercadorias. Poderíamos dizer que foi devolvido R$64,18 (e não -R$64,18) em mercadorias, caso você perguntasse.

O Capítulo 8 fala sobre a função SOMASE e a função ABS será abordada a seguir neste capítulo.

Veja como usar a função SINAL:

1. **Posicione o cursor do mouse sobre a célula em que você quer ver o resultado.**
2. **Digite** =SINAL(**para iniciar a entrada da função.**
3. **Clique na célula em que você inseriu o número ou insira um número.**
4. **Digite um**) **e pressione a tecla Enter.**

Ignorando os Sinais

A função ABS retorna o valor absoluto de um número, que é sempre positivo. O absoluto de um número positivo é o próprio número. O absoluto de um número negativo é o próprio número com o sinal trocado para positivo. Por exemplo, `=ABS(100)` retorna 100, assim como `=ABS(-100)`.

A função ABS é bem prática em diversas situações. Por exemplo, às vezes, os dados importados vêm como valores negativos, e é necessário convertê-los em positivos equivalentes. Ou, quando se está trabalhando com fluxos de caixa, conforme vimos no Capítulo 3, pode-se usar a função ABS para apresentar os fluxos de caixa como valores positivos.

Um uso comum da função ABS é calcular a diferença entre dois números quando não se sabe qual número tem o maior valor para começar. Digamos que você precise da diferença entre a classificação de dois competidores. A classificação 1 está na célula A5 e a classificação 2, na B5. O resultado vai para a célula C5. A fórmula em C5 seria `=A5-B5`.

Conectando alguns números, suponha que a classificação 1 é 90 e a classificação 2 é 75. A diferença é 15. Tudo bem, é uma boa resposta. O que acontece quando a classificação 1 é 75 e a classificação 2 é 90? A resposta é −15. A resposta está matematicamente correta, mas não serve para muita coisa. A diferença continua sendo 15, não −15. Ao usar a função ABS, o resultado retornado é sempre positivo. Portanto, para este exemplo, a melhor fórmula é `=ABS(A5-A6)`.

Agora, se a classificação 1 for maior do que a classificação 2, ou a classificação 2 for maior do que a classificação 1, a diferença certa é retornada.

Veja como utilizar a função AB:

1. **Posicione o cursor do mouse sobre a célula em que você quer que resultado apareça.**
2. **Digite** =ABS(**para iniciar a entrada da função.**
3. **Clique na célula em que você inseriu o número ou insira um número.**
4. **Digite um**) **e pressione a tecla Enter.**

NESTE CAPÍTULO

» Calculando o diâmetro, a circunferência e a área do círculo

» Retornando números aleatórios

» Trabalhando com combinações e permutações

» Fazendo multiplicações sofisticadas

» Usando a função MOD para testar outros valores numéricos

» Usando a função SUBTOTAL em uma variedade de totais aritméticos e estatísticos

» Utilizando as funções SOMASE e SOMASES para soma seletiva

» Encontrando o ângulo nas funções de trigonometria

Capítulo 8

Aperfeiçoando Seus Dotes Matemáticos

Neste capítulo, mostrarei algumas funções matemáticas avançadas. Você não usará estas funções diariamente, mas saberá como usá-las quando precisar. É bem provável que você se lembre de muita coisa, já que aprendeu boa parte do assunto na escola.

Usando Pi para Calcular a Circunferência e o Diâmetro

O número *pi* é a relação entre a circunferência de um círculo e o seu diâmetro. A *circunferência* de um círculo é a sua borda externa, que é igual ao comprimento completo em volta do círculo. O *diâmetro* de um círculo é o comprimento de uma linha reta saindo de um lado do círculo, passando pelo centro e alcançando o outro lado.

A divisão da circunferência de um círculo pelo seu diâmetro retorna um valor de aproximadamente 3,14159, conhecido como *pi*, que pode ser representado pela letra grega pi e pelo símbolo π.

Os matemáticos provaram que pi é um *número irracional* — em outras palavras, ele tem um número infinito de casas decimais. Eles calcularam o valor de pi com milhares de casas decimais, mas você não precisa desse nível de precisão na maioria dos cálculos. Muitas pessoas usam o valor 3,14159 para pi, mas a função PI do Excel faz algo bem melhor que isso. O Excel retorna um valor de pi com a precisão de 15 dígitos — ou seja, 14 casas decimais além do inteiro 3. Essa função não tem argumentos de entrada. Ela usa a sintaxe:

```
=PI()
```

DICA

No Excel, a função PI sempre retorna 3,14159265358979, mas, a princípio, talvez pareça que alguns dígitos depois do ponto decimal estejam faltando. Modifique a formatação da célula a fim de exibir os números com 14 casas decimais para conseguir visualizá-los.

Se você souber a circunferência de um círculo, pode calcular seu diâmetro com esta fórmula:

diâmetro = circunferência ÷ pi

Se souber o diâmetro de um círculo, pode calcular sua circunferência com esta fórmula:

circunferência = diâmetro × pi

Agora, caso você saiba o diâmetro de um círculo, pode calcular a área do círculo. Outro componente para esse cálculo é o *raio*, que é metade do diâmetro. A fórmula é:

área = (diâmetro / 2)^2 × pi

Gerando e Usando Números Aleatórios

Os *números aleatórios* são, por definição, imprevisíveis. Ou seja, dada uma série de números aleatórios, você não pode prever o número seguinte a partir do que veio antes. Eles são bastante úteis para fórmulas e cálculos. Suponha que você esteja criando uma planilha para executar diversos tipos de análises de dados. Você pode não ter os dados reais ainda, mas consegue gerar os números aleatórios para testar as fórmulas e gráficos na planilha.

Por exemplo, um atuário quer testar alguns cálculos com base na distribuição de idades de pessoas. Os números aleatórios entre 18 e 65 podem ser usados para esse trabalho. Os valores fixos entre 18 e 65 não precisam ser inseridos manualmente, pois o Excel pode gerá-los automaticamente com a função ALEATÓRIO.

As 1001 utilidades da função ALEATÓRIO

A função ALEATÓRIO é simples; ela não aceita argumentos e retorna um valor decimal entre 0 e 1. Isto é, ALEATÓRIO na verdade nunca retorna 0 ou 1; o valor está sempre entre esses dois números. A função é inserida desta forma:

```
=ALEATÓRIO()
```

A função ALEATÓRIO retorna valores como 0,136852731, 0,856104058 ou 0,009277161. "Uau!", você deve estar pensando. "Como é que esses números vão me ajudar se eu precisar de valores entre 18 e 65?" Na realidade, isso fica fácil com um pouco de matemática.

Existe um cálculo-padrão para gerar números aleatórios dentro de um determinado intervalo. Segue o cálculo:

```
=ALEATÓRIO() * (número maior - número menor) + número menor
```

Com números entre 18 e 65 como intervalos, a fórmula é: `=ALEATÓRIO()*(65-18)+18`. Alguns valores de amostra retornados são:

51,71777896

27,20727871

24,61657068

55,27298686

49,93632709

43,60069745

Quase possíveis de usar! Mas e quanto às partes decimais enormes dos números? Olha, algumas pessoas mentem sobre a própria idade, mas eu nunca ouvi ninguém dizer que tem 27,2 anos de idade!

Tudo que se precisa saber para este exemplo de 18 a 65 anos é incluir a função INT ou ARRED. A INT descartará a parte decimal do número. A ARRED permitirá controlar o modo de se lidar com a parte decimal.

A sintaxe para usar a função INT com a função ALEATÓRIO é esta:

```
=INT(número maior - número menor + 1) * ALEATÓRIO() + número menor)
```

A sintaxe para usar a função ARRED com a função ALEATÓRIO é esta:

```
=ARRED(ALEATÓRIO() * (número maior - número menor) + número
   menor;0)
```

Agora é a sua vez! Veja como usar as funções ALEATÓRIO e INT juntas:

1. **Posicione o cursor do mouse sobre a célula em que você quer ver o resultado.**
2. **Digite** =INT((**para iniciar a fórmula.**
3. **Clique na célula que tem o número maior para ser usado ou insira tal valor.**
4. **Digite - (um sinal de menos).**
5. **Clique na célula que tem o número menor para ser usado ou insira tal valor.**
6. **Digite** +1) * ALEATÓRIO( ) + **.**
7. **Novamente, clique na célula que tem o número menor para ser usado ou insira tal valor.**
8. **Digite um**) **e pressione a tecla Enter.**

Um número aleatório, no intervalo entre o número maior e o menor, será retornado.

A Tabela 8-1 mostra como os números aleatórios podem ser alterados com as funções INT e ARRED.

Ela destaca como as funções INT e ARRED retornam números diferentes. Por exemplo, 51,71777896 fica mais exato ao ser arredondado para 52. Tenha em mente que o segundo argumento na função ARRED, neste caso 0, tem um efeito sobre como o arredondamento funciona. Um 0 informa a função ARRED para arredondar o número para o inteiro mais próximo, para cima ou para baixo, até o número inteiro mais próximo do número.

TABELA 8-1 **Usando INT e ARRED para Processar os Valores Aleatórios**

Valor	Valor Retornado com INT	Valor Retornado com ARRED
51,71777896	51	52
27,20727871	27	27
24,61657068	24	25
55,27298686	55	55
49,93632709	49	50
43,60069745	43	44

CUIDADO

Os valores aleatórios são instáveis. Cada vez que a planilha for recalculada, eles mudarão. Esse comportamento pode ser evitado inserindo a fórmula diretamente na Barra de Fórmulas, pressionando a tecla F9 e depois a tecla Enter.

Uma última observação, mas não menos importante, sobre a função ALEATÓRIO: ela está sujeita à funcionalidade de recálculo incorporada nas planilhas. Ou seja, sempre que a planilha faz um cálculo, a função ALEATÓRIO é reexecutada e retorna um novo número aleatório. É bem provável que a configuração do cálculo em sua planilha esteja definida automaticamente. Você pode conferir isso consultando a guia Fórmulas na caixa de diálogo Opções do Excel. A Figura 8-1 mostra as configurações de cálculo. Quando está em automático, a planilha recalcula cada operação. Os números aleatórios gerados continuam mudando, o que pode se tornar um treco chato se não for o que você pretendia fazer. Entretanto, aposto que você queria que os números mudassem; caso contrário, por que você usaria algo com o nome "aleatório" então?

LEMBRE-SE

Por sorte, você pode gerar o número aleatório e mantê-lo fixo, independente da configuração dos cálculos. O método é digitar a função ALEATÓRIO junto com qualquer outra parte de uma fórmula maior, diretamente na Barra de Fórmulas. Depois de digitar a fórmula, pressione a tecla F9 e, em seguida, a tecla Enter. Isso informa ao Excel para calcular a fórmula e inserir o número aleatório retornado como número fixo em vez de uma fórmula. Se a tecla Enter for pressionada ou a entrada for encerrada sem pressionar F9, você terá que inseri-la novamente.

Aleatoriedade certeira com a função ALEATÓRIOENTRE

O uso da função ALEATÓRIO retorna um valor entre 0 e 1, e, ao usá-la com outras funções, como a ARRED, é possível obter um número aleatório dentro de um intervalo que você especificar. Se for necessário uma forma rápida de obter um inteiro (sem as partes decimais!) dentro de um dado intervalo, use ALEATÓRIOENTRE.

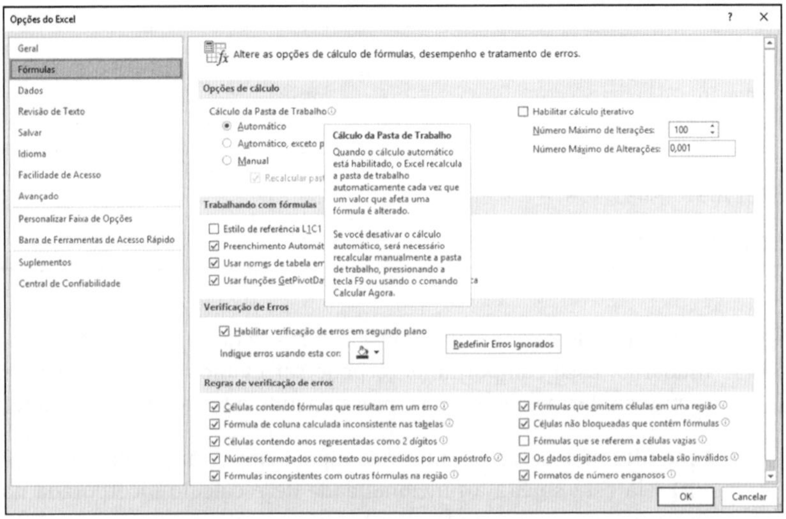

FIGURA 8-1: Configurando as opções de cálculo da planilha.

A função ALEATÓRIOENTRE aceita dois argumentos: os números maiores e menores do intervalo desejado. Ela funciona somente com inteiros. Você pode colocar números reais no intervalo, mas o resultado ainda será um inteiro.

Para usar a função ALEATÓRIOENTRE, siga as instruções:

1. **Posicione o cursor do mouse sobre a célula em que você quer que o resultado apareça.**
2. **Digite** =ALEATÓRIOENTRE(**para iniciar a fórmula.**
3. **Clique na célula que tem o número menor do intervalo desejado ou insira tal valor.**
4. **Digite um ponto e vírgula (;).**
5. **Clique na célula que tem o número maior do intervalo desejado ou insira tal valor.**
6. **Digite um**) **e pressione Enter.**

Por exemplo, `=ALEATÓRIOENTRE(10;20)` retorna um inteiro aleatório entre 10 e 20.

Ordenando os Itens

Você se lembra dos Beatles? John, Paul, George e Ringo? Se você for um baterista, talvez se lembre dos Beatles como Ringo, John, Paul e George. A ordem dos itens em uma lista é conhecida como *permutação*. Quanto mais itens estiverem em uma lista, mais permutações possíveis existem.

O Excel tem a função PERMUT. Ela aceita dois argumentos: a quantidade total de itens para escolher e a quantidade de itens para serem usados ao determinar as permutações. A função retorna um único número inteiro. Esta é a sintaxe da função:

```
=PERMUT(quantidade total de itens; quantidade de itens a serem
  usados)
```

DICA

Utilize as permutações quando a ordem dos itens for importante.

CUIDADO

A quantidade total de itens deve ser a mesma ou maior do que a quantidade de itens a serem usados; caso contrário, um erro é gerado.

Você pode estar confuso sobre o porquê de a função aceitar dois argumentos. Superficialmente, parece que o primeiro argumento é o bastante. Bem, nem tanto. Voltando aos Beatles, alguém tem uma cópia do Abbey Road para me emprestar? Se associarmos o 4 como número para ambos os argumentos:

```
=PERMUT(4,4)
```

Vinte e quatro permutações são retornadas:

- John Paul George Ringo
- John Paul Ringo George
- John George Paul Ringo
- John George Ringo Paul
- John Ringo Paul George
- John Ringo George Paul
- Paul John George Ringo
- Paul John Ringo George
- Paul George John Ringo
- Paul George Ringo John
- Paul Ringo John George
- Paul Ringo George John
- George John Paul Ringo
- George John Ringo Paul
- George Paul John Ringo
- George Paul Ringo John
- George Ringo John Paul
- George Ringo Paul John
- Ringo John Paul George
- Ringo John George Paul
- Ringo Paul John George
- Ringo Paul George John
- Ringo George John Paul
- Ringo George Paul John

Alterar a função para usar 2 itens de cada vez a partir do total de 4 itens — `PERMUT(4;2)` — retorna 12 permutações:

- » John Paul
- » John George
- » John Ringo
- » Paul John
- » Paul George
- » Paul Ringo
- » George John
- » George Paul
- » George Ringo
- » Ringo John
- » Ringo Paul
- » Ringo George

Em contrapartida, utilizar o número 2 para ambos argumentos — `PERMUT(2;2)` — retorna apenas dois itens! Ao usar a PERMUT, certifique-se de que selecionou os números corretos para os dois argumentos; caso contrário, o resultado será incorreto e talvez você não fique ciente do erro. A função PERMUT simplesmente retorna um número. A validade do número está em suas mãos.

Combinando

As combinações são semelhantes às permutações com uma nítida diferença. A ordem dos itens é intrínseca às permutações. As combinações, no entanto, são agrupamentos de itens em que a ordem não importa. Por exemplo, "John Paul George Ringo" e "Ringo George Paul John" são duas permutações diferentes, mas com combinações idênticas.

DICA

As *combinações* são agrupamentos de itens, independente de sua ordem.

Veja a sintaxe desta função:

```
=COMBIN(quantidade total de itens; quantidade de itens a serem usados)
```

O primeiro argumento é a quantidade total de itens a serem escolhidos, e o segundo argumento é a quantidade de itens a serem usados para determinar as combinações. A função retorna um único número inteiro. Os argumentos para a função COMBIN são os mesmos que os da PERMUT. O primeiro argumento deve ser igual ou maior do que o segundo.

Conectar o número 4 aos argumentos — `COMBIN(4;4)` — retorna 1. Sim, há apenas uma combinação de quatro itens selecionados a partir de um total de quatro itens! Recorrendo aos Beatles novamente, existe somente uma combinação dos quatro músicos, já que a ordem dos nomes não é importante.

Selecionar o uso de dois itens de um total de quatro — `COMBIN(4;2)` — retorna 6. Selecionar dois itens de dois — `COMBIN (2;2)` — retorna 1. Na verdade, toda vez que dois argumentos para a função COMBIN forem os mesmos, o resultado será sempre 1.

Elevando os Números a Novos Patamares

Existe uma lenda sobre um rei que gostava tanto do jogo de xadrez que decidiu dar uma recompensa ao seu inventor, concedendo qualquer pedido que ele quisesse. O inventor pediu um grão de trigo para o primeiro quadrado do tabuleiro na segunda-feira, dois grãos para o segundo quadrado na terça, quatro para o terceiro quadrado na quarta, oito para o quarto quadrado na quinta e assim por diante, cada dia aumentando a quantia até que o 64º quadrado estivesse preenchido de trigo. O rei achou o pedido bobo. O inventor poderia ter pedido tantas riquezas!

O que aconteceu foi que o reinado ficou sem trigo rapidinho. No 15º dia, o número equivalia a 16.384. No 20º dia, o número era 524.288. No 64º dia, o número seria um incrível 9.223.372.036.854.780.000. Só que o reinado ficou sem trigo umas duas semanas antes!

Essa matemática "poderosa" é literalmente conhecida como elevar um número a uma potência. A potência, neste caso, significa quantas vezes um número é multiplicado por ele mesmo. A notação é um expoente — (2^3, por exemplo). Outra maneira de usar a potência é com o caractere: 2^3. O palavreado para isso é *dois elevado à terceira potência.*

No exemplo do xadrez, 2 é elevado a uma potência mais alta a cada dia. A Tabela 8-2 mostra os primeiros dez dias.

O conceito é fácil de se entender. Cada vez que a potência é incrementada em 1, o resultado dobra. Repare que a primeira entrada eleva 2 à potência 0. Isso não é estranho? Bem, nem tanto. Qualquer número elevado a potência 0 é igual a 1. Além disso, note que qualquer número elevado à potência 1 é igual a ele mesmo.

TABELA 8-2 **O Poder de Elevar os Números a uma Potência**

Dia	Potência a que 2 É Elevado	Notação da Potência	Notação de Matemática Básica	Resultado
1	0	2^0	1	1
2	1	2^1	2	2
3	2	2^2	2 × 2	4
4	3	2^3	2 × 2 × 2	8
5	4	2^4	2 × 2 × 2 ×2	16
6	5	2^5	2 × 2 × 2 × 2 × 2	32
7	6	2^6	2 × 2 × 2 × 2 × 2 × 2	64

(continua)

(continuação)

Dia	Potência a que 2 É Elevado	Notação da Potência	Notação de Matemática Básica	Resultado
8	7	2^7	2×2×2×2×2×2×2	128
9	8	2^8	2×2×2×2×2×2×2×2	256
10	9	2^9	2×2×2×2×2×2×2×2×2	512

O Excel possui a função POTÊNCIA cuja sintaxe é:

```
=POTÊNCIA(número;potência)
```

Os argumentos do número e da potência podem ser inteiros ou números reais, e permite-se os números negativos.

DICA

Em uma planilha, tanto a função POTÊNCIA quanto o caractere circunflexo podem ser usados. Por exemplo, `=POTÊNCIA(4, 3)` ou `=4^3` podem ser inseridos e o resultado será o mesmo.

Multiplicando Números Múltiplos

A função MULT é útil para multiplicar até 255 números de uma vez só. Esta é a sintaxe:

```
=MULT (número1, número2,...)
```

As referências das células podem ser incluídas na lista de argumentos, assim como números reais e, é claro, eles podem ser misturados. Portanto, todas as variações abaixo funcionam:

```
=MULT(A2; B15; C20)
=MULT(5; 8; 22)
=MULT(A10; 5; B9)
```

Na realidade, você pode usar as matrizes de números como argumentos. Neste caso, esta é a notação:

```
=MULT(B85:B88;C85:C88; D86:D88)
```

Veja como usar a função MULT:

1. **Insira alguns valores em uma planilha.**

   Você pode incluir muitos valores, em colunas ou linhas.

2. **Posicione o cursor do mouse sobre a célula em que você quer que o resultado seja exibido.**

3. **Digite** =MULT(**para iniciar a função.**

4. **Clique em uma célula que tenha um número.**

   Outra alternativa é segurar o botão esquerdo do mouse e arrastar o ponteiro sobre um intervalo de células com números.

5. **Digite um ponto e vírgula (;).**

6. **Repita as Etapas 4 e 5 para a função multiplicar 254 vezes.**

7. **Digite um) e pressione Enter.**

O resultado é calculado multiplicando todos os números selecionados. Seus dedos estariam doendo se você tivesse calculado isso em uma calculadora.

A Figura 8-2 mostra tudo em uma planilha. A célula C10 exibe o resultado da multiplicação de 12 números, embora com apenas três argumentos, como intervalos, que foram usados na função.

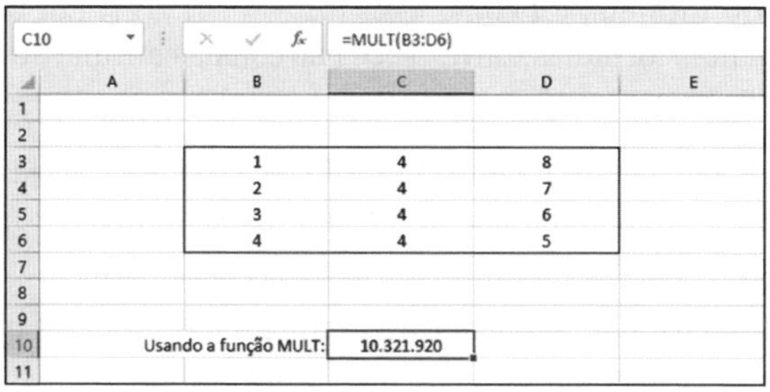

FIGURA 8-2: Colocando a função MULT para trabalhar.

Usando o que Restou com a Função MOD

A função MOD retorna o resto de uma operação de divisão com inteiros. Esse resto é chamado de *módulo*, por isso a função tem esse nome. A função tem dois argumentos: o número sendo dividido e o número sendo usado para dividir o primeiro argumento. O segundo argumento é o divisor. Esta é a sintaxe:

```
=MOD(número; divisor)
```

Veja os exemplos da função MOD:

`=MOD(12;6)` retorna 0.

`=MOD(14;5)` retorna 4.

`=MOD(27;7)` retorna 6.

`=MOD(25;10)` retorna 5.

`=MOD(25;-10)` retorna –5.

`=MOD(15,675;8,25)` retorna 7,425.

O valor retornado sempre tem o mesmo sinal do divisor.

A função MOD pode ser usada com números ímpares ou pares. Caso você utilize 2 como segundo argumento, o valor retornado será 0 se o primeiro argumento for par e 1 se não for.

Mas o que há de tão extraordinário nisso? Basta você olhar para um número e dizer se ele é par ou ímpar. O poder da função MOD se manifesta no teste de uma referência ou fórmula, tal como `=MOD(D12 - G15;2)`. Em uma planilha complexa com muitas fórmulas, talvez você não consiga afirmar se a célula terá um número par ou ímpar.

Levando isso um pouco mais adiante, a função MOD pode ser usada para identificar células em uma planilha que sejam múltiplos do divisor. A Figura 8-3 mostra como isso funciona.

A linha 1 da planilha na Figura 8-3 mostra exemplos das fórmulas que são inseridas em linhas sucessivas das colunas B e C, começando a partir da segunda coluna. A coluna A contém números que serão testados com a função MOD. Se você estiver procurando múltiplos de 4, a função MOD tem 4 como divisor e quando um valor for um múltiplo de 4, a função MOD retorna 0. Isso fica evidente quando se compara os números da coluna A com os valores retornados na coluna B.

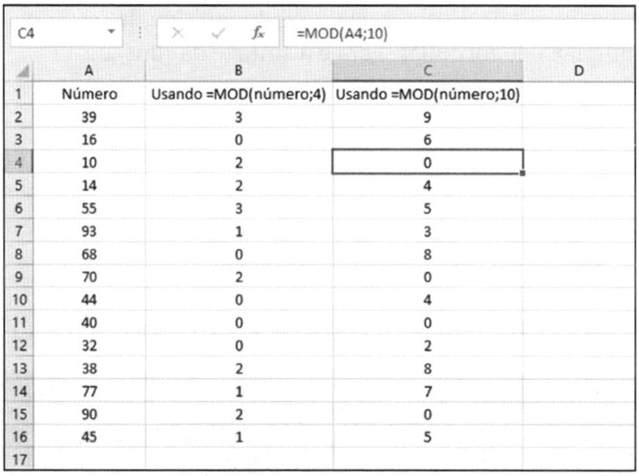

C4 | =MOD(A4;10)

	A	B	C	D
1	Número	Usando =MOD(número;4)	Usando =MOD(número;10)	
2	39	3	9	
3	16	0	6	
4	10	2	0	
5	14	2	4	
6	55	3	5	
7	93	1	3	
8	68	0	8	
9	70	2	0	
10	44	0	4	
11	40	0	0	
12	32	0	2	
13	38	2	8	
14	77	1	7	
15	90	2	0	
16	45	1	5	
17				

FIGURA 8-3: Usando a função MOD para encontrar valores específicos.

Utiliza-se a mesma abordagem na coluna C, só que nessa coluna o divisor é 10, portanto os múltiplos de 10 estão sendo testados na coluna A. Quando 0 aparece na coluna C, o número correspondente na coluna A é um múltiplo de 10.

Dessa forma, a função MOD é usada para encontrar valores significativos em uma planilha.

Somando Tudo

Ahá! Quando você acha que sabe tudo sobre somar números (sério, você está fazendo isso desde a época da escola, certo?), apresento uma operação extravagante de adição que fará você pensar duas vezes antes de seguir direto para o total.

As funções desta seção são muito legais — elas têm tudo a ver com o pessoal da matemática. Para ser um verdadeiro guru do Excel, experimente as funções SUBTOTAL, SOMARPRODUTO, SOMASE e SOMASES mostradas aqui e saia ostentando seus dotes pelo escritório!

Usando a função SUBTOTAL

A função SUBTOTAL é bem flexível. Ela não executa somente um cálculo — ela pode fazer quaisquer dos 11 cálculos dependendo do que você precisa. E, além do mais, SUBTOTAL pode efetuar esses cálculos em até 255 intervalos de números.

Isso lhe dá a capacidade de obter exatamente um tipo de resumo sem criar um conjunto complexo de fórmulas. Esta é a sintaxe da função:

```
=SUBTOTAL(número da função; intervalo1, intervalo2,...)
```

O primeiro argumento determina qual cálculo é executado. Pode ser qualquer valor mostrado na Tabela 8-3. Os argumentos restantes identificam o intervalo contendo os números a serem usados no cálculo.

TABELA 8-3 **Valores de Argumento para a Função SUBTOTAL**

Número da Função para o Primeiro Argumento	Função	Descrição
1	MÉDIA	Retorna o valor da média de um grupo de números.
2	CONTAR.NUM	Retorna a contagem de células que contêm números e também números dentro das listas de argumentos.
3	CONTAR.VALORES	Retorna a contagem de células que não estão vazias e somente valores não vazios que ficam dentro da lista de argumentos.
4	MÁXIMO	Retorna o valor máximo em um grupo de números.
5	MÍNIMO	Retorna o valor mínimo em um grupo de números.
6	MULT	Retorna o produto (multiplicação) de um grupo de números.
7	DESVPAD.A	Retorna o desvio-padrão a partir de uma amostra de valores.
8	DESVPAD.P	Retorna o desvio-padrão a partir de uma amostragem completa, incluindo texto e valores lógicos.
9	SOMA	Retorna a soma de um grupo de números.
10	VAR.A	Retorna a variância com base em uma amostra.
11	VAR.P	Retorna a variância com base em uma amostragem completa.

A Figura 8-4 mostra exemplos de uso da função SUBTOTAL. Os valores de dados brutos estão enumerados na coluna A. Os resultados do uso da função em algumas variações são listados na coluna C. A coluna E exibe as entradas de função reais que retornaram os respectivos resultados na coluna C.

DICA

É bem prático usar intervalos nomeados com a função SUBTOTAL. Por exemplo, `=SUBTOTAL(1; Vendas_Outubro, Vendas_Novembro, Vendas_Dezembro)` facilita o cálculo de vendas para o quarto trimestre.

Um segundo conjunto de números pode ser utilizado para o número da função (o primeiro argumento na função SUBTOTAL). Esses números começam com 101 e são as mesmas funções mostradas na Tabela 8-3. Por exemplo, 101 é a MÉDIA, 102 é a CONTAR.NUM e assim por diante.

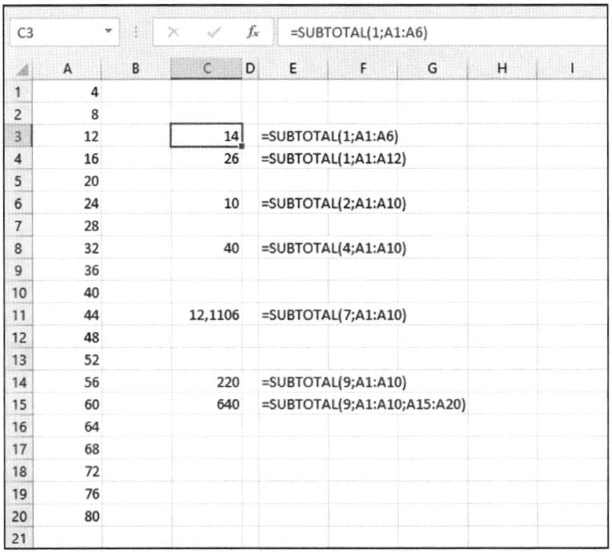

C3 =SUBTOTAL(1;A1:A6)

	A	B	C	D	E
1	4				
2	8				
3	12		14		=SUBTOTAL(1;A1:A6)
4	16		26		=SUBTOTAL(1;A1:A12)
5	20				
6	24		10		=SUBTOTAL(2;A1:A10)
7	28				
8	32		40		=SUBTOTAL(4;A1:A10)
9	36				
10	40				
11	44		12,1106		=SUBTOTAL(7;A1:A10)
12	48				
13	52				
14	56		220		=SUBTOTAL(9;A1:A10)
15	60		640		=SUBTOTAL(9;A1:A10;A15:A20)
16	64				
17	68				
18	72				
19	76				
20	80				
21					

FIGURA 8-4: Trabalhando com a função SUBTOTAL.

Os números de função 1 a 11 consideram todos os valores em um intervalo. Os números de função 101 a 111 informam a função para ignorar valores que estão em linhas ou colunas ocultas. A Figura 8-5 mostra a função SUBTOTAL em uso com os dois sistemas de números da função. Comparando a Figura 8-5 à Figura 8-4, você pode observar que a linha 2 foi definida como oculta. Na Figura 8-5, os valores na coluna C são calculados usando os mesmos números de função da Figura 8-4; a coluna G mostra a SUBTOTAL usando os números de função que começam com 101. Por exemplo, a célula C3 ainda mostra a média dos números no intervalo A1:A6 como igual a 14. O resultado na célula G3 mostra a média de A1:A6 igual a 15,2. O valor de 8 na célula A2 não é usado porque está oculto.

G3 | =SUBTOTAL(101;A1:A6)

	A	B	C	D	E	F	G	H	I	J
1	4									
3	12		14		=SUBTOTAL(1;A1:A6)		15,2		=SUBTOTAL(101;A1:A6)	
4	16		26		=SUBTOTAL(1;A1:A12)		27,63636		=SUBTOTAL(101;A1:A12)	
5	20									
6	24		10		=SUBTOTAL(2;A1:A10)		9		=SUBTOTAL(102;A1:A10)	
7	28									
8	32		40		=SUBTOTAL(4;A1:A10)		40		=SUBTOTAL(4;A1:A10)	
9	36									
10	40									
11	44		12,1106		=SUBTOTAL(7;A1:A10)		11,73788		=SUBTOTAL(107;A1:A10)	
12	48									
13	52									
14	56		220		=SUBTOTAL(9;A1:A10)		212		=SUBTOTAL(109;A1:A10)	
15	60		640		=SUBTOTAL(9;A1:A10;A15:A20)		632		=SUBTOTAL(109;A1:A10;A15:A20)	
16	64									
17	68									
18	72									
19	76									
20	80									
21										

FIGURA 8-5: Fazendo a SUBTOTAL ignorar os valores ocultos.

Utilizando a função SOMARPRODUTO

A função SOMARPRODUTO tem uma forma elegante de somar inúmeros produtos — por meio dos intervalos dos valores. Ela não soma os produtos de intervalos separados; ela gera os produtos dos valores posicionados no mesmo lugar em cada intervalo e, então, soma tais produtos. Esta é a sintaxe dessa função:

```
=SOMARPRODUTO(Intervalo1, Intervalo2, ...)
```

Os argumentos para a SOMARPRODUTO devem ser intervalos, embora um intervalo possa ser um valor único. Uma exigência é que todos os intervalos tenham o mesmo tamanho de linhas e colunas. Você pode incluir até 255 intervalos e deve incluir no mínimo 2.

SOMARPRODUTO funciona primeiro multiplicando os elementos por posição, por meio dos intervalos e, em seguida, somando os resultados. Para ver como isso funciona, dê uma olhada nos três intervalos de valores na Figura 8-6. Coloco letras nos intervalos em vez de números para facilitar a explicação.

	A	B	C	D	E	F	G	H	I	J
1										
2		A	D		H	K		N	Q	
3		B	E		I	L		O	R	
4		C	F		J	M		P	S	
5										
6										

FIGURA 8-6: Seguindo os passos da função SOMARPRO-DUTO.

Suponha que você inseriu a seguinte fórmula na planilha:

```
=SOMARPRODUTO(B2:C4; E2:F4; H2:I4)
```

O resultado seria calculado pelas seguintes etapas:

1. **Multiplicando A vezes H vezes N e salvando o resultado.**
2. **Multiplicando D vezes K vezes Q e salvando o resultado.**
3. **Multiplicando B vezes I vezes O e salvando o resultado.**
4. **Multiplicando E vezes L vezes R e salvando o resultado.**
5. **Multiplicando C vezes J vezes P e salvando o resultado.**
6. **Multiplicando F vezes M vezes S e salvando o resultado.**
7. **Somando todos os seis resultados para obter a resposta final.**

CUIDADO

Tome cuidado quando usar a função SOMARPRODUTO. É fácil se equivocar e achar que a função soma os produtos de intervalos individuais. Não é assim. SOMARPRODUTO retorna as somas dos produtos mediante a posição dos elementos.

Aparentemente, SOMARPRODUTO é confusa, mas na verdade seu uso é bem sofisticado. Imagine que você tem uma lista de unidades vendidas por produto e outra lista com seus preços. Você precisa saber as vendas totais (isto é, a soma das quantias) em que uma quantia é a unidades vendidas vezes o preço unitário.

Nas planilhas mais antigas, você precisaria usar uma coluna extra para primeiro multiplicar cada unidade vendida pelo seu preço. E, depois, somaria tais valores intermediários. Agora, com a função SOMARPRODUTO, esse trabalhão todo acabou. Basta usar SOMARPRODUTO uma vez para obter a reposta final em apenas uma etapa. A Figura 8-7 mostra como uma célula contém o total final desejado. Não é necessário nenhuma etapa intermediária.

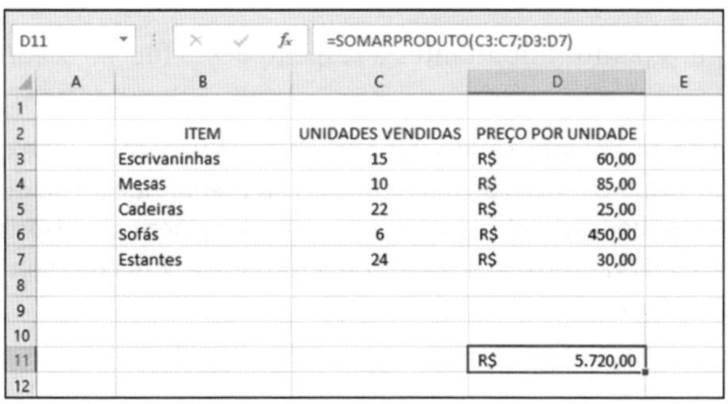

	A	B	C	D	E
1					
2		ITEM	UNIDADES VENDIDAS	PREÇO POR UNIDADE	
3		Escrivaninhas	15	R$ 60,00	
4		Mesas	10	R$ 85,00	
5		Cadeiras	22	R$ 25,00	
6		Sofás	6	R$ 450,00	
7		Estantes	24	R$ 30,00	
8					
9					
10					
11				R$ 5.720,00	
12					

FIGURA 8-7: Sendo produtivo com SOMARPRODUTO.

Usando as funções SOMASE e SOMASES

A função SOMASE é o diamante das funções do Excel. Ela calcula a soma de um intervalo de valores, incluindo aqueles que atendem a um critério específico. O critério pode ser baseado na coluna adjacente ou na mesma coluna que está sendo somada.

Suponha que você use uma planilha para acompanhar todas as suas compras de alimentos. Para cada ida ao mercado ou à mercearia, você coloca a data na coluna A, a quantia na coluna B e o nome do estabelecimento na coluna C. Você pode usar a função SOMASE para fazer com que o Excel some todos os valores na coluna B somente quando a Coluna C tiver `"Mercearia do Zé"`. É isso. A SOMASE dá a resposta. Legal!

A Figura 8-8 mostra esse exemplo. A data, o local da compra e a quantia gasta são enumeradas em três colunas. SOMASE calcula a soma das compras na Mercearia do Zé. Esta é a função escrita para este exemplo:

```
=SOMASE(C3:C15;"Mercearia do Zé";B3:B15)
```

C18 =SOMASE(C3:C15;"Mercearia do Zé";B3:B15)

	A	B		C	D	E
1	DATA	VALOR		ESTABELECIMENTO		
2						
3	12/04/2018	R$	15,04	Mercearia do Zé		
4	16/04/2018	R$	26,90	Mundo das Compras		
5	15/04/2018	R$	42,25	Mercearia do Zé		
6	17/04/2018	R$	12,10	Padaria Estrela		
7	22/04/2018	R$	26,95	Mercearia do Zé		
8	30/04/2018	R$	55,00	Cafeteria		
9	04/05/2018	R$	20,25	Padaria Estrela		
10	05/05/2018	R$	18,55	Mundo das Compras		
11	09/05/2018	R$	795,00	Padaria Estrela		
12	15/05/2018	R$	35,00	Mercearia do Zé		
13	18/05/2018	R$	38,00	Mundo das Compras		
14	22/05/2018	R$	42,00	Cafeteria		
15	26/05/2018	R$	43,75	Mercearia do Zé		
16						
17						
18	Total gasto na Mercearia do Zé:			R$ 162,99		
19						

FIGURA 8-8: Usando SOMASE para os resultados correspondentes.

LEMBRE-SE

Veja mais alguns pontos importantes a respeito dessa função SOMASE:

- » O segundo argumento pode acomodar diversas variações das expressões, tal como incluir os sinais de maior que (>) ou menor que (<) ou outros operadores. Por exemplo, se uma coluna tem regiões como Norte, Sul, Leste e Oeste, o critério seria `<>Norte`, que retornaria a soma das linhas diferentes da região Norte.

» Resultados imprevisíveis ocorrem se os intervalos no primeiro e no terceiro argumentos não tiverem o mesmo tamanho.

Agora é a sua vez! Veja como usar a função SOMASE:

1. **Insira dois intervalos de dados em sua planilha.**

   Ao menos um deles deve conter dados numéricos. Garanta que os intervalos tenham o mesmo tamanho.

2. **Posicione o cursor do mouse sobre a célula em que você quer ver o resultado.**

3. **Digite** =SOMASE(**para iniciar a função.**

4. **Segure o botão esquerdo do mouse e arraste o cursor sobre um dos intervalos.**

   Este é o intervalo que pode ser diferente dos dados numéricos.

5. **Digite um ponto e vírgula (;).**

6. **Clique em uma das células do primeiro intervalo.**

   Este é o critério.

7. **Digite um ponto e vírgula (;).**

8. **Segure o botão esquerdo do mouse e arraste o cursor sobre um dos intervalos.**

   Este é o intervalo que deve conter os dados numéricos.

9. **Digite um**) **e pressione Enter.**

O resultado que você verá é a soma dos valores numéricos em que os itens no primeiro intervalo correspondem ao critério selecionado.

O exemplo na Figura 8-8 soma os valores quando o estabelecimento é a Mercearia do Zé, só que não usa a data no cálculo. Mas e se você precisar saber o quanto foi gasto na mercearia somente em abril? O Excel tem uma função para isso, e é claro que é a SOMASES.

SOMASES permite que você atribua múltiplas condições "se" a uma soma. O formato da SOMASES é um pouco diferente do formato da SOMASE. A função SOMASES usa esta estrutura:

```
= SOMASES(intervalo a ser somado; intervalo de critério1;
  critério1; intervalo de critério2; critério2)
```

A estrutura exige um intervalo de valores numéricos para serem inseridos primeiro, seguidos de pares de intervalos de critério e o critério em si. Na Figura 8-9, a fórmula é:

```
=SOMASES(B3:B15;A3:A15;"<5/1/2018";C3:C15,"Mercearia do Zé")
```

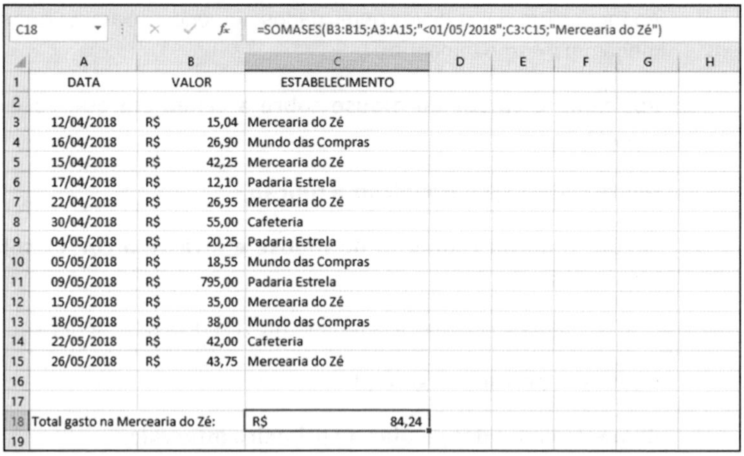
C18 fx =SOMASES(B3:B15;A3:A15;"<01/05/2018";C3:C15;"Mercearia do Zé")

	A	B		C	D	E	F	G	H
1	DATA	VALOR		ESTABELECIMENTO					
2									
3	12/04/2018	R$	15,04	Mercearia do Zé					
4	16/04/2018	R$	26,90	Mundo das Compras					
5	15/04/2018	R$	42,25	Mercearia do Zé					
6	17/04/2018	R$	12,10	Padaria Estrela					
7	22/04/2018	R$	26,95	Mercearia do Zé					
8	30/04/2018	R$	55,00	Cafeteria					
9	04/05/2018	R$	20,25	Padaria Estrela					
10	05/05/2018	R$	18,55	Mundo das Compras					
11	09/05/2018	R$	795,00	Padaria Estrela					
12	15/05/2018	R$	35,00	Mercearia do Zé					
13	18/05/2018	R$	38,00	Mundo das Compras					
14	22/05/2018	R$	42,00	Cafeteria					
15	26/05/2018	R$	43,75	Mercearia do Zé					
16									
17									
18	Total gasto na Mercearia do Zé:			R$ 84,24					
19									

FIGURA 8-9: Usando SOMASES para obter a soma múltipla filtrada.

A função utiliza B3:B15 como origem dos valores para serem somados. A3:A15 é o primeiro intervalo de critério e "<01/05/2018" é o critério. Isso informa à função para procurar qualquer data antes de 1º de maio de 2018 (que filtra as datas até abril). Um segundo intervalo de critério e valor vêm em seguida: em C3:C15, observe somente Mercearia do Zé. A soma final de R$84,24 adiciona três membros — 15,04, 42,25 e 26,95 — porque estes são os únicos valores em abril para o estabelecimento.

Obtendo um Ângulo em Trigonometria

Você achou que o Excel não tinha alguns truques na manga para trigonometria? Bem, pense novamente. Quem consegue resistir em brincar com coisas tão divertidas quanto cossenos e tangentes? Tudo bem, admito que não é a praia de todo mundo, mas apesar de tudo o Excel tem funções trigonométricas. Além disso, mesmo se os conceitos forem difíceis, você sempre pode falar tais termos em uma festa e se passar pela pessoa mais inteligente do local.

Três funções básicas de trigonometria

O seno, o cosseno e a tangente de um ângulo são os valores mais usados nos cálculos trigonométricos. Eles fornecem respostas sobre a relação dos ângulos dos triângulos com seus lados. (Repare como resumi a trigonometria toda em apenas uma frase!)

A Figura 8-10 mostra alguns ângulos na coluna A e seus valores de senos, cossenos e tangentes correspondentes nas colunas B, C e D, respectivamente.

B3 =SEN(RADIANOS(A3))

	A	B	C	D	E
1	Ângulos (em graus)	Seno	Cosseno	Tangente	
2					
3	23	0,390731128	0,920504853	0,424474816	
4	45	0,707106781	0,707106781	1	
5	60	0,866025404	0,5	1,732050808	
6	90	1	6,12574E-17	1,63246E+16	
7	129	0,777145961	-0,629320391	-1,234897157	
8	180	1,22515E-16	-1	-1,22515E-16	
9	200	-0,342020143	-0,939692621	0,363970234	
10	360	-2,4503E-16	1	-2,4503E-16	
11					

FIGURA 8-10: Usando as funções SEN, COS e TAN.

As funções SEN, COS e TAN aceitam somente um argumento de um número (o ângulo) e retornam os valores convertidos. As funções ficam assim se os ângulos estiverem em radianos:

```
=SEN(ângulo)
=COS(ângulo)
=TAN(ângulo)
```

Se os ângulos estiverem em graus, eles precisam ser convertidos para radianos por meio da função RADIANOS. Nesse caso, teríamos:

```
=SEN(RADIANOS(ângulo))
=COS(RADIANOS(ângulo))
=TAN(RADIANOS(ângulo))
```

O que o leva aos...

Graus e Radianos

Um ângulo pode ser expresso em graus ou radianos. Para nós que não somos cientistas de carteirinha, os graus são mais comuns. A maioria sabe que há 360 graus em um círculo, que um ângulo reto tem 90 graus e, até mesmo, que girar 180 graus significa dar meia-volta e ir no caminho contrário.

Um radiano = 180/pi graus, e um grau = pi/180 radianos. Toda essa conversa sobre pi (pronuncia-se *pi* igual à *pipoca*) está me deixando com fome! Para resumir, 1 radiano = 57,3 graus.

LEMBRE-SE

Pi é aproximadamente 3,14159. Veja o início deste capítulo para uma boa dose de pi.

O Excel tem as funções RADIANOS e GRAUS para converter um número de radianos para graus e vice-versa. Acho que o verdadeiro motivo de o Excel tê-las é para manter o pi fora de cena para que você possa se concentrar no trabalho em si e não na pipoca.

As funções aceitam somente um argumento:

```
=RADIANOS(ângulo em graus)
=GRAUS(ângulo em radianos)
```

Usando alguns números, você pode ver que 90 graus é = 1,5707963267949 radianos, e que 1,5707963267949 radianos deve ser igual a 90 graus. É assim que funciona.

3
Soluções Estatísticas

NESTA PARTE...

Familiarize-se com os princípios básicos de estatística.

Veja como a estimativa funciona.

Faça previsões e descubra o que é mais provável.

NESTE CAPÍTULO

» **Entendendo os termos-chave usados em estatística**

» **Teste para as principais tendências em uma amostra de dados**

» **Analisando o desvio em uma amostra de dados**

» **Procurando semelhanças em duas amostras de dados**

» **Analisando por meio das funções binárias e percentis**

» **Contando itens em uma amostra de dados**

Capítulo **9**

Surpreendendo-se com a Estatística

Basta pegar o jornal, ligar a televisão ou o rádio. Somos bombardeados com fatos interessantes que são resultados de pesquisas estatísticas: há 60% de chance de chover; a média da Dow Jones é de 2,8%; o Brasil é o favorito contra a Argentina em 4–3 e assim por diante.

A estatística é utilizada para explicar os fatos sobre o mundo ao nosso redor, mas também é usada para contar mentiras. Pode ser usada para confundir ou distorcer uma informação. Digamos que você tenha experimentado uma nova barra de chocolate e adorou. Logo, você pode se gabar e dizer que 100% das pessoas que experimentaram a barra de chocolate gostaram!

Às vezes, a estatística gera conclusões para lá de estranhas — para dizer o mínimo! Imagine isso: Bill Gates ajuda um abrigo para moradores de rua. A riqueza média das 40 ou mais pessoas no local é de R$1 bilhão. Por quê? Porque o patrimônio de Bill é calculado por meio da média, desviando assim da média do limite que faria sentido. Que tal isto? Você ouve por aí que o preço da gasolina caiu 6%. Oba! Vamos viajar. Mas a queda de 6% é baseada em quê? É uma comparação com o preço da semana, do mês ou do ano passado? Talvez o preço da gasolina tenha caído 6% em comparação com o mês passado, porém os preços ainda estão 20% mais altos do que o ano passado. Isso é mesmo uma notícia boa?

Tradicionalmente, a estatística é dividida em dois tipos. A *estatística descritiva* que veremos neste capítulo ajuda a resumir e compreender os dados. A *estatística referencial*, que veremos no Capítulo 10, é usada para tirar conclusões sobre a comparação de dados.

Atolado no Meio das Funções MÉDIA, MED e MODO.ÚNICO

Sua altura está na média? E sua renda mensal? Seus filhos tiram notas acima da média? Existe mais de uma maneira de determinar o valor médio a partir de um grupo de valores. Existem três funções estatísticas comuns que descrevem o valor central a partir de uma população de valores: a média, a mediana e a moda.

PAPO DE ESPECIALISTA

O termo *população/amostragem* se refere às medidas ou pontos de dados prováveis, enquanto o termo *amostra* se refere às medidas ou pontos de dados que você tem no momento. Por exemplo, se você está coordenando uma pesquisa de eleitores registrados no Rio de Janeiro, a população está toda registrada como eleitores no estado, e a amostra são os eleitores que, de fato, responderam à pesquisa.

Tecnicamente, o termo *média* se refere ao valor médio, mas, na linguagem corrente, *média* também pode ser usada para calcular a mediana ou a moda em vez da média. Isso resulta em tudo quanto é reclamação dos anunciantes e de qualquer um que queira se fazer entender.

LEMBRE-SE

É fundamental entender a diferença entre os termos:

- **Média:** A média é o valor calculado. É o resultado de somar os valores de uma lista, ou conjuntos de valores, e dividi-los pela quantidade de valores somados. Por exemplo, a média dos números 1, 2 e 3 é igual a 2. O cálculo é este (1 + 2 + 3) ÷ 3 ou 6 ÷ 3.
- **Mediana:** A mediana é o valor do meio de uma lista ordenada de valores. Se houver uma quantidade ímpar de itens na lista, a mediana será o valor do meio. Em listas com números pares, não há o valor do meio. Neste caso, a mediana é a média dos dois valores do meio. Por exemplo, a mediana de 1, 2, 3, 4, 5 é 3 porque o valor do meio é 3. A mediana de 1, 2, 3, 4, 5, 6 é 3,5 porque a média dos dois valores do meio, 3 e 4, é 3,5.
- **Moda:** A moda é o valor mais recorrente em uma lista de valores. Pode ser que ela não exista! Na lista de valores 1, 2, 3, 4 não há moda porque cada

número aparece apenas uma vez. Já na lista 1, 2, 2, 3, 4 a moda é 2 porque 2 aparece duas vezes e os outros números aparecem somente uma.

A média, a mediana e a moda são chamadas de *medidas de tendência central* porque elas servem para resumir uma amostra de dados em uma única estatística.

Vamos começar! As etapas a seguir criam três resultados na sua planilha, usando as funções MÉDIA, MED e MODO:

1. **Insira uma lista de valores numéricos.**

   Qualquer combinação de números serve.

2. **Posicione o cursor do mouse sobre a célula em que você quer que a *média* apareça.**
3. **Digite** =MÉDIA (**para iniciar a função.**
4. **Arraste o cursor do mouse sobre a lista ou insira o endereço do intervalo.**
5. **Digite um**) **para encerrar a função MÉDIA.**
6. **Posicione o cursor do mouse sobre a célula em que você quer que a *mediana* apareça.**
7. **Digite** =MED (**para iniciar a entrada função.**
8. **Arraste o cursor do mouse sobre a lista ou insira o endereço do intervalo.**
9. **Digite um**) **para encerrar a função MED.**
10. **Posicione o cursor do mouse sobre a célula em que você quer que a *moda* apareça.**
11. **Digite** =MODO.ÚNICO(**para iniciar a entrada da função.**
12. **Arraste o cursor do mouse sobre a lista ou insira o endereço do intervalo.**
13. **Digite um**) **para encerrar a função MODO.ÚNICO.**

Dependendo dos números inseridos, os três resultados podem ser iguais (muito improvável!), quase iguais ou bem diferentes. A função MODO.ÚNICO terá retornado `#N/D` se não houver valores repetitivos em seus dados.

LEMBRE-SE

A média é calculada com a função MÉDIA.

Imagine o seguinte: três pessoas usam uma pasta de dente nova por seis meses e, mais tarde, todos vão ao dentista. Duas pessoas não têm cáries. Veja bem, essa pasta de dente é maravilhosa! A terceira pessoa tem três cáries. Ah não!

Pessoa	Cáries
A	0
B	0
C	3

A quantidade média de cáries para esse grupo é 1 — ou seja, se você estiver usando o número *médio* como média. Ao que tudo indica, essa pasta não é tão boa se, em média, cada pessoa que usou tem uma cárie! Por outro lado, a mediana e a moda são iguais a 0. A mediana é igual a 0 porque esse é o valor do meio na lista ordenada. A moda é igual a 0 porque essa é a maior ocorrência de valores. Como você pode ver, a estatística prova que a pasta de dente nova não provoca as cáries, em média — ou quase isso.

Veja outro exemplo. A Figura 9-1 mostra os resultados de uma avaliação periódica para uma sala de aula hipotética. A média, a mediana e a moda estão exibidas para a distribuição de notas.

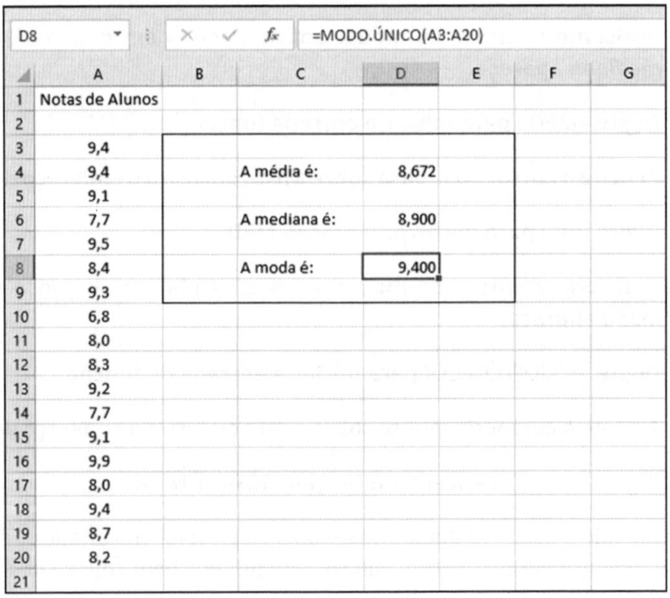

FIGURA 9-1: Definindo as tendências centrais em uma lista Nota de Alunos.

Como quase sempre acontece, a média, a mediana e a moda retornam valores diferentes. Podemos dizer que a média de notas é de 8,672, o valor médio. Mas e se o professor ou a escola quiserem causar impacto nos alunos com notas melhores? Eles poderiam mostrar a nota com mais ocorrência, que é 9,4. Essa é a moda e, de fato, três alunos tiraram 9,4. Mas será que essa é a melhor representação dos resultados gerais? Acredito que não.

O funcionamento das funções que retornam essas medidas de tendências centrais — MÉDIA, MED e MODO.ÚNICO — pode levar a resultados distorcidos. Veja mais um exemplo de como essas três funções podem gerar resultados bem diferentes para os mesmos dados. Estes são os dados de seis clientes e quanto eles gastaram com a empresa no último ano:

Cliente	Total Gasto no Último Ano
A	R$300
B	R$90
C	R$2.600
D	R$850
E	R$28.400
F	R$300

A média (usando a função MÉDIA) é de R$5.423,33. A mediana é de R$575 e a moda é R$300. Essas quantias nem sequer são parecidas! Qual delas representa a quantia que um cliente gastou no último ano?

O problema com esse conjunto de dados é que este valor — R$28.400 — é muito maior do que os outros valores que distorcem a média. Você pode ser levado a acreditar que cada cliente gastou aproximadamente R$5.423. Porém, ao analisar os valores reais, somente um cliente gastou bastante dinheiro. Os clientes A, B, C, D e F nem chegaram perto de gastar R$5.423,33, então como a "média" pode ser aplicada a eles?

A Figura 9-2 exemplifica uma situação em que um valor está muito fora em relação aos outros — também chamado de valor *atípico*, o que faz com que a média não seja muito útil. A Figura 9-2 também mostra como a média muda se um cliente esbanjador é deixado de fora, só que, se qualquer outro cliente for deixado de lado, não há uma grande mudança na média.

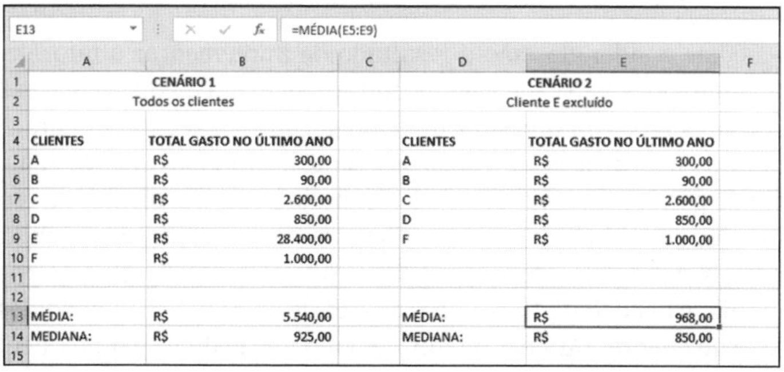
E13 =MÉDIA(E5:E9)

	A	B		C	D	E		F
1		CENÁRIO 1				CENÁRIO 2		
2		Todos os clientes				Cliente E excluído		
3								
4	CLIENTES	TOTAL GASTO NO ÚLTIMO ANO			CLIENTES	TOTAL GASTO NO ÚLTIMO ANO		
5	A	R$	300,00		A	R$	300,00	
6	B	R$	90,00		B	R$	90,00	
7	C	R$	2.600,00		C	R$	2.600,00	
8	D	R$	850,00		D	R$	850,00	
9	E	R$	28.400,00		F	R$	1.000,00	
10	F	R$	1.000,00					
11								
12								
13	MÉDIA:	R$	5.540,00		MÉDIA:	R$	968,00	
14	MEDIANA:	R$	925,00		MEDIANA:	R$	850,00	
15								

FIGURA 9-2: Decidindo o que fazer com um valor incomum.

No Cenário 2, o Cliente E é deixado de fora. A média e a mediana estão bem próximas — R$968 e R$850, respectivamente. Qualquer quantia representa o valor médio de quanto os clientes gastaram no último ano.

Mas pode-se retirar um cliente como esse (sem mencionar que foi o que mais gastou)? Eita! Em vez disso, considere algumas soluções criativas para as médias. Use a mediana ou a média ponderada (um cálculo da média na qual a relevância de cada valor é levada em consideração). A Figura 9-3 mostra o resultado de cada método.

F15 =SOMARPRODUTO(F6:F11;G6:G11)/SOMA(G6:G11)

CENÁRIO 1
Apenas os fatos!

CLIENTES	TOTAL GASTO NO ÚLTIMO ANO	
A	R$	300,00
B	R$	90,00
C	R$	2.600,00
D	R$	850,00
E	R$	28.400,00
F	R$	1.000,00
TOTAL:	R$	33.240,00
MÉDIA:	R$	5.540,00
MEDIANA:	R$	925,00

CENÁRIO 2
Cliente E é tratado com um peso de amortecimento

CLIENTES	TOTAL GASTO NO ÚLTIMO ANO		FATOR DE PONDERAÇÃO
A	R$	300,00	18
B	R$	90,00	18
C	R$	2.600,00	18
D	R$	850,00	18
E	R$	28.400,00	10
F	R$	1.000,00	18
MÉDIA:	R$	3.711,20	
MEDIANA:	R$	925,00	

FIGURA 9-3: Calculando uma média criativa.

O Cenário 1 mostra a média e a mediana para o conjunto das quantias dos clientes. Aqui, usar a mediana é a melhor opção para representar a tendência central do grupo.

DICA

Ao reportar os resultados com base em um cálculo diferenciado, seria bom adicionar uma nota de rodapé explicando como a resposta foi obtida. Se você fosse informar que o gasto da "média" foi de R$925, uma nota deveria explicar que é a mediana, e não a média.

O Cenário 2 na Figura 9-3 é um pouco mais complexo. Envolve o cálculo de uma média ponderada, que é usada para que os valores individuais influenciem mais ou menos os cálculos da média. Isso é exatamente o que você precisa! O Cliente E precisa influenciar menos.

As médias ponderadas são o resultado de implementar o fator de ponderação (denominador) para cada valor usado ao calcular a média. Nesse exemplo, todos os clientes recebem um fator de ponderação 18, exceto o Cliente E, que recebe o fator de ponderação 10. Todos os clientes, tirando o Cliente E, aumentaram o fator de ponderação, e o Cliente E diminuiu porque seu valor de vendas é muito diferente dos outros. Quando os fatores de ponderação são aplicados a uma média, a soma deles deve ser igual a 100. Se nenhum fator de ponderação for aplicado, cada cliente tem a ponderação de 16,667 — 100 divididos pela quantidade de clientes. Aplicar o fator de ponderação de 10 para o Cliente E e 18 aos demais clientes mantém a soma dos fatores em 100: 18 × 5 + 10. Os valores de 18 e 10 foram escolhidos. Ao usar fatores de ponderação para calcular uma média ponderada, deve-se explicar que ela foi usada ao apresentar os resultados.

A média no Cenário 2 é de R$3.711. Esse valor está muito acima da média ou até mesmo da média de somente cinco clientes sem o Cliente E (veja anteriormente na Figura 9-2). Ainda assim, é menos do que a média não ponderada exibida no Cenário 1 e provavelmente é uma análise mais fidedigna dos dados.

A propósito, a média no Cenário 2 não é calculada com a função MÉDIA, que não lida com médias ponderadas. Em vez disso, usa-se a função SOMARPRODUTO. A fórmula na célula F18 é esta:

```
=SOMARPRODUTO(F6:F11;G6:G11)/SOMA(G6:G11)
```

A quantia que cada cliente gastou no último ano é multiplicada pela média ponderada daquele cliente, e a soma desses produtos é calculada com SOMARPRODUTO. Por fim, a soma dos produtos é dividida pela soma dos fatores de ponderação.

Desviando do Meio

A vida é repleta de diversidade! Calcular a média de um grupo não refletirá essa diversidade. Suponha que você esteja fazendo uma pesquisa sobre salários de cargos diferentes, e que o cargo A tenha uma média salarial anual de R$75.000 e o cargo B tenha essa mesma média anual. Isso significa que os dois grupos são iguais? Não necessariamente. Suponha que no grupo A os salários variam de R$65.000 a R$85.000, mas no grupo B eles variam de R$35.000 a R$115.000. Essa diferença — o quanto os valores diferem da média — é chamada de variância. O Excel tem funções que calculam e avaliam a variância, uma parte importante de muitos dados estatísticos.

Calculando a variância

A variância é a medida de como um conjunto de dados está distribuído em relação à média. Ela é calculada por meio da soma dos desvios-padrão da média.

Matemática que faz com que você trabalhe

Especificamente, calcula-se a variância desse modo:

1. **Calcule a média do conjunto de valores.**
2. **Calcule a diferença da média para cada valor.**
3. **Eleve cada diferença ao quadrado.**

4. **Some esses quadrados.**
5. **Divida a soma dos quadrados pela quantidade de itens na amostra, menos 1.**

Uma amostra é um conjunto selecionado de valores tirados de uma população. É fácil de trabalhar com ela. Por exemplo, é provável que quaisquer resultados estatísticos encontrados em 1.000 transações de vendas retornem os mesmos resultados, ou quase os mesmos, caso tivessem como base uma população de 10.000 transações.

PAPO DE ESPECIALISTA

Observe que o último passo difere dependendo se as funções VAR.A ou VAR.P são usadas. VAR.A utiliza a quantidade de itens, menos 1, como denominador. VAR.P usa a quantidade de itens.

A Figura 9-4 mostra as etapas do cálculo de variância sem usar a função interna do Excel para tal. A coluna B apresenta uma série de valores. A coluna C mostra o desvio de cada valor da *média* de valores. A média, que é igual a 7,8, nunca é exibida. Em vez disso, a média é calculada dentro da fórmula que computa a diferença. Por exemplo, a célula C8 tem esta fórmula:

```
=B8-MÉDIA($B$4:$B$8)
```

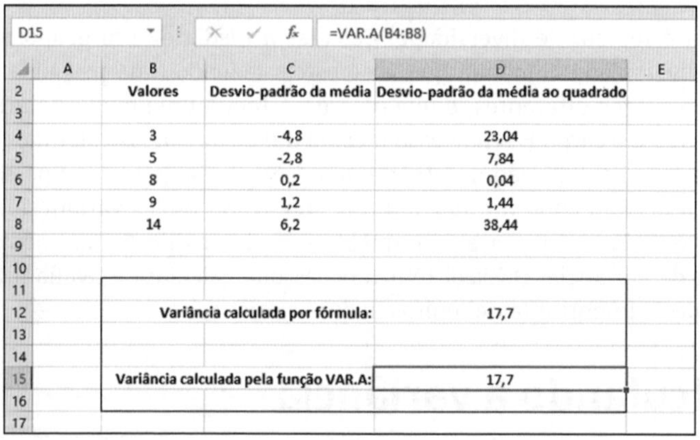

D15 | =VAR.A(B4:B8)

	A	B	C	D	E
2		Valores	Desvio-padrão da média	Desvio-padrão da média ao quadrado	
3					
4		3	-4,8	23,04	
5		5	-2,8	7,84	
6		8	0,2	0,04	
7		9	1,2	1,44	
8		14	6,2	38,44	
9					
10					
11					
12			Variância calculada por fórmula:	17,7	
13					
14					
15			Variância calculada pela função VAR.A:	17,7	
16					
17					

FIGURA 9-4: Calculando a variância da média.

A coluna D eleva os valores da coluna C ao quadrado. Esse cálculo é fácil. O conteúdo da célula D8 é: `=C8^2`. Por fim, a soma dos desvios quadrados é dividida pela quantidade de itens, menos um item. A fórmula na célula D12 é `=SOMA(D4:D8)/(CONT.NÚM(B4:B8)-1)`.

Funções que fazem acontecer: VAR.A e VAR.P

Agora que você sabe como criar uma variância de modo didático, pode esquecer tudo! Aqui, mostro os passos matemáticos para que você possa entender o que acontece, visto que o Excel tem as funções VAR.A e VAR.P que colocam a mão na massa para você.

Anteriormente, na Figura 9-4, a célula D15 exibe a variância calculada direto da função VAR.A(B4:B8).

Agora é sua vez de tentar. Veja como:

1. **Insira uma lista de valores numéricos.**

   Qualquer combinação de números serve.

2. **Posicione o cursor do mouse sobre a célula em que você quer que a *variância* apareça.**
3. **Digite** =VAR.A (**para iniciar a função.**
4. **Arraste o cursor do mouse sobre a lista ou insira o endereço do intervalo.**
5. **Digite um**) **e pressione Enter.**

A variância é calculada em uma população de dados ou em uma amostra da população:

- » A função VAR.A calcula a variância em uma amostra de dados de uma população.
- » A função VAR.P calcula a variância de uma população inteira.

O cálculo é um pouco diferente já que o denominador para a variância de uma população é a quantidade de itens. O denominador para a variância de uma amostra é a quantidade de itens menos um. A Figura 9-5 mostra como a função VAR.A e a função e VAR.P são usadas em uma amostra e em uma população inteira (variância para a população total é usada). A célula A4:A43 contém a quantidade de horas diárias gastas na internet (horas diárias online) de 40 indivíduos.

A função VAR.A calcula a variância de uma amostra de 20 valores. A função VAR.P calcula a variância de uma população inteira de 40 valores. VAR.P é inserida da mesma forma que VAR.A. Veja como:

1. **Insira uma lista de valores numéricos.**

   Qualquer combinação de números serve.

2. **Posicione o cursor do mouse sobre a célula em que você quer que a *variância* apareça.**

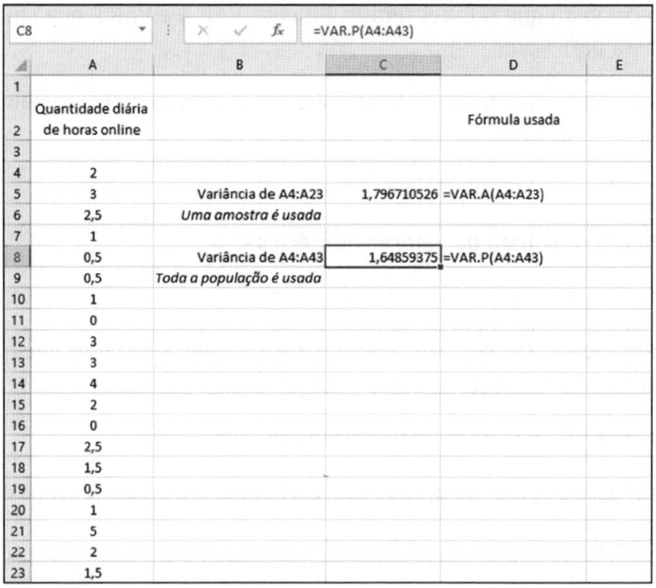

C8 | =VAR.P(A4:A43)

	A	B	C	D	E
1					
2	Quantidade diária de horas online			Fórmula usada	
3					
4	2				
5	3	Variância de A4:A23	1,796710526	=VAR.A(A4:A23)	
6	2,5	*Uma amostra é usada*			
7	1				
8	0,5	Variância de A4:A43	1,64859375	=VAR.P(A4:A43)	
9	0,5	*Toda a população é usada*			
10	1				
11	0				
12	3				
13	3				
14	4				
15	2				
16	0				
17	2,5				
18	1,5				
19	0,5				
20	1				
21	5				
22	2				
23	1,5				

FIGURA 9-5: Calculando a variância da média.

3. **Digite** =VAR.P(**para iniciar a função.**
4. **Arraste o cursor do mouse sobre a lista ou insira o endereço do intervalo.**
5. **Digite um**) **e pressione Enter.**

Analisando os desvios

Às vezes, encontrar a média é o cálculo adequado de uma amostra de dados. Outras vezes, a média não é o suficiente — você também quer saber o *desvio* da média a partir da média. Ou seja, você quer descobrir a média de quanto os valores individuais diferem da média da amostra. Por exemplo, talvez você precise saber a média de notas de uma prova e até que ponto as notas, em média, diferem da média. O desvio da média é uma outra forma de especificar a variância.

Veja um exemplo:

Notas	Desvio da Média 84,83
78	6,83
92	7,17
97	12,17
80	4,83
72	12,83
90	5,17

A média dessa amostra de valores é 84,83. Use a função MÉDIA se quiser conferir mais uma vez. Cada valor individual se desvia um pouco da média. Por exemplo, 92 tem um valor de desvio de 7,17 da média. Uma equação simples mostra isso: 92 – 84,83 = 7,17.

Caso utilize a função MÉDIA para obter a média dos desvios, você tem o desvio da média. No entanto, as coisas ficam ainda mais fáceis. O Excel tem a função DESV.MÉDIO que serve justamente para isso! DESV.MÉDIO calcula a média e a média dos desvios em um único passo.

Veja como usar a função DESV.MÉDIO:

1. **Insira uma lista de valores numéricos.**
2. **Posicione o cursor do mouse sobre a célula em que você quer que o *desvio médio* apareça.**
3. **Digite** =DESV.MÉDIO(**para iniciar a função.**
4. **Arraste o cursor do mouse sobre a lista ou insira o endereço do intervalo.**
5. **Digite um**) e **pressione Enter.**

DICA

A função DESV.MÉDIO calcula a média dos desvios *absolutos*. Em outras palavras, os *desvios negativos* (em que o ponto de dados é menor do que a média) são convertidos em valores positivos para o cálculo. Por exemplo, o valor 10 tem o desvio de –40 de uma média de 50: 10 – 50 = –40. No entanto DESV.MÉDIO usa o valor absoluto do desvio, 40, em vez de –40.

A variância, explicada anteriormente neste capítulo, serve como base para um valor estatístico comum chamado de desvio-padrão. Tecnicamente falando, o desvio-padrão é a raiz quadrada da variância. Ele é calculado por meio dos desvios da média *elevados ao quadrado.*

A variância e o desvio-padrão são medidas válidas de desvio. Entretanto, a variância pode ser um número confuso de se trabalhar. Na Figura 9-4, a variância foi calculada para ser 17,7 (variância calculada) para um grupo de valores cujo intervalo é somente 11 (14 – 3). Como um intervalo que tem um tamanho de valor de apenas 11 mostra uma variância de 17,7? Mas é isso mesmo que ocorre, conforme mostra a Figura 9-4.

Essa singularidade é removida ao usar o desvio-padrão. O inverso de elevar ao quadrado devolve o resultado do intervalo dos dados. O valor do desvio-padrão se encaixa dentro do intervalo dos valores das amostras. Além disso, você descobrirá que o desvio-padrão é geralmente mais usado do que a variância em análise estatística. O Excel tem uma fórmula de desvio-padrão: DESVPAD. Veja como usá-la:

1. **Insira uma lista de valores numéricos.**
2. **Posicione o cursor do mouse sobre a célula em que você quer que o *desvio-padrão* apareça.**
3. **Digite** =DESVEPAD.P(**para iniciar a função.**
4. **Arraste o cursor do mouse sobre a lista ou insira o endereço do intervalo.**
5. **Digite um**) **e pressione Enter.**

A Figura 9-6 pega os dados e a variância mostrados na Figura 9-4 e adiciona o desvio-padrão. O desvio-padrão é de 3,762977544. Esse número se encaixa dentro do intervalo de amostra dos dados.

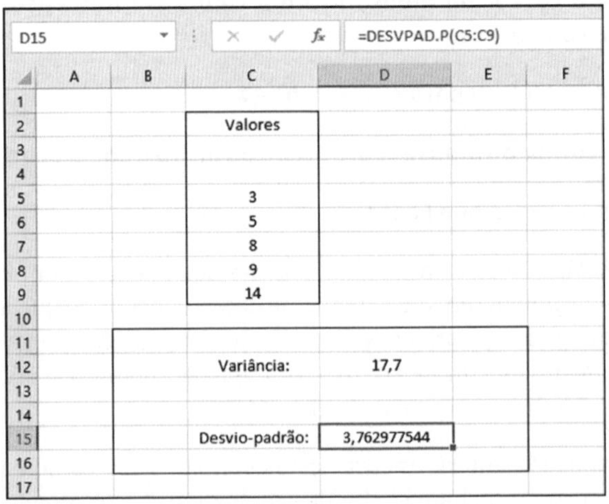

FIGURA 9-6: Calculando o desvio-padrão.

À procura da distribuição normal

O desvio-padrão é uma das medidas mais usadas em estatística. É usado para analisar o desvio em uma distribuição normal. Uma distribuição é a frequência de ocorrências em uma população ou amostra. Uma distribuição *normal* ocorre em conjuntos de dados grandes dotados de um atributo *natural* ou aleatório. Por exemplo, calcular a altura de 1.000 crianças de 10 anos produzirá uma distribuição normal. A maioria das estaturas será centrada e desviará um pouco da média. Algumas alturas serão radicais — consideravelmente acima ou abaixo da média.

Batendo a curva de sino

Uma distribuição normal é geralmente representada como um gráfico em formato de sino — por isso o termo popular *curva de sino*. A Figura 9-7 mostra uma distribuição normal.

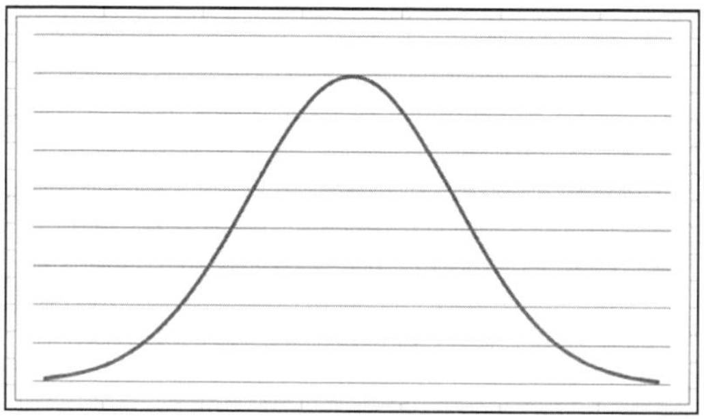

FIGURA 9-7: Exibindo a distribuição normal em um gráfico.

Uma distribuição normal apresenta algumas características principais:

- A curva é simétrica em volta da média. Metade das medidas é maior do que a média e a outra metade é menor.
- A média, a mediana e a moda são iguais.
- O ponto mais alto da curva é a média.
- A largura e a altura são determinadas pelo desvio-padrão. Quanto maior o desvio-padrão, mais larga e achatada será a curva. Pode haver duas distribuições normais com a mesma média e desvios-padrão diferentes.
- 68,2% da área acima da curva está dentro de um desvio-padrão da média (à esquerda e à direita); 95,44% da área acima da curva está dentro de dois desvios-padrão; e 99,72% da área acima da curva está dentro de três desvios-padrão.
- As extremidades finais esquerda e direita da curva são chamadas de *caudas*, onde se encontram os valores extremos. Por exemplo, em uma distribuição de altura, alturas pequenas estão na cauda esquerda, e as mais altas, na cauda direita.

Conjuntos distintos de dados sempre produzem médias e desvios-padrão diferentes e, portanto, curvas de sino diferentes. A Figura 9-8 mostra as distribuições normais sobrepostas. Cada uma delas é uma distribuição normal válida; no entanto cada uma tem sua própria média e desvio-padrão, com a curva mais estreita obtendo o desvio-padrão menor.

Em geral, as análises são feitas com distribuições normais para determinar as probabilidades. Por exemplo, qual é a probabilidade da altura de uma criança de dez anos ter 1,37m? Em algum lugar da curva está um ponto que representa essa altura. Um cálculo mais complexo (coisa que foge ao escopo deste livro) retorna a probabilidade. Que tal calcular a probabilidade de uma criança de dez anos ter a altura de 1,37m *ou mais*? Logo, considera-se a *área* sob a curva. Esses são os tipos de perguntas e respostas averiguadas com as distribuições normais.

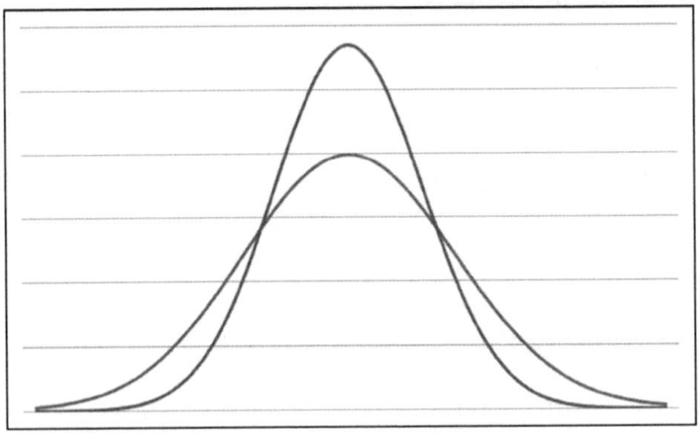

FIGURA 9-8: As distribuições normais vêm em altura e larguras diferentes.

PAPO DE ESPECIALISTA

Uma boa quantidade de análises de distribuições normais envolve os valores localizados nas *caudas*: as áreas no final à esquerda e à direita da curva de uma distribuição normal.

LEMBRE-SE

Todas as distribuições normais têm uma média e um desvio-padrão. No entanto, a *distribuição normal padrão* é caracterizada pela média igual a 0 e o desvio-padrão igual a 1.

Uma tabela de valores serve como referência para determinar probabilidades para áreas sob a curva normal padrão. Essa tabela é bem prática para trabalhar com dados que foram modificados com o intuito de se ajustarem à distribuição normal padrão. Ela é encontrada nas seções de apêndices de livros de estatística ou na internet. Uma pesquisa na internet por "áreas sob a curva normal padrão" retorna muitos resultados relevantes.

Usando a função PADRONIZAR

Para usar essa tabela de probabilidade de curva normal padrão, você deve padronizar os dados a serem analisados. O Excel tem a função PADRONIZAR para isso. Ela aceita três argumentos: o ponto de dados, a média e o desvio-padrão. O valor retornado é o valor do ponto de dados quando a média for 0 e o desvio-padrão for 1.

PAPO DE ESPECIALISTA

Um valor de uma distribuição normal fora do padrão é referenciado como x. Um valor de uma distribuição normal padrão é referenciado como z.

A Figura 9-9 mostra como a função PADRONIZAR muda os valores brutos para valores-padrão. O desvio-padrão dos dados brutos é 7,438637452, mas o desvio-padrão dos valores padronizados é 1. A média dos valores padronizados é 0.

A coluna B na Figura 9-9 tem uma longa lista de 1.200 valores aleatórios. A média é 17,23473829, conforme mostra a célula C2. O desvio-padrão é 7,438637452, como mostra a célula C3. Para cada ponto de dados na coluna B, o valor padronizado é exibido na coluna E. A lista de valores na coluna E é a daqueles retornados com a função PADRONIZAR.

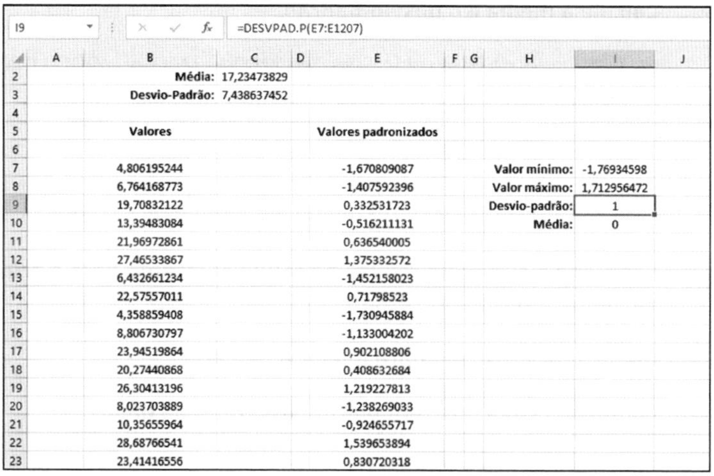

I9 =DESVPAD.P(E7:E1207)

	A	B	C	D	E	F	G	H	I	J
2		Média:	17,23473829							
3		Desvio-Padrão:	7,438637452							
4										
5		Valores			Valores padronizados					
6										
7		4,806195244			-1,670809087			Valor mínimo:	-1,76934598	
8		6,764168773			-1,407592396			Valor máximo:	1,712956472	
9		19,70832122			0,332531723			Desvio-padrão:	1	
10		13,39483084			-0,516211131			Média:	0	
11		21,96972861			0,636540005					
12		27,46533867			1,375332572					
13		6,432661234			-1,452158023					
14		22,57557011			0,71798523					
15		4,358859408			-1,730945884					
16		8,806730797			-1,133004202					
17		23,94519864			0,902108806					
18		20,27440868			0,408632684					
19		26,30413196			1,219227813					
20		8,023703889			-1,238269033					
21		10,35655964			-0,924655717					
22		28,68766541			1,539653894					
23		23,41416556			0,830720318					

FIGURA 9-9: Padronizando uma distribuição de dados.

A função PADRONIZAR aceita três argumentos:

» O ponto de dados.
» A média da distribuição.
» O desvio-padrão da distribuição.

Por exemplo, esta é a fórmula na célula E7:

```
=PADRONIZAR(B7;C$2;C$3)
```

Repare que algumas propriedades fundamentais da distribuição mudaram após os valores serem padronizados:

» O desvio-padrão é 1.
» A média é 0.
» Os valores padronizados estão entre o intervalo –1,77 a 1,72.

O terceiro ponto é determinado com o uso das funções MÍNIMO e MÁXIMO, respectivamente, nas células I7 e I8. Ter os valores entre o intervalo –1,7 e 1,7 permite que os valores sejam analisados com a tabela Áreas Sob a Curva Normal Padrão mencionada anteriormente. Ou seja, ter todos os valores ajustados para esse intervalo é uma propriedade das curvas normais padrões.

Veja como usar a função PADRONIZAR:

1. **Insira uma lista de valores numéricos na coluna.**

   Faz sentido se essa lista for um conjunto de dados aleatórios, tais como alturas, pesos ou o montante de chuvas mensal.

2. **Calcule a média e o desvio-padrão.**

   Veja "Atolado no Meio das Funções MÉDIA, MED e MODO.ÚNICO" anteriormente neste capítulo para saber mais sobre a média.

   LEMBRE-SE

   A função PADRONIZAR faz referência a esses valores. A média é calculada com a função MÉDIA e o desvio-padrão, com a função DESVPAD.P. A DESVPAD.P é usada em vez da DESVPAD porque todos os dados da população são utilizados.

3. **Posicione o cursor do mouse na célula adjacente para o primeiro ponto de dados inserido no Passo 1.**
4. **Digite** =PADRONIZAR(**para iniciar a função.**
5. **Clique na célula que tem o primeiro ponto de dados.**
6. **Digite um ponto e vírgula (;).**
7. **Clique na célula que tem a média.**
8. **Digite um ponto e vírgula (;).**
9. **Clique na célula que tem o desvio-padrão.**
10. **Digite**) **para encerrar a função.**

    Agora a fórmula com a função PADRONIZAR está completa. No entanto você deve editá-la a fim de corrigir as referências para a média e para o desvio--padrão. As referências precisam ser modificadas para absolutas a fim de que não se alterem quando a fórmula for arrastada para as outras células.

11. **Dê um clique duplo na célula com a fórmula para entrar no modo de edição.**
12. **Anteceda as partes da coluna e da linha da referência para a célula que contém a média com um cifrão ($).**
13. **Anteceda as partes da coluna e da linha da referência para a célula que contém o desvio-padrão com um cifrão ($).**
14. **Pressione a tecla Enter ou Tab para encerrar a edição.**
15. **Use a alça de preenchimento para arrastar a fórmula para baixo para o restante das células que sejam adjacentes aos pontos de dados de origem.**

LEMBRE-SE

É importante que as referências para a média e para o desvio-padrão sejam tratadas como referências absolutas para que elas não mudem quando a fórmula for arrastada para outras células. Portanto, a fórmula deve ser assim: `=PADRONIZAR(B7;$C$2;$C$3)`. Repare nos `$`.

Distorcendo as probabilidades dos padrões das médias

Existe desvio em uma distribuição, mas quem disse que o desvio tem que ser uniforme com o desvio de ambos os lados da média? Nem todas as distribuições são normais. Algumas são *distorcidas* com mais valores agrupados abaixo ou acima da média:

- Quando mais valores estão abaixo da média, a distribuição é distorcida *positivamente*.
- Quando mais valores estão acima da média, a distribuição é distorcida *negativamente*.

A minitabela a seguir mostra alguns exemplos:

Valores	Média	Comentários
1, 2, 3, 4, 5	3	Não há distorção. Uma quantidade par de valores está acima e abaixo da média.
1, 2, 3, 6, 8	4	A distribuição é distorcida positivamente. Mais valores estão abaixo da média.
1, 2, 8, 9, 10	6	A distribuição é distorcida negativamente. Mais valores estão acima da média.

A Figura 9-10 mostra um gráfico de distribuição no qual 1.000 valores estão distribuídos, oscilando entre 1 e 100. Os valores estão resumidos em uma tabela de frequências (discutidas mais adiante neste capítulo). A tabela de frequências é a fonte do gráfico.

A média de distribuição é 53,669, como mostra a célula D17. As células D19 e D20 exibem a quantidade de valores que estão acima e abaixo da média. Existem mais valores acima do que abaixo. A distribuição, portanto, é distorcida negativamente.

O fator de distorção real é de −0,27323459. A fórmula na célula D22 é `= DISTORÇÃO (A1:A1000)`. O gráfico facilita ver a quantia de distorção e está inclinando para a direita.

DICA

Calcular a quantia de distorção em uma distribuição pode ajudar a identificar a tendência nos dados. Se, por exemplo, os dados estiverem em uma distribuição normal (sem distorção) — como uma amostra aleatória das estaturas de crianças de 10 anos — e os dados forem distorcidos, você não faz ideia se os dados apresentam alguma tendência ou não. Talvez crianças de 14 anos possam ter sido incluídas por engano e suas alturas se misturaram aos dados. Óbvio que distorção não quer dizer que há tendência. Algumas distribuições são distorcidas por natureza.

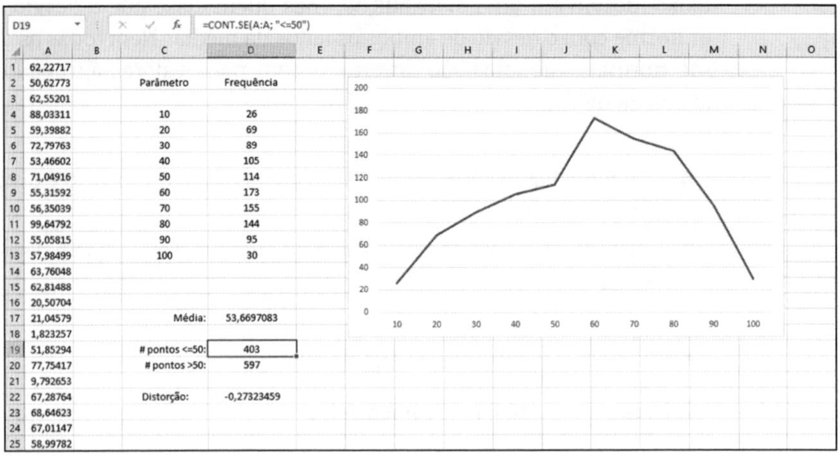

FIGURA 9-10: Trabalhando com dados distorcidos.

DISTORÇÃO

Veja como usar a função DISTORÇÃO para identificar a distorção de uma distribuição:

1. **Insira uma lista de valores numéricos.**
2. **Posicione o cursor do mouse sobre a célula em que você quer que a quantidade de distorção apareça.**
3. **Digite** =DISTORÇÃO(**para iniciar a função.**
4. **Arraste o cursor do mouse sobre a lista ou insira o endereço do intervalo.**
5. **Digite um**) **e pressione Enter.**

CURT

Outra maneira de uma distribuição se diferenciar de uma distribuição normal é a *curtose*. Essa é uma medida de achatamento ou nivelamento de uma distribuição comparada à distribuição normal. Também é a medida de tamanho das caudas das curvas. A curtose é determinada com a função CURT, que retorna um valor positivo se a distribuição for relativamente achatada com caudas pequenas em comparação à distribuição normal. O resultado negativo significa que a distribuição é relativamente nivelada com caudas maiores.

A Figura 9-11 mostra as curvas para duas distribuições. A curva da esquerda tem uma curtose negativa de −0,82096, indicando uma distribuição nivelada. A distribuição da direita está acima de 1, significando que a distribuição tem o pico acentuado e caudas pequenas.

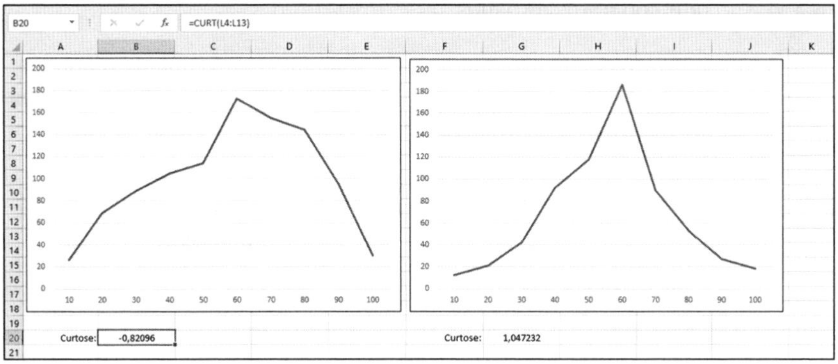

FIGURA 9-11: Calculando a curtose de duas distribuições.

Veja como usar a função CURT:

1. **Insira uma lista de valores numéricos.**
2. **Posicione o cursor do mouse sobre a célula em que você quer que a curtose apareça.**
3. **Digite**=CURT(**para iniciar a função.**
4. **Arraste o cursor do mouse sobre a lista ou insira o endereço do intervalo.**
5. **Digite um**) **e pressione Enter.**

Comparando um conjunto de dados

Às vezes, é necessário comparar dois conjuntos de dados para ver como eles se relacionam. Por exemplo, como o volume de neve afeta a quantidade de clientes entrando em uma loja? O dinheiro gasto em um anúncio aumenta a quantidade de clientes novos? Você pode responder essas perguntas ao determinar se os dois conjuntos de dados estão correlacionados.

O Excel tem duas funções para essa tarefa: COVARIAÇÃO.S (COVARIAÇÃO.P) e CORREL. Essas funções retornam os resultados dos coeficientes de *covariância* e de *correlação* a partir da comparação de dois conjuntos de dados.

COVARIAÇÃO.S e COVARIAÇÃO.P

Ambas as funções aceitam duas matrizes como argumentos e retornam um valor único. O valor pode ser positivo ou negativo. Um valor positivo significa que as duas matrizes tendem a se mover na mesma direção: se o conjunto de dados A aumenta (ou diminui), o conjunto de dados B também aumenta (ou diminui). Um valor negativo indica que os dois conjuntos de dados se movem em direções opostas: quando A aumenta, B diminui e vice-versa. O valor absoluto da covariância interfere na força da relação.

DICA

Quando COVARIAÇÃO.S ou COVARIAÇÃO.P retorna 0, não existe relação entre os dois conjuntos de dados.

É provável que a venda de pães impulsione a venda de manteiga, pois os dois produtos estão relacionados. Dito de outro modo, é possível que a quantidade de manteiga que uma loja vende acompanhe a venda de pães: mais pães, mais manteiga.

Dia	Pães vendidos	Potes de manteiga vendidos
Segunda-feira	62	12
Terça-feira	77	15
Quarta-feira	95	26

Conforme a venda de pães aumenta, a venda de manteiga também aumenta. Portanto, espera-se que as vendas de manteiga tenham uma relação positiva com a venda de pães. Esses itens se complementam. Em contrapartida, os pães e o muffins competem um com o outro. Enquanto compram-se pães, as vendas dos muffins diminuem, porque ou as pessoas compram pães ou compram muffins. Sem nem mesmo usar a função, você pode concluir que a venda de pães e de manteiga segue a mesma direção, e que a venda de pães e de muffins segue em direções opostas. Mas quanto?

A Figura 9-12 mostra um exemplo que mede o volume de neve e a quantidade de clientes indo a uma loja. Dois cálculos de covariância são dados: um para o volume de neve entre 0 e 3 centímetros, e um para o volume de neve entre 0 e 8 centímetros.

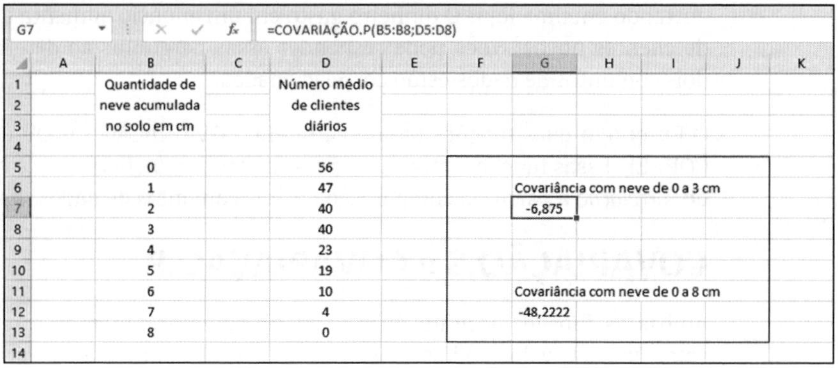

FIGURA 9-12: Usando a COVARIAÇÃO.P para encontrar uma relação entre os dois conjuntos de dados.

Na Figura 9-12, a primeira COVARIAÇÃO calcula a semelhança do volume de neve com a quantidade de clientes, mas apenas de 0 a 3 centímetros de neve. A fórmula na célula G7 é `=COVARIAÇÃO.P(B5:B8;D5:D8)`. A resposta é −6,875. Isso significa que, enquanto o volume de neve aumenta, a quantidade de clientes diminui. Os dois conjuntos de dados seguem em direções opostas. Enquanto um aumenta, o outro diminui. O resultado negativo confirma isso.

A fórmula na célula G12 é `=COVARIAÇÃO.P(B5:B13;D5:D13)`. Todos os valores dos conjuntos de dados são examinados, inclusive de 0 a 8 centímetros de neve. A covariância é de −48,2222. Fica confirmado também que, à medida que o volume de neve aumenta, a quantidade de clientes diminui.

Entretanto, repare que a covariância do primeiro cálculo, de 0 a 3 centímetros de neve, não é tão acentuada quanto o segundo cálculo para 0 a 8 centímetros. Quando se tem o volume de até 3 centímetros de neve, alguns clientes não saem de casa — apenas alguns. Por outro lado, quando se tem 8 centímetros de neve, nenhum cliente aparece. A primeira covariância é menor do que a segunda: −6,875 versus −48,2222. O primeiro número está próximo a 0 e informa que alguns centímetros de neve não têm um impacto grande. O segundo é muito distante de 0 e, com certeza, quando se tem 8 centímetros de neve, os clientes ficam em casa.

Repare que a função COVARIAÇÃO.P é usada para os dados nas linhas 5 até 8 por causa dos pontos de dados que estão sendo considerados como população, e não como uma amostra.

Veja como usar a função COVARIAÇÃO.P:

1. **Insira duas listas de números.**

   As listas devem ser do mesmo tamanho.

2. **Posicione o cursor do mouse sobre a célula em que você quer ver a covariância.**
3. **Digite** =COVARIAÇÃO.P(**para iniciar a função.**
4. **Arraste o cursor do mouse sobre a primeira lista ou insira o endereço do intervalo.**
5. **Digite um ponto e vírgula (;).**
6. **Arraste o cursor do mouse sobre a segunda lista ou insira o endereço do intervalo.**
7. **Digite um) e pressione Enter.**

CORREL

A função CORREL funciona do mesmo modo que as funções de COVARIAÇÃO, mas o resultado fica sempre entre –1 e 1. O resultado é, de fato, definido como padrão. Desse modo, os resultados das correlações podem ser comparados.

Um resultado negativo significa que existe uma *correlação inversa*. Enquanto um conjunto de dados aumenta, o outro diminui. O valor negativo atual informa em qual grau está a correlação inversa. O valor –1 significa que os dois conjuntos de dados seguem em direções opostas. O valor –0,5, por exemplo, significa que seguem, de alguma forma, em direções opostas.

DICA

A função CORREL retorna um valor entre –1 e 1. Um valor positivo significa que os dois conjuntos de dados seguem na mesma direção. Um valor negativo indica que os dois conjuntos de dados seguem em direções opostas. O valor 0 significa que não existe relação entre os conjuntos de dados.

A Figura 9-13 exemplifica três resultados de correlação. As correlações exibem como os clientes reagem (conforme a porcentagem aumenta as vendas) em relação aos três tipos de anúncios. Todas as três campanhas mostram uma correlação positiva. Quanto mais dinheiro é gasto em anúncios, maior é a capacidade de resposta do cliente (ou, ao menos, não reverte sua direção).

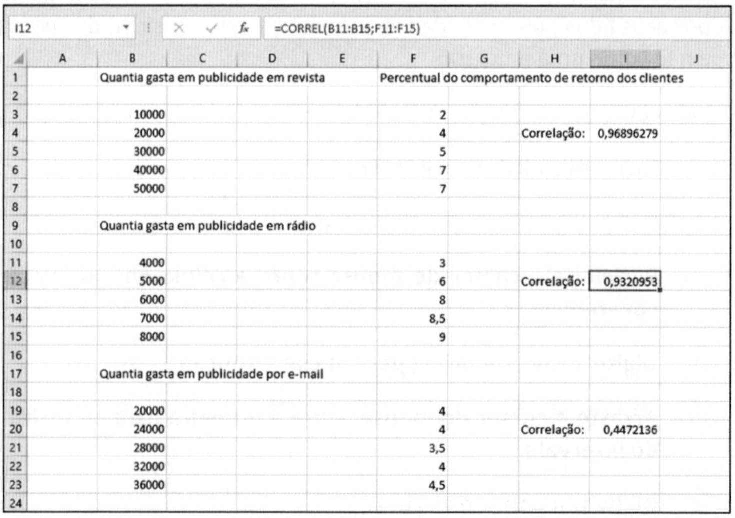

I12 =CORREL(B11:B15;F11:F15)

	A	B	C	D	E	F	G	H	I	J
1		Quantia gasta em publicidade em revista				Percentual do comportamento de retorno dos clientes				
2										
3		10000				2				
4		20000				4		Correlação:	0,96896279	
5		30000				5				
6		40000				7				
7		50000				7				
8										
9		Quantia gasta em publicidade em rádio								
10										
11		4000				3				
12		5000				6		Correlação:	0,9320953	
13		6000				8				
14		7000				8,5				
15		8000				9				
16										
17		Quantia gasta em publicidade por e-mail								
18										
19		20000				4				
20		24000				4		Correlação:	0,4472136	
21		28000				3,5				
22		32000				4				
23		36000				4,5				
24										

FIGURA 9-13. Comparando os resultados das campanhas dos anúncios.

Todos os três valores de correlação se encaixam no intervalo de 0 a 1, portanto é fácil comparar. A evidência é clara: a publicidade endereçada por e-mail não é tão eficiente quanto os anúncios em revistas e rádio. Os dois últimos atingem índices mais elevados; os valores retornados estão próximos de 1. Porém a publicidade por e-mail retorna uma correlação de 0,4472. Existe uma correlação positiva — ou seja, as despesas com a publicidade endereçada criam um aumento na capacidade de resposta do cliente. Mas a correlação não é tão forte quanto a revista ou o rádio. O dinheiro gasto com a publicidade endereçada por e-mail seria mais bem aproveitado em outro lugar.

Veja como usar a função CORREL:

1. **Insira duas listas de números.**

   As listas devem ser do mesmo tamanho.

2. **Posicione o cursor do mouse sobre a célula em que você quer ver a correlação.**
3. **Digite** =CORREL(**para iniciar a função.**
4. **Arraste o cursor do mouse sobre a primeira lista ou insira o endereço do intervalo.**
5. **Digite um ponto e vírgula (;).**
6. **Arraste o cursor do mouse sobre a segunda lista ou insira o endereço do intervalo.**
7. **Digite um**) **e pressione Enter.**

Analisando os Dados com Percentis e Blocos

O termo *bloco* se refere à análise de dados quando se determina a quantidade de pontos de dados que ficam em intervalos específicos ou em blocos. Percentil é uma técnica para analisar os dados ao determinar onde os valores se relacionam, em termos de percentual, em todo o conjunto de dados.

Imagine a cena: uma empresa farmacêutica está testando um remédio novo para reduzir o colesterol. Na amostra, os dados são provenientes de 500 análises de colesterol das pessoas. O interessante é como os dados se dividem em relação às taxas de 25%, 50% e 75%. Ou seja, a análise de colesterol está maior do que 25% dos dados (e, portanto, menor do que 75%)? Qual valor está na posição de 50%? Esses cálculos são chamados de *quartis*, pois dividem a amostra em quatro partes.

QUARTIL.INC e QUARTIL.EXC

A função QUARTIL é projetada especialmente para esse tipo de análise. A função aceita dois argumentos. Um argumento é o intervalo dos dados da amostra, e o outro indica para qual quartil retornar. O segundo argumento pode ser 0, 1, 2, 3 ou 4 quando você estiver usando QUARTIL.INC; ou 1, 2 ou 3 quando você estiver utilizando QUARTIL.EXC. Quando os valores mínimos e máximos estão para ser excluídos, a função QUARTIL.EXC é usada. Assim, essa versão da função não aceita 0 ou 4 como segundo argumento:

Fórmula	Resultado
`=QUARTIL.INC(A4:A503;0)`	Valor mínimo nos dados
`=QUARTIL.INC(A4:A503;1)`	Valor no 25° percentil
`=QUARTIL.INC(A4:A503;2)`	Valor no 50° percentil
`=QUARTIL.INC(A4:A503;3)`	Valor no 75° percentil
`=QUARTIL.INC(A4:A503;4)`	Valor máximo nos dados

QUARTIL.INC (ou QUARTIL.EXC) trabalha nos dados ordenados, mas você não precisa fazer a ordenação; a função faz isso. Na Figura 9-14, os quartis foram calculados. Os valores mínimos e máximos foram retornados ao usar 0 e 4, respectivamente, como segundo argumento.

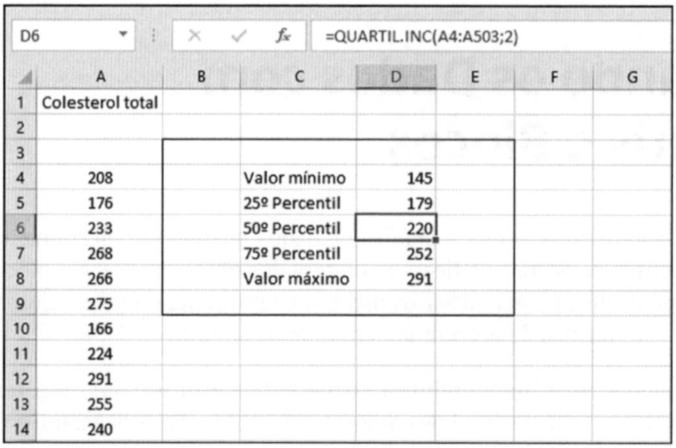

FIGURA 9-14: Calculando os valores nos percentis dos quartis.

Veja como usar a função QUARTIL:

1. **Insira uma lista de valores numéricos.**
2. **Posicione o cursor do mouse sobre a célula em que você quer que o quartil apareça.**
3. **Digite** =QUARTIL.INC(**para iniciar a entrada da função.**
4. **Arraste o cursor do mouse sobre a lista ou insira o endereço do intervalo.**
5. **Digite um ponto e vírgula (;).**

6. **Insira um valor entre 0 e 4 para o segundo argumento.**

7. **Digite um) e pressione Enter.**

PERCENTIL.INC e PERCENTIL.EXC

As funções PERCENTIL são semelhantes às funções QUARTIL, exceto que você pode especificar qual percentil usar quando retornar um valor. Você não fica empacado nos percentis 25, 50 e 75.

PERCENTIL.INC (ou PERCENTIL.EXC) aceita dois argumentos:

- » Intervalo da amostra.
- » Valor entre 0 e 1.

O valor informa à função qual percentil usar. Por exemplo, 0,1 é o 10º percentil, 0,2 é o 20º percentil e assim sucessivamente.

DICA

Use a função QUARTIL.INC para analisar os dados nos percentis fixos de 25º, 50º e 75º. Utilize a função PERCENTIL.INC para analisar os dados em qualquer percentil. A PERCENTIL.EXC é usada quando o segundo argumento é restrito a 0 e 1. Em outras palavras, o segundo argumento pode ser qualquer valor entre 0 e 1, mas não 0 ou 1.

A Figura 9-15 exemplifica uma amostra do resultado dos testes. Quem pontuou 90º ou acima de 90º percentil? Os alunos que tiverem a maior pontuação merecem reconhecimento. Lembre-se de que a pontuação em 90º percentil não é igual a ter uma pontuação de 90. Os valores em 90º ou acima de 90º percentil são os que lideram os 10% de qualquer pontuação que esteja na amostra.

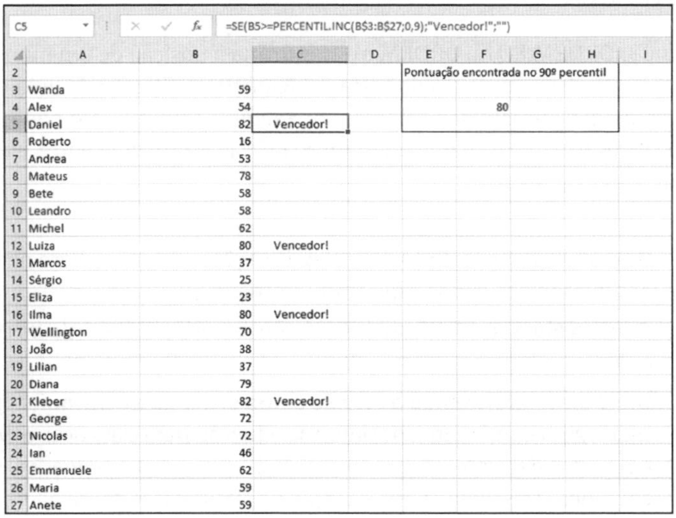
C5 =SE(B5>=PERCENTIL.INC(B$3:B$27;0,9);"Vencedor!";"")

	A	B	C	D	E	F	G	H	I
2					Pontuação encontrada no 90º percentil				
3	Wanda	59							
4	Alex	54				80			
5	Daniel	82	Vencedor!						
6	Roberto	16							
7	Andrea	53							
8	Mateus	78							
9	Bete	58							
10	Leandro	58							
11	Michel	62							
12	Luiza	80	Vencedor!						
13	Marcos	37							
14	Sérgio	25							
15	Eliza	23							
16	Ilma	80	Vencedor!						
17	Wellington	70							
18	João	38							
19	Lilian	37							
20	Diana	79							
21	Kleber	82	Vencedor!						
22	George	72							
23	Nicolas	72							
24	Ian	46							
25	Emmanuele	62							
26	Maria	59							
27	Anete	59							

FIGURA 9-15: Usando a função PERCENTIL para identificar as notas mais altas dos alunos.

Acontece que a pontuação que está posicionada no 90º percentil é 80. A célula F4 tem a fórmula `=PERCENTIL.INC(B3:B27;0,9)`, que usa 0,9 como segundo argumento.

Todas as células em C3:C27 têm uma fórmula que testa se a célula à esquerda, na coluna B, está no 90º percentil ou acima dele. Por exemplo, a célula C3 tem a fórmula: `=SE(B5>=PERCENTIL.INC(B$3:B$27;0,9);"Vencedor!";"")`.

Se o valor na célula B3 é igual ou maior do que o valor no 90º percentil, a célula C3 exibe o texto `Vencedor!`. O valor na célula B3 é 59, o que não faz dela a vencedora. Por outro lado, o valor na célula B5 é maior do que 80, logo a célula C5 exibe a mensagem.

Veja como usar a função PERCENTIL.INC:

1. **Insira uma lista de valores numéricos.**
2. **Posicione o cursor do mouse sobre a célula em que você quer ver o resultado.**
3. **Digite** =PERCENTIL.INC(**para começar a função.**
4. **Arraste o cursor do mouse sobre a lista ou insira o endereço do intervalo.**
5. **Digite um ponto e vírgula (;).**
6. **Insira um valor entre 0 e 1 para o segundo argumento.**
7. **Isso informa à função qual percentil procurar.**
8. **Digite um**) **e pressione Enter.**

ORDEM

A função ORDEM.EQ ou ORDEM.MÉD informa a posição de um número em particular — ou seja, onde o valor está posicionado — dentro de uma distribuição. Em uma amostra com dez valores, por exemplo, um número pode ser o menor (classificação = 1), o maior (classificação = 10), ou estar entre eles. A função aceita três argumentos:

- **O número a ser testado pela classificação:** Se esse número não for encontrado nos dados, um erro é retornado.
- **O intervalo a ser verificado:** A referência para um intervalo de células entra aqui.
- **Um 0 ou 1, informando à função como ordenar a distribuição:** Um 0 (ou se o argumento for omitido) informa a função para classificar os valores em ordem decrescente. Um 1 informa à função para ordenar os valores em ordem crescente. A estruturação da classificação causa diferença na

interpretação do resultado. O valor em questão está sendo comparado com o maior ou o menor valor dos dados?

A diferença entre ORDEM.EQ e ORDEM.MÉD é que, se mais de um valor estiver na mesma classificação, ORDEM.EQ usa o valor maior, ao passo que ORDEM.MÉD utiliza a média dos valores.

A Figura 9-16 mostra uma lista de funcionários e os bônus que ganharam. Suponha que você seja o funcionário que ganhou R$4.800,00 e quer saber a sua classificação no intervalo de pagamentos dos bônus. A célula F4 contém uma fórmula com ORDEM.EQ: `=ORDEM.EQ(C9;C3:C20)`. A função retorna 4 como resposta. Repare que a função foi inserida sem o terceiro argumento. Deixar o terceiro argumento de fora informa à função para colocar a distribuição em ordem decrescente. Isso faz sentido para determinar o quanto o valor está próximo do valor *mais alto* do intervalo.

F5 | =ORDEM.EQ(C9;C3:C20)

	A	B	C	D	E	F	G	H
1								
2		Funcionário	Bônus		Qual a classificação do valor R$4.800,00?			
3		ET	R$ 4.000,00					
4		GB	R$ 3.500,00					
5		RN	R$ 6.200,00		Classificação:	4		
6		SP	R$ 1.200,00					
7		HM	R$ 1.000,00					
8		JJ	R$ 5.000,00		Classificação percentual:	0,823		
9		FS	R$ 4.800,00					
10		AB	R$ 3.200,00					
11		RO	R$ 3.500,00					
12		WM	R$ 7.400,00					
13		DA	R$ 4.600,00					
14		DT	R$ 3.000,00					
15		EV	R$ 3.100,00					
16		BH	R$ 4.400,00					
17		TK	R$ 1.000,00					
18		MN	R$ 1.700,00					
19		CF	R$ 2.000,00					
20		GW	R$ 2.500,00					
21								

FIGURA 9-16: Determinando a classificação de um valor.

Siga estes passos para usar a função ORDEM:

1. **Insira uma lista de valores numéricos.**
2. **Posicione o cursor do mouse sobre a célula em que você quer que o resultado apareça.**
3. **Digite** =ORDEM.EQ(**para iniciar a função.**
4. **Clique na célula que tem o valor do qual você quer encontrar a classificação ou insira seu endereço.**

   Você também pode simplesmente inserir o valor.
5. **Digite um ponto e vírgula (;).**

6. **Arraste o cursor do mouse sobre a lista ou insira o endereço do intervalo.**

7. **Se quiser que o número seja avaliado em relação à lista em ordem *crescente*, insira um ponto e vírgula (;) e, em seguida, insira** 1**.**

   A ordem decrescente é a padrão e não exige argumentos.

8. **Digite um**) **e pressione Enter.**

ORDEM.PORCENTUAL

As fórmulas ORDEM.PORCENTUAL.INC e ORDEM.PORCENTUAL.EXC também retornam a classificação de um valor, mas informam onde o valor está como porcentagem. Grosso modo, a função ORDEM.PORCENTUAL pode informar que valor está posicionado em 20% na distribuição ordenada. A ORDEM.PORCENTUAL aceita três argumentos:

» O intervalo da amostra.

» O número a ser avaliado contra a amostra.

» Um indicador de quantas casas decimais usar na resposta retornada. (Este argumento é opcional. Se for deixado de fora, são usadas três casas decimais.)

A ORDEM.PORCENTUAL.EXC é empregada quando uma classificação entre 0 e 100% (entre 0 e 1) deve ser retornada, e não 0 ou 1. A Figura 9-16 mostrou que a classificação da porcentagem do valor R$4.800,00 foi calculada para ser 82,3% (0,823). Portanto, a classificação de R$4.800 está na posição de 82,3% na amostra. A fórmula na célula F8 é `=ORDEM.PORCENTUAL.INC(C3:C20;C9)`.

DICA

Na função ORDEM.EQ, o valor a ser avaliado é o primeiro argumento, e o intervalo de valores é o segundo argumento. Na função ORDEM.PORCENTUAL.INC, a ordem desses argumentos é invertida.

Veja como usar a função ORDEM.PORCENTUAL.INC:

1. **Insira uma lista de valores numéricos.**

2. **Posicione o cursor do mouse sobre a célula em que você quer ver o resultado.**

3. **Digite** = ORDEM.PORCENTUAL.INC (**para iniciar a entrada da função.**

4. **Arraste o cursor do mouse sobre a lista de valores ou insira o endereço do intervalo.**

5. **Digite um ponto e vírgula (;).**

6. **Clique na célula que tem o valor do qual você quer encontrar a classificação ou insira seu endereço.**

   Você também pode inserir o valor atual.

7. **Se quiser ter mais ou menos casas decimais retornadas no resultado, insira um ponto e vírgula (;) e, em seguida, insira a quantidade desejada de casas decimais.**

8. **Digite um**) **para fechar e termine a função.**

FREQÜÊNCIA

A função FREQÜÊNCIA [ainda com trema no Excel] insere a contagem dos valores de uma amostra em blocos. Um bloco representa um intervalo de valores, como 0-1 ou 20-29. Normalmente, os blocos usados nas análises são do mesmo tamanho e abrangem um intervalo inteiro de valores. Por exemplo, se os valores dos dados variam de 1-100, você precisa criar 10 blocos para cada, com largura de 10 unidades. O primeiro bloco seria para os valores de 1 a 10, o segundo seria para 11 a 20 e assim por diante.

A Figura 9-17 ilustra isso. Existem 300 valores no intervalo B3:B302. Os valores são aleatórios e estão entre 1 e 100. As células D3 até D12 foram configuradas como blocos que englobam um intervalo de dez valores. Repare que, para cada bloco, seu número está na parte superior do intervalo utilizado. Por exemplo, o bloco 30 é usado para armazenar a contagem dos valores que estão entre 21 e 30.

E3 | {=FREQÜÊNCIA(B3:B302;D3:D12)}

	A	B	C	D	E	F	G	H
1		Valores		Blocos	Contagem de valores por blocos			
2								
3		29		10	24			
4		49		20	12			
5		58		30	6			
6		47		40	28			
7		61		50	101			
8		69		60	1			
9		76		70	45			
10		72		80	6			
11		67		90	34			
12		33		100	43			
13		72						
14		11						
15		64						
16		49						
17		43						

FIGURA 9-17: Configurando os blocos para usar com a função FREQÜÊNCIA.

LEMBRE-SE

Um bloco armazena a contagem de valores dentro de um intervalo numérico — a quantidade de valores que existem dentro do intervalo. O número do bloco fica na parte superior do *seu* intervalo.

FREQÜÊNCIA é uma função de matriz e exige passos específicos para ser usada corretamente. Acompanhe os passos:

1. **Insira uma lista de valores.**

   Pode ser uma lista longa que represente os dados observados, como a idade de pessoas que frequentam uma biblioteca ou a quantidade de quilômetros para se chegar ao trabalho. Obviamente, você pode usar diversos tipos de dados observáveis.

2. **Calcule os valores de dados maiores e menores.**

   Você pode usar as funções MÁXIMO e MÍNIMO para isso.

3. **Determine quais devem ser os seus blocos.**

   Isso é pessoal. Por exemplo, se os dados apresentam valores de 1 a 100, você pode usar 10 blocos que abranjam um intervalo de 10 valores. Ou você pode usar 20 blocos que abranjam um intervalo de 5 valores. Talvez você possa usar 5 blocos que englobem um intervalo de 20 valores.

4. **Crie uma lista de blocos ao inserir os números maiores do intervalo de cada bloco, como mostra as células D3:D12 na Figura 9-17.**

5. **Clique na primeira célula em que você quer que a saída da função FREQÜÊNCIA seja exibida.**

6. **Arraste o cursor do mouse para baixo para selecionar o restante das células.**

   Neste momento deve aparecer um intervalo de células selecionadas. O tamanho desse intervalo deve coincidir com a quantidade de blocos. A Figura 9-18 mostra como a planilha deve estar neste passo.

7. **Digite** =FREQÜÊNCIA(**para iniciar a função.**

8. **Arraste o cursor do mouse sobre os dados da amostra ou insira o endereço do intervalo.**

9. **Digite um ponto e vírgula (;).**

10. **Arraste o cursor do mouse sobre a lista de blocos ou insira o endereço do intervalo.**

    A Figura 9-19 mostra como a planilha deve estar neste momento.

11. **Digite um**).

    Não pressione Enter.

12. **Pressione Ctrl+Shift+Enter para finalizar a entrada da função.**

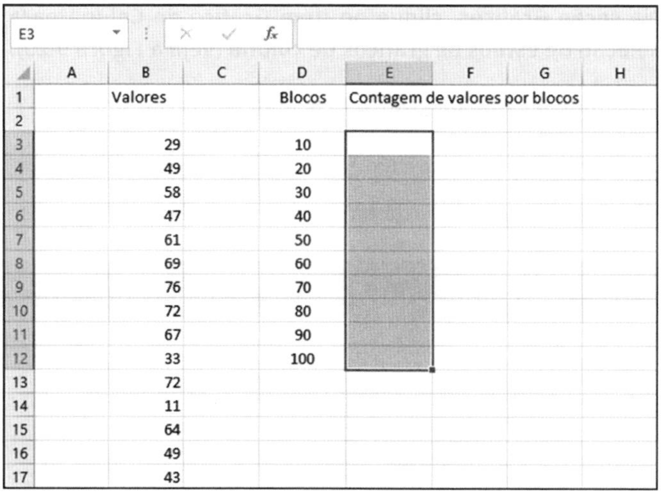

FIGURA 9-18: Preparando para inserir a função FREQÜÊNCIA.

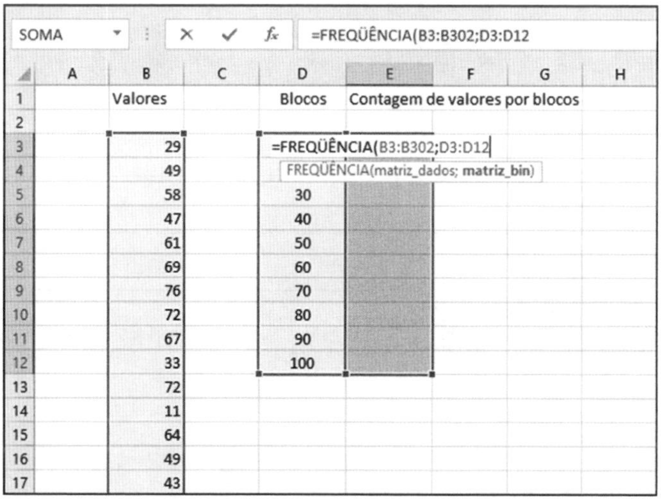

FIGURA 9-19: Completando a entrada da função FREQÜÊNCIA.

Muito bem, você conseguiu! Você inseriu uma função de matriz. Todas as células no intervalo em que a função FREQÜÊNCIA foi inserida têm exatamente a mesma fórmula. Os valores retornados nessas células são a contagem dos valores a partir dos dados brutos que se encaixam nos blocos. Isso se chama *distribuição de frequência*.

Agora, pegue essa distribuição e a transforme em um gráfico de curva:

1. **Selecione os dados do intervalo Contagem de valores por blocos.**

   No exemplo é E3:E12.

2. **Clique na guia Inserir, na Faixa de Opções.**

3. **Na seção Gráficos, clique no item Gráfico de Coluna para exibir uma seleção de estilos de gráficos de coluna (veja a Figura 9-20).**

4. **Selecione o estilo de gráfico desejado para criar um.**

   A Figura 9-21 mostra o gráfico completo da distribuição de frequência.

PAPO DE ESPECIALISTA

Uma distribuição de frequência também é chamada de *histograma.*

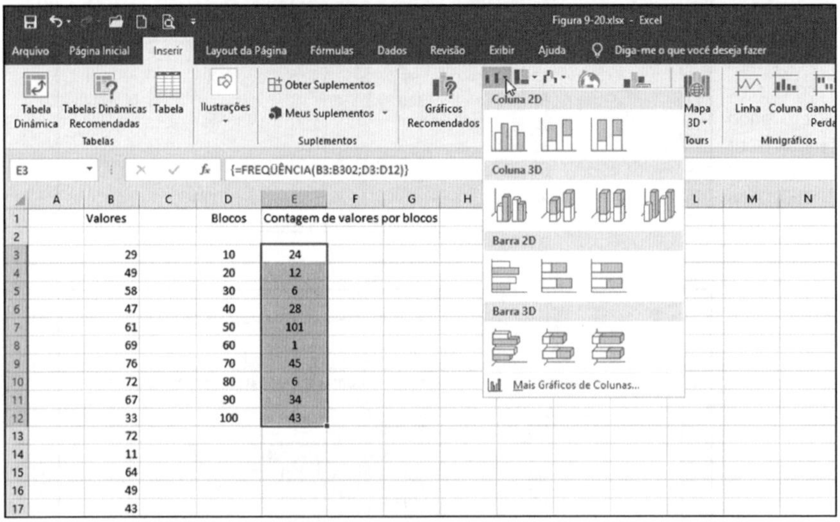

FIGURA 9-20: Preparando o gráfico da distribuição de frequência.

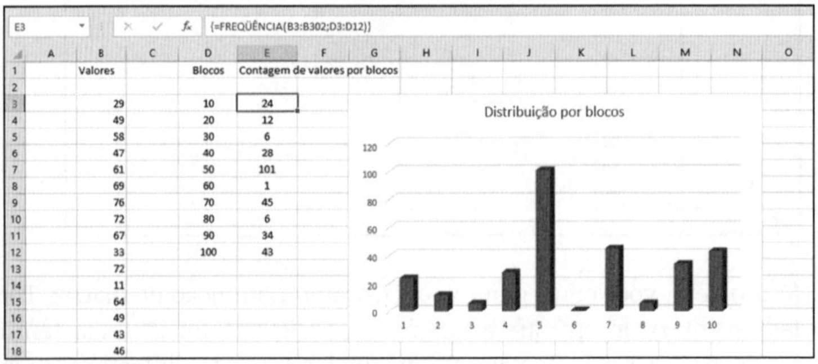

FIGURA 9-21: Exibindo uma distribuição de frequência como um gráfico de coluna.

MÍNIMO e MÁXIMO

O Excel tem duas funções — MÍNIMO e MÁXIMO — que retornam o menor e o maior valor em um conjunto de dados. Essas funções são simples de usar. Elas aceitam até 255 argumentos, que podem ser células, intervalos ou valores.

A Figura 9-22 mostra uma lista de vendas de casas. Quais são os valores mínimos e máximos? A célula F4 exibe o menor valor na lista de valores com esta fórmula: `=MÍNIMO(C4:C1000)`. A célula F6 exibe o maior valor com esta fórmula: `=MÁXIMO(C4:C1000)`.

Veja como usar as funções MÍNIMO e MÁXIMO:

1. **Insira uma lista de valores numéricos.**
2. **Posicione o cursor do mouse sobre a célula em que você quer ver o resultado.**
3. **Digite também** =MÍNIMO(**ou** =MÁXIMO(**para iniciar a função.**
4. **Arraste o cursor do mouse sobre a lista ou insira o endereço do intervalo.**
5. **Digite um**) **e pressione Enter.**

As funções MÍNIMO e MÁXIMO são usadas, respectivamente, para retornar o menor e maior valor de uma tabela de dados. E se você precisasse saber o valor do segundo preço mais alto? Ou do terceiro preço mais alto?

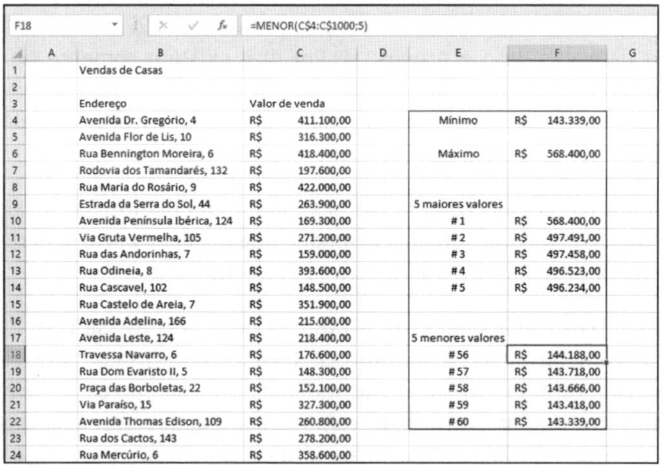
F18 =MENOR(C$4:C$1000;5)

	A	B	C	D	E	F	G
1		Vendas de Casas					
2							
3		Endereço	Valor de venda				
4		Avenida Dr. Gregório, 4	R$ 411.100,00		Mínimo	R$ 143.339,00	
5		Avenida Flor de Lis, 10	R$ 316.300,00				
6		Rua Bennington Moreira, 6	R$ 418.400,00		Máximo	R$ 568.400,00	
7		Rodovia dos Tamandarés, 132	R$ 197.600,00				
8		Rua Maria do Rosário, 9	R$ 422.000,00				
9		Estrada da Serra do Sol, 44	R$ 263.900,00		5 maiores valores		
10		Avenida Península Ibérica, 124	R$ 169.300,00		# 1	R$ 568.400,00	
11		Via Gruta Vermelha, 105	R$ 271.200,00		# 2	R$ 497.491,00	
12		Rua das Andorinhas, 7	R$ 159.000,00		# 3	R$ 497.458,00	
13		Rua Odineia, 8	R$ 393.600,00		# 4	R$ 496.523,00	
14		Rua Cascavel, 102	R$ 148.500,00		# 5	R$ 496.234,00	
15		Rua Castelo de Areia, 7	R$ 351.900,00				
16		Avenida Adelina, 166	R$ 215.000,00				
17		Avenida Leste, 124	R$ 218.400,00		5 menores valores		
18		Travessa Navarro, 6	R$ 176.600,00		# 56	R$ 144.188,00	
19		Rua Dom Evaristo II, 5	R$ 148.300,00		# 57	R$ 143.718,00	
20		Praça das Borboletas, 22	R$ 152.100,00		# 58	R$ 143.666,00	
21		Via Paraíso, 15	R$ 327.300,00		# 59	R$ 143.418,00	
22		Avenida Thomas Edison, 109	R$ 260.800,00		# 60	R$ 143.339,00	
23		Rua dos Cactos, 143	R$ 278.200,00				
24		Rua Mercúrio, 6	R$ 358.600,00				

FIGURA 9-22: Calculando os valores máximo e mínimo.

MAIOR e MENOR

As funções MAIOR e MENOR possibilitam que você encontre um valor que esteja posicionado em algum lugar nos dados. A função MAIOR é usada para encontrar os valores em uma posição que esteja afastada do valor mais alto. A função MENOR é utilizada para identificar o valor em uma posição que esteja afastada do valor mais baixo.

A Figura 9-22 mostrou as cinco maiores vendas de casa, assim como as cinco menores. Ambas as funções MAIOR e MENOR aceitam dois argumentos: o intervalo dos dados em que se deve encontrar os valores e a posição superior ou inferior.

As cinco maiores vendas de casa são encontradas com a função MAIOR. A venda mais alta, na célula F10, é retornada com a fórmula: `=MAIOR(C$4:C$1000;1)`. Como a função MAIOR é usada aqui, e o segundo argumento é 1, a função retorna o valor na primeira posição. Não por acaso, este valor também é retornado com a função MÁXIMO.

Para encontrar a segunda venda de casa mais alta, o segundo argumento para a função MAIOR é 2. A célula F11 tem a fórmula: `=MAIOR(C$4:C$1000;2)`. A terceira, quarta e quinta maiores vendas de casa são retornadas da mesma maneira quando 3, 4 e 5, respectivamente, são usados como segundo argumento.

As últimas cinco vendas de casa são retornadas do mesmo modo pela função MENOR. Por exemplo, a célula F22 tem a fórmula: `=MENOR(C$4:C$1000;1)`. O valor retornado, R$143.339, corresponde ao valor retornado pela função MÍNIMO. A célula logo acima, F21, tem a fórmula: `=MENOR(C$4:C$1000;2)`.

Mas espere aí! Talvez você tenha percebido que as funções estão ordenadas até a linha 1000 por valores, só que a última listagem está numerada como 60. Algo interessante de se observar nesse exemplo é que todas as funções usam a linha 1000 como a última linha para a busca, mas isso não quer dizer que existem tantas listagens. Isso é proposital. Por ora, existem somente 60 listagens. O que acontece quando novas vendas são adicionadas ao final da lista? Ao disponibilizar às funções um intervalo maior do que precisam, você desenvolveu a habilidade de lidar com uma lista em crescimento.

Os rótulos nas células E10:E14 (#1, #2 e assim por diante) são inseridos do jeito que estão. É óbvio que, qualquer ranking que inicie na parte superior começaria por #1, seguiria para #2 e assim sucessivamente.

No entanto os rótulos nas células E18:E22 (#56, #57 e assim por diante) foram criados com fórmulas. A função CONT.VALORES é usada para contabilizar a quantidade total de listagens. Mesmo que a função pareça ir até a linha 1000, ela encontra 60 listagens; logo, esta é a contagem retornada. O rótulo #60 é baseado nessa contagem. Os outros rótulos (#59, #58, #57 e #56) são criados por meio da redução da contagem em 1, 2, 3 e 4, respectivamente:

- » A fórmula na célula E22 é `="# " & CONT.VALORES(B$4:B$1000)`.
- » A fórmula na célula E21 é `="# " & CONT.VALORES(B$4:B$1000)-1`.
- » A fórmula na célula E20 é `="# " & CONT.VALORES(B$4:B$1000)-2`.
- » A fórmula na célula E19 é `="# " & CONT.VALORES(B$4:B$1000)-3`.
- » A fórmula na célula E18 é `="# " & CONT.VALORES(B$4:B$1000)-4`.

Veja como usar as funções MAIOR e MENOR:

1. **Insira uma lista de valores numéricos.**
2. **Posicione o cursor do mouse sobre a célula em que você quer ver o resultado.**
3. **Digite** =MAIOR(**ou** =MENOR(**para iniciar a função.**
4. **Arraste o cursor do mouse sobre a lista ou insira o endereço do intervalo.**
5. **Digite um ponto e vírgula (;).**
6. **Insira um número indicando para qual posição retornar.**
7. **Digitem um**) **e pressione Enter.**

LEMBRE-SE

Use a função MAIOR a fim de encontrar a posição de um valor em relação ao valor maior. Use a função MENOR a fim de encontrar a posição de um valor em relação a um valor menor.

Funções para Contagem

As funções CONT.NÚM, CONTAR.VAL e CONT.SE retornam uma contagem. O que mais poderiam retornam com um nome desses?

CONT.NÚM e CONT.VALORES

A função CONT.NÚM é simples. Ela contabiliza quantos itens estão em um intervalo de valores. No entanto há uma pegadinha: somente valores numéricos e datas são contados. Nem os valores de texto, tampouco as células em branco, são contabilizados.

DICA

A função CONT.VALORES funciona da mesma maneira que a CONT.NÚM, mas ela conta todas as células que não estão vazias, incluindo as células de texto.

Para usar a função CONT.NÚM, siga as etapas:

1. **Insira uma lista de valores numéricos.**
2. **Posicione o cursor do mouse sobre a célula em que você quer ver o resultado.**
3. **Digite** =CONT.NÚM(**para iniciar a função.**
4. **Arraste o cursor do mouse sobre a lista ou insira o endereço do intervalo.**
5. **Digite um**) **e pressione Enter.**

A Figura 9-23 mostra uma lista de filmes conhecidos junto com os seus valores de bilheteria e o ano de cada um. A célula F5 exibe a contagem dos filmes, retornada com a função CONT.NÚM, cuja fórmula é `=CONT.NÚM(C5:C104)`.

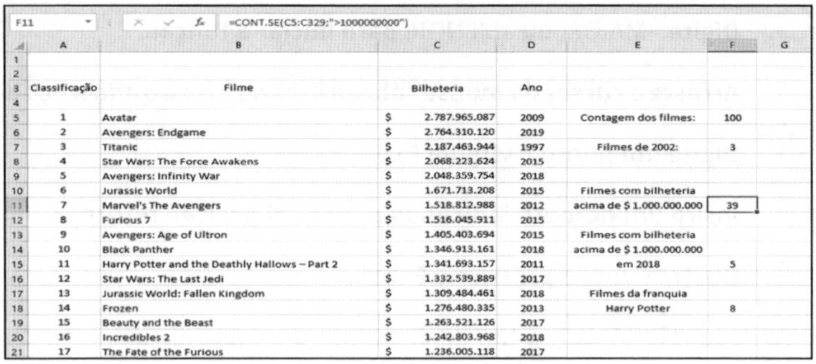

F11 =CONT.SE(C5:C329;">1000000000")

Classificação	Filme	Bilheteria	Ano		
1	Avatar	$ 2.787.965.087	2009	Contagem dos filmes:	100
2	Avengers: Endgame	$ 2.764.310.120	2019		
3	Titanic	$ 2.187.463.944	1997	Filmes de 2002:	3
4	Star Wars: The Force Awakens	$ 2.068.223.624	2015		
5	Avengers: Infinity War	$ 2.048.359.754	2018		
6	Jurassic World	$ 1.671.713.208	2015	Filmes com bilheteria	
7	Marvel's The Avengers	$ 1.518.812.988	2012	acima de $ 1.000.000.000	39
8	Furious 7	$ 1.516.045.911	2015		
9	Avengers: Age of Ultron	$ 1.405.403.694	2015	Filmes com bilheteria	
10	Black Panther	$ 1.346.913.161	2018	acima de $ 1.000.000.000	
11	Harry Potter and the Deathly Hallows – Part 2	$ 1.341.693.157	2011	em 2018	5
12	Star Wars: The Last Jedi	$ 1.332.539.889	2017		
13	Jurassic World: Fallen Kingdom	$ 1.309.484.461	2018	Filmes da franquia	
14	Frozen	$ 1.276.480.335	2013	Harry Potter	8
15	Beauty and the Beast	$ 1.263.521.126	2017		
16	Incredibles 2	$ 1.242.803.968	2018		
17	The Fate of the Furious	$ 1.236.005.118	2017		

FIGURA 9-23: Contagem com e sem critério.

Repare que o intervalo inserido na função analisa os valores das bilheterias dos filmes. Isso é proposital. Os valores das bilheterias são numéricos. Se CONT. NÚM usasse o intervalo dos nomes dos filmes, na coluna B a contagem seria 0 porque a coluna contém dados de texto.

CONT.SE

A função CONT.SE é bem prática quando você precisa contar quantos itens estão em uma lista que atendem a uma certa condição. Na Figura 9-23, a célula F7 mostrou a contagem de filmes feitos em 2002. A fórmula na célula F7 é `=CONT.SE(D5:D104;2002)`.

A função CONT.SE aceita dois argumentos:

- » O endereço do intervalo da lista a ser contada.
- » Os critérios.

A Tabela 9-1 apresenta alguns exemplos de critérios para a função CONT.SE.

TABELA 9-1 **Usando Critérios com a Função CONT.SE**

Exemplo	Comentário
`==CONT.SE(D5:D104;"=2002")`	Retorna a contagem dos filmes feitos em 2002.
`=CONT.SE(D5:D104;2002)`	Retorna a contagem dos filmes feitos em 2002. Repare que este é o único no qual os critérios não precisam estar entre aspas, porque o critério é uma simples igualdade.
`=CONT.SE(D5:D104;"<2002")`	Retorna a contagem dos filmes feitos antes de 2002.
`=CONT.SE(D5:D104;">=2002")`	Retorna a contagem dos filmes feitos em 2002 ou depois.
`=CONT.SE(D5:D104;"<>2002")`	Retorna a contagem dos filmes que não foram feitos em 2002.

Os critérios também podem ser baseados em texto. Por exemplo, a CONT.SE pode contar todas as ocorrências de São Paulo em uma lista de viagens de negócios. Você pode usar caracteres curinga com CONT.SE. O asterisco (*) é usado para representar qualquer quantidade de caracteres e o ponto de interrogação (?) é utilizado para representar um único caractere.

Como exemplo, usar um asterisco depois de Harry Potter retorna a quantidade de filmes do Harry Potter listados na coluna B na Figura 9-23, mostrada anteriormente neste capítulo. A fórmula que faz isso é: `=CONT.SE(B5:B329; "Harry Potter*")`. Note o asterisco depois de `Harry Potter`. Isso possibilita que a função contabilize *Harry Potter and the Philosopher's Stone, Harry Potter and the Order of the Phoenix* e os demais filmes, apenas usando o argumento *Harry Potter.*

Seu critério deve ser inserido em uma célula em vez de inserido diretamente na função CONT.SE. Portanto, use somente o endereço da célula na função. Por exemplo, se você inserir `"Harry Potter*"` na célula C1, a fórmula `=CONT.SE(B5:B104;C1)` teria o mesmo resultado do exemplo anterior. Na Figura 9-23, a célula F11 retorna a contagem de filmes que renderam mais de 1 bilhão de dólares. A fórmula é `=CONT.SE(C5:C329;">1000000000")`.

E se você precisar determinar a contagem de itens de dados que correspondem a duas condições? É possível! A fórmula na célula F15 retorna a contagem de filmes que foram feitos em 2018 e renderam mais de 1 bilhão de dólares. Entretanto, CONT.SE não é útil para esse tipo de contagem de condição múltipla. Em vez disso, a função CONT.SES é utilizada. A célula F15 tem a fórmula:

```
=CONT.SES(C5:C104;">1000000000";D5:D104;2018)
```

Para retornar um valor baseado em mais de um critério, você pode usar a função CONT.SES. Na fórmula acima, o primeiro critério é aplicado na coluna C e usa como argumento valores maiores que 1.000.000.000. O segundo critério é aplicado na coluna D e usa como argumento o ano de 2018. (Curiosidade rápida: qual filme de 1999 rendeu pelo menos 1 bilhão? A resposta [rufem os tambores, por favor]: *Star Wars: Episode I — The Phantom Menace.*)

Veja como usar a função CONT.SE:

1. **Insira uma lista de valores numéricos.**
2. **Posicione o cursor do mouse sobre a célula em que você quer ver o resultado.**
3. **Digite** =CONT.SE(**para iniciar a função.**
4. **Arraste o cursor do mouse sobre a lista ou insira o endereço do intervalo.**
5. **Digite um ponto e vírgula (;).**

6. **Insira uma condição e a coloque entre aspas.**

   Use estes se precisar:

   - = (igual a)
   - > (maior que)
   - < (menor que)
   - * (curinga)
   - ? (curinga)
   - <> (não é igual a)

7. **Digite um) e pressione Enter.**

   O resultado é uma contagem de células que correspondem à condição.

DICA

Existe também a função CONT.SES. Ela permite usar intervalos e critérios múltiplos para retornar uma contagem. CONT.SES é muito parecida com SOMASES, abordada no Capítulo 8.

NESTE CAPÍTULO

» **Compreendendo as estatísticas de estimativa**

» **Usando os testes de função de distribuição-t de Student**

» **Analisando probabilidades e resultados com as funções qui-quadradas**

Capítulo **10**

Usando Testes de Significância

Quando se tem dados de uma população, você pode retirar uma amostra e executar suas análises estatísticas nela. Você também pode executar a análise na própria população. A média dos dados de amostra representa toda a população? Você pode calcular a média tanto da amostra quanto da população e, em seguida, saber exatamente como a amostra representa a população. As duas serão exatamente a mesma coisa? Ou um pouco diferentes? Quanto diferente?

No entanto o problema com isso é que pegar os dados de uma população inteira, em primeiro lugar, nem sempre é viável. Normalmente, quantos quilômetros por litro de gasolina um Toyota Camry faz após cinco anos de uso? Você não pode responder isso em um nível exato porque é impossível testar todo Camry que existe.

Em vez disso, você parte para a dedução. Testar um grupo ou amostra de Camrys é certamente possível. Assim, a média de gasolina por quilômetro da amostra é usada para representar a média de gasolina por quilômetro de todos os Camrys com cinco anos. A média do grupo de amostra não necessariamente corresponderá à média da população, mas é o melhor valor que pode ser alcançado.

Esse tipo de trabalho estatístico é conhecido como *estimativa* ou *estatística inferencial*. Neste capítulo, demonstro as funções que operam com o teste-t de Student, importante para se adquirir conhecimento das propriedades da população desconhecidas. Esse é o método escolhido para quando você usa uma amostra pequena — digamos, 30 pontos de dados ou menos.

Os testes apresentados neste capítulo lidam com probabilidades. Se o resultado de um teste — teste-t, por exemplo — enquadrar-se em um intervalo de probabilidade, podemos dizer que o resultado é significante. Fora desse intervalo, o resultado é considerado não significante. Uma regra geral é considerar probabilidades menores que 5%, ou 0,05, como significantes, mas existem exceções que fogem a essa regra.

PAPO DE ESPECIALISTA

O teste-t de Student não tem nada a ver com estudantes. O criador do método não obteve permissão para usar seu nome real devido a regras do seu empregador. No lugar disso, ele usou o nome Student.

Testando para o T

A função TESTE.T retorna a probabilidade de que duas amostras venham de populações que têm a mesma média. Por exemplo, uma comparação dos salários de contadores e professores na cidade de Belo Horizonte está em andamento. Os salários são, em geral (em média), os mesmos para esses dois grupos? Cada grupo está em uma população separada, mas se as médias são as mesmas — os salários médios são os mesmos.

Realizar uma pesquisa com todos os contadores e professores não é possível, então retira-se uma amostra de cada grupo. Vinte e cinco membros aleatórios de cada grupo divulgam seus salários para fins comparativos. A Figura 10-1 mostra os salários dos dois grupos, bem como os resultados da função TESTE.T.

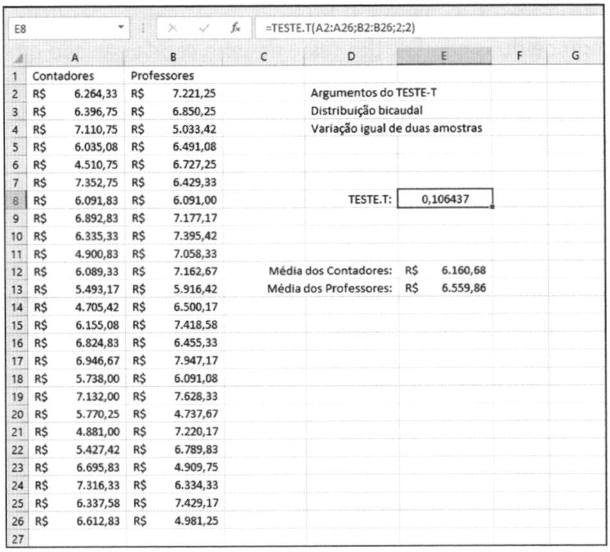

E8 =TESTE.T(A2:A26;B2:B26;2;2)

	A	B	C	D	E
1	Contadores	Professores			
2	R$ 6.264,33	R$ 7.221,25		Argumentos do TESTE-T	
3	R$ 6.396,75	R$ 6.850,25		Distribuição bicaudal	
4	R$ 7.110,75	R$ 5.033,42		Variação igual de duas amostras	
5	R$ 6.035,08	R$ 6.491,08			
6	R$ 4.510,75	R$ 6.727,25			
7	R$ 7.352,75	R$ 6.429,33			
8	R$ 6.091,83	R$ 6.091,00		TESTE.T:	0,106437
9	R$ 6.892,83	R$ 7.177,17			
10	R$ 6.335,33	R$ 7.395,42			
11	R$ 4.900,83	R$ 7.058,33			
12	R$ 6.089,33	R$ 7.162,67		Média dos Contadores:	R$ 6.160,68
13	R$ 5.493,17	R$ 5.916,42		Média dos Professores:	R$ 6.559,86
14	R$ 4.705,42	R$ 6.500,17			
15	R$ 6.155,08	R$ 7.418,58			
16	R$ 6.824,83	R$ 6.455,33			
17	R$ 6.946,67	R$ 7.947,17			
18	R$ 5.738,00	R$ 6.091,08			
19	R$ 7.132,00	R$ 7.628,33			
20	R$ 5.770,25	R$ 4.737,67			
21	R$ 4.881,00	R$ 7.220,17			
22	R$ 5.427,42	R$ 6.789,83			
23	R$ 6.695,83	R$ 4.909,75			
24	R$ 7.316,33	R$ 6.334,33			
25	R$ 6.337,58	R$ 7.429,17			
26	R$ 6.612,83	R$ 4.981,25			
27					

FIGURA 10-1: Comparação de salários.

A função TESTE.T retorna 10,6% (0,106437) baseado em como os argumentos da função foram inseridos. Essa porcentagem diz que há uma probabilidade de 10,6% de que as médias das populações subjacentes sejam as mesmas. Dito de outra forma, essa é a probabilidade de que a média de todos os salários de contadores corresponda à média de todos os salários de professores em Belo Horizonte. A fórmula na célula E8 é `=TESTE.T(A2:A26;B2:B26;2;2)`.

Os argumentos da função TESTE.T estão listados na Tabela 10-1.

TABELA 10-1 Argumentos da Função TESTE.T

Argumento	Comentário
Matriz 1	A referência ao intervalo da primeira matriz de dados.
Matriz 2	A referência ao intervalo da segunda matriz de dados.
Caudas	Caudas 1 ou 2. Para um teste de uma cauda, insira 1. Para um teste de duas caudas, insira 2.
Tipo	Tipo de teste-t a ser executado. A escolha é 1, 2 ou 3. Um número 1 indica um teste par. Um número 2 indica um teste de duas amostras com variância igual. Um número 3 indica um teste de duas amostras com variância diferente.

O terceiro argumento de TESTE.T informa se devemos conduzir um teste de uma cauda ou de duas caudas. Um teste de uma cauda é usado quando há uma questão se um conjunto de dados é especificamente maior ou menor que o outro. Um teste de duas caudas é utilizado para informar se os dois conjuntos apenas são diferentes, sem especificar o tamanho.

Os dois primeiros argumentos para TESTE.T são os intervalos de dois conjuntos de valores. Uma consideração pertinente aqui é como os dois conjuntos de dados estão relacionados. Os conjuntos poderiam ser compostos por elementos que têm um membro correspondente em cada conjunto. Por exemplo, poderia existir um conjunto de dados "antes" e um conjunto de dados "depois".

Muda	Altura na Semana 1	Altura na Semana 2
#1	10,16 cm	12,7 cm
#2	9,52 cm	12,7 cm
#3	11,43 cm	13,97 cm
#4	12,7 cm	12,7 cm

Esse tipo de dado é inserido na função como *pareado*. Em outras palavras, cada valor de dado na primeira amostra é vinculado ao valor do dado na segunda amostra. Neste caso, a vinculação é devido ao fato de os valores de dados serem cálculos de "antes" e "depois" das mesmas mudas. Os dados podem ser pareados de outras formas. Na pesquisa de salário, por exemplo, cada contador pode ser pareado com um professor da mesma idade para assegurar que o período de tempo no trabalho não influencie nos resultados. Nesta situação, você também usaria um teste-t pareado.

Ao usar TESTE.T para amostras pareadas, as duas seleções inseridas para o primeiro e segundo argumentos devem ser do mesmo tamanho. Ao comparar duas amostras independentes (não pareadas), as duas não precisam ser do mesmo tamanho.

LEMBRE-SE

Utilize o TESTE.T para determinar a probabilidade de duas amostras provenientes da mesma população.

A seguir, veja como usar a função TESTE.T:

1. **Insira dois conjuntos de dados.**
2. **Posicione o cursor do mouse na célula em que você quer que resultado apareça.**
3. **Digite** =TEST.T(**para iniciar a função.**

4. **Arraste o cursor do mouse pela primeira lista ou insira o endereço de seu intervalo.**
5. **Digite um ponto e vírgula (;).**
6. **Arraste o cursor do mouse pela segunda lista ou insira o endereço de seu intervalo.**
7. **Digite um ponto e vírgula (;).**
8. **Digite** 1 **para um teste de uma cauda ou digite** 2 **para um teste de duas caudas.**
9. **Digite um ponto e vírgula (;).**
10. **Insira um dos seguintes valores:**
    - **1** para um teste pareado.
    - **2** para um teste de duas amostras com variância igual.
    - **3** para um teste de duas amostras com variância diferente.
11. **Digite um**).

PAPO DE ESPECIALISTA

Caso já tenha feito um curso de estatística, você pode lembrar que um teste-t retorna um *valor-t*, que você teve que pesquisar em uma tabela para determinar a probabilidade associada. A função TESTE.T do Excel combina esses dois passos. Você nunca vê o verdadeiro valor-t, apenas a probabilidade — que é o que interessa de qualquer maneira!

A função DISTT retorna a probabilidade para um determinado valor-t e para os graus de liberdade. Você usaria essa função se tivesse um valor-t calculado e quisesse determinar a probabilidade associada. Observe que a função TESTE.T não retorna um valor-t e uma probabilidade, para que você não use a DISTT com o resultado que é retornado pela TESTE.T. Caso contrário, você usaria a DISTT se tivesse um ou mais valores-t calculados em outro lugar e precisasse estipular as probabilidades associadas.

A função DISTT usa três argumentos:

- » O valor-t
- » Os graus de liberdade
- » A quantidade de caudas (1 ou 2)

Uma distribuição-t é parecida com uma distribuição normal. O formato em gráfico é uma curva de sino. No entanto uma distribuição-t difere, sobretudo, na espessura das caudas. O quanto ela difere depende dos graus de liberdade. Grosso modo, os graus de liberdade relatam a quantidade de elementos na amostra menos um. Todas as distribuições-t são simétricas em torno de 0, assim como a distribuição normal. Na prática, todavia, você sempre trabalha com a metade direita da curva — valores-t positivos.

Para usar a função DISTT, siga as etapas:

1. **Posicione o cursor do mouse na célula em que você quer ver o resultado.**
2. **Digite** =DISTT(**para iniciar a função.**
3. **Insira um valor para t ou clique na célula que tem o valor.**
4. **Digite um ponto e vírgula (;).**
5. **Insira os graus de liberdade.**
6. **Digite um ponto e vírgula (;).**
7. **Insira um dos seguintes valores:**
   - **1** para um teste de uma cauda.
   - **2** para um teste de duas caudas.
8. **Digite um**).

DICA

Se o valor-t é baseado em um teste pareado, os graus de liberdade serão iguais a 1 menos a contagem de itens em ambas as amostras. (Lembre-se: as amostras são do mesmo tamanho.) Quando o valor-t tem como base duas amostras independentes, os graus de liberdade = (contagem de itens da amostra 1 – 1) + (contagem da amostra 2 – 1).

A função INVT faz o inverso da DISTT. Isto é, INVT pega dois argumentos — a probabilidade e os graus de liberdade — e retorna o valor de t. Para usar INVT, siga as etapas:

1. **Posicione o cursor do mouse na célula em que você quer que o resultado apareça.**
2. **Digite** = INVT(**para iniciar a função.**
3. **Insira o valor da probabilidade (ou clique na célula que tem o valor).**
4. **Digite um ponto e vírgula (;).**
5. **Insira os graus de liberdade.**
6. **Digite um**).

Comparando os Resultados com uma Estimativa

O teste qui-quadrado é um método estatístico para determinar se os resultados observados estão em um intervalo aceitável comparados com os resultados esperados. Ou seja, o qui-quadrado é um teste que compara o antes e o depois de um conjunto de dados. Os resultados observados chegaram perto o bastante dos resultados esperados para que você possa presumir que não há uma diferença importante? Ou os resultados observados e esperados distanciaram-se tanto que você chegou à conclusão de que há uma diferença relevante?

Um bom exemplo é tirar cara ou coroa com uma moeda lançando-a 100 vezes. O resultado esperado é 50 vezes cara e 50 vezes coroa. A Figura 10-2 mostra como um teste estatístico qui-quadrado é calculado em uma planilha sem quaisquer funções.

F10 =SOMA(F5:F6)

	A	B	C	D	E	F	G
1	Uma moeda lançada 100 vezes						
2							
3							
4		Resultado esperado	Observado	Diferença (=Esperado - Observado)	Quadrado das diferenças	Quadrado dividido pelo esperado	
5	Cara	50	44	6	36	0,72	
6	Coroa	50	56	-6	36	0,72	
7							
8							
9							
10					Qui-quadrado:	1,44	
11							

FIGURA 10-2: Calculando um qui-quadrado.

As células B5:B6 mostram os resultados esperados — que cara e coroa aparecem 50 vezes. As células C5:C6 mostram os resultados observados. Cara apareceu 44 vezes e coroa apareceu 56 vezes. Com essa informação, veja como o teste estatístico qui-quadrado é calculado:

1. **Para cada par esperado e observado, calcule a diferença como (*Esperado - Observado*).**
2. **Calcule o quadrado de cada diferença como (*Esperado - Observado*)^2.**
3. **Divida os quadrados do Passo 2 pelos seus respectivos valores esperados.**
4. **Some os resultados do Passo 3.**

Claro, uma equação abrangente pode ser usada nos três primeiros passos, tal como `=(esperado - observado)^2/esperado`.

Neste exemplo, o resultado é 1,44. Esse número — o valor qui-quadrado — é pesquisado em uma tabela de valores de distribuição qui-quadrada. Essa tabela é uma matriz de graus de liberdade e níveis de confiança. Ver onde o valor calculado está posicionado na tabela para os graus de liberdade adequados (um menos a quantidade de pontos de dados) demonstra que a probabilidade da diferença entre os valores esperados e os valores observados é significante. Ou seja, a diferença está dentro de uma estimativa de erro razoável ou é real (por exemplo, causada por uma moeda desequilibrada)?

DICA

Você pode encontrar a tabela de graus de liberdade e níveis de confiança no apêndice de um livro de estatística ou na internet.

A função TESTE.QUIQUA retorna o valor da probabilidade (p) derivado de intervalos esperados e observados. A função tem dois argumentos: o intervalo de valores observados (ou reais) e o intervalo de valores esperados. Esses intervalos devem, claramente, conter a mesma quantidade de valores, e eles devem corresponder (o primeiro item na lista *esperado* é associado ao primeiro item na lista *observado*, e assim por diante). Internamente, a função considera os graus de liberdade, calcula o valor estatístico qui-quadrado e computa a probabilidade.

Use a função TESTE.QUIQUA desta maneira:

1. **Insira dois intervalos de valores como resultados esperados e observados.**
2. **Posicione o cursor do mouse na célula em que você quer que o resultado apareça.**
3. **Digite** =TESTE.QUIQUA(**para iniciar a função.**
4. **Arraste o cursor do mouse pelo intervalo de valores observados (reais) ou digite o endereço do intervalo.**
5. **Digite um ponto e vírgula (;).**
6. **Arraste o cursor do mouse pelo intervalo de valores esperados (reais) ou digite o endereço do intervalo.**
7. **Digite um**).

A Figura 10-3 mostra um conjunto de dados de valores esperados e reais. O teste estatístico qui-quadrado é calculado como antes, entregando um valor de 1,594017, exibido na célula F12. A função TESTE.QUIQUA, na célula D14, retorna um valor de 0,953006565 — a probabilidade associada. TESTE.QUIQUA não retorna o qui-quadrado estatístico, mas a probabilidade associada.

D14 | f_x =TESTE.QUIQUA(C4:C10;B4:B10)

	A	B	C	D	E	F	G
1		Quantidade esperada de impressões de um livro	Quantidade atual de impressões de um livro	Diferença (=Esperada-observada)	Quadrado das diferenças	Quadrado dividido pelo esperado	
2							
3							
4	Segunda-feira	15	18	-3	9	0,6	
5	Terça-teira	18	20	-2	4	0,222222222	
6	Quarta-feira	19	19	0	0	0	
7	Quinta-feira	24	20	4	16	0,666666667	
8	Sexta-feira	26	25	1	1	0,038461538	
9	Sábado	24	24	0	0	0	
10	Domingo	15	16	-1	1	0,066666667	
11							
12						1,594017094	
13							
14			TESTE.QUIQUA:	0,953006565			
15							
16			DIST.QUIQUA.CD:	0,953006565			
17							
18			INV.QUIQUA.CD:	1,594017094			
19							

FIGURA 10-3: Determinando a probabilidade.

Agora, vincule um relacionamento entre o qui-quadrado calculado manualmente e o valor retornado com a TESTE.QUIQUA. Se você consultou seu valor qui-quadrado calculado manualmente (1,59) em uma tabela qui-quadrado para graus de liberdade de 6 (a quantidade de observações menos 1), você o encontraria associado a um valor de probabilidade de 0,95. Claro, a função TESTE.QUIQUA faz isso por você, retornar o valor de probabilidade, que é o que você procura. Mas imagine que você tenha calculado manualmente os valores qui-quadrado e quer saber as probabilidades associadas. É preciso usar uma tabela? Não — a função DIST.QUIQUA.CD vem em seu auxílio. Além do mais, você pode usar a função INV.QUIQUA.CD.

DICA

O CD nas funções DIST.QUIQUA.CD e INV.QUIQUA.CD é a abreviação de cauda direita. As funções na configuração trabalham com a cauda direita da distribuição.

Anteriormente neste capítulo, a Figura 10-3 também demonstrou as funções DIST.QUIQUA.CD e INV.QUIQUA.CD. A função DIST.QUIQUA.CD usa dois argumentos: um valor a ser avaliado para uma distribuição (o valor qui-quadrado, 1,59 no exemplo) e os graus de liberdade (6 no exemplo). A célula D16 exibe 0,953006565, que é o mesmo valor de probabilidade retornado pela função TESTE.QUIQUA — como deveria ser! A fórmula na célula D16 é `=DIST.QUIQUA.CD(F12;6)`.

TESTE.QUIQUA e DIST.QUIQUA.CD retornam o mesmo valor de probabilidade, mas calculam os resultados com argumentos diferentes. TESTE.QUIQUA utiliza os valores reais esperados e observados, e calcula internamente o teste estatístico para retornar a probabilidade. Isso acontece nos bastidores; somente a probabilidade é retornada. DIST.QUIQUA.CD precisa do teste estatístico introduzido como um argumento.

Para usar a função DIST.QUIQUA.CD, siga as etapas:

1. **Posicione o cursor do mouse na célula em que você quer ver o resultado.**
2. **Digite** = DIST.QUIQUA.CD (**para iniciar a função.**
3. **Clique na célula que tem o teste estatístico qui-quadrado.**
4. **Digite um ponto e vírgula (;).**
5. **Insira os graus de liberdade.**
6. **Digite um**).

A função INV.QUIQUA.CD arredonda a lista de funções qui-quadradas no Excel. A INV.QUIQUA.CD é o inverso da DIST.QUIQUA.CD. Ou seja, com uma dada probabilidade e número de graus de liberdade, INV.QUIQUA.CD retorna o teste estatístico qui-quadrado.

A célula D18 na Figura 10-3 neste capítulo tem a fórmula `=INV.QUIQUA.CD(D14;6)`. Ela retorna o valor do qui-quadrado: 1,594017094. A função INV.QUINQUA.CD vem a calhar quando você sabe a probabilidade e os graus de liberdade e precisa determinar o valor do teste estatístico qui-quadrado.

Para usar a função INV.QUINQUA.CD, siga os passos:

1. **Posicione o cursor do mouse na célula em que você quer ver o resultado.**
2. **Digite** =INV.QUINQUA.CD (**para iniciar a função.**
3. **Clique na célula com a probabilidade.**
4. **Digite um ponto e vírgula (;).**
5. **Insira os graus de liberdade.**
6. **Digite um**).

DICA

Trabalhar com estatística inferencial não é nada fácil! Sugiro leituras adicionais para ajudá-lo com as funções e com os exemplos estatísticos abordados neste capítulo. Um ótimo livro para ler é o *Estatística Para Leigos*, publicado pela Alta Books.

NESTE CAPÍTULO

» **Entendendo as tendências lineares e exponenciais**

» **Usando as funções DECLIVE e INTERCEPTAR para descrever os dados lineares**

» **Prevendo dados futuros a partir de dados existentes**

» **Trabalhando com as distribuições normal e Poisson**

Capítulo **11**

Arriscando nas Previsões e nas Probabilidades

Ao analisar os dados, um dos passos mais importantes geralmente é determinar qual modelo se adapta melhor a eles. Não, eu não estou falando sobre modelo de carro ou de avião! Estou falando do *modelo matemático* ou, em outras palavras, de uma *fórmula* que descreve os dados. A questão de um modelo é aplicável a todos os dados que vêm em pares X-Y, como os que seguem:

- Comparações de medidas de peso e de altura.
- Dados de salário versus nível educacional.
- Número de peixes que se alimentam em um rio por hora/dia.
- Número de funcionários que telefonam dizendo estar doentes durante a semana.

Modelagem

Imagine que você esteja neste momento representando graficamente os pontos de dados em um gráfico — em um *gráfico de dispersão,* na terminologia do Excel. Como é o padrão? Se os dados são lineares, os pontos de dados formam mais ou menos uma linha reta. Caso eles formem uma curva, ele não são lineares e provavelmente são exponenciais. Esses dois modelos — linear e exponencial — são os dois modelos mais usados, e o Excel fornece funções para trabalhar com eles.

Modelo linear

Em um modelo linear, a fórmula matemática que modela os dados é:

```
Y = mX + b
```

PAPO DE ESPECIALISTA

Essa fórmula diz que, para qualquer valor de X, você calcula o valor de Y multiplicando X por uma constante *m* e, em seguida, somando outra constante *b.* O valor de *m* é chamado de coeficiente *angular* ou *inclinação,* e *b* é o *intercepto em* Y (ou seja, onde a curva intercepta o eixo Y). Essa fórmula fornece uma linha perfeitamente reta e, na prática, os dados reais não se encaixam nela. A questão é que a linha, chamada de *linha de regressão linear,* é o melhor ajuste para os dados. As constantes *m* e *b* são diferentes para cada conjunto de dados.

Modelo exponencial

Em um modelo exponencial, a seguinte fórmula modela os dados:

```
Y = m^(bX)
```

Os valores *b* e *m* são, novamente, constantes. Muitos processos naturais, incluindo o crescimento bacteriano e a mudança de temperatura, são modelados por curvas exponenciais. A Figura 11-1 mostra um exemplo de curva exponencial. Essa curva é o resultado da fórmula precedente em que $m = 1{,}05$ e $b = 2$.

LEMBRE-SE

Mais uma vez, *b* e *m* são constantes que se diferenciam em cada conjunto de dados.

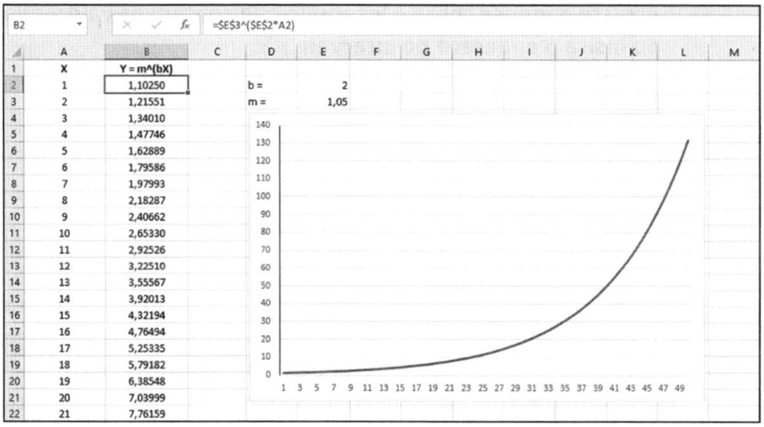

FIGURA 11-1: Uma curva exponencial.

Entendendo como Usar as Funções INCLINAÇÃO e INTERCEPÇÃO

Conforme mencionado anteriormente neste capítulo, muitos conjuntos de dados podem ser modelados por uma linha reta. Em outras palavras, os dados são lineares. A linha que modela os dados, conhecida como linha de regressão linear, é caracterizada pela sua inclinação e seu intercepto em Y. O Excel fornece as funções INCLINAÇÃO e INTERCEPÇÃO para calcular a inclinação e o intercepto em Y da linha de regressão linear para um conjunto de pares de dados.

As funções INCLINAÇÃO e INTERCEPÇÃO usam os mesmos dois argumentos:

- » O primeiro argumento é um intervalo ou uma matriz contendo os valores de Y do conjunto de dados.
- » O segundo argumento é um intervalo ou uma matriz contendo os valores de X do conjunto de dados.

Os dois intervalos devem conter o mesmo número de valores; caso contrário, um erro ocorre. Siga estas etapas para usar qualquer uma das duas funções:

1. **Em uma célula vazia, digite** =INCLINAÇÃO(**ou** =INTERCEPÇÃO(**para iniciar a entrada da função.**
2. **Arraste o mouse sobre o intervalo que contém os valores de dados de Y ou insira o endereço do intervalo.**
3. **Digite um ponto e vírgula (;).**

4. **Arraste o mouse sobre o intervalo que contém os valores de dados de X ou insira o endereço do intervalo.**

5. **Digite) e pressione Enter.**

DICA

Quando você sabe a inclinação e o intercepto de uma linha de regressão linear no eixo Y, é possível calcular os valores estimados de Y para qualquer X usando a fórmula Y = *m*X + *b*, em que *m* é a inclinação, e *b* o intercepto em Y. Mas as funções PREVISÃO e TENDÊNCIA do Excel podem fazer isso por você.

Saber a inclinação e o intercepto de uma linha de regressão linear é uma coisa, mas o que você pode fazer com essa informação? Uma coisa bem prática é desenhar uma *linha de regressão* linear junto com os dados. Esse método de apresentação gráfica é comumente usado; ele permite que o espectador veja o quão bem os dados se adaptam ao modelo.

A fim de ver como isso é feito, observe a planilha na Figura 11-2. As colunas A e B contêm os dados de X e Y, e um gráfico de dispersão desses dados é exibido. Parece evidente que os dados são lineares e que você pode validamente usar as funções INCLINAÇÃO e INTERCEPÇÃO com eles.

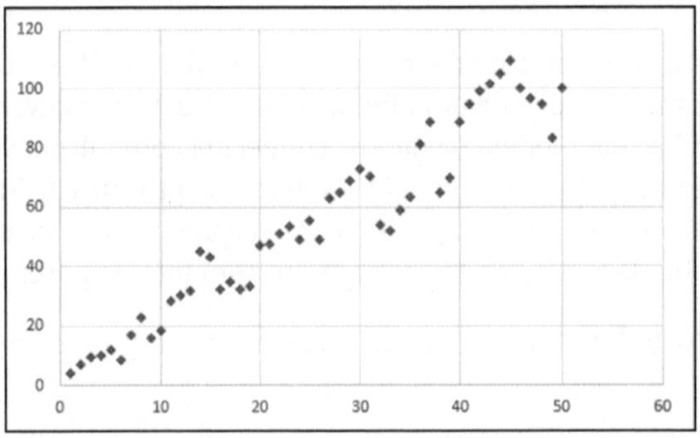

FIGURA 11-2: O gráfico de dispersão indica que os dados de X e Y nessa planilha são lineares.

O primeiro passo é inserir essas funções em uma planilha, como segue. (Você pode usar qualquer planilha que tenha dados lineares.)

1. **Digite o rótulo** INCLINAÇÃO **em qualquer célula vazia.**

2. **Na célula à direita, digite** =INCLINAÇÃO(**para iniciar a entrada da função.**

3. **Arraste o mouse sobre o intervalo que contém os valores de dados de Y ou insira o endereço do intervalo.**

4. **Digite um ponto e vírgula (;).**

5. **Arraste o mouse sobre intervalo que contém os valores de dados de X ou insira o endereço do intervalo.**

6. **Digite um).**

7. **Pressione Enter para completar a fórmula.**
8. **Na célula abaixo do rótulo inclinação, digite o rótulo** Intercepto.
9. **Na célula à direita, digite** =INTERCEPÇÃO(.
10. **Arraste o mouse sobre intervalo que contém os valores de dados de Y ou insira o endereço do intervalo.**
11. **Digite um ponto e vírgula (;).**
12. **Arraste o mouse sobre o intervalo que contém os valores de dados de X ou insira o endereço do intervalo.**
13. **Digite) e pressione Enter para completar a fórmula.**

Nesse momento, a planilha exibe a inclinação e o intercepto da linha de regressão linear para seus dados. A próxima tarefa é exibir essa linha em um gráfico, desta forma:

1. **Se necessário, adicione uma coluna vazia na planilha à direita da coluna do valor de Y.**

   Faça isso clicando em qualquer célula na coluna imediatamente à direita da coluna do valor de Y e, depois, na Faixa de Opções Página Inicial, clicando no botão Inserir, e selecione Inserir Colunas na Planilha.

2. **Posicione o cursor do mouse nessa coluna na mesma linha do primeiro valor de X.**
3. **Digite um sinal de igual (=) para iniciar a fórmula.**
4. **Clique na célula em que a função INCLINAÇÃO está localizada para inserir seu endereço na fórmula.**
5. **Pressione F4 para converter o endereço em uma referência absoluta.**

   Ela será exibida com cifrões.

6. **Insira o sinal de multiplicação (*).**
7. **Clique na célula que contém o valor de X para aquela linha.**
8. **Insira o sinal de adição (+).**
9. **Clique na célula que contém a função INTERCEPÇÃO para inserir seu endereço na fórmula.**
10. **Pressione F4 para converter o endereço em uma referência absoluta.**

    Ela será exibida com cifrões.

11. **Pressione Enter para completar a fórmula.**

12. **Certifique-se de que o cursor está na célula em que você acabou de inserir a fórmula.**
13. **Pressione Ctrl+C para copiar a fórmula para a Área de Transferência.**
14. **Segure a tecla Shift e pressione a tecla ↓ até que toda a coluna esteja realçada até a coluna que contém o último valor de X.**
15. **Pressione Enter para copiar a fórmula para todas as células selecionadas.**

A esta altura, a coluna de dados que você criou contém os valores de Y para a linha de regressão linear. O último passo é criar um gráfico que exibe ambos, os dados reais e a linha de regressão calculada. Siga as etapas:

1. **Realce as três colunas de dados: os valores de X, os valores reais de Y e os valores calculados de Y.**
2. **Clique na aba Inserir na Faixa de Opções (exibida na Figura 11-3).**
3. **Clique no botão Gráfico de Dispersão.**
4. **Selecione o tipo básico de Gráfico de Dispersão.**
5. **Clique no botão Finalizar.**

   O gráfico é exibido, conforme demonstrado na Figura 11-4. Você pode ver dois conjuntos de pontos. Os pontos dispersos são os dados reais, e a linha reta é a linha de regressão linear.

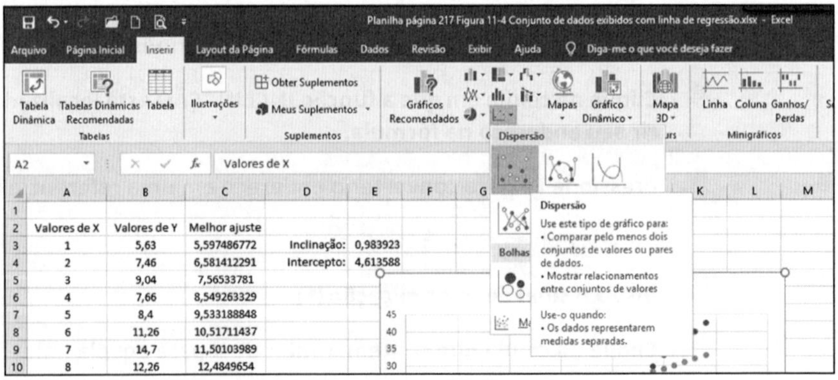

FIGURA 11-3: Criando um gráfico de dispersão.

Valores de X	Valores de Y	Melhor ajuste
1	5,63	5,597486772
2	7,46	6,581412291
3	9,04	7,56533781
4	7,66	8,549263329
5	8,4	9,533188848
6	11,26	10,51711437
7	14,7	11,50103989
8	12,26	12,4849654
9	11,56	13,46889092
10	11,9	14,45281644
11	13,92	15,43674196
12	21,34	16,42066748
13	12,96	17,404593
14	19,46	18,38851852
15	24,1	19,37244404
16	18,66	20,35636956
17	27,17	21,34029508
18	19,12	22,32422059
19	21,05	23,30814611
20	17,3	24,29207163
21	26,11	25,27599715
22	25,36	26,25992267
23	22,15	27,24384819
24	29,86	28,22777371
25	33,15	29,21169923

Inclinação: 0,983923
Intercepto: 4,613588

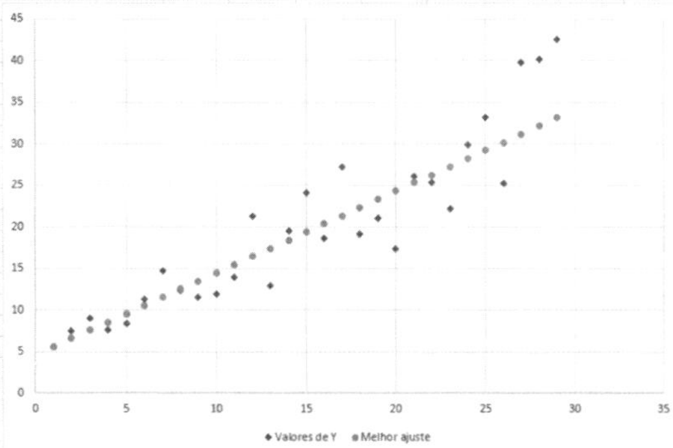

FIGURA 11-4: Um conjunto de dados exibido com sua linha de regressão linear.

O que Está por Vir: Funções PREVISÃO, TENDÊNCIA E CRESCIMENTO

A função PREVISÃO faz o que o próprio nome sugere: prevê um valor de dado desconhecido com base em valores de dados conhecidos e existentes. A função é baseada em uma premissa importante: os dados são lineares. O que isso significa exatamente?

PREVISÃO

Os dados com os quais a função PREVISÃO trabalha estão em pares; há um valor de X e um valor de Y correspondente em cada par. Talvez você esteja investigando a relação entre a estatura das pessoas e o peso. Cada par de dados seria a estatura de uma pessoa — o valor de X — e o peso dessa pessoa — o valor de Y. Muitos tipos de dados estão nesse formato — vendas por mês, por exemplo, ou a receita de uma empresa educacional.

DICA

Você pode usar a função CORREL para determinar o grau do relacionamento linear entre dois conjuntos de dados. Veja o Capítulo 9 para saber mais sobre a função CORREL.

Para utilizar a função PREVISÃO, você deve ter um conjunto de dados pares X-Y. Em seguida, forneça um novo valor de X e a função retorna o valor de Y que seria associado àquele valor de X baseado em dados conhecidos. A função utiliza os argumentos:

- » O primeiro argumento é o valor de X para o qual você quer uma previsão.
- » O segundo argumento é um intervalo contendo os valores de Y conhecidos.
- » O terceiro argumento é um intervalo contendo os valores de X conhecidos.

Repare que os intervalos de X e Y têm a mesma quantidade de valores; caso contrário, a função retorna um erro. Os valores de X e Y são considerados pareados de modo ordenado.

CUIDADO

Não use a função PREVISÃO com dados que não sejam lineares. Fazer isso gera resultados imprecisos.

Agora, você pode trabalhar com um exemplo usando a função PREVISÃO para fazer uma previsão. Imagine que você seja o gerente de vendas de uma grande empresa. Você percebeu que os resultados de vendas anuais para cada vendedor estão relacionados aos anos de experiência que cada um deles tem. Você contratou um vendedor novo com 16 anos de experiência. Espera-se que esse vendedor venda quanto?

A Figura 11-5 mostra os dados existentes para os vendedores — seus anos de experiência e vendas do ano passado. Essa planilha também contém um gráfico de dispersão dos dados para mostrar que ele é linear. Está claro que os pontos de dados formarão uma linha reta. Siga estas etapas para criar uma previsão:

1. **Em uma célula vazia, digite** =PREVISÃO(**para iniciar a entrada da função.**

   A célula vazia é C24 na Figura 11-5.

2. **Digite** 16, **o valor de X para o qual você quer fazer a previsão.**
3. **Digite um ponto e vírgula (;).**
4. **Arraste o mouse sobre o intervalo Y ou insira o intervalo de células.**

   No exemplo, o intervalo de células é C3:C17.

5. **Digite um ponto e vírgula (;).**
6. **Arraste o mouse sobre intervalo Y ou insira o intervalo de células.**

   No exemplo, o intervalo de células é B3:B17.

7. **Digite) e pressione Enter para completar a fórmula.**

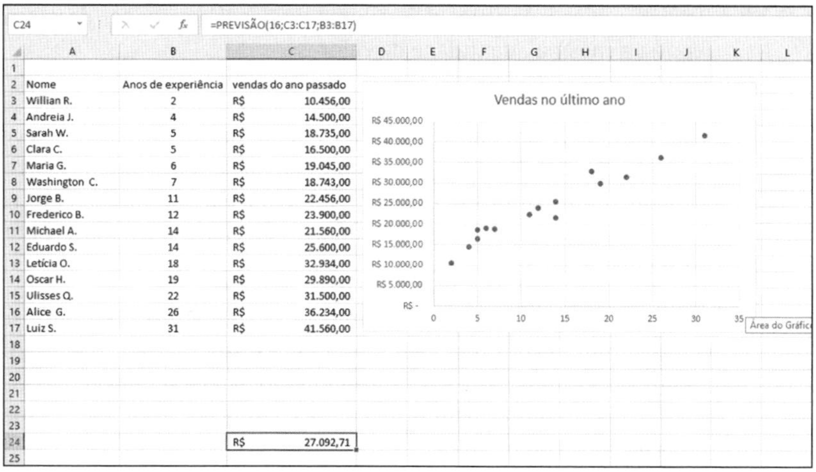

FIGURA 11-5: Prevendo as vendas.

Após formatar as células como moeda, o resultado exibido na Figura 11-5 mostra uma previsão que seu novo vendedor fará R$27.093 em vendas no primeiro ano. Mas lembre-se: isso é apenas uma previsão, não uma garantia!

TENDÊNCIA

A seção anterior mostra como a função PREVISÃO pode prever um valor de Y para um X conhecido, baseado em um conjunto existente de dados lineares X-Y. E se você tiver mais de um X como valor? Não tenha medo, é para isso que serve a função TENDÊNCIA! O que a PREVISÃO faz para um único valor de X, a TENDÊNCIA faz em uma matriz completa de valores X.

CUIDADO

Assim como a função PREVISÃO, a função TENDÊNCIA se destina ao trabalho de dados lineares. Se tentar usá-la com dados não lineares, os resultados serão incorretos.

A função TENDÊNCIA utiliza quatro argumentos:

- O primeiro argumento é um intervalo contendo os valores conhecidos de Y.
- O segundo argumento é um intervalo contendo os valores conhecidos de X.
- O terceiro argumento é um intervalo contendo os valores de X para os quais você quer fazer a previsão.
- O quarto argumento é um valor lógico. Ele informa à função se ela deve forçar a constante *b* (o intercepto Y) para 0. Se o quarto argumento for VERDADEIRO ou for omitido, a linha de regressão linear (usada para prever valores de Y) é calculada normalmente. Agora, caso este argumento seja FALSO, a linha de regressão linear é calculada para passar pela origem (em que ambos, X e Y, são 0).

Repare que os intervalos dos valores de X e Y devem ser do mesmo tamanho (conter a mesma quantidade de valores).

A função TENDÊNCIA retorna uma matriz de valores, uma previsão de Y para cada valor de X. Em outras palavras, é uma função de matriz e deve ser tratada como tal. (Veja o Capítulo 3 para obter ajuda com funções de matriz.) Especificamente, isso significa selecionar o intervalo em que você quer os resultados da fórmula de matriz, digitar a fórmula, e pressionar Ctrl+Shift+Enter em vez de pressionar apenas Enter para completar a fórmula.

Em que situação você usaria a função TENDÊNCIA? Veja um exemplo: você começou um negócio em seu tempo livre e sua renda aumentou progressivamente nos últimos 12 meses. O crescimento parece ser linear, e você quer prever quanto lucrará nos próximos seis meses. A função TENDÊNCIA é ideal para essa situação. Veja como usá-la:

1. **Em uma planilha nova, coloque os números de 1 a 12, representando os últimos 12 meses, em uma coluna.**
2. **Nas células adjacentes, insira a receita para cada um desses meses.**
3. **Nomeie essa área como** Dados Reais.
4. **Em outra seção da planilha, insira os números de 13 a 18 em uma coluna, para representar os próximos seis meses.**
5. **Na coluna adjacente aos números de meses projetados, selecione as seis células adjacentes (vazias no momento) arrastando o cursor do mouse sobre elas.**
6. **Digite** =TENDÊNCIA(**para iniciar a entrada da função.**
7. **Arraste o mouse sobre os intervalos de valores de Y conhecidos ou insira o endereço do intervalo.**

   Os valores conhecidos de Y são as receitas que você inseriu no Passo 2.
8. **Digite um ponto e vírgula (;).**
9. **Arraste o mouse sobre os intervalos de valores conhecidos de X ou insira o endereço do intervalo.**

   Os valores de X são os números de 1 a 12 que você inseriu no Passo 1.
10. **Digite um ponto e vírgula (;).**
11. **Arraste o mouse sobre a lista de números de meses que você quer projetar em gráfico (os números de 13 até 18).**

    Estes são os novos valores de X.
12. **Digite**).

13. **Pressione Crtl+Shift+Enter para completar a fórmula.**

Ao completar esses passos, você verá as receitas projetadas, calculadas pela função TENDÊNCIA, exibidos na planilha. A Figura 11-6 mostra um exemplo. Não há garantia de que você terá essa receita — por outro lado, ela pode ser até maior! Espere sempre pelo melhor.

F8 {=TENDÊNCIA(B3:B14;A3:A14;E3:E8)}

	A	B	C	D	E	F	G
1	Dados Reais				Previsão		
2	Mês	Receita					
3	1	R$ 11.245,12			13	R$ 13.380,82	
4	2	R$ 12.272,73			14	R$ 13.506,98	
5	3	R$ 12.344,55			15	R$ 13.633,15	
6	4	R$ 12.481,82			16	R$ 13.759,31	
7	5	R$ 12.557,27			17	R$ 13.885,47	
8	6	R$ 12.645,45			18	R$ 14.011,63	
9	7	R$ 12.134,12					
10	8	R$ 12.829,09					
11	9	R$ 12.899,09					
12	10	R$ 13.020,91					
13	11	R$ 13.090,91					
14	12	R$ 13.208,18					
15							

FIGURA 11-6: Usando a função TENDÊNCIA para calcular as previsões para uma matriz.

CRESCIMENTO

A função CRESCIMENTO é parecida com a função TENDÊNCIA pelo fato de usar os dados existentes para prever os valores de Y para um conjunto de valores de X. Mas ela é diferente, visto que é desenvolvida para o uso de dados que se encaixam em um modelo exponencial. A função aceita três argumentos:

- » O primeiro argumento é um intervalo ou uma matriz contendo os valores conhecidos de X.
- » O segundo argumento é um intervalo ou matriz contendo os valores conhecidos de Y.
- » O terceiro argumento é um intervalo ou matriz contendo os valores de X para os quais você quer fazer a previsão.
- » O quarto valor é omitido ou VERDADEIRO, caso você queira que a constante *b* seja calculada normalmente. Se este argumento for FALSO, *b* é forçado para 1. Você não usará FALSO, exceto em situações especiais.

LEMBRE-SE

A quantidade de valores conhecidos de X e Y deve ser a mesma para a função CRESCIMENTO; caso contrário, um erro ocorre. Como era de se esperar, CRESCIMENTO é uma fórmula de matriz e deve ser inserida como tal.

Para usar a função CRESCIMENTO, siga as etapas:

(***Nota:*** estas etapas pressupõem que você tenha uma planilha que contém valores conhecidos de X e Y apropriados para o modelo exponencial.)

1. **Insira os valores de X para os quais você quer prever valores de Y em uma coluna da planilha.**
2. **Selecione um intervalo de células em uma coluna que tenha a mesma quantidade de linhas que os valores de X que você inseriu na Etapa 1.**

   Geralmente, este intervalo fica na coluna próxima aos valores de X, mas não é obrigatório.
3. **Digite** =CRESCIMENTO(**para iniciar a entrada da função.**
4. **Arraste o mouse sobre intervalo contendo os valores conhecidos de Y ou insira o endereço do intervalo.**
5. **Digite um ponto e vírgula (;).**
6. **Arraste o mouse sobre intervalo contendo os valores conhecidos de X ou insira o endereço do intervalo.**
7. **Digite um ponto e vírgula (;).**
8. **Arraste o mouse sobre intervalo contendo os valores de X para os quais você quer prever os valores de Y ou insira o endereço do intervalo.**
9. **Digite um).**
10. **Pressione Ctrl+Shift+Enter para completar a fórmula.**

A Figura 11-7 mostra um exemplo do uso da função CRESCIMENTO para prever dados exponenciais. As colunas A e B contêm os dados conhecidos, e o intervalo D10:D19 contém os valores de X para as previsões desejadas. A fórmula de matriz CRESCIMENTO foi inserida em E3:E12. O gráfico mostra um diagrama de dispersão dos dados reais, até X = 40, e os dados projetados, para valores de X acima de 40. Você pode ver como os dados projetados dão continuidade às curvas exponenciais que são ajustadas pelos dados reais.

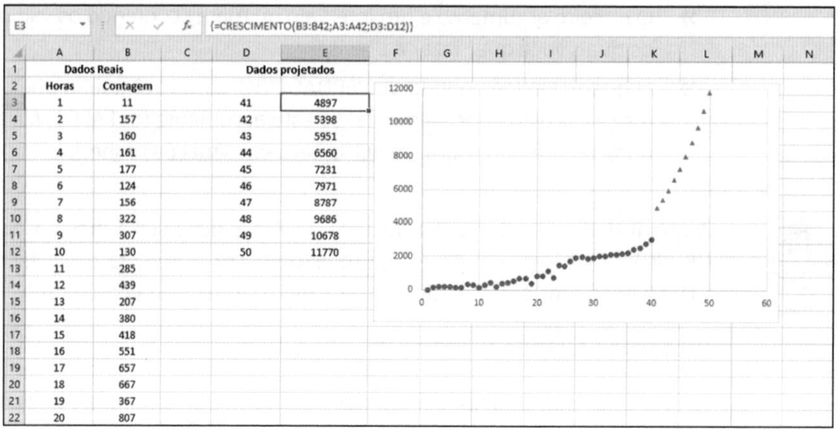
E3 {=CRESCIMENTO(B3:B42;A3:A42;D3:D12)}

	A	B	C	D	E
1	Dados Reais			Dados projetados	
2	Horas	Contagem			
3	1	11		41	4897
4	2	157		42	5398
5	3	160		43	5951
6	4	161		44	6560
7	5	177		45	7231
8	6	124		46	7971
9	7	156		47	8787
10	8	322		48	9686
11	9	307		49	10678
12	10	130		50	11770
13	11	285			
14	12	439			
15	13	207			
16	14	380			
17	15	418			
18	16	551			
19	17	657			
20	18	667			
21	19	367			
22	20	807			

FIGURA 11-7: Demonstrando o uso da função CRESCIMENTO para projetar dados exponenciais.

O Uso das Funções DIST.NORM.N e DIST.POISSON para Determinar Probabilidades

Você pode ter uma boa noção a respeito da distribuição normal no Capítulo 9. Para defini-la brevemente, uma distribuição normal é caracterizada pela sua *média* (o valor no meio da distribuição) e pelo seu *desvio-padrão* (a medida em que os valores se espalham em um dos lados da média). A distribuição normal é uma distribuição contínua, o que significa que os valores de X podem ser fracionários, e não restritos a inteiros. A distribuição normal tem uma diversidade de usos, pois muitos processos, naturais ou humanos, a adotam.

DIST.NORM.N

LEMBRE-SE

A palavra *normal* neste contexto não quer dizer "bom" ou "certo", e uma distribuição que não seja normal não está errada de alguma forma. Normal é usado simplesmente para significar "típico" ou "de uso comum".

O Excel fornece a função DIST.NORM.N para calcular as probabilidades a partir de uma distribuição normal. A função aceita quatro argumentos:

- O primeiro argumento é o valor para o qual você quer calcular uma probabilidade.
- O segundo argumento é a média da distribuição normal.
- O terceiro argumento é o desvio-padrão da distribuição normal.
- O quarto argumento é VERDADEIRO se você quiser a probabilidade cumulativa, e FALSO se preferir a probabilidade não cumulativa.

PAPO DE ESPECIALISTA

Probabilidade cumulativa é a possibilidade de obter qualquer valor entre 0 e o valor especificado. *Probabilidade não cumulativa* é a possibilidade de obter exatamente o valor especificado.

As distribuições normais são usadas para uma variedade ampla de medidas. Os exemplos incluem pressão arterial, níveis atmosféricos de dióxido de carbono, altura de ondas, tamanho de folhas, e temperatura de forno domésticos. Se você sabe a média e o desvio-padrão de uma distribuição, pode usar a função DIST.NORM.N para calcular as probabilidades relacionadas.

Veja um exemplo: sua empresa fabrica equipamentos, e um cliente deseja comprar uma grande quantidade de parafusos de 50mm. Devido ao processo de produção, o comprimento dos parafusos varia ligeiramente. O cliente fará o pedido apenas se pelo menos 95% dos parafusos estiverem entre 49,9mm e 50,1mm.

Calcular a medida de cada parafuso é impraticável, mas os dados anteriores mostram que a distribuição de comprimento dos parafusos é uma distribuição normal com média 50 e um desvio-padrão de 0,05. Você pode usar o Excel e a função DIST.NORM.N para responder essa questão. Este é o plano:

1. **Use a função DIST.NORM.N para determinar a probabilidade cumulativa de um parafuso ter, pelo menos, 50,1mm de comprimento.**
2. **Use a função DIST.NORM.N para determinar a probabilidade cumulativa de um parafuso ter no mínimo 49,9mm de comprimento.**
3. **Subtraia o segundo valor do primeiro para obter a probabilidade de que um parafuso terá entre 49,9mm e 50,1mm de comprimento.**

Veja o passo a passo:

1. **Em uma nova planilha, insira os valores para a média, desvio-padrão, limite superior e limite inferior em células separadas.**

   Opcionalmente, você pode inserir rótulos para identificar as células.

2. **Em outra célula, digite** =DIST.NORM.N(**para iniciar a entrada da função.**
3. **Clique na célula contendo o valor do limite inferior (49,9) ou insira o endereço da célula.**
4. **Digite um ponto e vírgula (;).**
5. **Clique na célula contendo a média ou insira o endereço da célula.**
6. **Digite um ponto e vírgula (;).**
7. **Clique na célula contendo o desvio-padrão ou insira o endereço da célula.**
8. **Digite um ponto e vírgula (;).**
9. **Digite** VERDADEIRO).
10. **Pressione Enter para completar a função.**

    Esta célula exibe a probabilidade de um parafuso ser menor ou igual ao limite inferior.

11. **Em outra célula, digite** =DIST.NORM.N(**para iniciar a entrada da função.**
12. **Clique na célula contendo o valor do limite superior (50,1) ou insira o endereço da célula.**
13. **Repita os Passos 4 a 10.**

    Esta célula exibe a probabilidade de um parafuso ser menor ou igual ao limite superior.

14. Em outra célula, insira uma fórmula que subtraia a probabilidade do limite inferior a partir da probabilidade do limite superior.

Esta célula exibe a probabilidade de um parafuso estar entre os limites especificados.

A Figura 11-8 mostra uma planilha que foi criada para solucionar este problema. Você pode ver na célula B8 que a resposta é 0,9545. Ou seja, 95,45% dos seus parafusos se encaixam nos limites estabelecidos e você pode aceitar o pedido do cliente. Perceba que nesta planilha as fórmulas nas células B6:B8 são introduzidas nas células adjacentes para que você possa ver como elas são.

B8 | =B7-B6

	A	B	C
1			
2	Média	50	
3	Desvio-Padrão	0,05	
4	Limite superior	50,1	
5	Limite inferior	49,9	
6	Probabilidade < = Limite inferior	0,02275	=DIST.NORM.N(B5;B2;B3;VERDADEIRO)
7	Probabilidade < = Limite superior	0,97725	=DIST.NORM.N(B4;B2;B3;VERDADEIRO)
8	Probabilidade entre os limites	0,9545	=B7-B6
9			

FIGURA 11-8: Usando a função DIST.NORM.N para calcular as probabilidades.

DIST.POISSON

A *Poisson* é outro tipo de distribuição usada em diversas áreas da estatística. Seu uso mais comum é modelar a quantidade de eventos que acontecem em um período de tempo específico. Suponha que você esteja modelando a quantidade de funcionários que alegam estar doentes por dia ou a quantidade de itens defeituosos produzidos na sua fábrica por semana. Nesses casos, a distribuição Poisson é apropriada.

A distribuição Poisson é importante para analisar eventos raros. O que significa *raro*? Pessoas que dizem estar doentes para não ir trabalhar dificilmente é um evento raro, mas uma quantidade específica de pessoas alegando estar doente é raro, pelo menos, estatisticamente falando. As situações em que a Poisson é válida incluem o índice de acidentes de carro, contagens de cliente chegando e defeitos de fabricação. Uma forma de expressar isso é que os eventos são individualmente raros, porém existem muitas chances de eles ocorrerem.

A distribuição Poisson é uma distribuição discreta. Isso significa que os valores de X na distribuição podem apenas assumir valores especificados e discretos como X = 1, 2, 3, 4, 5 e assim por diante. Isso é diferente da distribuição normal, que é contínua, em que os valores de X podem assumir qualquer valor (X = 0,034; 1,2365; e assim sucessivamente). A natureza discreta da distribuição Poisson é adequada para os tipos de dados com os quais você a usa. Por exemplo, funcionários alegando doença: você pode ter 1, 5 ou 8 em um determinado dia, mas é bem improvável que tenha 1,45; 7,2 ou 9,15!

A Figura 11-9 exibe uma distribuição Poisson que tem uma média 20. Os valores no eixo X são a quantidade de ocorrências (do que você estiver estudando), e valores no eixo Y são as probabilidades. Você pode usar essa distribuição para determinar a probabilidade de uma quantidade específica de ocorrências acontecer. Por exemplo, este gráfico informa que a probabilidade de ter exatamente 15 ocorrências é de aproximadamente 0,05 (5%).

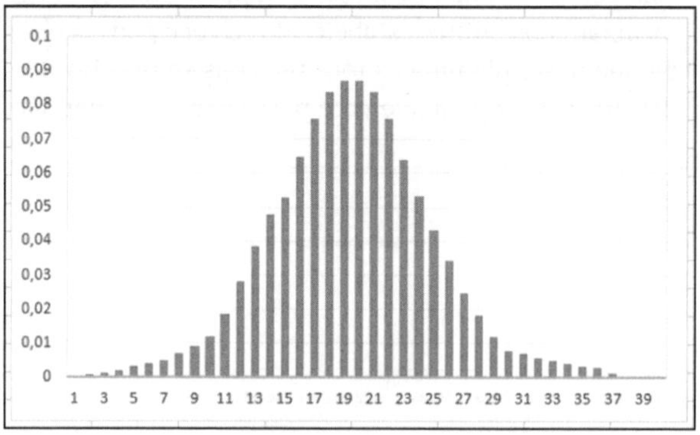

FIGURA 11-9: Uma distribuição Poisson com média 20.

PAPO DE ESPECIALISTA

A distribuição Poisson é uma distribuição discreta e é utilizada somente com dados que assumem valores discretos (inteiros), como contagem de itens.

Uma distribuição Poisson nem sempre é simétrica, como é a exibida na Figura 11-9. Os valores negativos de X são incoerentes em uma distribuição Poisson. Afinal, você não pode ter menos de zero pessoas alegando estar doentes no trabalho! Se a média é um valor pequeno, a distribuição será distorcida, conforme exibido na Figura 11-10 para uma distribuição Poisson com uma média 4.

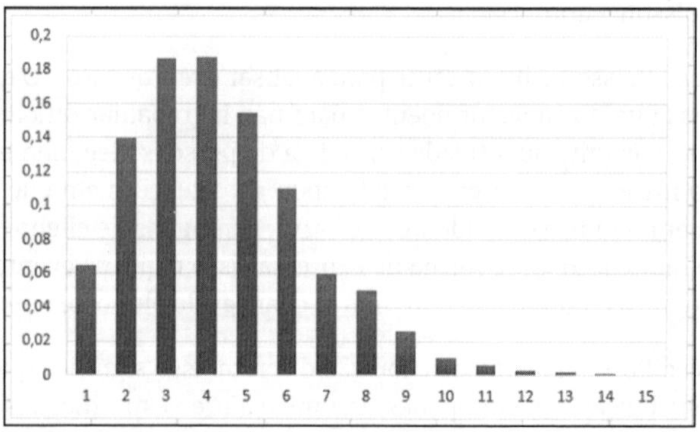

FIGURA 11-10: Uma distribuição Poisson com média 4.

LEMBRE-SE

A função DIST.POISSON do Excel permite que você calcule a probabilidade de um número específico de eventos acontecer. Tudo o que você precisa saber é a média da distribuição. Essa função consegue calcular a probabilidade de duas formas:

- **Cumulativa:** A probabilidade que entre 0 e X eventos acontecerão.
- **Não cumulativa:** A probabilidade que exatamente X eventos acontecerão.

Os dois gráficos Poisson mostrados anteriormente neste capítulo se referem a probabilidades não cumulativas. A Figura 11-11 exibe a distribuição Poisson cumulativa correspondente à Figura 11-9. É possível ver a partir desse gráfico que a probabilidade cumulativa de 15 eventos — a probabilidade de 15 ou menos eventos ocorrer — é aproximadamente 0,15.

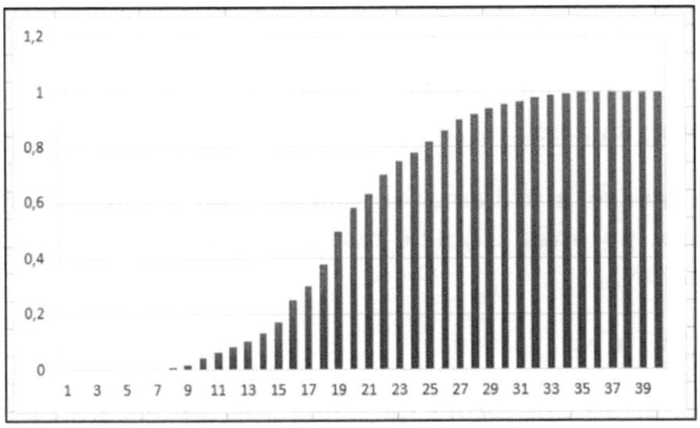

FIGURA 11-11: Uma distribuição Poisson cumulativa com uma média 20.

DICA

E se você quisesse calcular a probabilidade de mais de X eventos acontecerem? Simples! Basta calcular a probabilidade cumulativa para X e subtrair o resultado de 1.

A função DIST.POISSON utiliza três argumentos:

- O primeiro argumento é a quantidade de eventos para os quais você quer calcular a probabilidade. Deve ser um valor inteiro maior que 0.
- O segundo argumento é a média da distribuição Poisson para se usar. Também deve ser um valor inteiro maior que 0.
- O terceiro argumento é VERDADEIRO se você quiser a probabilidade cumulativa, e FALSO caso prefira a probabilidade não cumulativa.

Imagine que você seja o gerente de uma empresa que produz sapatas de freio. Seu gerente regional anunciou um incentivo: você receberá um bônus para cada dia que a quantidade de sapatas defeituosas for menor que 20. Quantos dias por mês você atingirá este objetivo, sabendo que o número médio de sapatas de freio defeituosas é de 25 por dia? Veja os seguintes passos:

1. **Em uma nova planilha, insira o número médio de defeitos por dia (25) em uma célula.**

   Se quiser, insira um rótulo adjacente para identificar a célula.

2. **Na célula abaixo, digite** =DIST.POISSON(**para iniciar a entrada da função.**
3. **Digite o valor** 20.
4. **Insira um ponto e vírgula (;).**

5. **Clique na célula em que você inseriu os defeitos médios ou insira seu endereço de célula.**

6. **Insira um ponto e vírgula (;).**

7. **Digite** VERDADEIRO).

8. **Pressione Enter para completar a fórmula.**

9. **Caso queira, insira um rótulo na célula adjacente para identificar isso como a probabilidade de 20 ou menos defeitos.**

10. **Na célula abaixo, insira uma fórmula que multiplique o número de dias trabalhados por mês (22) pelo resultado recém-calculado pela função DIST.POISSON.**

    Na sua planilha, essa fórmula é `=22*B3`, inserida na célula B4.

11. **Se quiser, insira um rótulo na célula adjacente para identificar isso como o número de dias por mês que você pode esperar ter 20 ou menos defeitos.**

A planilha finalizada é exibida na Figura 11-12. Neste exemplo, eu formatei as células B3:B4 com duas casas decimais. Você pode ver que, com uma média de 25 defeitos por dia, você pode esperar receber um bônus de 4 dias no mês.

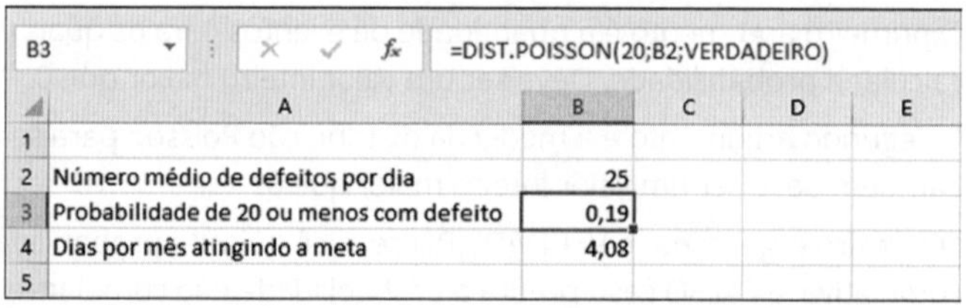
B3 =DIST.POISSON(20;B2;VERDADEIRO)

	A	B	C	D	E
1					
2	Número médio de defeitos por dia	25			
3	Probabilidade de 20 ou menos com defeito	0,19			
4	Dias por mês atingindo a meta	4,08			
5					

FIGURA 11-12: Usando a função DIST.POISSON para calcular uma probabilidade cumulativa.

4

No Embalo dos Dados

NESTA PARTE...

Controle suas datas.

Calcule o tempo.

Pesquise os dados e use a lógica.

Descubra informações sobre seus dados e seu sistema de computador.

Faça um test-drive nas funções de texto.

Investigue a fundo os dados com funções de banco de dados.

NESTE CAPÍTULO

» Controlando e formatando as datas

» Trabalhando com meses, dias e anos

» Calculando o valor diário

» Determinando o dia da semana

» Calculando o tempo entre as datas

Capítulo 12

Curtindo com as Funções de Data

Geralmente, ao trabalhar com o Excel, você precisa gerenciar datas. Talvez você tenha uma lista de datas de quando visitou um cliente e precise contar quantas vezes esteve lá em setembro. Por outro lado, talvez esteja fazendo o acompanhamento de um projeto durante alguns meses e queira saber a quantidade de dias entre os marcos.

O Excel tem muitas funções DATA que facilitam o seu trabalho! Este capítulo explica como o Excel manipula as datas, como comparar e subtrair as datas, como trabalhar com parte de uma data (tal como o mês ou o ano), e até como contar o número de dias entre duas datas. Você sempre pode referenciar a data atual do relógio do seu computador e usá-la em um cálculo; eu mostrarei como.

Entendendo como o Excel Lida com as Datas

Imagine que, em 1° de janeiro de 1900, você começou a contar os dias, um a um, acrescentando um a mais ao total. É assim que o Excel lida com as datas. O dia 1° de janeiro de 1900 é um; 2 de janeiro de 1900 é dois e assim por diante. Nós sempre nos lembraremos de 25.404 como o dia em que o homem caminhou na lua pela primeira vez, e 36.892 como o início do novo milênio!

PAPO DE ESPECIALISTA

Na verdade, o milênio começou em 1 de janeiro de 2001. O ano 2000 foi o último ano do século XX. A representação de datas como número sequencial — especificamente, o número de dias entre 1º de janeiro de 1900 e a data em questão — pode parecer estranho, mas existem boas razões para tal. O Excel pode lidar com datas desde o dia 1º de janeiro de 1900 até 31 de dezembro de 9999. Usando o sistema de numeração sequencial, isso é de 1 até 2.958.465!

Como o Excel representa as datas desta forma, ele pode trabalhar com as datas da mesma maneira que os números. Por exemplo, você pode subtrair uma data de outra para calcular quantos dias existem entre elas. Você também pode adicionar 14 à data de hoje e obter uma data futura de duas semanas à frente. Este recurso é bem prático, mas as pessoas estão acostumadas a ver datas representadas em formatos tradicionais, e não como números. Felizmente, o Excel usa números sequenciais de data apenas nos bastidores, e o que você vê na sua pasta de trabalho são as datas nos formatos-padrão, como 20 jan, 2018 e 20/1/18.

DICA

No Excel para Mac, o sistema de numeração sequencial começa com 1º de janeiro de 1904.

O modo como anos são tratados exige uma menção especial. Quando um ano é exibido em quatro dígitos, como 2018, não há ambiguidade. Contudo, quando uma data é escrita em um estilo abreviado, como em 3/1/02, não fica claro qual é o ano. Pode ser 2002 ou 1902. Suponha que 3/1/02 é a entrada abreviada do aniversário de alguém. Em 1º de março de 2005, ou ele tem 3 anos de idade ou 103. Nos países onde se escreve a data no formato dd/mm/aa, isso seria 3 de janeiro de 1902, ou 3 de Janeiro de 2002.

O Excel e o sistema operacional Windows têm uma forma-padrão que interpreta os anos abreviados. O Windows tem uma configuração na caixa de diálogo Personalizar Opções Regionais, localizada no Painel de Controle. Essa configuração direciona como o Excel interpreta os anos. Se a configuração é de 1930 até 2029, 3/1/02 indica o ano de 2002, mas 3/1/45 indica o ano de 1945, não 2045. A Figura 12-1 mostra essa configuração.

Veja como acessá-la e configurá-la:

1. **Use o recurso de pesquisa do Windows para localizar e abrir o Painel de Controle.**
2. **Selecione Relógio e Região.**
3. **Selecione Região.**

   A caixa de diálogo Região abre.

4. **Clique na aba Formatos.**
5. **Clique no botão Configurações Adicionais.**

   A caixa de diálogo Personalizar Formato abre.

6. **Clique na aba Data.**
7. **Na seção Calendário, selecione um ano de quatro dígitos (como 2029) para indicar o último ano que será usado quando interpretar um ano de dois dígitos.**
8. **Clique em OK para fechar a caixa de diálogo.**

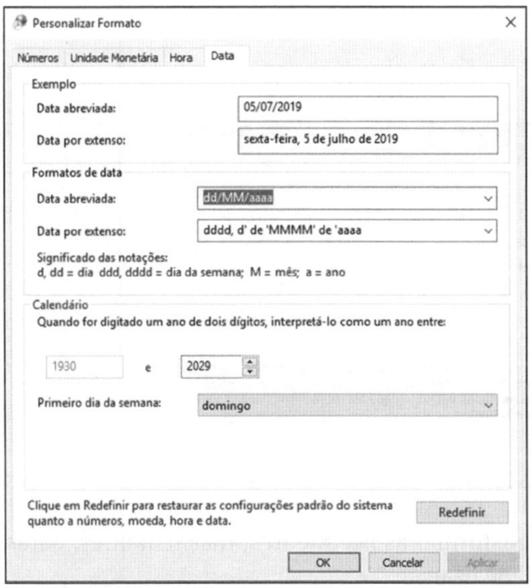

FIGURA 12-1: Definindo como os anos são interpretados na caixa de diálogo Personalizar Formato.

DICA

Para garantir o máximo de precisão ao trabalhar com datas, sempre insira todos os quatro dígitos para o ano.

Formatando as Datas

Ao trabalhar com datas, você provavelmente precisa formatar as células na sua planilha. É muito bom quando o Excel informa que 1º de junho de 2018 é sequencialmente representado como 43252, mas você certamente não quer isso em um relatório. Para formatar as datas, use a caixa de diálogo Formatar Células, mostrada na Figura 12-2.

Para formatar as células atualmente selecionadas como datas, siga as etapas:

1. **Se já não estiver sendo exibida, clique na aba Início, no topo da tela do Excel.**
2. **Clique na seta pequena, no canto inferior direito da seção Número.**

   A caixa de diálogo Formatar Células aparece, revelando a aba Número.

3. **Selecione Data na Lista Categoria.**
4. **Selecione o formato apropriado em Lista Tipo.**

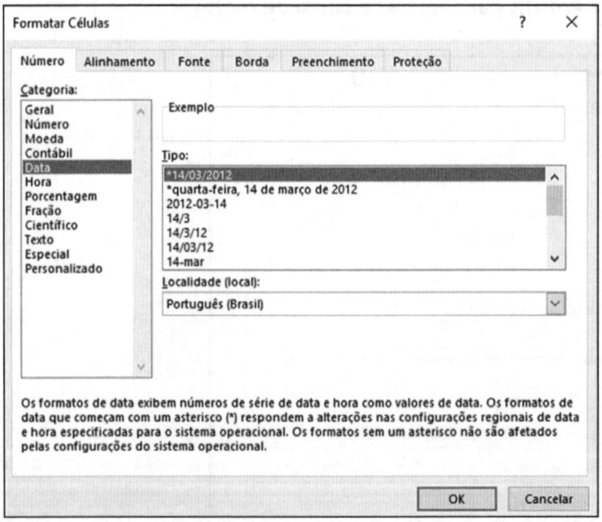

FIGURA 12-2: Usando a caixa de diálogo Formatar Células para controlar como as datas são exibidas.

Agora, você pode transformar as pertinentes, mas irritantes, datas sequenciais em um formato fácil de usar.

DICA

Ao inserir uma data em uma célula usando um dos formatos-padrão de data, o Excel o reconhece como uma data e automaticamente atribui um formato Data para a célula. Talvez você queira utilizar a caixa de diálogo Formatar Número para atribuir um formato de data diferente.

Datas com a Função DATA

Você pode usar a função DATA para criar uma data completa a partir de informações independentes de dia, mês e ano. A função DATA pode ser útil porque as datas não aparecem como tal em uma planilha. Você pode ter uma coluna de valores entre 1 e 12 que represente o mês e outra coluna de valores entre 1 e 31 para o dia do mês. Uma terceira coluna pode armazenar os anos — no formato abreviado ou no formato de quatro dígitos.

A função DATA combina os componentes individuais de dia, mês, e ano em uma data utilizável. Isso facilita o uso e a referenciação de datas em sua planilha. Veja o passo a passo da função DATA:

1. **Selecione a célula em que você quer que o resultado apareça.**
2. **Digite** =DATA(**para iniciar a entrada da função.**
3. **Clique na célula que tem o ano.**
4. **Digite um ponto e vírgula (;).**
5. **Clique na célula com o número que representa o mês (de 1 a 12).**
6. **Digite um ponto e vírgula (;).**
7. **Clique na célula com o número que representa o dia (de 1 a 31).**
8. **Digite) e pressione Enter.**

A Figura 12-3 exibe uma quarta coluna de datas, que foram criadas usando a função DATA e os valores das três primeiras colunas. A quarta coluna de datas foi formatada para que as datas sejam exibidas em um formato-padrão, não como um número sequencial de data.

D3 =DATA(C3;B3;A3)

	A	B	C	D	E
1	DIA	MÊS	ANO		
2					
3	19	4	2015	domingo, 19 de abril de 2015	
4	24	2	2015	terça-feira, 24 de fevereiro de 2015	
5	23	2	2013	sábado, 23 de fevereiro de 2013	
6	24	8	2012	sexta-feira, 24 de agosto de 2012	
7	6	12	2015	domingo, 6 de dezembro de 2015	
8	17	7	2014	quinta-feira, 17 de julho de 2014	
9	14	5	2013	terça-feira, 14 de maio de 2013	
10	8	1	2011	sábado, 8 de janeiro de 2011	
11	28	9	2013	sábado, 28 de setembro de 2013	
12	3	9	2012	segunda-feira, 3 de setembro de 2012	
13	10	4	2014	quinta-feira, 10 de abril de 2014	
14	9	3	2012	sexta-feira, 9 de março de 2012	
15	10	10	2015	sábado, 10 de outubro de 2015	
16	6	12	2013	sexta-feira, 6 de dezembro de 2013	
17	30	4	2013	terça-feira, 30 de abril de 2013	
18	15	8	2015	sábado, 15 de agosto de 2015	
19	31	7	2015	sexta-feira, 31 de julho de 2015	
20	14	11	2012	quarta-feira, 14 de novembro de 2012	

FIGURA 12-3: Usando a função DATA para agrupar uma data de valores com mês, dia e ano separados.

A função DATA permite uma certa flexibilidade extra com o número do mês. Os números negativos do mês são subtraídos do ano especificado. Por exemplo, a função `=DATA(2018; -5; 15)` retorna a data de 15 de Julho de 2017, porque julho de 2017 está 5 meses antes do primeiro mês de 2018. Os números maiores que 12 funcionam da mesma forma. `=DATA(2018; 15; 1)` retorna 1º de março de 2019, pois março de 2019 está 15 meses após o primeiro mês de 2018.

O mesmo vale para o número de dias. Os números negativos são subtraídos do primeiro dia do mês especificado, e os números maiores que o último dia do mês especificado vincula os meses posteriores. Assim, `=DATA(2018; 2; 30)` retorna 2 de março de 2018, porque fevereiro não tem 30 dias. De modo similar, `=DATA(2018; 2; 40)` retorna 12 de março de 2018.

Dividindo uma Data com as Funções DIA, MÊS e ANO

Tudo aquilo que pode ser montado também pode ser desmontado. Na seção anterior, eu mostrei como usar a função DATA para criar uma data a partir de dados de ano, mês e dia separados. Nesta seção, você aprende a fazer o inverso: separar uma data em componentes individuais de ano, mês e dia usando as funções, DIA, MÊS e ANO. Na Figura 12-4, as datas na coluna A estão separadas por dia, mês e ano, respectivamente, nas colunas B, C e D.

B3 | fx =DIA(A3)

	A	B	C	D	E
1	DATA	DIA	MÊS	ANO	
2	01/01/2014	1	1	2014	
3	22/05/2015	22	5	2015	
4	13/03/2013	13	3	2013	
5	28/09/2015	28	9	2015	
6	03/09/2012	3	9	2012	
7	10/04/2013	10	4	2013	
8	09/03/2015	9	3	2015	
9	15/08/2012	15	8	2012	
10	31/07/2012	31	7	2012	
11	14/11/2012	14	11	2012	
12	08/05/2013	8	5	2013	
13	02/08/2015	2	8	2015	
14	26/02/2012	26	2	2012	
15	20/01/2013	20	1	2013	
16	22/04/2012	22	4	2012	
17	12/12/2013	12	12	2013	
18	17/06/2013	17	6	2013	
19	31/05/2015	31	5	2015	
20	31/01/2013	31	1	2013	
21	04/07/2012	4	7	2012	

FIGURA 12-4: Dividindo uma data com as funções DIA, MÊS e ANO.

Isolando o dia

Isolar a parte do dia de uma data é útil nas aplicações em que somente o dia, mas não o mês ou o ano, é relevante. Suponha que você tenha uma loja e queira descobrir se mais clientes vêm à loja na primeira ou na segunda metade do mês. Você está interessado nessa tendência durante alguns meses. Logo, a tarefa pode ser calcular a média do número de vendas apenas do dia do mês.

A função DIA é eficaz nesse sentido porque você pode usá-la para retornar apenas o dia para uma longa lista de datas. Em seguida, pode examinar os resultados por dia.

Veja como usar a função DIA:

1. **Posicione o cursor do mouse na célula em que você quer ver o resultado.**
2. **Digite** =DIA(**para iniciar a entrada da função.**
3. **Clique na célula que tem a data.**
4. **Digite) e pressione Enter.**

   O Excel retorna um número entre 1 e 31.

A Figura 12-5 mostra como a função DIA pode ser usada para analisar a atividade do cliente. A coluna A contém as datas sequenciais de um ano inteiro (a maioria delas não está visível na figura). Na coluna B, a parte do dia de cada data foi isolada. A coluna C exibe o tráfego de clientes para cada dia.

E4 =SOMASE(B2:B366;"<16";C2:C36)/CONT.SE(B2:B366;"<16")

	A	B	C	D	E	F
1	DATA	DIA	CLIENTES			
2	01/01/2013	1	8		Média diária de clientes	
3	02/01/2013	2	36		para a 1ª quinzena dos meses	
4	03/01/2013	3	48		45,34	
5	04/01/2013	4	41			
6	05/01/2013	5	36			
7	06/01/2013	6	49			
8	07/01/2013	7	34		Média diária de clientes	
9	08/01/2013	8	37		para a 2ª quinzena dos meses	
10	09/01/2013	9	55		49,82	
11	10/01/2013	10	56			
12	11/01/2013	11	34			
13	12/01/2013	12	41			
14	13/01/2013	13	42			
15	14/01/2013	14	33			
16	15/01/2013	15	26			
17	16/01/2013	16	78			
18	17/01/2013	17	64			
19	18/01/2013	18	68			
20	19/01/2013	19	52			

FIGURA 12-5: Usando a função DIA para analisar atividade de clientes.

Esta é a informação que você precisa para analisar se há diferença na quantidade de tráfego de clientes entre a primeira e a segunda metade do mês.

As células E4 e E10 mostram a média diária de tráfego de clientes para a primeira e a segunda metade do mês, respectivamente. O valor para a primeira metade do mês foi obtido ao somar todos os valores de cliente para os valores de dia no intervalo de 1 a 15 e dividindo pelo total de dias. O valor para a segunda metade do mês foi feito da mesma forma, usando os valores de dias no intervalo 16 a 31.

As partes de dias das datas, na coluna B, foram a chave para esses cálculos:

- » Na célula E4, o cálculo é `=SOMASE(B2:B366;"<16";C2:C366)/CONT.SE(B2:B366"<16")`.
- » Na célula E10, o cálculo é `=SOMASE(B2:B366;">15";C2:C366)/CONT.SE(B2:B366,">15")`.

A função SOMASE foi discutida no Capítulo 8 e a função CONT.SE no Capítulo 9.

A função DIA foi indispensável em mostrar que mais clientes visitam a loja fictícia na segunda metade do mês. Esse tipo de informação é ótima para ajudar um proprietário de loja a planejar as tarefas de funcionários, liquidações e assim por diante.

Isolando o mês

Isolar a parte do mês de uma data é útil nas aplicações em que apenas o mês, mas não o dia e o ano, é relevante. Por exemplo, você pode ter uma lista de datas, em que mais de cinco funcionários faltaram por doença e precisa determinar se esse evento é mais comum em certos meses do que em outros.

Você poderia classificar as datas e, em seguida, contar o número para cada mês. Isso seria bem fácil, mas a classificação pode não ser uma opção baseada em outras exigências. Além disso, por que contar manualmente, quando você tem na sua frente um dos melhores programas de contagem de todos os tempos?

A Figura 12-6 mostra uma planilha na qual a função MÊS extraiu o valor numérico do mês (1-12) dentro da coluna B, a partir das datas na coluna A. A célula B2 contém a fórmula =MÊS(A2), que continua coluna abaixo. As colunas C e D contêm um sumário de datas por mês. A fórmula usada na célula D3 é `=CONT.SE($B$2:$B$260;1)`.

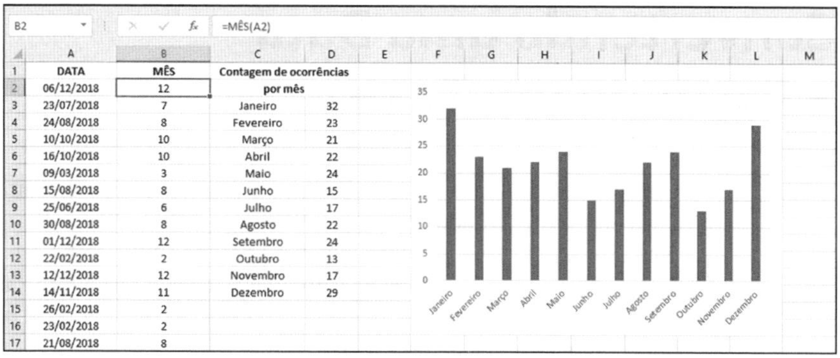

FIGURA 12-6: Usando a função MÊS para contar o número de datas caindo em cada mês.

A fórmula contabiliza o número de datas com o valor de mês igual a 1 — em outras palavras, janeiro. As células D4 até D14 contêm as fórmulas similares para os valores de mês de 2 a 12. A representação gráfica de dados da figura deixa claro que faltar por doença é mais predominante em dezembro e janeiro. Veja o Capítulo 9 para mais informações sobre a função CONT.SE.

Use a função MÊS desta maneira:

1. **Selecione a célula em que você quer ver o resultado.**
2. **Digite** =MÊS(**para iniciar a entrada da função.**
3. **Clique na célula que tem a data.**
4. **Digite) e pressione Enter.**

   O Excel retorna um número entre 1 e 12.

Isolando o ano

Isolar o ano é útil nas aplicações em que somente o ano, mas não o dia ou o mês, é relevante. Na prática, é menos usado do que as funções DIA ou MÊS porque a data é geralmente — mas nem sempre — do mesmo ano.

Siga estas etapas para usar a função ANO:

1. **Selecione a célula em que você quer que os resultados sejam exibidos.**
2. **Digite** =ANO(**para iniciar a entrada da função.**
3. **Clique na célula que tem a data.**
4. **Digite) e pressione Enter.**

   O Excel retorna o ano em quatro dígitos.

Convertendo uma Data a Partir de um Texto

Talvez você tenha dados em sua planilha que se parecem com uma data, mas que não são representados como um valor de data do Excel. Por exemplo, se você inserir 24-01-2018 em uma célula, o Excel não teria como saber se é 24 de janeiro de 2018 ou se é o código de combinação da sua fechadura. Caso os dados se pareçam com uma data, você pode usar a função DATA.VALOR para convertê-la em um valor de data do Excel.

Na prática, qualquer formato de data padrão inserido em uma célula é reconhecido pelo Excel como uma data e convertido de acordo. No entanto podem existir casos, como quando datas por extenso são importadas de uma fonte de dados externa ou o dado é copiado e colado no Excel, que você precisa usar a função DATA.VALOR.

PAPO DE ESPECIALISTA

Por que não inserir as datas como dados de texto? Embora eles possam parecer corretos, você não pode usá-los em nenhum dos poderosos cálculos de data do Excel sem antes convertê-los em valores de datas.

A função DATA.VALOR reconhece quase todas as formas normalmente usadas em que datas são escritas. Veja algumas formas que você pode inserir para 14 de agosto de 2014:

- » 14/08/18
- » 14-ago-2018
- » 2018/08/14

DATA.VALOR pode converter essas e muitas outras representações de data em um número sequencial de data.

Depois de converter as datas em um número sequencial, você pode utilizar as datas em outras fórmulas de data ou fazer cálculos com elas, conforme apresentado em outras partes deste capítulo.

Para usar a função DATA.VALOR, siga as etapas:

1. **Selecione a célula em que você quer que o número sequencial de data seja exibido.**
2. **Digite** =DATA.VALOR(**para iniciar a entrada da função.**
3. **Clique na célula que tem a data em formato de texto.**

4. **Digite um) e pressione Enter.**

   O resultado é um número em série, a menos que a célula na qual o resultado é exibido já tenha sido ajustada para o formato de data.

A Figura 12-7 mostra como algumas datas não padronizadas na coluna A foram convertidas em números sequenciais com a função DATA.VALOR na coluna B. Então, a coluna C exibe esses números sequenciais formatados como datas.

B3 | fx =DATA.VALOR(A3)

	A	B	C	D
1	Data original	Retorno usando DATA.VALOR	Data formata por extenso	
2				
3	12-12-12	41255	quarta-feira, 12 de dezembro de 2012	
4	28-02-10	40237	domingo, 28 de fevereiro de 2010	
5	14-mar	43538	quinta-feira, 14 de março de 2019	
6	3/10/13	41550	quinta-feira, 3 de outubro de 2013	
7	10/3/2013	41343	domingo, 10 de março de 2013	
8	Feb 9 14	#VALOR!		
9				

FIGURA 12-7: Convertendo as datas em seus números sequenciais equivalentes com a função DATA.

Percebe alguma coisa engraçada na Figura 12-7? Normalmente, você não consegue inserir um valor como o que está na célula A4 — 02-28-10 — sem perder o 0 inicial. As células na coluna A foram modificadas para o formato Texto. Esse formato informa ao Excel para deixar sua entrada como está. O formato Texto é uma das opções na lista Categoria na caixa de diálogo Formatar Células (veja a Figura 12-2).

Observe também que a data por extenso na célula A8, `Fev 9 14`, não pôde ser convertida pela função DATA.VALOR, então a função retornou a mensagem de erro `#VALOR!`. O Excel é ótimo em reconhecer datas, mas eu não disse que ele é perfeito! Em casos como esse, você deve formatar a data de outra maneira para que DATA.VALOR possa reconhecê-la.

A Função HOJE

Ao trabalhar com o Excel, você geralmente precisa usar a data atual. Sempre que imprime uma planilha, por exemplo, você pode querer que apareça a data do dia. A função HOJE atende às exigências perfeitamente. Para usar a função HOJE, siga estes passos:

1. **Posicione o cursor do mouse na célula em que você quer ver o resultado.**
2. **Digite** =HOJE( ).
3. **Pressione Enter para finalizar a função.**

Pronto! Agora você tem a data do seu computador. Caso o relógio do seu computador não esteja configurado corretamente, não culpe o Excel. Igual a todas as datas no Excel, você termina com um número sequencial, mas a formatação Data exibe a data de uma maneira legível.

Como com todas as funções no Excel, você pode incorporar as funções em outras funções. Por exemplo, se precisa saber apenas o mês da data atual, você pode combinar a função HOJE com a função MÊS, desta forma:

```
=MÊS(HOJE())
```

Contando os dias até o seu aniversário

Depois de uma certa idade, muitas pessoas gostariam que seus aniversários não chegassem tão rápido, mas, se você ainda gosta disso, pode usar o Excel para saber quantos dias faltam para o seu próximo aniversário. Inserida em uma célula, esta fórmula informa quantos dias restam até o seu aniversário (presumindo que seu próximo aniversário seja 5 de maio de 2020):

```
=DATA(2020;5;5) - HOJE()
```

Use a função DATA para inserir o dia, mês e ano do seu próximo aniversário. Isso evita que o Excel interprete uma entrada abreviada, tal como 5/5/2020, como uma operação matemática própria.

Se a fórmula fosse `=5/5/2020 - HOJE()`, o Excel calcularia uma resposta incorreta, porque a fórmula efetivamente diz: "Divida 5 por 5, em seguida, divida o resultado por 2020, depois subtraia o número sequencial da data de hoje." A resposta estaria incorreta.

LEMBRE-SE

Usar a função DATA para representar as datas em que operações matemáticas são realizadas é uma boa ideia.

Contando sua idade em dias

Quando seu aniversário finalmente chega, alguém pode lhe perguntar quantos anos você tem. Talvez você prefira não falar. Você pode responder da seguinte forma, de um jeito que deixa dúvida: responda dizendo sua idade em dias!

O Excel pode ajudá-lo. Tudo o que você tem que fazer é contar o número de dias entre a sua data de nascimento e a data atual. Uma simples fórmula informa isso:

```
=HOJE() - DATA(ano de nascimento; mês de nascimento; dia de
   nascimento)
```

Veja um exemplo, presumindo que sua data de nascimento seja 18 de março de 1976.

```
=HOJE() - DATA(1976; 3; 18).
```

Determinando o Dia da Semana

Os Beatles gravaram uma música chamada "Eight Days a Week" [Oito Dias por Semana], mas para o resto de nós sete dias é a regra. A função DIA.DA.SEMANA o ajuda a descobrir em qual dia da semana uma data cai. Agora você pode descobrir se seu próximo aniversário cai em uma sexta-feira. Ou pode garantir que uma reunião de negócios planejada não caia no final de semana.

Veja como usar a função DIA.DA.SEMANA:

1. **Selecione a célula em que você quer ver o resultado.**
2. **Digite** =DIA.DA.SEMANA(**para iniciar a entrada da função.**
3. **Selecione a célula que tem a data para a qual você quer descobrir o dia da semana.**
4. **Digite) e pressione Enter.**

   A função DIA.DA.SEMANA retorna um número entre 1 e 7. A Tabela 12-1 mostra o que o número retornado significa.

TABELA 12-1 **Valores Retornados por DIA.DA.SEMANA**

Valor Retornado	Dia da semana
1	Domingo
2	Segunda-feira
3	Terça-feira
4	Quarta-feira
5	Quinta-feira
6	Sexta-feira
7	Sábado

Não confunda os números retornados com as datas reais! Só porque a Tabela 12-1 exibe um valor 4 indicando quarta-feira não significa que o quarto dia da semana em um determinado mês será uma quarta-feira. Os valores dos números retornados também são um tanto confusos, pois a maioria das pessoas considera segunda, e não domingo, o primeiro dia da semana. Você pode discutir o assunto com a Microsoft se quiser! Melhor ainda, você pode incluir um segundo argumento, opcional, que informa DIA.DA.SEMANA para retornar 1 para segunda, 2 para terça-feira e assim sucessivamente:

```
=DIA.DA.SEMANA(A1; 2)
```

LEMBRE-SE

Os números de 1 até 7, retornados da função DIA.DA.SEMANA, não são os mesmos do primeiro ao sétimo dias do mês.

A função DIA.DA.SEMANA permite que você extraia informações interessantes de dados relacionados à data. Por exemplo, talvez você esteja de dieta e contabilizando as calorias consumidas por mês. Então você começa a pensar: "Em quais dias como mais?" A Figura 12-8 exibe uma planilha que calcula a média de calorias consumidas por dia da semana em um período de um mês. Um simples olhar nos resultados mostra que sábados e domingos não são seus dias de alto consumo de calorias; você deve tomar cuidado nas quartas e quintas.

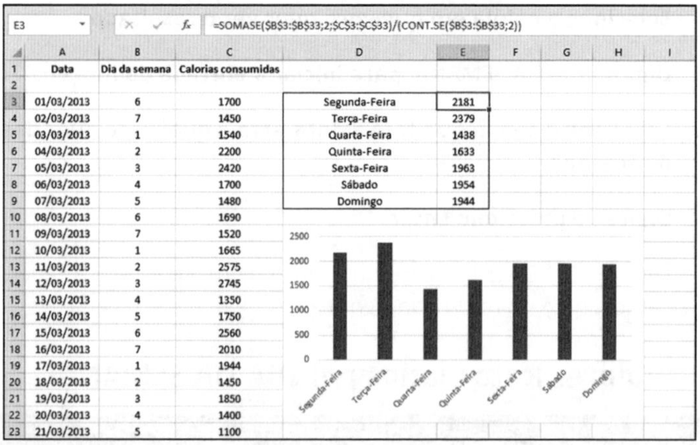
E3 =SOMASE($B$3:$B$33;2;$C$3:$C$33)/(CONT.SE($B$3:$B$33;2))

	A	B	C
1	Data	Dia da semana	Calorias consumidas
2			
3	01/03/2013	6	1700
4	02/03/2013	7	1450
5	03/03/2013	1	1540
6	04/03/2013	2	2200
7	05/03/2013	3	2420
8	06/03/2013	4	1700
9	07/03/2013	5	1480
10	08/03/2013	6	1690
11	09/03/2013	7	1520
12	10/03/2013	1	1665
13	11/03/2013	2	2575
14	12/03/2013	3	2745
15	13/03/2013	4	1350
16	14/03/2013	5	1750
17	15/03/2013	6	2560
18	16/03/2013	7	2010
19	17/03/2013	1	1944
20	18/03/2013	2	1450
21	19/03/2013	3	1850
22	20/03/2013	4	1400
23	21/03/2013	5	1100

D	E
Segunda-Feira	2181
Terça-Feira	2379
Quarta-Feira	1438
Quinta-Feira	1633
Sexta-Feira	1963
Sábado	1954
Domingo	1944

FIGURA 12-8: Usar a função DIA.DA.SEMANA diz em qual dia da semana uma data cai.

Trabalhando com Dias Úteis

A maioria das semanas tem 5 dias úteis — de segunda à sexta — e dois dias de final de semana. (Eu sei que algumas semanas parecem ter 20 dias úteis, mas é apenas coisa da sua cabeça!) O Excel tem duas funções que possibilitam que você faça cálculos relacionados aos dias úteis.

Determinando dias da semana em um intervalo de datas

A função DIATRABALHOTOTAL informa quantos dias úteis existem em um intervalo de datas. Você já sentou em uma cadeira e olhou fixamente para o calendário, tentando contar quantos dias úteis restam no ano? O Excel pode responder essa pergunta vital!

A função DIATRABALHOTOTAL conta o número de dias, omitindo os sábados e os domingos, em um intervalo de datas que você fornece. Você pode adicionar uma lista de datas que não deveriam ser contabilizadas, caso queira. Nessa lista opcional você insere os feriados, período de férias e assim por diante.

A Figura 12-9 mostra um exemplo usando DIATRABALHOTOTAL. As células C3 e C4 demonstram as datas iniciais e finais, respectivamente. Neste exemplo, a data inicial é fornecida pela função HOJE. Logo, o resultado sempre reflete um cálculo que começa a partir da data atual. A data final é o último dia do ano. A função na célula C6 é `=DIATRABALHOTOTAL(C3;C4;C10:C23)`.

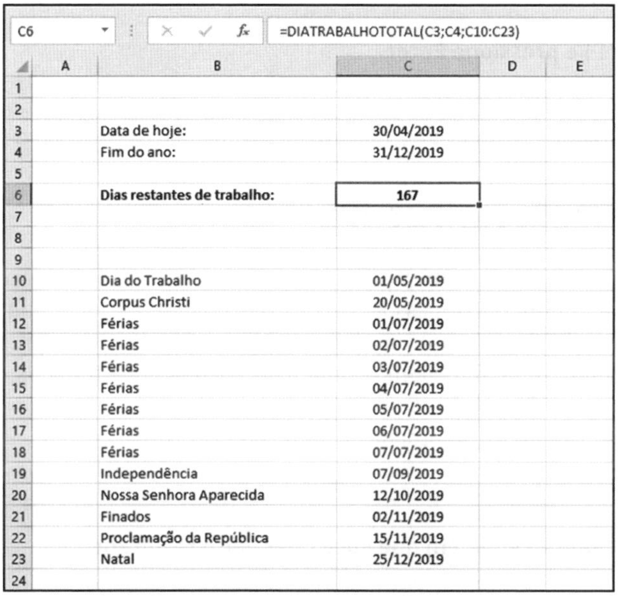

FIGURA 12-9: Contando os dias úteis com a função DIATRABALHOTOTAL.

A função engloba as células que têm a data de início e de final. Em seguida, há um intervalo de células: de C10 a C23. Essas células têm as datas que não deveriam ser contadas no total de dias úteis: os feriados e as férias. Você pode inserir qualquer coisa nessas células, mas elas precisam ser datas do Excel. Se uma data especificada nessa lista cair em dia útil, a função DIATRABALHOTOTAL não a contabiliza. Se a data cair em um final de semana, ela não seria contada de qualquer forma, pois seria ignorada.

Para usar DIATRABALHOTOTAL, siga estes passos:

1. **Selecione a célula em que você quer ver o resultado.**
2. **Digite** =DIATRABALHOTOTAL(**para iniciar a entrada da função.**
3. **Clique na célula que tem a data inicial do intervalo de datas a serem contadas.**
4. **Digite um ponto e vírgula (;).**

5. **Clique na célula que tem a data final do intervalo de datas a serem contadas.**

   Se você quiser adicionar uma lista de datas para excluir, continue com os Passos 6 e 7; caso contrário, vá para o Passo 8.

6. **Digite um ponto e vírgula (;).**
7. **Clique e arraste o cursor do mouse pelas células com as datas a serem excluídas.**
8. **Digite) e pressione Enter.**

   O resultado é uma contagem de dias, entre datas iniciais e finais, que não caem no sábado e no domingo e não estão em uma lista de exclusão de datas.

Dias úteis no futuro

Às vezes, você recebe um prazo ("Quero isso em 20 dias úteis"), ou você pede o prazo para outra pessoa. Certo, mas qual será a data daqui a 20 dias úteis? A função DIATRABALHO vem em seu auxílio. Você especifica uma data inicial, o número de dias úteis e uma lista adequada de feriados que não são contados como dias úteis. (Essa lista funciona da mesma forma para a função DIATRABALHOTOTAL, abordada na seção anterior.)

Para usar a função DIATRABALHO, siga as etapas:

1. **Selecione a célula em que você quer ver o resultado.**
2. **Digite** =DIATRABALHO(**para iniciar a entrada da função.**
3. **Clique na célula que tem a data inicial para o cálculo.**
4. **Digite um ponto e vírgula (;).**
5. **Clique na célula que tem o número de dias úteis ou insira o número diretamente na fórmula.**

   Se você quer adicionar uma lista de datas para excluir da contagem, continue nos Passos 6 e 7; caso contrário, vá para o Passo 8.

6. **Digite um ponto e vírgula (;).**
7. **Clique e arraste o cursor do mouse pelas células com a data a excluir.**
8. **Digite) e pressione Enter.**

   O resultado é uma data que é o número especificado de dias úteis a partir da data inicial, não contando as datas na lista de exclusão de datas.

Calculando o Tempo entre Duas Datas com a Função DATADIF

O Excel oferece a função DATADIF para calcular o número de dias, meses ou anos entre duas datas. Esta é uma função não documentada — isto é, você não a verá na caixa de diálogo Inserir Função, e você não consegue encontrá-la no sistema de Ajuda do Excel. Por que ela não é documentada? Para mim isso é uma incógnita — mas ela certamente pode ser útil! Impressione seus amigos e colegas de trabalho. A única coisa que você precisa fazer é lembrar como inseri-la. Para tal, você pode deixar esse livro por perto para consultá-lo.

A função DATADIF aceita três argumentos:

» Data inicial
» Data final
» Intervalo

O argumento de intervalo informa à função qual o tipo de resultado retornar, resumido na Tabela 12-2.

TABELA 12-2 **Configurações para o Argumento de Intervalo da Função DATADIF**

Valor	Significado	Comentário
"d"	Dias	A contagem de dias inclusivos desde a data inicial até a data final.
"m"	Meses	A contagem dos meses completos entre as datas. São contados apenas aqueles meses que ocorrem completamente entre as datas. Por exemplo, se a primeira data começa após o primeiro dia do mês, aquele primeiro mês não é incluído na contagem. Para a data final, mesmo quando é o último dia do mês, aquele mês não é contado. Veja a Figura 12-10 para um exemplo.
"y"	Anos	A contagem dos anos completos entre as datas. São contados somente aqueles anos que ocorrem completamente entre as datas. Por exemplo, se a primeira data começar após 1° de janeiro, aquele primeiro ano não é incluído na contagem. Para a data final, mesmo quando é 31 de dezembro, aquele ano não é contado. Veja a Figura 12-10 para um exemplo.
"yd"	Dias que excluem os anos	A contagem de dias inclusivos da data inicial até a data final, mas como se as duas datas fossem no mesmo ano. O ano é ignorado.
"ym"	Meses que excluem os anos	A contagem de meses completos entre as datas, mas como se as duas datas fossem no mesmo ano. O ano é ignorado.
"md"	Dias que excluem os meses e os anos	A contagem de dias inclusivos desde a data inicial até a data final, mas como se as duas datas fossem no mesmo mês e ano. O mês e o ano são ignorados.

A Figura 12-10 mostra alguns exemplos do uso da função DATADIF. A coluna A tem as datas iniciais. A coluna B tem datas finais. As colunas de C a H têm fórmulas com DATADIF. A função DATADIF usa as datas iniciais e finais em cada linha, e o intervalo é rotulado na parte superior de cada coluna, de C até H.

Veja como usar a função DATADIF:

1. **Selecione a célula em que você quer ver o resultado.**
2. **Digite** =DATADIF(**para iniciar a entrada da função.**
3. **Clique na célula que tem a data inicial ou insira seu endereço.**
4. **Digite um ponto e vírgula (;).**
5. **Clique na célula em que você quer outra data.**

   Esta data deve ser a mesma ou maior que a primeira data do Passo 3; caso contrário, um erro é gerado.

6. **Digite um ponto e vírgula (;).**
7. **Insira um intervalo.**

   Consulte a Tabela 12-2 para a lista de intervalos que você pode usar com a função. Certifique-se de que o intervalo esteja entre aspas duplas.

8. **Digite) e pressione Enter.**

C13 =DATADIF(A13;B13;"d")

	A	B	C	D	E	F	G	H	I
1									
2	Data inicial	Data final	"d"	"m"	"y"	"yd"	"ym"	"md"	
3									
4	01/01/2013	01/01/2013	0	0	0	0	0	0	
5	01/01/2013	02/01/2013	1	0	0	1	0	1	
6	01/01/2013	31/12/2013	364	11	0	364	11	30	
7	01/01/2013	01/01/2014	365	12	1	0	0	0	
8	01/01/2013	10/05/2014	494	16	1	129	4	9	
9	01/01/2013	01/01/2015	730	24	2	0	0	0	
10									
11									
12									
13	02/01/2013	31/12/2013	363	11	0	363	11	29	
14	02/01/2013	01/01/2014	364	11	0	364	11	30	
15	02/01/2013	10/05/2014	493	16	1	128	4	8	
16	02/01/2013	03/03/2015	790	26	2	60	2	1	
17	02/01/2013	31/12/2015	1093	35	2	363	11	29	
18	02/01/2013	01/01/2016	1094	35	2	364	11	30	
19									

FIGURA 12-10: Contando dias, meses e anos com DATADIF.

NESTE CAPÍTULO

» Lidando com as horas

» Formatando os valores de horas

» Trabalhando com horas, minutos e segundos

» Obtendo o horário atual

» Calculando o tempo decorrido

Capítulo 13

Funções que Vêm na Hora Certa

O Excel tem um monte de funções excelentes para trabalhar com horas e realizar cálculos de valores de hora. Você pode analisar os dados para hora, minutos ou segundos. E o Excel o ajuda a fazer isso em um segundo!

Entendendo como o Excel Lida com o Tempo

No Capítulo 12, expliquei como o Excel usa um sistema de números de séries para trabalhar com datas. Bem, adivinha só? O mesmo sistema é utilizado para trabalhar com as horas. A diferença é que mesmo que as datas sejam representadas pela parte inteira de um número de série, a hora é representada pela parte decimal.

O que isso significa? Considere o seguinte: 43466. Essa é a representação de um número de série para 1º de janeiro de 2019. Repare, no entanto, que não há indicação de hora do dia. A hora presumida é 00h00, o início do dia. Contudo, você pode representar horas específicas se necessário.

TABELA 13-1 **Como o Excel Representa a Hora**

Data e Hora	Formato Serial
1º de janeiro de 2019, 0h00	43466
1º de janeiro de 2019, 0h01	43466,00069
1º de janeiro de 2019, 10h00	43466,41667
1º de janeiro de 2019, 12h00	43466,5
1º de janeiro de 2019, 16h30	43466,6875
1º de janeiro de 2019, 22h00	43466,91667
1º de janeiro de 2019, 23h59	43466,99931

O Excel usa a parte decimal do número de série para representar a hora como uma fração das 24 horas do dia. Assim, 12h00 (meio-dia) é 0,5, e 18h00 é 0,75. A Tabela 13-1 mostra mais alguns exemplos e revela como as datas e as informações de horas são combinadas em um único número de série.

A hora é representada em um valor decimal — até cinco dígitos para a direita da vírgula decimal. Um valor de 0 é equivalente a 00h00. Um valor de 0,5 é o equivalente a 12h00 — metade do dia. O valor de 0,99931 é o mesmo que a 23ª hora e *início* do 59º minuto. Um valor de 0,99999 é o mesmo que a 23ª hora, o 59º minuto e o 59º segundo — em outras palavras, 1 segundo antes do início de outro dia.

Você consegue representar a hora sem uma data? Sem dúvida! Use um valor menor que 1 para isso. Por exemplo, o número de série 0,75 representa 18h00 sem nenhuma data especificada.

A representação da hora como um número de série oferece as mesmas vantagens que oferece para as datas: a capacidade de acrescentar e subtrair horas. Por exemplo, dado um número de série de data/hora, você pode criar o número para a data/hora um dia e meio depois, adicionando 1,5 a ele.

Formatando as Horas

Ao trabalhar com valores de hora, você provavelmente precisa formatar as células em sua planilha para que as horas sejam exibidas em um formato-padrão que as pessoas entenderão. Os números decimais não têm o menor sentido para nós humanos. Para formatar as horas, você usa a caixa de diálogo Formatar Células, exibida na Figura 13-1.

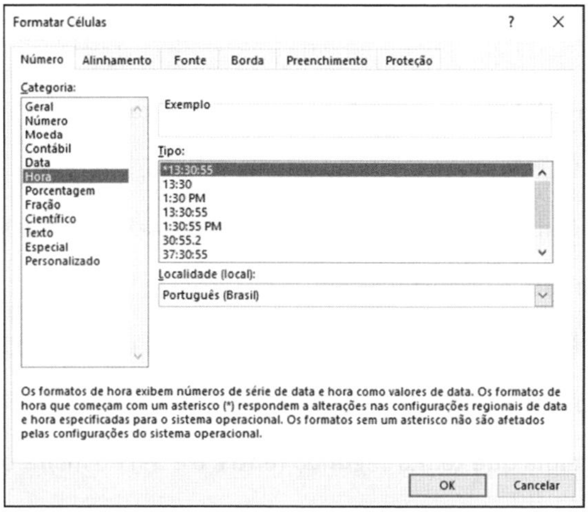

FIGURA 13-1: Usando a caixa de diálogo Formatar Células para especificar como os valores de hora são exibidos.

Para formatar horas, siga as etapas:

1. **Caso ainda não esteja exibida, clique na aba Página Inicial na parte superior da tela do Excel.**
2. **Clique na pequena seta, no canto inferior direito da seção Número.**

   Exibe-se a caixa de diálogo Formatar células, com a guia Número.

3. **Selecione Hora, na Lista de Categorias.**
4. **Selecione um formato apropriado na Lista de Tipos.**

DICA

Você pode exibir a hora de muitas formas. O Excel pode formatar o horário para que as horas em um dia fiquem agrupadas entre 1h00 e 12h00 e, então, entre 13h e 00h00. Por outro lado, a hora pode estar entre 0 e 23, com valores de 13 a 23 representando de 13h00 até 23h00. O último sistema, conhecido como *hora militar ou fuso horário de 24 horas,* é comumente usado em sistemas de computador.

Repare que o Excel armazena a data e a hora juntas em um único número de série. Portanto, algumas opções de formatação nas categorias de data e hora exibem data e hora completas.

Fique de olho na HORA

Você pode usar a função TEMPO para combinar as horas, os minutos e os segundos em um único valor funcional. Calcular a representação de um número de série específico em determinado momento no tempo não é nada fácil. Felizmente, a função TEMPO faz isso para você. Você fornece uma hora, um minuto e um segundo, e a função TEMPO informa o valor de série. Para fazer isso, siga as etapas:

1. **Selecione a célula em que você quer ver o resultado.**
2. **Digite** =TEMPO(**para iniciar a entrada da função.**
3. **Clique na célula que tem a hora (entre 0 e 23) ou insira o valor.**
4. **Digite um ponto e vírgula (;).**
5. **Clique na célula que tem o minuto (entre 0 e 59) ou insira o valor.**
6. **Digite um ponto e vírgula (;).**
7. **Clique na célula que tem o segundo (entre 0 e 59) ou insira o valor.**
8. **Digite um) e pressione Enter.**

   O resultado é um número de série decimal ou uma hora legível se a célula estiver formatada devidamente.

Você deve estar ciente de que os valores de minutos e segundos "se empacotam". Um valor de 60 ou maior para os segundos transforma-se no próximo minuto. Por exemplo, 75 segundos são interpretados como 1 minuto e 15 segundos; um valor de 90 minutos é interpretado como 1 hora e 30 minutos. As horas também se empacotam. Um valor de hora de 26 é interpretado como 2h00.

Convertendo Texto em Hora com a Função VALOR.TEMPO

Se você inserir uma hora em um formato-padrão na célula, o Excel reconhece como hora. Ela é convertida para um número de série, e o formato-padrão de hora é atribuído à célula. Caso esteja copiando ou importando os dados de outra aplicação, você pode encontrar horas em formato de texto, como "2:28 PM". Você pode converter esse formato para um número de série usando a função VALOR.TEMPO. Veja a seguir como:

1. **Selecione a célula em que você quer ver o resultado.**
2. **Digite** =VALOR.TEMPO(**para iniciar a entrada da função.**
3. **Clique na célula que tem a hora em formato de texto.**
4. **Digite um) e pressione Enter.**

A função VALOR.TEMPO funciona apenas com texto. Se a função VALOR.TEMPO retornar o código de erro `#VALOR!`, isso provavelmente significa uma das duas coisas:

DICA

- » A hora está em um formato que o Excel não reconhece, tal como `"2:28PM"` (sem espaço antes do PM) em vez de `"2:28 PM"`.
- » A hora não está em um formato de texto, mas em um número de série do Excel formatado para parecer como tal. Mude o formato da célula para Geral a fim de verificar isso.

Desconstruindo o Tempo com as Funções HORA, MINUTO e SEGUNDO

Na realidade, qualquer momento no tempo é uma combinação das horas, dos minutos e dos segundos. Na seção anterior, mostrei como a função TEMPO une todos esses três componentes. Nesta seção, mostro como separá-los usando as funções HORA, MINUTO e SEGUNDO. Na Figura 13-2, a planilha demonstra uma data e hora em diversas linhas descendo pela coluna A. As mesmas datas e horas são exibidas na coluna B, com um formato diferente. As colunas C, D e E exibem a hora, o minuto e o segundo, respectivamente, a partir dos valores na coluna A.

C5 =HORA(B5)

	A	B	C	D	E	F
1	Data e tempo	Data e tempo	Hora	Minuto	Segundo	
2	formatado como geral	formatado como data e tempo				
3						
4						
5	40375,89935	16/7/10 21:35:04	21	35	4	
6	40328,55234	30/5/10 13:15:22	13	15	22	
7	40435,2303	14/9/10 5:31:38	5	31	38	
8	40185,3452	7/1/10 8:17:05	8	17	5	
9	40186,33802	8/1/10 8:06:45	8	6	45	
10	40282,6486	14/4/10 15:33:59	15	33	59	
11	40496,36667	14/11/10 8:48:00	8	48	0	
12	40407,839	17/8/10 20:08:10	20	8	10	
13	40359,13837	30/6/10 3:19:15	3	19	15	
14	39168,04307	27/3/07 1:02:01	1	2	1	
15						

FIGURA 13-2: Separando a hora com as funções HORA, MINUTO e SEGUNDO.

Repare que, se o número de série de data/hora contém uma parte da data, as funções HORA, MINUTO e SEGUNDO ignoram essa parte; elas só se encarregam da parte que tem a hora.

DICA

Isolando a hora

Extrair a hora é prático em aplicações que registram eventos de hora em hora. Um uso comum dessa extração ocorre em centrais de atendimento. Se você já respondeu a um infomercial ou a um evento de arrecadação de fundos televisionado, você pôde notar que um grupo de pessoas espera as ligações como a que você fez. (Espero que você tenha feito um bom negócio.) Uma métrica comum nesse tipo de negócio é o número de chamadas por hora.

A Figura 13-3 mostra uma planilha que resume as chamadas por hora. As chamadas foram de outubro de 2012. As datas e horas das chamadas recebidas estão listadas na coluna A. Na coluna B, a hora de cada chamada foi isolada com a função HORA. A coluna D é um resumo de chamadas por horas durante o mês.

E5 =CONT.SE($B$3:$B$1100;"10")

	A	B	C	D	E	F
1	**Data e hora da chamada**	**Hora da chamada**				
2						
3	1/10/18 10:01	10		**Hora**	**Número de chamadas**	
4	1/10/18 10:05	10				
5	1/10/18 10:10	10		10h00	52	
6	1/10/18 10:14	10		11h00	77	
7	1/10/18 10:19	10		12h00	49	
8	1/10/18 10:24	10		13h00	41	
9	1/10/18 10:28	10		14H00	42	
10	1/10/18 10:33	10		15h00	42	
11	1/10/18 10:37	10		16h00	42	
12	1/10/18 10:42	10		17h00	40	
13	1/10/18 10:47	10		18h00	42	
14	1/10/18 10:51	10		19h00	41	
15	1/10/18 10:56	10		20h00	65	
16	1/10/18 11:00	11		21h00	64	
17	1/10/18 11:05	11		22h00	45	
18	1/10/18 11:11	11		23h00	42	
19	1/10/18 11:14	11				

FIGURA 13-3: Usando a função HORA para resumir os resultados.

Na Figura 13-3, os valores na coluna D são calculados pela função CONT.SE. Há uma função CONT.SE para cada hora de 10h00 até 23h00. Cada CONT.SE analisa o intervalo de números na coluna B (as horas) e contabiliza os valores que correspondam ao critério. Cada CONT.SE usa um valor de hora diferente como critério. Veja o exemplo a seguir:

```
=CONT.SE($B$3:$B$1100;"=16")
```

Veja como usar a função HORA:

1. **Selecione a célula em que você quer ver o resultado.**
2. **Digite** =HORA(**para iniciar a entrada da função.**
3. **Clique na célula que tem a entrada de hora inteira (ou data/hora).**
4. **Digite um**) **e pressione Enter.**

   O Excel retorna um número entre 0 e 23.

Isolando o minuto

Isolar a parte do minuto de uma hora é necessário em aplicações que monitoram atividades em minutos. Um teste cronometrado é um exemplo perfeito. Você se lembra de quando sua professora dizia "Coloquem o lápis na carteira"?

O Excel pode facilmente calcular o tempo que alguma coisa demora subtraindo uma hora de outra. No caso do teste, a função MINUTO ajuda com o cálculo porque o tempo que algo levou em minutos está sendo indagado. A Figura 13-4 mostra uma lista do tempo que os estudantes demoraram para realizar um teste. Todos os alunos começaram às 10h00. Depois que cada aluno termina, a hora é registrada. O teste não *deve* demorar mais do que 15 minutos.

D3 =SE(MINUTO(C3)-MINUTO(B3)<=15;"SIM";"NÃO")

	A	B	C	D	E	F
1	Identificação	Tempo	Tempo	Terminado		
2	do estudante	inicial	final	a tempo		
3	S2223	10:00	10:18	NÃO		
4	G7854	10:00	10:12	SIM		
5	A4973	10:00	10:14	SIM		
6	M4211	10:00	10:20	NÃO		
7	H7840	10:00	10:22	NÃO		
8	G4381	10:00	10:10	SIM		
9	J4009	10:00	10:11	SIM		
10	T5545	10:00	10:15	SIM		
11	W9329	10:00	10:13	SIM		
12	M8050	10:00	10:16	NÃO		
13	S2377	10:00	10:23	NÃO		
14	R1967	10:00	10:14	SIM		
15						

FIGURA 13-4: Calculando os minutos decorridos com a função MINUTO.

Para cada linha de dados, a coluna D contém uma fórmula que subtrai os minutos da hora final, na coluna C, e da hora inicial, na coluna B. Essa operação matemática está incorporada em uma instrução SE. Se o resultado é 15 ou menos, aparece `Sim` na coluna D; caso contrário, aparece `Não`.

```
=SE(MINUTO(C3)-MINUTO(B3)<=15,"Sim","Não")
```

Assim como a função HORA, a função MINUTO utiliza apenas uma única referência de hora ou data/hora como argumento.

Isolando o segundo

Isolar o segundo de um valor de data é útil em situações nas quais são necessários cálculos de hora extremamente exatos. Na prática, este não é um requisito comum em aplicativos do Excel.

Siga estas etapas para utilizar a função SEGUNDO:

1. **Posicione o cursor do mouse na célula em que você quer que o resultado seja exibido.**
2. **Digite** =SEGUNDO(**para iniciar a entrada da função.**
3. **Clique na célula que tem o valor da hora ou insira um valor de hora.**
4. **Digite um**) **para finalizar a função e pressione Enter.**

Descobrindo a Hora com a Função AGORA

Vez ou outra, quando trabalha no Excel, você precisa acessar a hora atual. Por exemplo, você pode estar trabalhando no projeto de um cliente e precisa saber quanto tempo gastou nele. Use a função AGORA quando abrir a pasta de trabalho pela primeira vez e a utilize novamente quando terminar. Subtrair um valor do outro fornece o tempo decorrido.

A seguir, veja como usar a função AGORA:

1. **Selecione a célula em que você quer ver os resultados.**
2. **Digite** =AGORA( ).
3. **Pressione Enter para finalizar a função.**

DICA

Existe mais uma etapa adicional que você executa para o cálculo anterior de tempo a fim de que a função AGORA funcione. Quando obtiver a hora atual no início, copie o valor e use o Colar Especial para colá-lo de volta como um valor. Essa estratégia evita que a hora seja constantemente atualizada. Você também pode fazer isso selecionando a célula, clicando na Barra de Fórmulas e pressionando F9.

A função AGORA oferece não apenas a hora atual, mas também a data atual. É parecida com HOJE. A função HOJE retorna a data atual — sem a hora. A AGORA retorna a hora e a data atuais. Veja o Capítulo 12 para mais informações sobre a função HOJE.

Calculando o Tempo Decorrido Durante os Dias

Cada dia tem 24 horas. Multiplicar 24 por 7 informa que uma semana tem 168 horas. Quantas horas existem em um mês? Não é nada fácil calcular isso. Um mês pode ter 28, 29, 30 ou 31 dias.

Fazer o cálculo do tempo decorrido, em horas, poderia exigir um algoritmo complexo. Ainda que o Excel não tenha uma única função para essa tarefa, você pode combinar algumas funções em uma fórmula para obter a resposta. Essa é outra vantagem do fato de o Excel representar os valores de data/hora como números de série. Isso facilita o cálculo do número de horas decorridas entre dois valores de data/hora.

A Figura 13-5 mostra uma planilha com valores de data/hora em duas colunas. Uma terceira coluna exibe o número calculado das horas decorridas para cada par inicial/final.

C9 | fx =(INT(B9)-INT(A8))*24+HORA(B9)-HORA(A8)

	A	B	C	D
1	Data e hora inicial	Data e hora final	Contagem de horas transcorridas	
2				
3	15/11/2012 09:00	15/11/2012 09:30	0	
4	15/11/2012 09:00	15/11/2012 21:00	12	
5	15/11/2012 09:00	15/11/2012 23:59	14	
6	15/11/2012 09:00	16/11/2012 00:00	15	
7	15/11/2012 09:00	16/11/2012 02:00	17	
8	15/11/2012 09:00	16/11/2012 09:00	24	
9	15/11/2012 09:00	23/11/2012 11:30	194	
10	15/11/2012 09:00	02/12/2012 15:30	414	
11	15/11/2012 09:00	30/12/2012 01:45	1072	
12	15/11/2012 09:00	15/01/2013 16:00	1471	
13	15/11/2012 09:00	18/01/2013 10:00	1537	
14	15/11/2012 09:00	15/03/2013 09:00	2880	
15	15/11/2012 09:00	15/11/2013 08:58	8759	
16	15/11/2012 09:00	15/11/2013 09:00	8760	
17				

FIGURA 13-5: Calculando o tempo decorrido.

Nas colunas A e B estão as datas e horas. Essas datas e horas são apenas números de série com uma parte decimal. Usando a função INT, o Excel calcula a diferença em dias, mesmo se o intervalo cair em um novo ano. Depois, ele usa a função HORA para calcular a diferença da parte decimal. A fórmula para a primeira linha é:

```
=(INT(B3)-INT(A3))*24 + HORA(B3) - HORA(A3)
```

Cada linha subsequente tem a mesma fórmula na coluna C, mas com as referências de célula apontadas para os valores na linha. A primeira parte da fórmula calcula a diferença em dias e multiplica esse valor por 24 para o número total de horas no número de dias.

A estratégia é calcular corretamente o tempo entre os valores de início e fim. A porção da hora de ambos os valores, início e fim, é determinada com a função HORA; depois um valor é subtraído do outro. O resultado dessa subtração é somado ao número pré-calculado de horas a partir da contagem de dias. Observe que os minutos são ignorados. Talvez você consiga descobrir como modificar a fórmula para contabilizar os minutos!

NESTE CAPÍTULO

» Usando o operador SE para determinar um rumo

» Retornando um valor com a função ESCOLHER

» Aplicando os operadores lógicos E, OU e XOR

» Descobrindo onde os valores estão

» Procurando valores em uma tabela

» Dados correspondentes

Capítulo 14

Usando as Funções PROC, Lógicas e de Referência

Decisiões, decisões! Se um dos seus alunos tira 8,8 no teste, isso é um B+ ou um A? Se um produto novo da sua empresa gera R$15 milhões em receita, quanto de bônus você deveria dar à equipe? Ou você precisa faturar R$20.000.000 antes de fazer isso? Como isso afeta os demonstrativos financeiros?

O Excel não pode decidir por você, mas pode ajudá-lo a tomar decisões melhores. Usando funções como SE e ESCOLHER, você pode configurar sua planilha para traçar uma rota mediante as possibilidades. Ei, as coisas poderiam ser piores! Se não fosse pelo Excel, você poderia ter que testar a técnica do tabuleiro ouija.

O Excel também pode ajudá-lo a encontrar o que procura. Procurar alguma coisa em uma planilha gigante e complexa é como procurar uma agulha em um palheiro. Não há mal nenhum em admitir isso. Afinal de contas, acontece nas melhores famílias. Eu estou aqui para ajudar. Neste capítulo, mostro uma série de funções que facilitam a procura de informações que se propagam por linhas e colunas afora.

Testando uma Condição

A função SE é como o canivete suíço das funções do Excel. De fato, ela é usada em muitas situações. Muitas vezes, você pode usá-la com outras funções, coisa que faço bastante neste capítulo. Estruturalmente é fácil de entender a função SE. Ela aceita três argumentos:

» Um teste que fornece uma resposta verdadeira ou falsa. Por exemplo, o teste `"o valor na célula A5 é igual ao valor na célula A8?"` pode ter apenas uma das duas respostas possíveis, sim ou não. Em linguagem de computador, isso é verdadeiro ou falso. Não é um cálculo, lembre-se, é uma comparação.

» Os dados a serem retornados pela função SE, se o teste for verdadeiro.

» Os dados a serem retornados pela função SE, se o teste for falso.

Parece fácil. Veja mais alguns exemplos:

Função	Comentário
`=SE(D10>D20; D10; D20)`	Se o valor em D10 for maior que o valor em D20, o valor em D10 é retornado porque o teste é verdadeiro. Se o valor em D10 não for maior — isto é, menor ou igual — o valor em D20 é retornado. Se os valores em D10 e D20 forem iguais, o teste retorna falso, e o valor em D20 é retornado.
`=SE(D10>D20; "Boas notícias!"; "Más notícias!")`	Se o valor em D10 for maior que o valor em D20, o texto "`Boas notícias!`" é retornado. Caso contrário, "`Más Notícias!`" é retornado.
`=SE(D10>D20; "", "Más notícias!")`	Se o valor em D10 for maior que o valor em D20, *nada* é retornado. Caso contrário, "`Más notícias!`" é retornado. Repare que o segundo argumento é um par de aspas vazias.
`=SE(D10>D20; "Boas notícias!", "")`	Se o valor em D10 for maior que o valor em D20, "`Boas notícias!`" é retornado. Caso contrário, *nada* é retornado. Repare que o terceiro argumento é um par de aspas vazias.

DICA

Um aspecto importante a observar no uso da função SE: deixar o segundo ou o terceiro argumento retornarem nada. Uma string vazia é retornada, e a melhor forma de fazer isso é inserindo duas aspas duplas sem nada entre elas. O resultado é que a célula com a função SE fica em branco.

Desse modo, a função SE possibilita que você defina dois resultados a serem retornados: um quando o teste é verdadeiro e outro quando o teste é falso. Cada resultado pode ser um número, um texto, uma função, uma fórmula, ou até mesmo estar em branco.

Conforme você observou no exemplo anterior, um uso comum de SE é ver como dois valores comparam e retornam um valor ou o outro, dependendo de como o teste é definido no primeiro argumento.

A função é utilizada com frequência como uma verificação de validação para prevenir os erros. Suponha que você tenha uma planilha financeira que usa uma porcentagem variável em seus cálculos. O usuário deve inserir essa porcentagem todo dia, mas ela nunca pode ser maior que 10%. Com o intuito de evitar a possibilidade de erros, você poderia usar a função SE para exibir uma mensagem de erro na célula adjacente caso insira sem querer um valor fora do intervalo permitido. Presumindo que a porcentagem esteja inserida na célula A3, veja a função SE exigida:

```
==SE(A3>0,1;"ERRO: A % em A3 é muito grande";"")
```

A Figura 14-1 mostra como a função SE pode ser aproveitada em um aplicativo de negócios. Uma loja fictícia — Ken's Guitars (mandei bem, né?) — mantém o controle do estoque em uma planilha do Excel.

F6 =SE(D6<=E6;"PEDIDO";"")

	A	B	C	D	E	F	G
1	**KEN'S GUITARS**						
2	**RELATÓRIO DE INVENTÁRIO**						
3							
4	**FORNECEDOR**	**PRODUTO**	**DATA DA ÚLTIMA VENDA**	**INVENTÁRIO ATUAL**	**NÍVEL MÍNIMO**	**STATUS**	
5							
6	Grandes Guitarras	Stratoblaster 9000	02/02/2018	3	2		
7	Grandes Guitarras	Flying X	15/05/2018	1	2	PEDIDO	
8	Grandes Guitarras	Kit Básico Guitarrista	12/03/2018	7	10	PEDIDO	
9	Grandes Guitarras	Pedal de Efeitos All-in-One	30/06/2018	5	10	PEDIDO	
10	Acessórios e Som	Alça Preta para Guitarra	22/06/2018	3	12	PEDIDO	
11	Acessórios e Som	Kit sem Fio para Shows	07/02/2018	4	8	PEDIDO	
12	Acessórios e Som	Amplificador Clássico	01/04/2018	9	6		
13	Acessórios e Som	Cabo de 30cm	14/07/2017	33	25		
14	Acessórios e Som	Cabo de 1,8m	14/06/2018	8	24	PEDIDO	
15	Acessórios e Som	Cabo de 3m	14/06/2018	16	20	PEDIDO	
16	Acessórios e Som	Cabo de 5m	14/03/2017	16	12		
17	Acessórios e Som	Minigravador Portátil	10/03/2018	3	2		
18	Acessórios e Som	Pré-amplificador	28/06/2018	4	6	PEDIDO	
19	Acessórios e Som	Pedal Rocker	10/05/2018	1	6	PEDIDO	
20	Acessórios e Som	Pedal Rocker Deluxe	04/05/2018	1	6	PEDIDO	
21	Instrumentos Tradicionais	Banjo Modelo Estudante	22/06/2018	3	2		
22	Instrumentos Tradicionais	Banjo Modelo Intermediário	03/05/2018	4	2		
23	Instrumentos Tradicionais	Bandolim Modelo Estudante	21/04/2018	1	2	PEDIDO	
24	Instrumentos Tradicionais	Bandolim Modelo Intermediário	21/06/2018	3	2		
25	Instrumentos Tradicionais	Guitarra Modelo Estudante	14/06/2018	4	5	PEDIDO	
26	Instrumentos Tradicionais	Guitarra Modelo Intermediário	05/06/2018	1	5	PEDIDO	

FIGURA 14-1: De olho no estoque da loja de guitarras.

A coluna D mostra os níveis do estoque e a coluna E mostra os níveis mínimos de estoque. Funciona assim: quando o nível do estoque de um produto é igual ou menor que o nível de pedido, está na hora de pedir mais do produto. (Não sei você, mas adoro a ideia de estar cercado por guitarras!) As células na coluna F contêm uma fórmula.

A fórmula na célula F6 é `=SE(D6<=E6;"PEDIDO";"")`. Ela informa que se o número de guitarras Stratoblaster 9000 em estoque for igual ou menor que o nível mínimo de estoque, retorna `Pedido`. Se o número em estoque for maior que o nível de pedido, ela não retorna nada. Nada é retornado porque existem três em estoque e o nível de pedido é dois. Na próxima linha, a quantidade de Flying Xs é igual ao nível do pedido; portanto a célula F7 exibe `PEDIDO`.

Usar a função SE é fácil. Siga as instruções:

1. **Insira dois valores em uma planilha.**

   Esses valores devem significar algo para você, tal como o exemplo dos níveis do estoque na Figura 14-1.

2. **Clique na célula em que você quer que os resultados apareçam.**
3. **Digite** =SE(**para iniciar a função.**
4. **Defina o teste que você quer realizar.**

   Você pode ver se dois valores são iguais; se um é maior que o outro; se subtrair um do outro é maior, igual ou menor que 0; e assim por diante. Por exemplo, para determinar se o primeiro valor é igual ao segundo, clique na primeira célula (ou insira seu endereço), insira um sinal de igual (=) e clique na segunda célula (ou insira seu endereço).

5. **Digite um ponto e vírgula (;).**
6. **Insira o resultado que deveria aparecer se o teste for *verdadeiro*.**

   Por exemplo, insira **"Os valores são iguais"**. O texto deve estar entre aspas.

LEMBRE-SE

7. **Digite um ponto e vírgula (;).**
8. **Insira o resultado que deveria aparecer se o teste for *falso*.**

   Por exemplo, insira **"Os valores não são iguais"**.

9. **Digite um**) **e pressione Enter.**

A função SE pode fazer muito mais. As funções SE aninhadas proporcionam muito mais flexibilidade na realização de testes dos dados de sua planilha. Para fazer isso, é necessário persistir um pouco. *Aninhada* é quando você consegue inserir uma função SE dentro de outra função SE. Isto é, a função SE interna é colocada onde o argumento verdadeiro ou falso na função SE externa vai (ou use funções SEs internas para ambos os argumentos). Por que você faria isso?

Há algumas noites, estávamos decidindo onde jantar. Pensamos em comida italiana e decidimos que se fôssemos para um restaurante italiano e lá servissem canelone, comeríamos canelone. Caso contrário, comeríamos pizza.

Pela lógica, a decisão seria:

```
Se o restaurante é italiano, logo
Se o restaurante serve canelone, então
comeremos canelone
caso contrário
comeremos pizza
```

PAPO DE ESPECIALISTA

Isso parece muito com código de programação. Eu omiti as instruções `End` e `SE` de propósito para evitar confusão, porque a função SE não tem valor equivalente.

É isso! Repare que a instrução SE interna tem um resultado para ambas as possibilidades, verdadeira e falsa. A função SE externa não tem. Veja a seguir a estrutura com as instruções SE aninhadas.

```
=SE(Restaurante=Italiano; SE(Restaurante serve
  canelone;"canelone"; "pizza"); "")
```

Caso o restaurante não fosse italiano, não importaria o que comeríamos (como indicado pelo terceiro argumento vazio na função SE externa).

DICA

Você pode aninhar até 64 instruções SE, embora as coisas provavelmente fiquem complicadas quando você passar de 4 ou 5.

Você pode utilizar uma instrução SE aninhada para dar um toque de sofisticação à planilha de estoque da Figura 14-1. A Figura 14-2 tem uma coluna adicional: Item Mais Vendido. Um Item Mais Vendido pode ter três formas:

- Se o nível de estoque está na metade ou menor que o nível mínimo de estoque, e a última venda foi feita nos últimos 30 dias, isso é um *Item Mais Vendido*. O negócio é que em 30 dias ou menos o estoque reduziu pela metade ou para menos que o nível de pedido. Isso quer dizer que o estoque está acabando em um ritmo acelerado.
- Se o nível de estoque está na metade ou menor que o nível mínimo de estoque, e a última venda foi feita nos últimos 31-60 dias, isso é um *Item Intermediário*. Vemos que em 31-60 dias ou menos o estoque reduziu pela metade ou menos que o nível de pedido. Isso significa que o estoque está acabando a uma velocidade média.
- Se nenhuma das duas condições anteriores for atendida, nenhum status especial é atribuído ao item.

G6 =SE(D6<=E6*0,5;SE(AGORA()-C6<=30;"MAIS VENDIDO!";SE(AGORA()-C6<=60;"INTERMEDIÁRIO!";""));"

	A	B	C	D	E	F	G
1	**KEN'S GUITARS**						
2	**RELATÓRIO DE INVENTÁRIO**						
3							
4	**FORNECEDOR**	**PRODUTO**	**DATA DA ÚLTIMA VENDA**	**INVENTÁRIO ATUAL**	**NÍVEL MÍNIMO**	**STATUS**	**ITEM MAIS VENDIDO**
5							
6	Grandes Guitarras	Stratoblaster 9000	02/02/2018	3	2		
7	Grandes Guitarras	Flying X	15/05/2018	1	2	PEDIDO	INTERMEDIÁRIO!
8	Grandes Guitarras	Kit Básico Guitarrista	12/03/2018	7	10	PEDIDO	
9	Grandes Guitarras	Pedal de Efeitos All-in-One	30/06/2018	5	10	PEDIDO	MAIS VENDIDOS!
10	Acessórios e Som	Alça Preta para Guitarra	22/06/2018	3	12	PEDIDO	MAIS VENDIDOS!
11	Acessórios e Som	Kit sem Fio para Shows	07/02/2018	4	8	PEDIDO	
12	Acessórios e Som	Amplificador Clássico	01/04/2018	9	6		
13	Acessórios e Som	Cabo de 30cm	14/07/2017	33	25		
14	Acessórios e Som	Cabo de 1,8m	14/06/2018	8	24	PEDIDO	MAIS VENDIDOS!
15	Acessórios e Som	Cabo de 3m	14/06/2018	16	20	PEDIDO	
16	Acessórios e Som	Cabo de 5m	14/03/2017	16	12		
17	Acessórios e Som	Minigravador Portátil	10/03/2018	3	2		
18	Acessórios e Som	Pré-amplificador	28/06/2018	4	6	PEDIDO	
19	Acessórios e Som	Pedal Rocker	10/05/2018	1	6	PEDIDO	INTERMEDIÁRIO!
20	Acessórios e Som	Pedal Rocker Deluxe	04/05/2018	1	6	PEDIDO	INTERMEDIÁRIO!
21	Instrumentos Tradicionais	Banjo Modelo Estudante	22/06/2018	3	2		
22	Instrumentos Tradicionais	Banjo Modelo Intermediário	03/05/2018	4	2		
23	Instrumentos Tradicionais	Bandolim Modelo Estudante	21/04/2018	1	2	PEDIDO	
24	Instrumentos Tradicionais	Bandolim Modelo Intermediário	21/06/2018	3	2		
25	Instrumentos Tradicionais	Guitarra Modelo Estudante	14/06/2018	4	5	PEDIDO	
26	Instrumentos Tradicionais	Guitarra Modelo Intermediário	05/06/2018	1	5	PEDIDO	MAIS VENDIDOS!

FIGURA 14-2: Procurando os itens mais vendidos do estoque.

Existem Itens Mais Vendidos e Itens Intermediários. Mas ambos devem atender ao critério comum de que o estoque esteja a 50% ou menos que o nível de pedido. Somente depois de a primeira condição ser atendida, o segundo critério — a quantidade de dias, desde o último pedido — entra em jogo. Isso me parece uma função SE aninhada! Veja a fórmula na célula G8:

```
=SE(D6<=E6*0,5;SE(AGORA()-C6<=30;"MAIS VENDIDO!";SE(AGORA()-
  C6<=60;"INTERMEDIÁRIO!";""));"")
```

Vamos lá, respire fundo. Não abandono nenhum usuário do Excel!

A função SE externa testa se o estoque na coluna D é igual ou menor que a metade (50%) do nível de pedido. A parte da fórmula que faz isso é `= SE(D6<=(E5×0,5)`. Esse teste, naturalmente, produz uma resposta verdadeira ou falsa. Se for falsa, a parte falsa da função SE externa é retirada (que é apenas uma string vazia encontrada ao final da fórmula: `;"")`).

Sobra a parte do meio para trabalhar. Fique com ela!

Se o primeiro teste for verdadeiro, a parte verdadeira da função SE externa é retirada. Acontece que essa parte é outra função SE:

```
SE(AGORA()-C6<=30;"MAIS
  VENDIDO!";SE(AGORA()-C6<=60;"INTERMEDIÁRIO!";""))
```

O primeiro argumento da função SE interna testa se a quantidade de dias desde a data do último pedido (na coluna C) é menor ou igual a 30. Você faz isso subtraindo a data do último pedido de `hoje`, conforme obtido pela função AGORA.

Se o teste for verdadeiro, e a data do último pedido estiver entre os últimos 30 dias, `MAIS VENDIDO!` é retornado. De fato, um vendedor que vende horrores! Se o teste for falso... espere, o que é isso? Outra função SE! Sim: uma função SE, dentro de uma função SE, dentro de outra função SE. Caso a quantidade de dias desde o último pedido for maior que 30, a próxima função SE aninhada testa se a quantidade de dias está dentro dos últimos 60 dias:

```
SE(AGORA()-C6<=60
```

Se esse teste for verdadeiro, `Intermediário!` é retornado. Se o teste for falso, nada é retornado.

Segue alguns aspectos fundamentais a respeito dessa instrução SE com três níveis.

» O SE que testa se a quantidade de dias decorridos é 30 ou menos tem um valor de retorno se verdadeiro (`MAIS VENDIDO!`) e um valor de retorno para falso (seja lá o que for retornado pela próxima função SE aninhada).

» A função SE externa e a SE mais interna não retornam nada quando seus testes são falsos.

» Aparentemente, o teste para 60 dias ou menos *também pegaria uma data que é 30 dias ou menos, desde a data do último pedido.* Só que isso não deveria funcionar assim. O teste deveria identificar se a quantidade de dias decorridos é 60 ou menos, *mas acima de 30.* Você não precisa ilustrar isso explicitamente porque a fórmula testou até o limite de 60 dias só porque o limite de 30 dias já tinha falhado. Preste bem atenção a essas coisas!

Escolhendo o Valor Correto

A função ESCOLHER é ideal para converter um valor em um *literal.* Falando abertamente, isso significa transformar um número, como 4, em uma palavra, como abril. ESCOLHER aceita até 30 argumentos. O primeiro argumento atua como uma chave para o resto dos argumentos. O primeiro argumento não é processado pela função. Em vez disso, a função analisa o valor do primeiro argumento e, baseada nesse valor, retorna um dos seus outros argumentos.

O primeiro argumento deve ser um número ou interpretado como tal. Esse número, por sua vez, indica qual dos argumentos a seguir retornar. Por exemplo, o argumento a seguir retorna `Dois`:

```
=ESCOLHER(2; "Um"; "Dois"; "Três")
```

DICA

O primeiro argumento é o número `2`. Isso significa que a função retornará o segundo argumento na lista de argumentos *subsequentes* ao primeiro argumento. Mas tome cuidado — isso não é o mesmo que retornar o segundo argumento da função! Na prática, isso é retornar o segundo argumento, contando a partir do segundo argumento.

A Figura 14-3 mostra um exemplo útil da função ESCOLHER. Suponha que você tenha uma coluna de meses que estejam em forma numérica (de 1 até 12). Você precisa exibi-los como os nomes dos meses (de janeiro a dezembro). A função ESCOLHER vem em seu socorro!

C4 | fx =ESCOLHER(B4;"Janeiro";"Fevereiro";"Março";"Abril";"Maio";"Junh

	A	B	C	D	E	F	G
1							
2		Número do mês	Nome do mês				
3							
4		1	Janeiro				
5		2	Fevereiro				
6		3	Março				
7		4	Abril				
8		5	Maio				
9		6	Junho				
10		7	Julho				
11		8	Agosto				
12		9	Setembro				
13		10	Outubro				
14		11	Novembro				
15		12	Dezembro				
16							

FIGURA 14-3: Escolhendo o que ver.

As células C4:C15 contêm fórmulas com a função ESCOLHER. Segue a fórmula na célula C4:

```
=ESCOLHER(B4;"Janeiro"; "Fevereiro"; "Março"; "Abril";
   "Maio"; "Junho"; "Julho"; "Agosto"; "Setembro"; "Outubro";
   "Novembro"; "Dezembro")
```

A célula C4 contém o valor `1`, assim o primeiro argumento começando na lista de possíveis strings retornadas (isto é, `"Janeiro"`) é retornado.

DICA

A função ESCOLHER é utilizada com maior frequência para retornar um texto significativo relacionado a um número, tal como retornar o nome de um mês a partir do seu valor numérico. Porém a função ESCOLHER não está restrita ao retorno de strings de texto. Você pode usá-la para retornar números.

Tente você mesmo! Veja como:

1. **Insira uma lista de valores numéricos em uma coluna da planilha.**

   Todos esses valores devem ser pequenos, como 1, 2, 3 e assim por diante.

2. **Clique na célula à direita do primeiro valor.**
3. **Digite** =ESCOLHER(**para iniciar a função.**

4. **Clique na célula à esquerda (aquela que tem o primeiro valor) ou insira seu endereço.**

5. **Digite um ponto e vírgula (;).**

6. **Insira uma lista de strings de texto em que cada uma tenha uma associação com os números que você inseriu no Passo 1.**

   Cada string de texto deve estar entre aspas duplas e separada por pontos e vírgulas, **"Janeiro"; "Fevereiro"; "Março"**).

7. **Digite um**) **e pressione Enter.**

   A célula à direita do primeiro item exibe o texto retornado.

8. **Use a alça de preenchimento a partir da primeira célula da fórmula e arraste a fórmula para baixo por todas as outras células adjacentes à entrada da lista.**

Seja Lógico

Uma vez me deparei com um exercício gramatical que fornecia um parágrafo sem nenhuma pontuação e solicitava que se adicionasse a pontuação:

O que isso é não é o que isso não é não é isso é

A resposta é a seguinte:

O que isso é, não é o que isso não é. Não é isso? É.

Concordo! O que isso é, tal como uma maçã, não é o que isso não é, como uma laranja. (Já deu um nó na sua cabeça?) Esses operadores lógicos o ajudam a trabalhar com seus dados e também a ser como o Sr. Spock. Todo mundo sai ganhando!

NÃO

NÃO é um operador lógico. Ele é utilizado para reverter um valor lógico, transformando o verdadeiro em falso e o falso em verdadeiro.

Digite esta fórmula em uma célula:

```
= 5 + 5 = 10
```

O resultado é a palavra `VERDADEIRO`. Faz sentido. A matemática confirma. Agora, tente isto:

```
=NÃO(5 + 5 = 10)
```

O que acontece? A palavra `FALSO` é retornada.

A função NÃO oferece maior flexibilidade quando você elabora a parte do teste de uma função SOMASE (sobre a qual leu no Capítulo 8). Algumas vezes, é mais fácil definir o que você quer omitir da soma do que definir o que quer incluir. A Figura 14-4 mostra um exemplo de como isso funciona. A tarefa é somar todos os pedidos, exceto os de junho. A coluna A lista os meses e a coluna C exibe as quantias.

C24 | {=SOMA(SE(NÃO(A2:A20="Junho");C2:C20;""))}

	A	B	C	D	E
1	MÊS	EMPRESA	MONTANTE		
2	Agosto	A Melhor	R$ 18,00		
3	Junho	A Melhor	R$ 28,00		
4	Agosto	Super Suprimentos	R$ 47,00		
5	Julho	Super Suprimentos	R$ 75,00		
6	Junho	Acme	R$ 93,00		
7	Agosto	Acme	R$ 94,00		
8	Junho	Vitória	R$ 104,00		
9	Julho	Acme	R$ 134,00		
10	Junho	A Melhor	R$ 157,00		
11	Junho	Acme	R$ 171,00		
12	Julho	A Melhor	R$ 178,00		
13	Junho	Vitória	R$ 179,00		
14	Agosto	Super Suprimentos	R$ 282,00		
15	Agosto	Acme	R$ 209,00		
16	Julho	A Melhor	R$ 212,00		
17	Julho	Vitória	R$ 260,00		
18	Agosto	Vitória	R$ 265,00		
19	Junho	Acme	R$ 284,00		
20	Julho	Acme	R$ 332,00		
21					
22			R$ 3.122,00	Total de todas as vendas	
23					
24			R$ 2.106,00	Total de vendas excluindo Junho	
25					

FIGURA 14-4: Critérios de soma.

A célula C22 calcula a soma total com esta fórmula:

```
=SOMA(C2:C20)
```

O total é R$3.122.

Por outro lado, a fórmula na célula C24 é:

```
{=SOMA(SE(NÃO(A2:A20="Junho");C2:C20;""))}
```

Isso informa para somar os valores no intervalo C2:C20 apenas quando o mês associado na coluna A não for junho.

DICA

Repare que essa fórmula é uma fórmula de matriz. Quando inserida, a entrada foi completada pressionando Ctrl+Shift+Enter em vez apenas Enter. Veja o Capítulo 3 para mais informações sobre as fórmulas de matriz.

E e OU

Em seguida temos a funções E e OU. As funções E e OU retornam uma única resposta lógica, verdadeira ou falsa, com base nos valores de dois ou mais testes lógicos (funciona da mesma forma que a função SE):

» A função E retorna verdadeiro se *todos* os testes forem verdadeiros. Caso contrário, retorna falso.

» A função OU retorna verdadeiro se *qualquer* um ou mais testes forem verdadeiros. Caso contrário, retorna falso.

A sintaxe de E e OU é inserir os testes dentro dos parênteses da função; os próprios testes são separados por pontos e vírgulas. Veja um exemplo que retorna verdadeiro se o valor na célula D10 for igual a 20 *ou* 30 *ou* 40:

```
=OU(D10=20;D10=30;D10=40)
```

Confira como isso funciona. Na Figura 14-3, mostrada anteriormente neste capítulo, você pode ver como usar a função ESCOLHER para retornar o nome de um mês derivado do número do mês. Isso funciona bem, mas e se você digitar um número errado ou até um valor não numérico como o primeiro argumento em ESCOLHER?

Conforme ocorre, a função ESCOLHER exibida na Figura 14-3 retorna o erro `#VALOR!` se o primeiro argumento for um número maior ou igual ao número de argumentos (sem contar o primeiro argumento). Assim, a função funciona apenas quando o primeiro argumento calcula um número entre 1 e 12. Quem dera a vida fosse perfeita assim!

O melhor a se fazer, então, é incluir uma pequena validação na função. Pense bem. Ambas as instruções devem ser verdadeiras:

» O primeiro argumento deve ser maior que 0.

» O primeiro argumento deve ser menor que 13.

A fórmula que usa a ESCOLHER precisa de remodelação, e aqui está, cortesia da função E:

```
=SE(E(B4>0;B4<13);ESCOLHER(B4;"Janeiro";"Fevereiro"; "Março";
   "Abril"; "Maio"; "Junho"; "Julho"; "Agosto"; "Setembro";
   "Outubro"; "Novembro";"Dezembro");"Isso não é um mês!")
```

Nossa, que formulão (ou celulão)! A função ESCOLHER ainda está lá, mas está aninhada dentro de uma função SE. A SE tem um teste (que explicarei brevemente). Se o teste retorna verdadeiro, a função SE retorna o nome do mês. Se o teste retorna falso, uma simples mensagem `Isso não é um mês!` é retornada. A Figura 14-5 mostra a fórmula em ação.

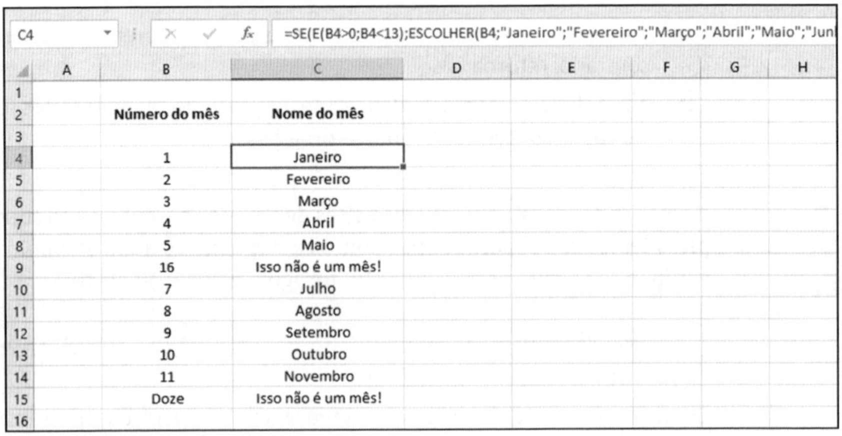
C4 =SE(E(B4>0;B4<13);ESCOLHER(B4;"Janeiro";"Fevereiro";"Março";"Abril";"Maio";"Jun

	A	B	C	D	E	F	G	H
1								
2		Número do mês	Nome do mês					
3								
4		1	Janeiro					
5		2	Fevereiro					
6		3	Março					
7		4	Abril					
8		5	Maio					
9		16	Isso não é um mês!					
10		7	Julho					
11		8	Agosto					
12		9	Setembro					
13		10	Outubro					
14		11	Novembro					
15		Doze	Isso não é um mês!					
16								

FIGURA 14-5: Sendo lógico sobre o que escolher.

A parte de teste da função SE é esta:

```
E(B4>0;B4<13)
```

A função E retorna verdadeiro se o valor na célula B4 for maior que 0 *e* menor que 13. Quando isso acontece, retira-se a parte verdadeira da instrução SE, que usa a instrução ESCOLHER para retornar um nome de mês. Caso contrário, a mensagem `"Isso não é um mês!"` é exibida. Na Figura 14-5, está apenas o que acontece nas células C9 e C15, que analisa os valores de dados nas células B9 e B15, respectivamente.

Você consegue descobrir como fazer a mesma coisa usando OU em vez de E? Pense por um momento e depois veja a resposta:

```
=SE(OU(B4<1;B4>12);"Isso não é um mês!";ESCOLHER(B4,"Janeiro";
   "Fevereiro"; "Março"; "Abril"; "Maio"; "Junho"; "Julho";
   "Agosto"; "Setembro"; "Outubro"; "Novembro";"Dezembro"))
```

LEMBRE-SE

A função E retorna verdadeiro quando todas as condições são verdadeiras. A OU retorna verdadeiro quando qualquer condição é verdadeira.

Veja como usar as funções E e OU:

1. **Clique na célula em que você quer que o resultado apareça.**
2. **Digite** =E(**ou** =OU(**para iniciar a função.**
3. **Insira um ou mais testes lógicos.**

   Normalmente, um teste é uma comparação de valores em duas células ou uma equação, tal como A1 = B1 ou A1 + B1 = C1. Separe os testes por ponto e vírgula.

4. **Digite um), e pressione Enter.**

   Se você inserir a função E, o resultado é verdadeiro se todos os testes forem verdadeiros. Se você inserir a função OU, o resultado é verdadeiro se, pelo menos, um dos testes for verdadeiro.

XOR

A função OU, mostrada anteriormente neste capítulo, retorna VERDADEIRO quando pelo menos uma condição é verdadeira. Isso faz sentido, considerando que é a palavra *ou* — como em "isso ou aquilo". Então o que XOR significa? XOR é um acrônimo para Ou Exclusivo. A função XOR retorna FALSO ou VERDADEIRO, dependendo do número de condições. Isso pode ser confuso! (Por favor não me mate; eu sou apenas o mensageiro!)

Você realmente deve estar imaginando o que está acontecendo aqui. Eu sempre achei que a melhor forma de pensar na função XOR é considerar que ela é uma variação da OU. Somente uma condição precisa ser verdadeira em um teste OU para fazê-lo retornar VERDADEIRO, e, se apenas uma condição em um teste XOR é verdadeira, ele retorna FALSO. Acredite ou não, existem usos úteis para isso.

A Figura 14-6 mostra uma planilha que compara a porcentagem de mudança da receita, mês a mês, em um período de três anos. Por exemplo, fevereiro de 2011 teve um aumento de 9% em relação ao mesmo período no ano anterior. Fevereiro de 2012 tem um aumento de 11% em relação ao mesmo período em 2011, e fevereiro de 2013 teve um aumento de 16% em relação a fevereiro de 2012. Em suma, a receita tem aumentado a cada fevereiro em comparação ao mês de fevereiro anterior. Esse é o tipo de notícia que deixa todos os tipos de gerentes de negócios doidos para cair na farra e comemorar.

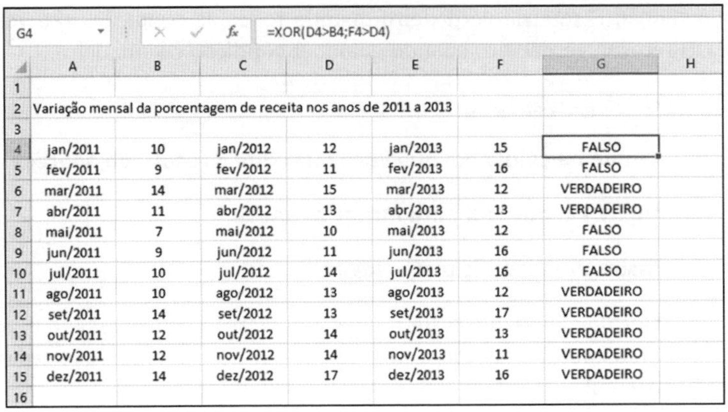

G4 =XOR(D4>B4;F4>D4)

	A	B	C	D	E	F	G	H
1								
2	Variação mensal da porcentagem de receita nos anos de 2011 a 2013							
3								
4	jan/2011	10	jan/2012	12	jan/2013	15	FALSO	
5	fev/2011	9	fev/2012	11	fev/2013	16	FALSO	
6	mar/2011	14	mar/2012	15	mar/2013	12	VERDADEIRO	
7	abr/2011	11	abr/2012	13	abr/2013	13	VERDADEIRO	
8	mai/2011	7	mai/2012	10	mai/2013	12	FALSO	
9	jun/2011	9	jun/2012	11	jun/2013	16	FALSO	
10	jul/2011	10	jul/2012	14	jul/2013	16	FALSO	
11	ago/2011	10	ago/2012	13	ago/2013	12	VERDADEIRO	
12	set/2011	14	set/2012	13	set/2013	17	VERDADEIRO	
13	out/2011	12	out/2012	14	out/2013	13	VERDADEIRO	
14	nov/2011	12	nov/2012	14	nov/2013	11	VERDADEIRO	
15	dez/2011	14	dez/2012	17	dez/2013	16	VERDADEIRO	
16								

FIGURA 14-6: Usando a função XOR para encontrar dados que não estão onde se espera.

A mudança na porcentagem de receita é exibida para todos os 12 meses em um intervalo de 3 anos. A função XOR é inserida na coluna G e usada com duas condições na mesma linha. Em outras palavras, a célula G5 contém uma XOR com duas condições — um teste para ver se a mudança percentual de fevereiro de 2011 até fevereiro de 2012 é um aumento e um teste para ver se a mudança percentual de fevereiro de 2012 a fevereiro de 2013 também é um aumento. A mudança na porcentagem de receita tem aumentado — boa notícia —, e a função XOR retorna a palavra FALSO. Ao examinar esse relatório, um gerente consegue pesquisar a coluna G, e, se ele vir a palavra FALSO, pode ignorar. A questão é: a receita caiu em algum momento nesses três anos em fevereiro? A resposta é não — ou seja, a resposta é FALSO. O gerente pula essa linha e vai procurar em outras. A fórmula na célula G5 é:

```
=XOR(D5>B5; F5>D5)
```

Para o gerente, outras linhas na planilha merecem atenção. Por exemplo, a célula G5 contém uma função XOR que analisa a mudança de receita em dezembro no período de três anos. Sem dúvidas, a mudança na porcentagem de receita subiu e depois desceu — má notícia. A função XOR retorna VERDADEIRO.

Descobrindo Onde os Dados Estão

Você pode encontrar uma infinidade de coisas com as funções ENDEREÇO, LIN, LINS, COL, COLS e DESLOC.

ENDEREÇO

A função ENDEREÇO utiliza um número de linha e um número de coluna como argumentos e retorna uma referência-padrão de célula (endereço de célula). Por exemplo, se você passar o número de linha 4 e o número de coluna 3, a função retorna C4. A função ENDEREÇO pode retornar as referências absolutas ou relativas em quaisquer dos dois formatos de referência do Excel. Antes de entrar em detalhes, reviso as diferenças entre as referências de células absolutas e relativas:

» Uma *referência relativa* é expressada como a letra da coluna e o número da linha (por exemplo, M290). Quando você copia uma fórmula que contém uma referência relativa de célula, a referência — o número da linha e a letra da coluna — é ajustada para refletir a localização para onde a fórmula foi copiada.

» Uma *referência absoluta* tem um cifrão no início da letra da coluna e do número da linha (por exemplo, $M$290). Quando você copia uma fórmula que contém uma referência absoluta, a referência não muda.

» Uma *referência mista* tem um cifrão na frente da letra da coluna ou do número da linha (por exemplo, $M290 ou M$290). Quando você copia uma fórmula que contém uma referência mista, a parte da referência com o cifrão não muda, mas a outra parte sim.

A Figura 14-7 mostra uma planilha na qual inserir uma fórmula com uma referência de célula completamente relativa causa um problema. Os totais são o resultado da adição da taxa ao montante. Essa porcentagem está na célula C1 e é referenciada pelas fórmulas. A primeira fórmula que foi inserida está na célula C7 e é assim: `=B7*(1 + C1)`.

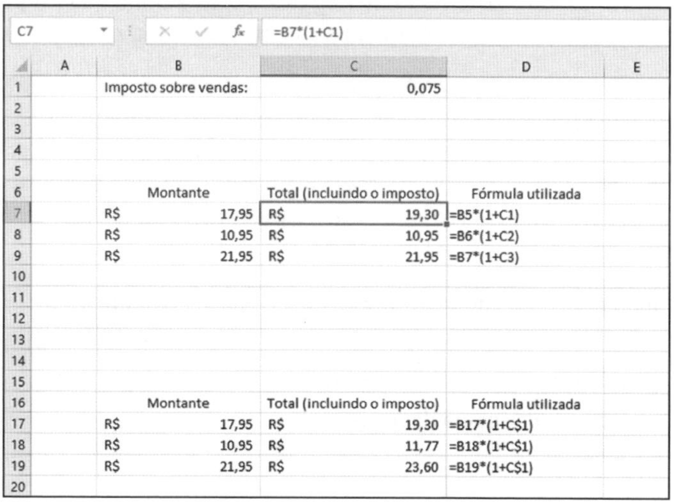

	A	B		C		D	E
1		Imposto sobre vendas:			0,075		
2							
3							
4							
5							
6		Montante		Total (incluindo o imposto)		Fórmula utilizada	
7		R$	17,95	R$	19,30	=B5*(1+C1)	
8		R$	10,95	R$	10,95	=B6*(1+C2)	
9		R$	21,95	R$	21,95	=B7*(1+C3)	
10							
11							
12							
13							
14							
15							
16		Montante		Total (incluindo o imposto)		Fórmula utilizada	
17		R$	17,95	R$	19,30	=B17*(1+C$1)	
18		R$	10,95	R$	11,77	=B18*(1+C$1)	
19		R$	21,95	R$	23,60	=B19*(1+C$1)	
20							

FIGURA 14-7: Mudando uma referência de relativa para absoluta.

A fórmula na célula C7 funciona corretamente. Ela referencia a célula C1 para calcular o total. Mas, se você usar a alça de preenchimento para copiar a fórmula de C7 para as células C8 e C9, terá um problema. A referência para a célula C1 mudou para C2 e C3. Como essas células estão vazias, os resultados nas células C8 e C9 estão incorretos; eles são os mesmos que os montantes à esquerda (sem os impostos somados).

Para entender melhor, a coluna D exibe as fórmulas que estão na coluna C. Quando a fórmula na célula C7 foi arrastada para baixo, a referência de C1 mudou para C2 na célula C8, e C3 na célula C9. Muitas vezes, é isso que você quer — que o Excel mude automaticamente as referências de célula quando uma fórmula é copiada. Mas, às vezes, como nesta situação, isso *não* é o que você quer. Você precisa de uma referência de célula absoluta.

A fórmula na célula C17 é quase idêntica à que está na célula C7, exceto que a referência a C1 transformou a linha absoluta inserindo um cifrão na frente do número da linha. A fórmula na célula C17 fica assim: `=B17*(1 + C$1)`. Quando essa fórmula foi arrastada para C18 e C19, a referência não foi ajustada e continuou apontando para a célula C1. Repare que, neste exemplo, apenas a parte da linha da referência muda para absoluta. Isso é tudo o que se precisa. Você poderia ter transformado completamente a referência em absoluta fazendo isto: `=B17*(1 + $C$1)`. O resultado seria o mesmo, mas não é necessário neste exemplo.

LEMBRE-SE

Coloque um cifrão na frente da letra da coluna de uma referência de célula para criar uma referência absoluta de coluna. Insira um cifrão na frente do número da linha para criar uma referência absoluta de linha.

O Excel suporta dois estilos de referência de célula: o bom e velho estilo A1 e o estilo L1C1 [R1C1, em inglês]. Você vê o estilo A1 — uma letra de coluna seguida de um número de linha — em todo este livro (D4 ou B2:B10, por exemplo). O estilo L1C1 usa um sistema numérico tanto para a linha quanto para a coluna, como em: L4C10. Nesse exemplo, L4C10 significa linha 4 e coluna 10.

Para mudar o estilo de referência de célula, escolha Arquivo ⇨ Opções e marque o estilo de referência L1C1 na aba Fórmulas. Usar o formato L1C1 também força as colunas na planilha a serem exibidas como números no lugar de sistemas de letras. Isso é útil quando você está trabalhando com uma grande quantidade de colunas. Por exemplo, a coluna CV posicionalmente é a 100º coluna. Lembrar-se de 100 é mais fácil do que lembrar-se de CV.

Voltando para a função ENDEREÇO, ela aceita três argumentos:

» O número da linha da referência.
» O número da coluna da referência.

» Um número informa à função como retornar a referência. O padrão é 1, mas pode ser:
  - 1 para uma referência completamente absoluta.
  - 2 para linha absoluta e coluna relativa.
  - 3 para linha relativa e coluna absoluta.
  - 4 para uma referência completamente relativa.

» Um valor de 0 ou 1 para informar à função qual estilo de referência usar:
  - 0 usa o estilo L1C1.
  - 1 (o padrão se omitido) usa o estilo A1.

» Uma planilha ou pasta de trabalho externa e a referência de planilha.

Somente os primeiros dois argumentos são exigidos: os números da linha e da coluna sendo endereçados. A função retorna a referência especificada como texto. A Tabela 14-1 mostra alguns exemplos de uso da função ENDEREÇO:

TABELA 14-1 **Usando a Função Endereço**

Sintaxe	Resultado	Comentário
=ENDEREÇO(5;2)	$B$5	Apenas a coluna e a linha são fornecidas como argumentos. A função retorna um endereço completamente absoluto.
=ENDEREÇO(5;2;1)	$B$5	Quando um 1 é usado no terceiro argumento, um endereço completamente absoluto é retornado. Isso é o mesmo que omitir o terceiro argumento.
=ENDEREÇO(5;2;2)	B$5	Quando um 2 é usado no terceiro argumento, uma referência mista é retornada, com a coluna relativa e a linha absoluta.
=ENDEREÇO(5;2;3)	$B5	Quando um 3 é usado no terceiro argumento, uma referência mista é retornada, com a coluna absoluta e a linha relativa.
=ENDEREÇO(5;2;4)	B5	Quando um 4 é usado no terceiro argumento, uma referência completamente relativa é retornada.
=ENDEREÇO(5;2;1;0)	R5C2	Quando o quarto argumento é falso, uma referência de estilo L1C1 é retornada.
=ENDEREÇO(5;2;3;0)	R[5]C2	Este exemplo informa à função para retornar uma referência mista no estilo L1C1.
=ENDEREÇO(5;2;1;; "Planilha4")	Planilha 4!$B$5	O quinto argumento retorna uma referência para uma planilha ou pasta de trabalho externa. Isso retorna uma referência de estilo A1 para a célula B5 na Planilha 4.
=ENDEREÇO(5;2;1;0; "Planilha4")	Planilha 4!R5C2	Isso retorna uma referência de estilo L1C1 para B5 na Planilha 4.

Use a função ENDEREÇO da seguinte forma:

1. **Clique na célula em que você quer ver o resultado.**
2. **Digite** =ENDEREÇO(**para iniciar a função.**
3. **Insira um número de linha, um ponto e vírgula (;) e um número de coluna.**

   Você também pode inserir referências para as células cujos valores estejam localizados.

4. **Se você quiser que o resultado seja retornado em uma referência mista ou completa, insira um ponto e vírgula (;) e o número apropriado:** 2, 3, **ou** 4.
5. **Se você quiser que o resultado seja retornado em um estilo L1C1, insira um ponto e vírgula (;) e insira** 0.
6. **Se você quiser que o resultado retornado seja uma referência para outra planilha, insira um ponto e vírgula e coloque o nome da planilha entre aspas.**

   Se você quiser que o resultado seja uma referência a uma pasta de trabalho externa, insira um ponto e vírgula e insira o nome da pasta de trabalho junto com o nome da planilha. O nome da pasta de trabalho fica entre colchetes e toda a referência entre aspas, da seguinte maneira: `"[Pasta1]Planilha2"`.

7. **Digite um**) **e pressione Enter.**

DICA

Em vez de inserir um número de linha e um número de coluna diretamente na função ENDEREÇO, você pode inserir referências de célula. No entanto os valores encontrados naquela célula devem ser calculados com números que possam ser usados como um número de linha e de coluna.

LIN, LINS, COL e COLS

A função ENDEREÇO raramente é usada sozinha. Geralmente, ela é utilizada como parte de uma fórmula mais complexa. Um exemplo prático da ENDEREÇO acompanha a análise da funções LIN, LINS, COL e COLS a seguir.

As funções LIN e COL são passadas como referência para uma célula ou intervalo e retornam o número da linha ou da coluna, respectivamente. Parece bem simples. Essas funções usam um único argumento opcional. O argumento é uma referência a uma célula ou intervalo. A função retorna o número da linha associada ou o número da coluna. Quando a referência é um intervalo, a primeira célula do intervalo (superior à esquerda) é usada pela função.

As funções LIN e COL são principalmente úteis quando o argumento é um nome (para uma área indicada). Quando você usa LIN e COL sem um argumento, o retorno é um número de linha ou de coluna da célula onde a função está. Veja exemplos dessas duas funções:

Fórmula	Resultado
=LIN(D3)	3
=LIN(D3:G15)	3
=COL(D3)	4
=COL(D3:G15)	4
=LIN(Times_Pontos)	A primeira linha do intervalo do Placar_Times
=COL(Times_Pontos)	A primeira coluna do intervalo Placar_Times

As funções LINS e COLS (repare que elas estão no plural), respectivamente, retornam o número das linhas ou das colunas em uma referência:

Fórmula	Resultado
=LINS(Times_Pontos)	Número de linhas no intervalo Placar_Times
=COLS(Times_Pontos)	Número de colunas no intervalo Placar_Times

Agora você está progredindo. Você pode usar essas funções com a função ENDEREÇO para criar algo prático. Imagine este cenário: você tem um intervalo indicado, em que a linha inferior tem informações resumidas, como médias. Você precisa chegar na linha inferior, mas não sabe o número da linha. A Figura 14-8 mostra essa situação. O intervalo Resultado é B3:C9. A linha 9 contém a média do placar. Você precisa desse valor em um cálculo, mesmo se outro time for adicionado à lista e o número da linha mude.

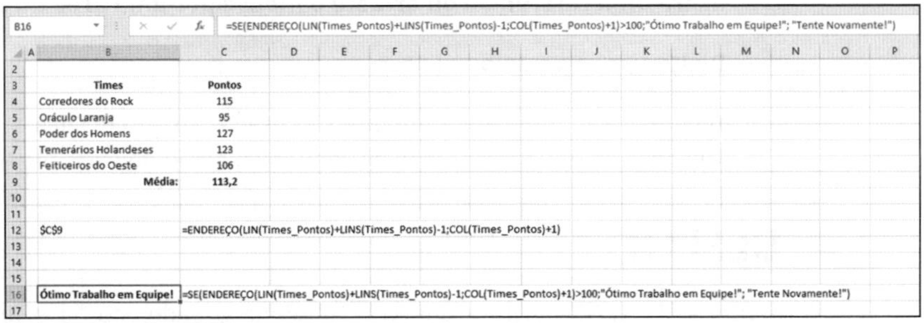

FIGURA 14-8: Usando uma função de referência para encontrar um valor.

A célula B12 usa uma combinação das funções ENDEREÇO, LIN, LINS e COL para determinar o endereço da célula, onde o placar médio é calculado. A fórmula é:

```
=ENDEREÇO(LIN(Times_Pontos)+LINS(Times_Pontos)-1;COL(Times_
   Pontos)+1)
```

- A LIN retorna o número da linha da primeira célula de Placar_Times. Esse número de linha é 3.
- A LINS retorna o número de linhas no intervalo indicado. Essa contagem é 7.

Somar esses dois números não é totalmente certo. Um 1 é subtraído do total para fornecer a última linha (9). Neste exemplo, você precisa somente da função COL para obter o número da coluna porque ela entende que a segunda coluna do intervalo é a coluna do placar. Dito de outro modo, você não faz ideia de quantas linhas o intervalo tem, então LIN e LINS são usadas, mas você sabe que os placares estão na segunda coluna do intervalo. Isso diz que a célula C9 contém o placar médio. E agora?

A célula B16 contém um SE que usa o endereço para realizar seu cálculo:

```
=SE(ENDEREÇO(LIN(Times_Pontos) + LINS (Times_Pontos) - 1;

   COL(Times_Pontos) + 1)>100;"Ótimo Trabalho em
   Equipe";"Tente de novo")
```

A função SE testa se o placar médio é maior que 100. Caso seja, a mensagem `"Ótimo Trabalho em Equipe!"` é exibida. Esse teste é possível porque as funções ENDEREÇO, LIN, LINS e COL ajudam a dar à função SE o endereço da célula no qual o placar médio é calculado.

Usar as funções LIN, LINS, COL ou COLS é fácil. Veja como:

1. **Clique na célula em que queira ver os resultados.**
2. **Digite**=LIN(, =LINS(, =COL(**ou** =COLS(**para iniciar a função.**
3. **Insira uma referência ou arraste o mouse por uma área da planilha.**
4. **Digite um**) **e pressione Enter.**

Novamente, essas funções raramente são usadas sozinhas; elas quase sempre são utilizadas em uma fórmula mais complexa, como no exemplo anterior.

DESLOC

A função DESLOC permite que você obtenha o endereço da célula que está afastada de outra célula por uma certa quantidade de linhas e/ou colunas. Por exemplo, a célula E4 está afastada da célula B4 por três colunas porque está três colunas à direita. A DESLOC aceita até três argumentos. Os três primeiros são obrigatórios:

- **Um endereço de célula ou endereço de intervalo:** Intervalos nomeados não são aceitos.
- **O número de linhas a deslocar:** Esse número pode ser positivo ou negativo. Use 0 para nenhuma linha a deslocar.
- **O número de coluna a deslocar:** Esse número pode ser positivo ou negativo. Use 0 para nenhuma coluna a deslocar.
- **O número de linhas no intervalo retornado:** O padrão é o número de linhas no intervalo de referência (o primeiro argumento).
- **O número de colunas no intervalo retornado:** O padrão é o número de colunas no intervalo de referência.

Caso você omita os dois últimos argumentos, DESLOC retorna uma referência para uma única célula. Se você incluir um valor maior que 1 para uma ou ambas, o retorno da função referencia um intervalo de tamanho específico com a célula superior à esquerda, no deslocamento especificado.

A Figura 14-9 mostra alguns exemplos de uso da DESLOC. As colunas de A até C contêm uma classificação de estados do Brasil por tamanho em quilômetros quadrados. A coluna E mostra como DESLOC retornou valores diferentes de células que estão deslocadas a partir de A3.

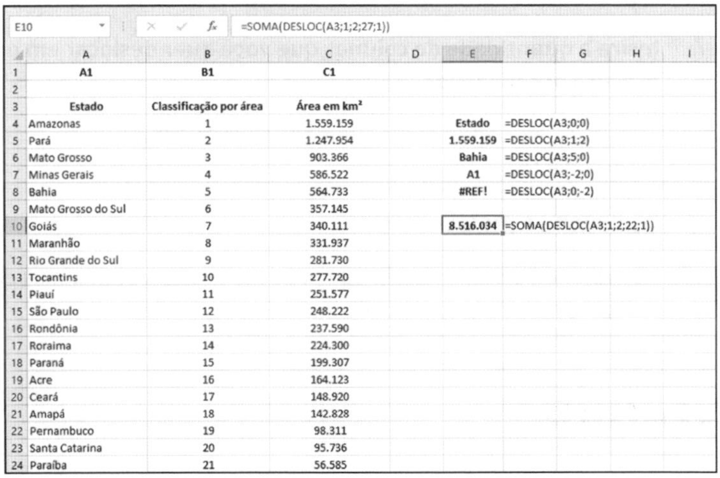

E10 =SOMA(DESLOC(A3;1;2;27;1))

	A	B	C	D	E	F	G	H	I
1	A1	B1	C1						
2									
3	Estado	Classificação por área	Área em km²						
4	Amazonas	1	1.559.159		Estado	=DESLOC(A3;0;0)			
5	Pará	2	1.247.954		1.559.159	=DESLOC(A3;1;2)			
6	Mato Grosso	3	903.366		Bahia	=DESLOC(A3;5;0)			
7	Minas Gerais	4	586.522		A1	=DESLOC(A3;-2;0)			
8	Bahia	5	564.733		#REF!	=DESLOC(A3;0;-2)			
9	Mato Grosso do Sul	6	357.145						
10	Goiás	7	340.111		8.516.034	=SOMA(DESLOC(A3;1;2;22;1))			
11	Maranhão	8	331.937						
12	Rio Grande do Sul	9	281.730						
13	Tocantins	10	277.720						
14	Piauí	11	251.577						
15	São Paulo	12	248.222						
16	Rondônia	13	237.590						
17	Roraima	14	224.300						
18	Paraná	15	199.307						
19	Acre	16	164.123						
20	Ceará	17	148.920						
21	Amapá	18	142.828						
22	Pernambuco	19	98.311						
23	Santa Catarina	20	95.736						
24	Paraíba	21	56.585						

FIGURA 14-9: Descobrindo os valores usando a função DESLOC.

Veja alguns pontos importantes:

- A célula E4 retorna o valor da célula A3 porque tanto o deslocamento da coluna quanto o da linha estão definidos como 0: `=DESLOC(A3;0;0)`.

- A célula E7 retorna o valor que você encontra na célula A1 (o valor também é A1). Isso porque a linha deslocada é -2. Da perspectiva de A3, menos duas linhas é o número de linha 1: `=DESLOC(A3;-2;0)`.
- A célula E8 exibe um erro porque DESLOC está tentando referenciar uma coluna que é menor que a primeira coluna: `=DESLOC(A3;0;-2)`.
- A célula E10 usa dois argumentos opcionais da função DESLOC para informar à função SOMA para calcular a soma do intervalo C3:C30: `=SOMA(DESLOC(A3;1;2;27;1))`.

Veja como usar a função DESLOC:

1. **Clique na célula em que você quer que o resultado apareça.**
2. **Digite** =DESLOC(**para iniciar a função.**
3. **Insira um endereço de célula ou clique na célula para obter seu endereço.**
4. **Digite um ponto e vírgula (;).**
5. **Insira a quantidade de linhas que você quer deslocar em que a função procura por um valor.**

   Esse número pode ser um número positivo, negativo ou 0 para nenhum deslocamento.
6. **Digite um ponto e vírgula (;).**
7. **Insira a quantidade de colunas que você quer deslocar em que a função procura por um valor.**

   Esse número pode ser um número positivo, negativo ou 0 para nenhum deslocamento.
8. **Digite um**) **e pressione Enter.**

A função DESLOC é outra função que pode ser usada sozinha, mas geralmente é utilizada como parte de uma fórmula mais complexa.

Procurando

O Excel tem um grupo organizado de funções que permitem que você extraia dados a partir de listas e de tabelas. O que é uma tabela? Uma *tabela* é uma matriz dedicada de linhas e colunas que coletivamente formam um grupo coeso de dados. Em geral, as tabelas têm rótulos na linha superior e na coluna à esquerda para identificar as colunas de linhas de dados. O restante da tabela contém os próprios dados.

PROCH e PROCV

As funções PROCH e PROCV extraem os dados de uma célula específica em uma tabela. A função PROCH começa a pesquisa pela primeira linha da tabela para encontrar um valor especificado. Ao encontrar o valor, ela desce pela coluna por uma quantidade específica de linhas e retorna o valor na célula-alvo. A função PROCV trabalha da mesma forma, exceto que ela começa a pesquisa pela primeira coluna da tabela e depois se move por uma quantidade especificada de colunas.

A função PROCH aceita quatro argumentos; os três primeiros são obrigatórios:

- **O valor a ser encontrado na linha superior da tabela:** Pode ser um texto ou um número.
- **O endereço da própria tabela:** Um endereço de intervalo ou um intervalo nomeado.
- **O deslocamento de linha a partir das linhas superiores**: Não é um número fixo de linha, mas um número relativo de linhas a partir da linha superior.
- **Um valor verdadeiro ou falso:** Se verdadeiro (ou omitido), uma correspondência parcial é aceita para o Passo 1. Se falso, apenas uma correspondência exata é permitida.

A Figura 14-10 mostra como a PROCH puxa os valores de uma tabela e os exibe em outro lugar da planilha. Essa função é bem prática se você quiser imprimir um relatório com uma área de impressão dedicada e precisa incluir alguns dados, mas não todos, na tabela. Este exemplo usa a função PROCH para extrair os dados desejados e exibi-los para impressão.

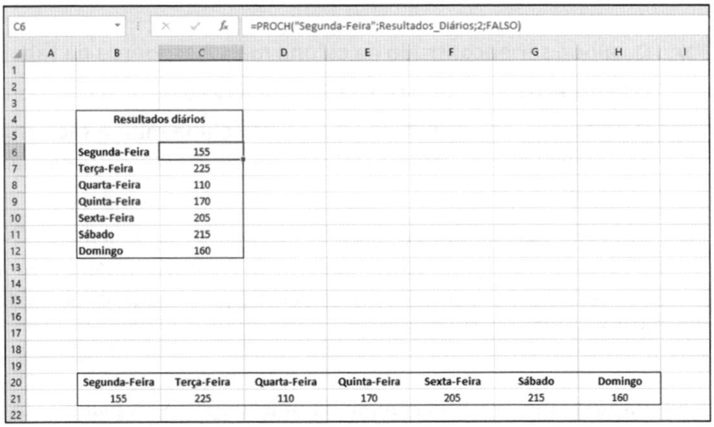

FIGURA 14-10: Usando a PROCH para localizar os dados em uma tabela.

DICA

Por que não apenas usar uma referência de célula para a célula da tabela que contém os dados desejados? Uma referência de célula não retornará os dados corretos se a tabela for movida ou se uma ou mais colunas forem adicionadas. Com as funções PROCH e PROCV, você sabe que sempre obterá os dados da coluna ou linha correta.

Na Figura 14-10, a tabela é o intervalo B20:H21, ao qual foi atribuído o nome Resultados_Diários. Cada célula no intervalo C6:C12 usa a função PROCH para localizar um valor específico na tabela. Por exemplo, a célula C6 tem a seguinte a fórmula:

```
PROCH("Segunda-feira";Resultados_Diários;2;FALSO)
```

- **O primeiro argumento:** Informa à função para pesquisar segunda-feira na primeira linha da tabela.
- **O segundo argumento:** Especifica a própria tabela pelo seu nome atribuído.
- **O terceiro argumento:** Informa à função para retornar os dados na segunda linha da coluna especificada. Essa tabela tem apenas duas linhas, mas não há limite de tamanho efetivo para a tabela que você usa com a PROCH.
- **O quarto argumento:** Especifica que uma correspondência exata para segunda-feira deve ser encontrada. Se você definir esse argumento como verdadeiro ou omiti-lo, PROCH encontra uma correspondência aproximada. Para a correspondência aproximada funcionar devidamente, os valores na linha devem ser ordenados da esquerda para a direita, em ordem crescente.

A função PROCV funciona da mesma forma, exceto que ela encontra um valor na primeira coluna da tabela e, em seguida, se move por uma quantidade especificada de colunas. Os argumentos seguem:

- **O valor a ser encontrado na coluna mais à esquerda da tabela.**
- **O endereço da própria tabela:** É um intervalo ou uma área nomeada.
- **O deslocamento da coluna a partir da coluna mais à esquerda:** Não é um número fixo de colunas, mas um número relativo de colunas a partir da coluna mais à esquerda.
- **Um valor verdadeiro ou falso:** Se verdadeiro (ou omitido), PROCV encontra uma correspondência aproximada. Se falso, uma correspondência exata é necessária. Para uma correspondência aproximada, a coluna deve ser ordenada de modo crescente.

A Figura 14-11 mostra um exemplo da função PROCV. A planilha exibe os dados de produtos e de receita anual da loja de guitarra fictícia. O intervalo A7:D28 foi nomeado como `Vendas`.

B4 =PROCV("Kit Sem Fio para Shows";DESLOC(Vendas;0;1);3;FALSO)

	A	B	C	D		E	F
1							
2							
3							
4	**Kit sem Fio para Shows**	R$ 75.000,00					
5							
6							
7	**Fornecedores**	**Produtos**	**Categorias**		**Valor**		
8	Grandes Guitarras	Stratoblaster 9000	Instrumento	R$	129.000,00		
9	Grandes Guitarras	Flying X	Instrumento	R$	87.000,00		
10	Grandes Guitarras	Kit Básico Guitarrista	Acessório	R$	32.000,00		
11	Grandes Guitarras	Pedal de Efeitos All-in-One	Acessório	R$	6.750,00		
12	Acessórios e Som	Alça Preta para Guitarra	Acessório	R$	4.350,00		
13	Acessórios e Som	Kit sem Fio para Shows	Acessório	R$	75.000,00		
14	Acessórios e Som	Amplificador Clássico	Acessório	R$	16.700,00		
15	Acessórios e Som	Cabo de 30cm	Acessório	R$	4.000,00		
16	Acessórios e Som	Cabo de 1,8m	Acessório	R$	6.500,00		
17	Acessórios e Som	Cabo de 3m	Acessório	R$	6.250,00		
18	Acessórios e Som	Cabo de 5m	Acessório	R$	2.250,00		
19	Acessórios e Som	Minigravador Portátil	Acessório	R$	40.000,00		
20	Acessórios e Som	Pré-amplificador	Acessório	R$	7.000,00		
21	Acessórios e Som	Pedal Rocker	Acessório	R$	7.250,00		
22	Acessórios e Som	Pedal Rocker Deluxe	Acessório	R$	5.250,00		
23	Instrumentos Tradicionais	Banjo Modelo Estudante	Instrumento	R$	4.500,00		
24	Instrumentos Tradicionais	Banjo Modelo Intermediário	Instrumento	R$	6.450,00		
25	Instrumentos Tradicionais	Bandolim Modelo Estudante	Instrumento	R$	1.450,00		
26	Instrumentos Tradicionais	Bandolim Modelo Intermediário	Instrumento	R$	6.500,00		

FIGURA 14-11: Usando a PROCV para localizar os dados em uma tabela.

O objetivo é usar a PROCV para extrair o valor de vendas do Wireless Gig Kit. No entanto os nomes dos produtos estão na segunda coluna do intervalo Vendas, e a PROCV normalmente pesquisa na primeira coluna. Você pode usar a função DESLOC para forçar a PROCV a pesquisar por Wireless Gig Kit na segunda coluna do intervalo. Esta é a fórmula na célula B4:

```
=PROCV("Kit sem Fio para Shows";DESLOC(Vendas;0;1);3;FALSO)
```

Note que o deslocamento especificado como o terceiro argumento para A PROCV é 3. Isso porque os números de vendas estão na terceira coluna relativa à coluna de Produtos, onde A PROCV está fazendo a busca:

Veja como usar as funções PROCH ou PROCV:

1. **Clique na célula em que você quer ver o resultado.**
2. **Digite** =PROCH (**ou** =PROCV (**para iniciar a função.**
3. **Caso você use**
   - PROCH: Insira o valor que deseja encontrar na linha superior da tabela.
   - PROCV: insira o valor que deseja encontrar na primeira coluna da tabela.
4. **Digite um ponto e vírgula (;).**
5. **Insira o endereço do intervalo que define a tabela de dados, ou insira seu nome, se houver um atribuído.**
6. **Digite um ponto e vírgula (;).**

7. **Caso você use:**

- PROCH: Insira um número para indicar a linha do valor a retornar.
- PROCV: Insira um número para indicar a coluna do valor a retornar.

LEMBRE-SE

O número inserido é relativo ao intervalo ou área definida no segundo argumento.

8. **(Opcional) Digite um ponto e vírgula (;) e** FALSO.

Isso força a função a encontrar a correspondência exata para o valor inserido no primeiro argumento.

9. **Digite um**) **e pressione Enter.**

DICA

O Excel também fornece a função PROC, que é especializada em retornar valores de intervalos apenas de colunas ou apenas de linhas. Veja a Ajuda do Excel para mais informações sobre essa função.

CORRESP e ÍNDICE

A função CORRESP retorna o número da linha ou número da coluna relativa a um valor na tabela. O fundamental é que a CORRESP retorna o valor relativo, mas não retorna o valor em si.

Essa função é útil quando você precisa da posição de um item. Você não está sempre interessado nessa informação por si só, mas pode usá-la em uma fórmula mais complexa. Em breve mostrarei isso.

CORRESP usa três argumentos:

» **O valor a ser procurado:** Pode ser um número, um texto ou um valor lógico.

» **Onde procurar:** É um intervalo que abrange uma única linha ou coluna, ou uma área nomeada que compreenda uma única linha ou uma coluna.

» **Como a correspondência deve ser aplicada:** Este argumento é opcional.

O terceiro argumento pode ser um dos três valores. Eles funcionam da seguinte maneira:

» `1` informa à função CORRESP para encontrar o maior valor que é menor ou igual ao valor da PROC. A matriz deve ser ordenada de modo crescente. Este é o valor-padrão se o argumento for omitido.

» `-1` informa à função CORRESP para encontrar o menor valor que é maior ou igual ao valor da PROC. A matriz deve ser ordenada de modo decrescente.

» `0` informa à função CORRESP para encontrar o primeiro valor que corresponda exatamente. A matriz não deve ser ordenada.

A Figura 14-12 mostra os produtos e a receita para a loja de guitarra. Repare que a informação foi colocada em ordem crescente de acordo com a coluna Valor. O objetivo é obter a contagem de quantos produtos têm vendas menores que R$10.000. A CORRESP faz isso facilmente, conforme exibido na Figura 14-12. Esta é fórmula na célula B4:

```
=CORRESP(10000;DESLOC(Vendas;0;3;LINS(Vendas);1))-1
```

B4 =CORRESP(10000;DESLOC(Vendas;0;3;LINS(Vendas);1))-1

	A	B	C	D		E
1						
2						
3						
4	**Produtos com vendas < R$10.000,00**	15				
5						
6						
7	**Fornecedores**	**Produtos**	**Categorias**	**Valor**		
8	Instrumentos Tradicionais	Bandolim Modelo Estudante	Instrumento	R$	1.450,00	
9	Acessórios e Som	Cabo de 5m	Acessório	R$	2.250,00	
10	Instrumentos Tradicionais	Guitarra modelo Intermediário	Instrumento	R$	3.500,00	
11	Acessórios e Som	Cabo de 30cm	Acessório	R$	4.000,00	
12	Instrumentos Tradicionais	Guitarra Modelo Estudante	Instrumento	R$	4.250,00	
13	Acessórios e Som	Alça Preta para Guitarra	Acessório	R$	4.350,00	
14	Instrumentos Tradicionais	Banjo Modelo Estudante	Instrumento	R$	4.500,00	
15	Acessórios e Som	Pedal Rocker Deluxe	Acessório	R$	5.250,00	
16	Acessórios e Som	Cabo de 3m	Acessório	R$	6.250,00	
17	Instrumentos Tradicionais	Banjo Modelo Intermediário	Instrumento	R$	6.450,00	
18	Acessórios e Som	Cabo de 1,8m	Acessório	R$	6.500,00	
19	Instrumentos Tradicionais	Bandolim Modelo Intermediário	Instrumento	R$	6.500,00	
20	Grandes Guitarras	Pedal de Efeitos All-in-One	Acessório	R$	6.750,00	
21	Acessórios e Som	Pré-amplificador	Acessório	R$	7.000,00	
22	Acessórios e Som	Pedal Rocker	Acessório	R$	7.250,00	
23	Acessórios e Som	Amplificador Clássico	Acessório	R$	16.700,00	
24	Grandes Guitarras	Kit Básico Guitarrista	Acessório	R$	32.000,00	
25	Acessórios e Som	Minigravador Portátil	Acessório	R$	40.000,00	
26	Acessórios e Som	Kit sem Fio para Shows	Acessório	R$	75.000,00	

FIGURA 14-12: Calculando as correspondências.

Retire a parte da função CORRESP da fórmula. Primeiro, você sabe que a CORRESP precisa de uma referência para a coluna que será pesquisada — neste caso, a coluna Quantidade no intervalo Vendas. Isso parece um trabalho para a função DESLOC! Digite o seguinte:

```
DESLOC(Vendas;0;3,LINS(Vendas);1)
```

Isso retorna um intervalo com as seguintes características:

- Deslocado em nenhuma linha e três colunas a partir do intervalo Vendas.
- Tem uma altura igual ao número de linhas em Vendas.
- Tem a largura de uma coluna.

DICA

Agora que você tem esse intervalo, pode dizer à CORRESP para procurar o maior valor que é menor ou igual a `10000`. Como os dados estão ordenados, a posição relativa desse valor no intervalo é uma ou mais que a quantidade de produtos com vendas menores que R$10.000. Por que não é mais? A linha de cabeçalho na parte superior do intervalo também é contada — desse modo, subtraia 1 para obter a resposta final.

Veja como usar a função CORRESP:

1. **Clique na célula em que você quer ver o resultado.**
2. **Digite** =CORRESP(**para iniciar a função.**
3. **Insira um valor a ser correspondido.**

   Esse valor pode ser numérico, textual ou lógico. Você pode inserir um endereço de célula, desde que a célula referenciada tenha um valor utilizável.
4. **Digite um ponto e vírgula (;).**
5. **Insira o intervalo no qual procurar por uma correspondência.**

   Pode ser tanto um intervalo de referência quanto uma área nomeada.
6. **(Opcional) Digite um ponto e vírgula (;) e insira** -1, 0 **ou** 1 **para informar à função como fazer uma correspondência.**

   O padrão é 1. Um 0 força uma correspondência exata.
7. **Digite**) **e pressione Enter.**

A informação retornada pela função CORRESP pode ser de grande ajuda quando você a usa com a função ÍNDICE. Ela retorna o valor encontrado em uma interseção especificada de linha e coluna dentro de uma tabela. Você pode usar a CORRESP para encontrar a linha e a coluna, e depois usar a ÍNDICE para obter os dados reais.

A função ÍNDICE aceita três argumentos:

- A tabela a ser procurada como um endereço de intervalo ou nome de intervalo.
- O número da linha relativo à primeira linha da tabela.
- O número da coluna relativo à coluna, mais à esquerda da tabela.

O valor de retorno é o valor da célula em que a linha e a coluna se interceptam.

A Figura 14-13 mostra um exemplo no qual a ÍNDICE recupera um valor de uma tabela que resume as vendas da loja de guitarra por produto e trimestre. Neste exemplo, o intervalo da tabela é nomeado como Vendas_por_trim.

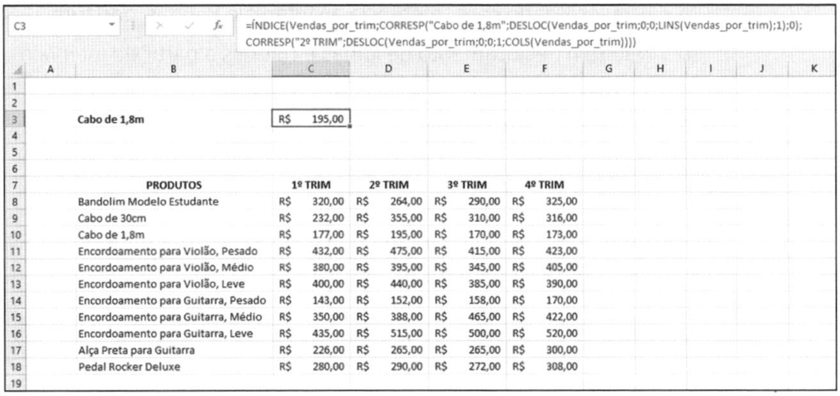

PRODUTOS	1º TRIM	2º TRIM	3º TRIM	4º TRIM
Bandolim Modelo Estudante	R$ 320,00	R$ 264,00	R$ 290,00	R$ 325,00
Cabo de 30cm	R$ 232,00	R$ 355,00	R$ 310,00	R$ 316,00
Cabo de 1,8m	R$ 177,00	R$ 195,00	R$ 170,00	R$ 173,00
Encordoamento para Violão, Pesado	R$ 432,00	R$ 475,00	R$ 415,00	R$ 423,00
Encordoamento para Violão, Médio	R$ 380,00	R$ 395,00	R$ 345,00	R$ 405,00
Encordoamento para Violão, Leve	R$ 400,00	R$ 440,00	R$ 385,00	R$ 390,00
Encordoamento para Guitarra, Pesado	R$ 143,00	R$ 152,00	R$ 158,00	R$ 170,00
Encordoamento para Guitarra, Médio	R$ 350,00	R$ 388,00	R$ 465,00	R$ 422,00
Encordoamento para Guitarra, Leve	R$ 435,00	R$ 515,00	R$ 500,00	R$ 520,00
Alça Preta para Guitarra	R$ 226,00	R$ 265,00	R$ 265,00	R$ 300,00
Pedal Rocker Deluxe	R$ 280,00	R$ 290,00	R$ 272,00	R$ 308,00

FIGURA 14-13: Usando a função ÍNDICE para extrair os dados de uma tabela.

A fórmula a seguir, na célula C3, extrai as vendas de Cabos de 1,8m para o 2º TRIM:

```
=ÍNDICE(Vendas_por_trim;CORRESP("Cabo de
   1,8m";DESLOC(Vendas_por_trim;0;0;LINS(Vendas_por_
   trim);1);0);CORRESP("2º
   TRIM";DESLOC(Vendas_por_trim;0;0;1;COLS(Vendas_por_
   trim))))
```

Nossa, essa é uma célula cheia de fórmulas! Mas você já sabe tudo o que precisa para entendê-la. O primeiro argumento da função ÍNDICE não é um mistério; simplesmente é o nome atribuído à tabela. O segundo e terceiro argumentos, que informam à ÍNDICE qual célula examinar, são complicados. Veja o primeiro, para o argumento da linha:

```
CORRESP("Cabo de
   1,8m";DESLOC(Vendas_por_trim;0;0;LINS(Vendas_por_
   trim);1);0)
```

Você quer analisar a primeira coluna da tabela, onde os nomes dos produtos estão listados, e encontrar a linha que contém `Cabo de 1,8m`. Você também sabe que a função CORRESP é a função adequada para esse trabalho e que ela precisa saber o lugar a ser analisado. Em outras palavras, você deve informar a ela o endereço da primeira coluna da tabela. Veja onde a DESLOC entra em jogo:

```
DESLOC(Vendas_por_trim;0;0; LINS(Vendas_por_trim); 1)
```

Essa chamada para DESLOC retorna um intervalo que tem as seguintes características:

» Está localizado com referência ao intervalo Vendas_por_trim.
» Não tem deslocamento de linhas e colunas a partir do intervalo Vendas_por_trim (ou seja, começa na célula B7).
» Contém a mesma quantidade de linhas que Vendas_por_trim.
» Contém uma coluna.

O resultado é que essa chamada da DESLOC retorna o intervalo B7:B18. A função CORRESP se torna isso, na prática:

```
CORRESP ("Cabo de 1,8m"; B7:B18; 0)
```

Como uma correspondência exata é solicitada, os dados não precisam ser ordenados. A CORRESP encontra o texto de pesquisa na quarta linha relativa na parte superior da tabela. Esse é o valor que a ÍNDICE usa como seu argumento de linha. A ÍNDICE lida com o argumento de coluna da mesma forma.

Veja como usar a função ÍNDICE:

1. **Clique na célula em que você quer que o resultado apareça.**
2. **Digite** =ÍNDICE(**para iniciar a função.**
3. **Insira uma referência para a tabela.**

   Você pode arrastar o mouse pelo intervalo ou inserir seu endereço. Se a tabela foi nomeada, pode inserir o nome.

4. **Digite um ponto e vírgula (;).**
5. **Insira o número de linha relativo à primeira linha da tabela.**

   Esse número pode ser o resultado de um cálculo ou o valor retornado por uma função.

6. **Digite um ponto e vírgula (;).**
7. **Insira o número de coluna relativo à coluna, mais à esquerda da tabela.**

   Esse número pode ser o resultado de um cálculo ou o valor retornado por uma função.

8. **Digite um**) **e pressione Enter.**

FÓRMULATEXTO

A FÓRMULATEXTO exibe a sintaxe de uma fórmula. Ela é simples e ainda tem funcionalidades ótimas. Pense nisso. Você pode ter uma pasta de trabalho repleta de fórmulas; no entanto, tudo que vê é o resultado dos cálculos. E se precisasse ver as fórmulas propriamente ditas? É muito bom ter a resposta de um cálculo, mas, vez ou outra, você precisa saber como o cálculo funciona!

A FÓRMULATEXTO vem em seu socorro! Essa função referencia uma célula que tem uma fórmula, e exibe a fórmula sem fazê-la calcular a resposta. A Figura 14-14 mostra como isso funciona. As colunas A e B contêm números. A coluna C contém fórmulas que retornam valores calculados utilizando os números na coluna A e B. A coluna E usa a FÓRMULATEXTO para exibir as fórmulas na coluna C.

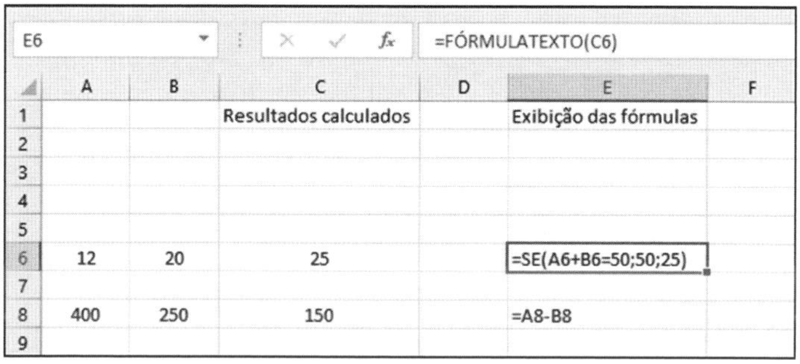

FIGURA 14-14: Usando a FÓRMULATEXTO para ver a sintaxe das fórmulas.

Veja como usar a função FÓRMULATEXTO:

1. **Clique na célula em que você quer ver o resultado.**
2. **Digite** = FÓRMULATEXTO (**para iniciar a função.**
3. **Clique na célula com a fórmula.**
4. **Digite um) e pressione Enter.**

DICA

Há uma configuração nas opções do Excel para sempre exibir as fórmulas como sintaxe em vez de mostrar os resultados calculados. Observe as opções de Exibição para essa planilha na aba Avançado nas Opções do Excel a fim de ver onde essa opção é configurada. Essa configuração converte todas as fórmulas para texto e você pode ver todas elas. A ressalva em usar essa abordagem é que nenhum cálculo é feito! Caso precise ver todos os mecanismos interiores dos cálculos, essa é uma boa opção. Contudo, se ainda quiser as fórmulas calculando respostas e deseja ver como ela são escritas, use a FÓRMULATEXTO.

VALORNUMÉRICO

A função VALORNUMÉRICO é utilizada para formatar os números que aparecem como textos voltarem a aparecer como números. Por exemplo, sua planilha pode exibir um valor como "14,25%". O Excel tratará esse valor corretamente como um número se ele for usado em uma fórmula, função ou cálculo, mas o símbolo de porcentagem não faz parte do número.

LEMBRE-SE

Uma porcentagem geralmente é um número com base decimal.

O valor de 14,25%, quando não formatado, é 0,1425.

Talvez você precise exibir tal número bonito por ser seu próprio valor bruto. É aqui que VALORNUMÉRICO vem em seu socorro.

A Figura 14-15 mostra uma planilha com dois números na coluna A que, de uma forma ou de outra, parecem ser um tanto não numéricos. Além do 14,25%, tem "1 2 3 4" (espaços entre cada dígito).

B3 | =VALORNUMÉRICO(A3)

	A	B	C	D	E
1	Formatado	Apresentação usando a função VALORNUMÉRICO			
2					
3	14,25%	0,1425			
4					
5	1 2 3 4	1234			
6					
7					

FIGURA 14-15: Usando a VALORNUMÉRICO para retornar a representação numérica de um número.

A coluna B mostra como os números ficam quando você usa a VALORNUMÉRICO. Por exemplo, a célula B3 contém:

```
=VALORNUMÉRICO (A3)
```

NESTE CAPÍTULO

» **Obtendo informações sobre uma célula ou um intervalo**

» **Descobrindo mais sobre o Excel ou seu sistema de computador**

» **Testando números, texto e erros**

Capítulo 15

Investigando os Fatos

Neste capítulo, mostro como usar as funções de informações do Excel que você emprega para obter informações a respeito de células, de intervalos e da pasta de trabalho na qual está trabalhando. Você pode até mesmo obter informações sobre o computador que está usando. O que mais eles vão inventar?

As funções de informação são ótimas para fazer as fórmulas focarem somente os dados importantes. Algumas funções até ajudam a protegê-lo das mensagens de erro confusas do Excel. A primeira vez que vi o erro `#NOME?`, eu pensei que o Excel estava me pedindo para inserir um nome (apenas um entre os muitos momentos emocionantes do Excel). Agora, pelo menos, eu sei utilizar as funções ÉERRO e TIPO.ERRO para tornar as mensagens de erro mais significativas. E, após ler este capítulo, você também saberá!

Informando-se com a Função CÉL

A função CÉL oferece feedback sobre as células e os intervalos em uma planilha. Você pode descobrir em qual linha e coluna uma célula está, que tipo de formatação ela tem, se está protegida e assim por diante.

A função CÉL usa dois argumentos:

- » O primeiro argumento, que está entre aspas duplas, informa à função qual tipo de informações retornar.
- » O segundo argumento informa à função qual célula ou intervalo avaliar. Se você especificar um intervalo que contenha mais de uma célula, a função retorna as informações sobre a célula da parte superior à esquerda, no intervalo. O segundo argumento é opcional; quando não fornecido, o Excel apresenta um relatório sobre a célula modificada mais recentemente.

A Tabela 15-1 mostra a lista de possíveis entradas para o primeiro argumento da função CÉL.

TABELA15-1 **Selecionando o Primeiro Argumento para a Função CÉL**

Argumento	Exemplo	Comentário
endereço	=CÉL("endereço")	Retorna o endereço da última célula modificada.
col	= CÉL("col";Vendas)	Retorna o número de coluna da primeira célula no intervalo Vendas.
cor	= CÉL("cor";B3)	Informa se uma célula em particular (neste caso, B3) está formatada de modo que os números negativos sejam representados em cores. O número, a moeda e os formatos-padrão têm seleções para exibir números negativos em vermelho. Se a célula está formatada para números negativos coloridos, um 1 é retornado; senão, um 0 é retornado.
conteúdos	= CÉL("conteúdos";B3)	Retorna os conteúdos de uma célula específica (neste caso, B3). Se a célula contém uma fórmula, retorna o resultado da fórmula, e não a fórmula em si.
nome do arquivo	=CÉL("arquivo")	Retorna o caminho, o nome de arquivo, o nome da planilha de uma pasta de trabalho e a planilha que tenha a função CÉL em si (por exemplo, C:\ Cliente\ [Acme]Planilha'). A função resulta em uma resposta em branco em uma nova pasta de trabalho que ainda não foi salva.
formato	=CÉL("formato";D12)	Retorna um formato de número de célula (neste caso, célula D12). Veja a Tabela 15-2 para uma lista de possíveis valores retornados.
parênteses	=CÉL("parênteses";D12)	Retorna 1 se uma célula (neste caso, D12) estiver formatada para ter os valores positivos ou todos os valores exibidos entre parênteses. Caso contrário, 0 é retornado. Um formato-padrão é necessário para fazer os parênteses aparecerem com valores positivos em primeiro lugar.

Argumento	Exemplo	Comentário
prefixo	=CÉL("prefixo";R25)	Retorna o tipo de alinhamento do texto em uma célula (aqui, R25). Existem algumas possibilidades: um apóstrofo (') se a célula estiver alinhada à esquerda; aspas (") se a célula estiver alinhada à direita; um acento circunflexo (^) se a célula estiver centralizada; ou uma barra invertida (\) se a célula estiver justificada. Caso a célula que esteja sendo avaliada fique em branco ou tenha um número, a função não retorna nada.
proteger	=CÉL("proteger";D12)	Retorna 1 se uma célula protegida (neste caso, D12) estiver definida como bloqueada; caso contrário, um 0 é retornado. O valor retornado não é afetado se a planilha estiver atualmente bloqueada.
linha	=CÉL("linha";Vendas)	Retorna o número da linha da primeira célula no intervalo Vendas.
tipo	=CÉL("tipo";D12)	Retorna um valor correspondente ao tipo de informação em uma célula (neste caso, célula D12). Existem três valores possíveis: b se a célula estiver vazia; l se a célula tiver um valor alfanumérico; e v para todos os valores possíveis, incluindo números e erros.
largura	=CÉL ("largura")	Retorna a largura da última célula modificada, arredondada para um inteiro. Por exemplo, uma largura de 18,3 é retornada como 18.

O segundo argumento, estando lá ou não, tem um papel fundamental em como a função CÉL funciona. Quando incluso, o segundo argumento é um endereço de célula, como B12, ou um nome de intervalo, como Vendas. Claro, você poderia ter um intervalo que está apenas em uma célula, mas eu não vou confundir as coisas!

CUIDADO

Se você inserir um nome de intervalo não existente para o segundo argumento, o Excel retorna o erro #NOME?. O Excel não consegue retornar informações sobre algo que não existe.

Um meio interessante de usar a função CÉL é monitorar a última entrada em uma planilha. Digamos que você esteja atualizando uma lista de valores. O telefone toca e você fica preso um tempão na ligação. Quando retorna à sua lista, você esqueceu onde tinha parado. Poxa! É hora de se pensar: "Se ao menos eu tivesse usado a função CÉL!"

A Figura 15-1 mostra tal planilha. A célula B18 exibe o endereço da última célula que foi modificada.

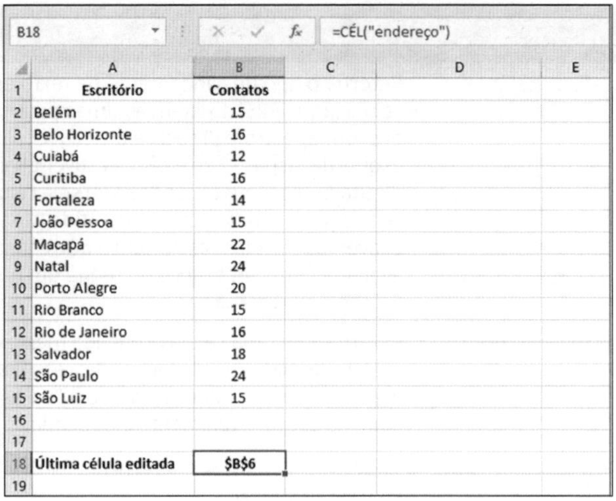

FIGURA 15-1: Acompanhando qual célula tem a entrada mais recente.

Utilizar a CÉL com o argumento de um nome do arquivo é ótimo para exibir o caminho da pasta de trabalho. Essa técnica é comum para relatórios impressos de planilha. Ser capaz de encontrar o arquivo da pasta de trabalho de onde um relatório foi impresso há seis meses economiza muito seu tempo. Você não ama quando o chefe lhe dá uma hora para elaborar um relatório, nem encosta nesse relatório durante seis meses e depois quer modificar algo? Veja como inserir a função CÉL para retornar o nome do arquivo:

```
=CÉL("arquivo")
```

Você pode formatar as células de diversas maneiras. Quando o primeiro argumento da CÉL é `formato`, um código que corresponde à formatação é retornado. Os formatos possíveis são aqueles enumerados na caixa de diálogo Formatar Células. A Tabela 15-2 mostra os formatos e o código que a CÉL retorna.

TABELA 15-2 **Valores Retornados para o Argumento `formato`**

Formato	Valor Retornado pela Função CÉL
Geral	G
0	F0
#.##0	.0
0,00	F2
#.##0,00	.2
R$ #.##0_);(R$ #.##0)	C0
R$ #.##0_);[Vermelho](R$ #.##0)	C0-
R$ #.##0,00_);(R$ #.##0,00)	C2
R$ #.##0,00_);[Vermelho](R$ #.##0,00)	C2-

Formato	Valor Retornado pela Função CÉL
0%	P0
0,00%	P2
0,00E+00	S2
# ?/? ou ??/??	G
d/m/aa ou d/m/aa h:mm ou dd/mm/aa	D4
d-mmm-aa ou dd-mmm-aa	D1
d-mmm ou dd-mmm	D2
mmm-aa	D3
dd/mm	D5
h:mm AM/PM	D7
h:mm:ss AM/PM	D6
h:mm	D9
h:mm:ss	D8

Usar a função CÉL com o argumento `formato` possibilita que você adicione um bocado de inteligência em sua planilha. A Figura 15-2 mostra um exemplo da CÉL garantindo que as informações sejam entendidas corretamente. As datas na coluna A estão no formato `d-mmm`. A desvantagem desse formato é que o ano não é conhecido. Logo, a célula A1 recebeu uma fórmula que emprega a CÉL para testar os formatos de datas. Se o formato `d-mmm` é encontrado na primeira data (na célula A4), a célula A1 exibe uma mensagem que inclui o ano da célula A4. Afinal, a célula A4 *tem* um ano; só está formatada para não mostrá-lo. Desta forma, o ano sempre está presente — seja nas próprias datas ou na parte superior da planilha.

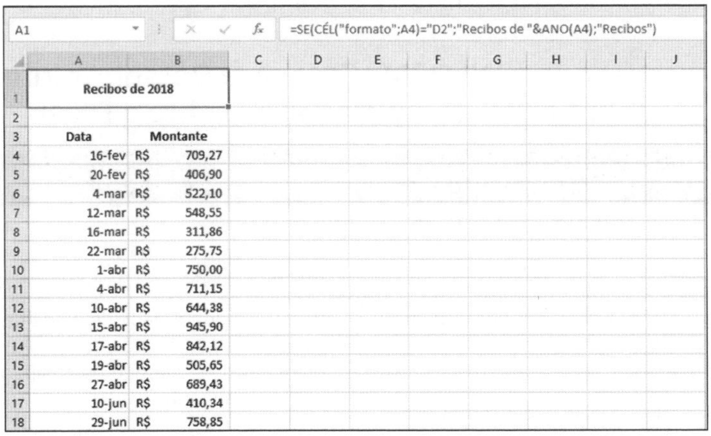

FIGURA 15-2: Usando a CÉL e o argumento formato para exibir uma mensagem útil.

A fórmula na célula A1 — `=SE(CÉL("formato";A4)="D2","Recibos para "&ANO(A4);"Recibos")` — informa que, se a formatação em A4 é `d-mmm` (de acordo com os valores na Tabela 15-2), a mensagem com o ano é exibida; caso contrário, se exibe `Recibos`.

Veja como usar a função CÉL:

1. **Posicione o cursor do mouse na célula em que você quer ver os resultados.**
2. **Digite** =CÉL(**para iniciar a entrada da função.**
3. **Insira uma das primeiras opções de argumentos listadas na Tabela 15-1.**

   Certifique-se de colocá-lo entre aspas (" ").
4. **Caso queira informar à função qual célula ou intervalo usar, digite um ponto e vírgula (;).**
5. **Se quiser, insira um endereço de célula ou nome de um intervalo.**
6. **Digite um**) **e pressione Enter.**

Obtendo Informações sobre o Excel e Seu Sistema de Computador

O Excel disponibiliza a função INFORMAÇÃO para obter informações sobre o seu computador e o próprio programa. A INFORMAÇÃO admite um único argumento que informa à função qual tipo de informação retornar. A Tabela 15-3 mostra como utilizar a função INFORMAÇÃO.

TABELA 15-3 Usando a INFORMAÇÃO para Descobrir Informações sobre o Seu Computador ou sobre o Excel

Argumento	Exemplo	Comentário
diretório	=INFORMAÇÃO("diretório")	Retorna o caminho do diretório atual. Observe que este não é necessariamente o mesmo caminho da pasta de trabalho aberta.
númarquivo	=INFORMAÇÃO("númarquivo")	Retorna a quantidade de planilhas em todas as pastas de trabalho abertas. A função inclui planilhas de suplementos, assim o número pode ser enganoso.
origem	=INFORMAÇÃO("origem")	Retorna o endereço da célula na parte superior e à esquerda da área rolável. Um prefixo A$ na frente do endereço da célula é por causa da compatibilidade com o Lotus 1-2-3.

Argumento	Exemplo	Comentário
osversão	=INFORMAÇÃO("osversão")	Retorna o nome do sistema operacional atual.
recalc	=INFORMAÇÃO("recalc")	Retorna o status do modo de recálculo: Automático ou Manual.
soltar	=INFORMAÇÃO("soltar")	Retorna o número da versão do Excel em execução.
sistema	=INFORMAÇÃO ("sistema")	Retorna o nome do ambiente operacional: mac ou pcdos.

Um uso prático da função INFORMAÇÃO é utilizar o número de versão do Excel retornado para determinar se a pasta de trabalho consegue usar um recurso mais recente. Por exemplo, a habilidade de trabalhar com dados XML está disponível somente para a versão 2002 ou mais recente. Testando o número da versão, você pode ser notificado da possibilidade de se trabalhar com dados XML. Esta fórmula usa a opção `soltar` como argumento:

```
=SE(INFORMAÇÃO("soltar")>9;"Esta versão pode importar XML";
  "Esta versão não pode importar XML")
```

A Figura 15-3 mostra valores retornados com a função INFORMAÇÃO.

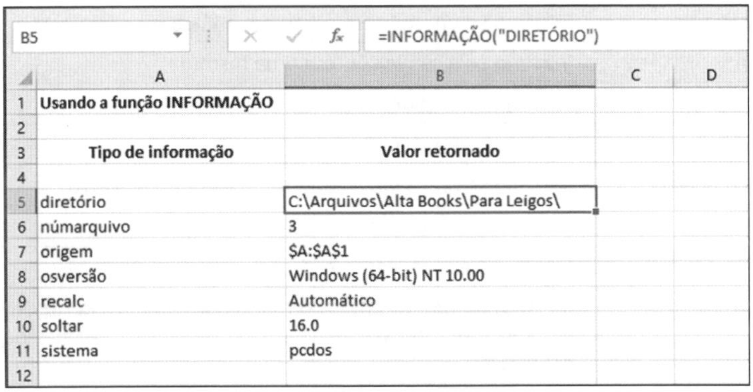

FIGURA 15-3: Investigando as informações sobre o computador com a função INFORMAÇÃO.

Veja como usar a função INFORMAÇÃO:

1. **Posicione o cursor do mouse na célula em que você quer que os resultados apareçam.**
2. **DIGITE** =INFORMAÇÃO(**para iniciar a entrada da função.**
3. **Insira uma das opções de argumento enumeradas na Tabela 15-3.**

   Certifique-se de colocá-la entre aspas (" ").
4. **Digite um**) **e pressione Enter.**

Descobrindo o que É e o que Não É

Uma série de funções É retornam uma resposta verdadeira ou falsa sobre as características de uma determinada célula. Por exemplo, é uma célula em branco ou contém texto? Essas funções são frequentemente usadas em combinação com outras funções — normalmente, com a função SE — para se lidar com os erros ou outros resultados inesperados ou indesejados.

Os erros que o Excel apresenta não são lá muito amigáveis. Que diabos o `#N/D` significa para você? As funções que descrevo nesta seção não deixam um erro mais compreensível, mas dão a opção de exibir uma mensagem mais amigável como "Algo de errado não está certo, e eu não sei o que é."

A Tabela 15-4 mostra as funções É e como elas são usadas. Todas elas retornam `Verdadeiro` ou `Falso`, desse modo, a tabela só as enumera.

TABELA15-4 Usando as Funções É para Ver de Fato o que É

Função	Comentário
=ÉCÉL.VAZIA(valor)	Informa se uma célula está vazia.
=ÉERRO(valor)	Informa se uma célula contém um erro diferente de #N/D.
=ÉERROS(valor)	Informa se uma célula contém algum erro.
=ÉPAR(valor)	Informa se um número é par.
=ÉFORMULA	Informa se a célula contém uma fórmula.
=ÉLÓGICO(valor)	Informa se o valor é lógico.
=É.NÃO.DISP(valor)	Informa se uma célula contém o erro #N/D.
=É.NÃO.TEXTO(valor)	Informa se uma célula contém um número ou erro.
=ÉNÚM(valor)	Informa se uma célula contém um número.
=ÉIMPAR(valor)	Informa se um número é ímpar.
=NÚMSEMANA	Informa o número ISO da semana para a data inserida. (ISO é a Organização Internacional para Padronização, normas-padrão de configuração.)
=ÉREF(valor)	Informa se o valor é uma referência.
=ÉTEXTO(value)	Informa se uma célula contém texto.

ÉERRO, ÉERROS e É.NÃO.DISP

Três das funções É — ÉERRO, ÉERROS e É.NÃO.DISP — informam sobre um erro.

Função de Erro	Comentários
ÉERRO	Retorna verdadeiro se o erro é qualquer coisa, exceto um erro `#N/D`. Por exemplo, o erro `#DIV/0!` retorna verdadeiro.
É.NÃO.DISP	O oposto da ÉERRO. Ela retorna verdadeiro apenas se o erro é `#N/D`.
ÉERROS	Retorna verdadeiro para qualquer tipo de erro, incluindo `#N/D`, `#VALOR!`, `#REF!`, `DIV/0!`, `#NÚM!`, `#NOME?` e `#NULO!`.

Por que `#N/D` é tratado separadamente? Ele é excluído de ser tratado com a ÉERRO e tem sua própria função É.NÃO.DISP. Na verdade, você pode usar `#N/D` a seu favor para evitar erros. Como assim? A Figura 15-4 mostra um exemplo que calcula a porcentagem de pesquisas retornadas para algumas grandes cidades do Brasil. O cálculo é simples: basta dividir o número retornado pelo número enviado.

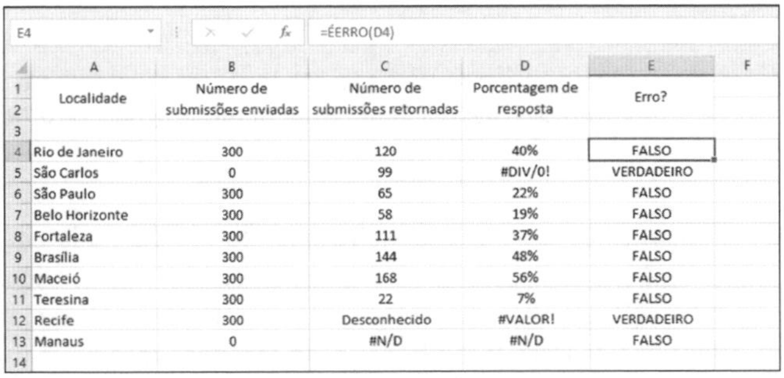

E4 =ÉERRO(D4)

	A	B	C	D	E
1–2	Localidade	Número de submissões enviadas	Número de submissões retornadas	Porcentagem de resposta	Erro?
3					
4	Rio de Janeiro	300	120	40%	FALSO
5	São Carlos	0	99	#DIV/0!	VERDADEIRO
6	São Paulo	300	65	22%	FALSO
7	Belo Horizonte	300	58	19%	FALSO
8	Fortaleza	300	111	37%	FALSO
9	Brasília	300	144	48%	FALSO
10	Maceió	300	168	56%	FALSO
11	Teresina	300	22	7%	FALSO
12	Recife	300	Desconhecido	#VALOR!	VERDADEIRO
13	Manaus	0	#N/D	#N/D	FALSO
14					

FIGURA 15-4: Usando um erro a seu favor.

No entanto os erros deixam qualquer um de cabelo em pé. Por exemplo, nenhuma pesquisa foi enviada para São Carlos, ainda assim, 99 pesquisas retornam. Interessante! O cálculo torna-se uma divisão por zero de um erro, o que faz sentido. Por outro lado, Manaus não teve pesquisas enviadas, mas aqui o valor retornado é o erro `#N/D`, inserido de propósito. Em seguida, olhe a coluna E. Nessa coluna, `Verdadeiro` ou `Falso` é retornado para indicar se o cálculo, por cidade, deveria ser considerado um erro: São Carlos Verdadeiro, Manaus Falso.

O resultado `verdadeiro` ou `falso` aparece na coluna E porque todas as células na coluna E usam a função ÉERRO. A fórmula na célula E13, que testa o cálculo para Manaus, é `=ÉERRO(D13)`.

Simplificando, a célula D13 exibe o erro `#N/D`, pois seu cálculo (`=C13/B13`) usa uma célula com um `#N/D`. A função ÉERRO não considera o `#N/A` como um erro; logo, a E13 retorna `Falso`. O resultado final é que a coluna E facilita a distinção entre as entradas e os erros matemáticos da sinalização intencional de certas linhas como tendo dados incompletos.

ÉCÉL.VAZIA, É.NÃO.TEXTO, ÉTEXTO e ÉNÚM

As funções ÉCÉL.VAZIA, É.NÃO.TEXTO, ÉTEXTO e ÉNÚM informam qual tipo de dado existe em uma célula.

Função de Erro	Comentário
ÉCÉL.VAZIA	Retorna verdadeiro se a célula estiver vazia; caso contrário, retorna Falso.
É.NÃO.TEXTO	Retorna verdadeiro se a célula contiver qualquer coisa que não seja texto: um número, uma data/hora ou um erro. A função retorna verdadeiro se a célula estiver vazia ou Falso se a célula contiver texto ou uma fórmula cujo resultado é um texto.
ÉTEXTO	O oposto da função É.NÃO.TEXTO: retorna verdadeiro se a célula contiver texto ou uma fórmula cujo resultado é um texto; caso contrário, retorna Falso.
ÉNÚM	Retorna verdadeiro se a célula contiver um número ou uma fórmula cujo resultado é um número; senão, retorna Falso.

A função ÉCÉL.VAZIA retorna verdadeiro quando não há nada em uma célula. Usar a ÉCÉL.VAZIA é útil para contar quantas células em um intervalo estão vazias. Talvez você seja responsável por assegurar que 220 funcionários recebam suas planilhas de hora trabalhadas toda semana. Você pode usar uma fórmula que mostre quantos funcionários ainda não entregaram suas horas.

Esta fórmula usa a ÉCÉL.VAZIA junto com as funções SE e SOMA da seguinte forma:

```
{=SOMA(SE(ÉCÉL.VAZIA(B5:B26);1;0))}
```

Essa fórmula usa uma matriz. Veja o Capítulo 3 para mais informações sobre fórmulas de matriz. A Figura 15-5 mostra como essa fórmula funciona. Nas colunas A e B estão as listas de funcionários e suas horas. A fórmula na célula A1 apresenta quantos funcionários não entregaram as horas.

A função ÉTEXTO retorna `Verdadeiro` quando uma célula contém qualquer tipo de texto. A função É.NÃO.TEXTO retorna `Verdadeiro` quando uma célula contém qualquer coisa que não seja texto, incluindo números, data e horas. A função É.NÃO.TEXTO retorna `Verdadeiro` se a célula contiver um erro.

A função ÉNÚM retorna `Verdadeiro` quando uma célula contém um número, que pode ser um número real ou um número resultando de uma avaliação de uma fórmula na célula. Você pode utilizar a ÉNÚM como uma ajuda para a sua entrada de dados. Digamos que você tenha criado uma planilha que as pessoas preenchem. Uma das questões é a idade. A maioria das pessoas colocaria um valor numérico, como 18, 25, 70 e assim por diante. Mas alguém poderia escrever a idade por extenso, como dezoito, trinta e dois ou "não é da sua conta". Uma célula adjacente poderia empregar a ÉNÚM para retornar uma mensagem sobre digitar idade em valor numérico. A fórmula seria mais ou menos assim:

```
=SE(ÉNÚM(B3);"";"Por favor, digite sua idade como um
  número")
```

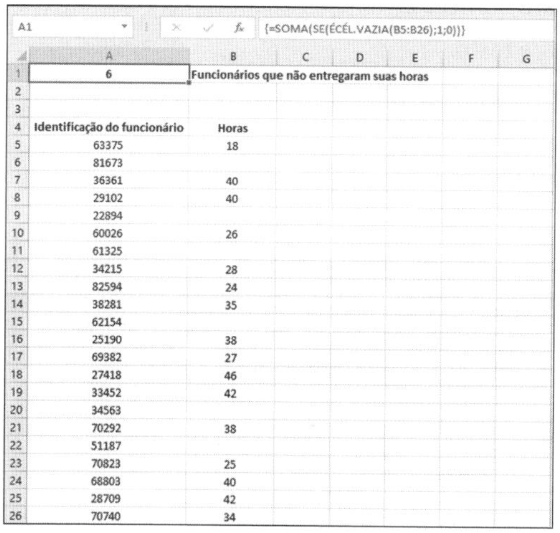

A1 | {=SOMA(SE(ÉCÉL.VAZIA(B5:B26);1;0))}

	A	B	C	D	E	F	G
1	6	Funcionários que não entregaram suas horas					
2							
3							
4	Identificação do funcionário	Horas					
5	63375	18					
6	81673						
7	36361	40					
8	29102	40					
9	22894						
10	60026	26					
11	61325						
12	34215	28					
13	82594	24					
14	38281	35					
15	62154						
16	25190	38					
17	69382	27					
18	27418	46					
19	33452	42					
20	34563						
21	70292	38					
22	51187						
23	70823	25					
24	68803	40					
25	28709	42					
26	70740	34					

FIGURA 15-5: Calculando quantos funcionários estão devendo uma entrada.

Veja como usar quaisquer funções É:

1. **Posicione o cursor do mouse na célula em que você quer ver os resultados.**
2. **Insira uma das funções É.**

   Por exemplo, digite **=ÉTEXTO(** para iniciar a entrada da função.

3. **Insira um endereço de célula.**
4. **Digite um) e pressione Enter.**

   O resultado sempre será `Verdadeiro` ou `Falso`.

Conhecendo o Seu Tipo

A função TIPO informa qual é o tipo da informação, por exemplo:

- » Número
- » Texto
- » Um valor lógico
- » Um erro
- » Uma matriz

Em todos os casos, a TIPO retorna um número;

- » `1` é retornado para números.
- » `2` é retornado para texto.
- » `4` é retornado para valores lógicos.
- » `16` é retornado para erros.
- » `64` é retornado para matrizes.

A Figura 15-6 mostra cada um desses valores retornados pela função TIPO. As células B3:B7 contêm a função TIPO, com cada linha analisando a célula adjacente na coluna A. O valor retornado de 64 na célula B7 é `=TIPO(A7:A9)`. Ela representa uma matriz de valores das células A7:A9.

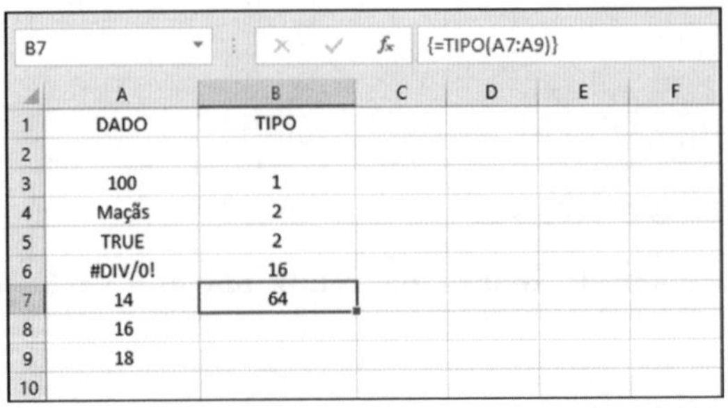

FIGURA 15-6: Obtendo o tipo de dado.

Veja como usar a função TIPO:

1. **Posicione o cursor do mouse na célula em que você quer ver os resultados.**
2. **Digite** =TIPO(**para iniciar a entrada da função.**

3. **Insira um endereço de célula ou clique em uma célula.**

4. **Digite um) e pressione Enter.**

A função TIPO.ERRO retorna um número que corresponde a um erro em particular em uma célula. A Tabela 15-5 mostra os tipos de erro e os números retornados.

TABELA 15-5 **Obtendo um Número de Erro**

Tipo de Erro	Número Retornado
#NULO!	1
#DIV/0!	2
#VALOR!	3
#REF!	4
#NOME?	5
#NÚM!	6
#N/D	7

A melhor coisa da função TIPO.ERRO é que você consegue usá-la para mudar aqueles erros irritantes e transformá-los em algo legível! Para fazer isso, use a função ESCOLHER junto com a TIPO.ERRO, da seguinte maneira:

```
=ESCOLHER(TIPO.ERRO(H14),"Tudo certo!","Você não pode
  dividir por 0";"Um número inválido foi inserido"; "A
  fórmula está fazendo referência a uma célula ou intervalo
  inválido";"Existe um problema com a entrada";"Existe um
  problema com o valor inserido","Algo está muito errado
  mesmo")
```

Veja o Capítulo 14 para obter ajuda com a função ESCOLHER. Veja como usar a função TIPO.ERRO:

1. **Posicione o cursor do mouse na célula em que você quer ver os resultados.**

2. **Digite** =TIPO.ERRO (**para iniciar a entrada da função.**

3. **Insira um endereço de célula ou clique em uma célula.**

4. **Digite um) e pressione Enter.**

Insira um endereço de célula ou clique em uma célula.

Digite um) e pressione Enter.

» Agrupando, alterando e formatando texto

» Identificando o tamanho do texto

» Comparando textos

» Pesquisando textos

Capítulo 16

Funções de Texto Excepcionais

Se a rosa tivesse outro nome, ainda assim teria o mesmo perfume. Ou talvez não. Quando você usa as sofisticadas funções de manipulação de texto do Excel, pode transformá-lo em outra coisa. Por exemplo: você pode utilizar a função MUDAR para transformar uma rosa em uma tulipa ou em uma margarida, literalmente!

Você alguma vez já teve que trabalhar em uma lista, em que os nomes completos das pessoas estavam em uma coluna, mas você precisava usar apenas o último nome? Você poderia extrair os últimos nomes para outra coluna manualmente, porém usar essa estratégia com monte de nomes é bem maçante. E se a lista tiver centenas de nomes? Isso é somente um exemplo de manipulação de texto que pode ser feita de forma fácil e rápida com as funções de texto do Excel.

Separando o Texto

O Excel tem três funções que são usadas para extrair parte de um valor de texto (geralmente chamada de *string* ou cadeia de caracteres). As funções ESQUERDA,

DIREITA e as variações da EXT.TEXTO permitem que você obtenha a parte de um valor de texto que seu nome indica, extraindo parte de um valor de texto da esquerda, direita ou do meio. Dominar essas funções lhe dá o poder para, literalmente, separar o texto.

Que tal isto: você tem uma lista de códigos de itens de estoque. Os três primeiros caracteres são o ID do vendedor, e os outros caracteres são o ID da peça. Você precisa apenas dos IDs dos vendedores. Como você faz isso? Ou como você obtém os números das peças sem incluir os IDs de vendedor? Mais uma vez, as funções do Excel vêm em seu auxílio!

Mexendo à ESQUERDA

A função ESQUERDA permite que você pegue uma quantidade especificada de caracteres do lado esquerdo de uma string maior. Tudo o que você faz é informar à função o que ou onde a string está e quantos caracteres precisa extrair.

A Figura 16-1 demonstra como a função ESQUERDA isola o ID do fornecedor em uma lista de código hipotética de produto (coluna A). Os três primeiros caracteres em cada código de produto são o ID do fornecedor. Você quer extraí-lo e inserir esses três caracteres na coluna B. Coloque a função ESQUERDA na coluna B com o primeiro argumento, especificando onde a string maior está (coluna A) e o segundo argumento especificando quantos caracteres extrair (três). Veja a Figura 16-1 para uma ilustração dessa planilha com a fórmula ESQUERDA visível na Barra de Fórmulas. (O que é a coluna C nessa planilha? Falarei sobre isso na próxima seção.)

B4 =ESQUERDA(A4;3)

	A	B	C	D	E
1	Controle de Inventário				
2					
3	Código do Produto	Fornecedor	Número de rastreio interno		
4	WES7164	WES	7164		
5	NER6578	NER	6578		
6	NER8400	NER	8400		
7	APP5333	APP	5333		
8	POW9655	POW	9655		
9	WES2141	WES	2141		
10	APP7496	APP	7496		
11	POW1500	POW	1500		
12	POW1600	POW	1600		
13	WES8224	WES	8224		
14	NER2112	NER	2112		
15	NER4228	NER	4228		
16	APP6077	APP	6077		
17	TRE4444	TRE	4444		
18	WES9055	WES	9055		
19	BOT1255	BOT	1255		
20	TRE6942	TRE	6942		
21	WES4221	WES	4221		

FIGURA 16-1: Obtendo os três caracteres à esquerda de uma string maior.

DICA

E se você pedir para a função ESQUERDA retornar mais caracteres do que a string original tem? Sem problemas. Neste caso, a ESQUERDA simplesmente retorna a string original inteira. O mesmo se aplica à função DIREITA, explicada na próxima seção.

A função ESQUERDA é bem prática e fácil de usar. Tente você mesmo:

1. **Posicione o cursor do mouse na célula em que quer que a string extraída seja exibida.**
2. **Digite** =ESQUERDA(**para iniciar a função.**
3. **Clique na célula que tem a string original ou insira seu endereço.**
4. **Digite um ponto e vírgula (;).**
5. **Insira um número.**

   Esse número informa à função quantos caracteres extrair à esquerda da string maior. Caso insira um número igual ou maior que o número de caracteres na string, toda a string é retornada.

6. **Digite um**) **e pressione Enter.**

Remexendo à DIREITA

O Excel não favorece nenhum lado. Assim como existe uma função ESQUERDA, também existe uma função DIREITA. A DIREITA extrai uma determinada quantidade de caracteres à direita de uma string maior. Funciona praticamente da mesma forma que a função ESQUERDA.

A Coluna C da Figura 16-1, anteriormente neste capítulo, utiliza a função DIREITA para extrair os quatro caracteres mais à direita dos códigos de produto. A célula C4, por exemplo, tem esta fórmula: `=DIREITA(A4;4)`.

Veja como utilizar a função DIREITA:

1. **Posicione o cursor do mouse na célula em que você quer que a string extraída seja exibida.**
2. **Digite** =DIREITA(**para iniciar a função.**
3. **Clique na célula que tem a string original ou insira seu endereço.**
4. **Digite um ponto e vírgula (;).**
5. **Insira um número.**

   Esse número informa à função quantos caracteres extrair à direita da string maior. Se você inserir um número que é igual ou maior ao número de caracteres na string, toda a string é retornada.

6. **Digite um**) **e pressione Enter.**

DICA

Use as funções ESQUERDA e DIREITA para extrair caracteres do início ou do final de uma string de texto. Utilize a EXT.TEXTO para extrair caracteres do meio.

Ficando no meio

A EXT.TEXTO é uma função poderosíssima de extração de texto. Ela possibilita que você retire uma parte de uma string maior — de qualquer lugar dentro da string. As funções ESQUERDA e DIREITA permitem que você extraia a partir do início ou do final de uma string, mas não do meio. Basicamente, a EXT.TEXTO proporciona flexibilidade completa.

A função EXT.TEXTO aceita três argumentos: a string maior (ou uma referência a uma), a posição do caractere em que começar e quantos caracteres extrair. Veja como utilizar a EXT.TEXTO:

1. **Posicione o cursor do mouse na célula em que você quer que a string extraída seja exibida.**
2. **Digite** =EXT.TEXTO (**para iniciar a função.**
3. **Clique na célula que tem uma entrada de texto completa ou insira seu endereço.**
4. **Digite um ponto e vírgula (;).**
5. **Insira um número para informar à função de qual caractere começar a extrair.**

   Esse número pode ser qualquer coisa desde 1 até a contagem completa de caracteres da string. Normalmente, a posição do caractere inicial usada com a EXT.TEXTO é maior que 1. Por quê? Se você precisar começar na primeira posição, pode usar a função simplificada ESQUERDA. Caso insira um número para a posição do caractere inicial que seja maior que o tamanho da string, nada é retornado.

6. **Digite um ponto e vírgula (;).**
7. **Insira um número para informar à função quantos caracteres extrair.**

   Caso você insira um número que seja maior do que o comprimento do resto da string, todo esse resto será retornado. Por exemplo, se você informar à EXT.TEXTO para extrair os caracteres de 2 a 8 de uma string de 6 caracteres, ela retorna os caracteres de 2 a 6.

8. **Digite um**) **e pressione Enter.**

A seguir, veja alguns exemplos de como a EXT.TEXTO funciona:

Exemplo	Resultado
=EXT.TEXTO("PLANILHA";4;2)	NI
=EXT.TEXTO("PLANILHA";4;1)	A
=EXT.TEXTO("PLANILHA";2;3)	LAN
=EXT.TEXTO("PLANILHA";3;1)	ANIL

A Figura 16-2 mostra como a função EXT.TEXTO ajuda a isolar o quarto e o quinto caracteres no estoque hipotético exibido na Figura 16-1. Esses caracteres poderiam representar um número binário de armazenamento para o item do estoque. A função EXT.TEXTO facilita a extração desse pedaço de informação a partir do extenso código de produto.

D4 =EXT.TEXTO(A4;4;2)

	A	B	C	D
1	Controle de Inventário			
2				
3	Código do Produto	Fornecedor	Número de rastreio interno	Número interno
4	WES7164	WES	7164	71
5	NER6578	NER	6578	65
6	NER8400	NER	8400	84
7	APP5333	APP	5333	53
8	POW9655	POW	9655	96
9	WES2141	WES	2141	21
10	APP7496	APP	7496	74
11	POW1500	POW	1500	15
12	POW1600	POW	1600	16
13	WES8224	WES	8224	82
14	NER2112	NER	2112	21
15	NER4228	NER	4228	42
16	APP6077	APP	6077	60
17	TRE4444	TRE	4444	44
18	WES9055	WES	9055	90
19	BOT1255	BOT	1255	12
20	TRE6942	TRE	6942	69
21	WES4221	WES	4221	42

FIGURA 16-2: Utilizando a EXT.TEXTO para extrair os caracteres de qualquer posição em uma string.

Descobrindo o comprimento com a NÚM.CARACT

A função NÚM.CARACT retorna o comprimento de uma string. Ela admite um único argumento: a string sendo avaliada. A NÚM.CARACT é geralmente usada com outras funções, como a ESQUERDA ou a DIREITA.

Manipular o texto às vezes exige um pouco de matemática. Por exemplo, você pode precisar calcular quantos caracteres isolar com a função DIREITA. Uma configuração comum de função para se fazer isso é a DIREITA, a LOCALIZAR e a NÚM.CARACT, da seguinte forma:

```
=DIREITA(A1;NÚM.CARACT(A1)- LOCALIZAR(" ";A1))
```

Isso calcula a quantidade de caracteres a ser retornada como a contagem total de caracteres menos a posição em que o espaço está. Em uso com a função DIREITA, retorna os caracteres à direita do espaço.

LEMBRE-SE

A função NÚM.CARACT é geralmente utilizada com outras funções, sobretudo a ESQUERDA, a DIREITA e a EXT.TEXTO. Desta forma, a NÚM.CARACT ajuda a determinar o valor de um argumento para outra função.

Veja como utilizar a função NÚM.CARACT:

1. **Posicione o cursor do mouse na célula em que você quer que a string extraída seja exibida.**

2. **Digite** =NÚM.CARACT(**para iniciar a função.**

3. **Realize um destes passos:**

   - Clique na célula que contém texto.
   - Insira o endereço da célula.
   - Insira uma string entre aspas.

4. **Digite um**) **e pressione Enter.**

Agrupando o Texto com a Função CONCATENAR

A função CONCATENAR reúne várias strings em uma string grande. Um bom uso disso é quando você tem uma coluna de nomes e uma de sobrenomes, e precisa agrupar as duas para utilizar os nomes completos.

A função CONCATENAR admite até 255 argumentos. Cada argumento é uma string ou uma referência de célula e são separados por ponto e vírgula. A função não insere nada, nem um espaço, entre as strings. Se você precisa separar as substrings, como faria com o exemplo dos nomes e sobrenomes, deve inserir explicitamente um separador. A Figura 16-3 deixa isso claro. Você pode ver que o segundo argumento da função CONCATENAR é um espaço.

C3 | =CONCATENAR(A3;" ";B3)

	A	B	C	D
1	Nome	Sobrenome	Nome Completo	
2				
3	Maria	Lopes	Maria Lopes	
4	Roberto	Nóbrega	Roberto Nóbrega	
5	Sueli	Farias	Sueli Farias	
6	Muriel	Chagas	Muriel Chagas	
7	Ivan	Novaes	Ivan Novaes	
8	Sara	Rodrigues	Sara Rodrigues	
9	Sheila	Hipólito	Sheila Hipólito	
10	Jenifer	Keating	Jenifer Keating	
11	Willian	Almeida	Willian Almeida	
12	Judite	Trindade	Judite Trindade	
13	Noemia	Gonçalves	Noemia Gonçalves	
14	Lucia	Teixeira	Lucia Teixeira	
15	Jane	Bernardo	Jane Bernardo	
16	Karen	Correia	Karen Correia	
17	Angélica	Moraes	Angélica Moraes	
18	Melissa	Lisboa	Melissa Lisboa	
19	Wilson	Fonseca	Wilson Fonseca	
20	Bruno	Cavalcanti	Bruno Cavalcanti	
21				

FIGURA 16-3: Agrupando as strings com a função CONCATENAR.

Na Figura 16-3, os nomes completos exibidos na coluna C estão concatenados a partir do primeiro nome e do sobrenome nas colunas A e B, respectivamente.

Nos argumentos da função, insira um espaço entre as referências para as células nas colunas A e B. Você insere um espaço colocando-o entre aspas, desta forma: `" "`.

Existe outra maneira de concatenar as strings. Você pode utilizar um caractere "e comercial" (&) e ignorar o uso da função CONCATENAR. Outra forma de criar os nomes completos exibidos na Figura 16-3 é inserir a seguinte fórmula na célula de destino: `=A3 & " " & B3`. Qualquer método realiza o trabalho. Não há um motivo convincente para usar um no lugar do outro; a decisão é sua, usuário responsável!

Você mesmo pode tentar fazer isso. Provavelmente deve ter uma lista de nomes em alguma pasta de trabalho do Excel. Abra essa pasta de trabalho ou pelo menos insira o seu próprio primeiro nome e sobrenome; em seguida, siga estes passos:

1. **Posicione o cursor do mouse em uma coluna vazia, na mesma linha da primeira entrada de texto e digite** =CONCATENAR(**para iniciar a função.**
2. **Clique na célula que tem o *nome* ou insira seu endereço.**
3. **Digite um ponto e vírgula (;).**
4. **Insira um espaço entre aspas.**

   Deve ficar assim: `" "`.
5. **Digite um ponto e vírgula (;).**
6. **Clique na célula que tem o *sobrenome* ou insira seu endereço.**
7. **Digite**) **e pressione Enter.**
8. **Use a alça de preenchimento para arrastar a função para as linhas abaixo, em todas as linhas que tiverem entradas de texto na primeira coluna.**

LEMBRE-SE

Você pode combinar as strings de texto de duas formas: use a função CONCATENAR ou utilize o operador "e comercial" (&).

Modificando o Texto

Deve haver uma série de questões a respeito do texto. Digo isso porque muitas funções permitem que você trabalhe com texto. Existem funções que formatam o texto, substituem um texto por outro e limpam o texto (sim, os textos precisam de uma boa limpeza de vez em quando). Há funções que apenas transformam as letras minúsculas em letras maiúsculas e vice-versa.

Fazendo dinheiro

A formatação de números como moeda é uma necessidade comum no Excel. A caixa de diálogo Formatar Texto ou o botão Estilo Moeda, nas opções Formatação de Número da aba Página Inicial da Faixa de Seleções são os lugares comuns para formatar as células como moeda. O Excel também tem a função MOEDA. À primeira vista, a MOEDA parece fazer a mesma coisa que a opção de formatação de moeda similar, mas tem algumas diferenças fundamentais:

- **A função MOEDA converte um número em texto.** Por esse motivo, você não pode fazer cálculos matemáticos em um valor com a função MOEDA. Por exemplo, uma série de quantias com a função MOEDA não podem ser somadas em um total.
- **A função MOEDA exibe um valor a partir de outra célula.** Como seu primeiro argumento, a função MOEDA usa um endereço de célula ou um número inserido diretamente na função. A MOEDA é útil quando você quer preservar a formatação original da célula. Em outras palavras, você pode precisar apresentar um valor como moeda corrente em um lugar, mas também deixar o número exibido em seu formato original em outro local. A MOEDA possibilita que você pegue o número original e o apresente como moeda corrente em outra célula — aquela em que você insere a função MOEDA.
- **A função MOEDA inclui uma funcionalidade de arredondamento.** A função MOEDA tem mais força do que o Estilo Moeda. A MOEDA utiliza um segundo argumento que especifica quantas casas decimais exibir. Quando valores negativos são inseridos no segundo argumento, isso funciona para aplicar arredondamento dos dígitos do lado esquerdo do ponto decimal.

A Figura 16-4 mostra como a função MOEDA consegue exibir diversos valores numéricos da forma que você quer. Na parte inferior da planilha, há uma área de receitas detalhadas. Na parte superior, há um resumo que usa a função MOEDA.

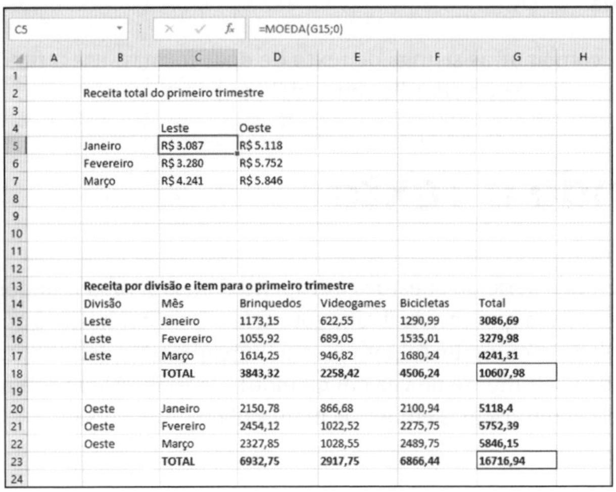

C5 =MOEDA(G15;0)

	A	B	C	D	E	F	G	H
1								
2		Receita total do primeiro trimestre						
3								
4			Leste	Oeste				
5		Janeiro	R$ 3.087	R$ 5.118				
6		Fevereiro	R$ 3.280	R$ 5.752				
7		Março	R$ 4.241	R$ 5.846				
8								
9								
10								
11								
12								
13		**Receita por divisão e item para o primeiro trimestre**						
14		Divisão	Mês	Brinquedos	Videogames	Bicicletas	Total	
15		Leste	Janeiro	1173,15	622,55	1290,99	**3086,69**	
16		Leste	Fevereiro	1055,92	689,05	1535,01	**3279,98**	
17		Leste	Março	1614,25	946,82	1680,24	**4241,31**	
18			**TOTAL**	**3843,32**	**2258,42**	**4506,24**	**10607,98**	
19								
20		Oeste	Janeiro	2150,78	866,68	2100,94	**5118,4**	
21		Oeste	Fvereiro	2454,12	1022,52	2275,75	**5752,39**	
22		Oeste	Março	2327,85	1028,55	2489,75	**5846,15**	
23			**TOTAL**	**6932,75**	**2917,75**	**6866,44**	**16716,94**	
24								

FIGURA 16-4: Usando a MOEDA para arredondar os números e formatá-los como moeda corrente.

DICA

A menos que uma célula tenha sido formatada a partir de outra forma, você pode informar o tipo de entrada por alinhamento. Os textos são alinhados à esquerda; os números, à direita.

Especificamente, as células no intervalo C5:D7 usam a função MOEDA para apresentar os valores da área detalhada e também arredondá-los para não decimais. Por exemplo, a célula C5 contém `=MOEDA(G15,0)`. Veja exemplos de como a funcionalidade de arredondamento funciona:

Exemplo	Resultado
=MOEDA(1234,56;2)	R$1.234,56
=MOEDA(1234,56;1)	R$1.234,6
=MOEDA(1234,56;0)	R$1.235
=MOEDA(1234,56;-1)	R$1.230
=MOEDA(1234,56;-2)	R$1.200
=MOEDA(1234,56;-3)	R$1.000

Usar a função MOEDA é fácil. Siga estes passos:

1. **Posicione o cursor do mouse na célula em que você quer ver o resultado.**
2. **Digite** =MOEDA(**para iniciar a entrada da função.**
3. **Clique na célula que tem um número ou insira um número.**
4. **Digite um ponto e vírgula (;).**
5. **Insira um número para indicar a quantidade de casas decimais a exibir.**

   Se o número é 0, nenhuma casa decimal é exibida. Números menores que 0 forçam o arredondamento para ocorrer à esquerda da vírgula decimal.

6. **Digite um) e pressione Enter.**

PAPO DE ESPECIALISTA

A função MOEDA se chama DOLLAR em países que usam dólares, como nos Estados Unidos e no Canadá. Em versões do Excel feitas para outros países que usam outra moeda, o nome da função corresponde ao nome da moeda corrente ou MOEDA.

Transformando números em textos

A função TEXTO é um pouco parecida com a função MOEDA, pois ela converte um valor de número em dados de texto e fornece mais opções de formatação para os seus resultados. A função TEXTO pode formatar os números como moeda corrente, como a MOEDA, porém não está limitada a isso.

O primeiro argumento da função TEXTO é um número ou referência a uma célula que contém um número. O segundo argumento é um padrão de formatação que informa à função como formatar o número. Você pode ver alguns padrões de formatação na categoria Geral na aba Número da caixa de diálogo Formatar Células (exibida na Figura 16-5).

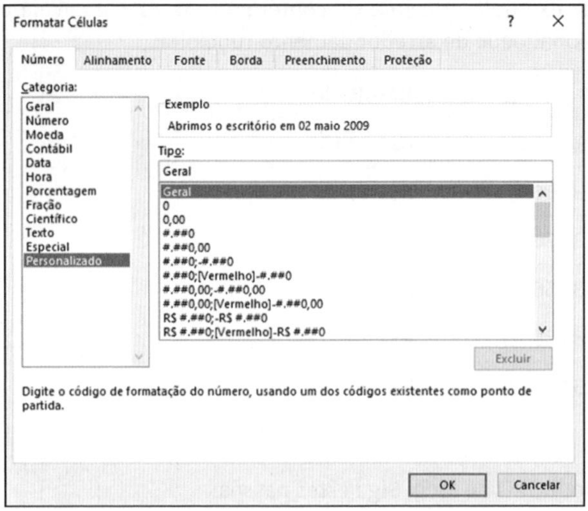

FIGURA 16-5: Formatando as opções na caixa de diálogo Formatar Células.

O Excel permite que você crie seus padrões gerais de formatação para que possa apresentar seus dados da maneira que precisar. Por exemplo, você pode especificar se os números usam um separador de milhar, se os valores decimais sempre serão exibidos a partir da terceira casa decimal e assim por diante.

Esses padrões são criados com o uso de alguns símbolos-chave. O símbolo de cerquilha (#) é um espaço reservado para um número — isto é, um dígito simples. Ao intercalar o símbolo de cerquilha com caracteres literais fixos (tais como um cifrão, um sinal de porcentagem, uma vírgula ou um ponto) se estabelece um padrão. Por exemplo, esse padrão — $#.###,# — informa para exibir um cifrão na frente de um número, usar um ponto para um separador de milhar e exibir um dígito à direita da vírgula. Algumas opções de formatação utilizadas com a função TEXTO são exibidas na tabela 16-1. Dê uma olhada na formatação geral de número na Ajuda do Excel para mais informações sobre padrões gerais de formatação ou acesse `www.microsoft.com/pt-br/` e procure as orientações gerais para formatações de número.

A Figura 16-6 mostra como a função TEXTO é utilizada para formatar valores que são incorporados em frases. A coluna C contém as fórmulas que usam a TEXTO. Por exemplo, C4 tem a seguinte fórmula: `="Nós gastamos " & TEXTO(B4;"R$###,#0") & " em " & A4`. A célula C8 tem a fórmula: `="Abrimos o escritório em " & TEXTO(B8;"dd mmmm aaaa")`.

TABELA 16-1 **Opções de Formatação para a Função TEXTO**

Formato	Exibição
=TEXTO(1234,56; "#,##")	1234,56
=TEXTO(1234,56; "#,#")	1234,6
=TEXTO(1234,56; "#")	1235
=TEXTO(1234,56; "R$#")	R$1235
=TEXTO(1234,56;"$#.#")	$1,235
=TEXTO(1234,56;"R$#.#,##)	R$1.234,56
=TEXTO(0,4;"#%")	40%
=TEXTO("15/3/2005";"dd/mm/aa")	15/03/05
=TEXTO("15/3/2005";"dd/mm/aaaa")	15/03/2005
=TEXTO("15/3/2005";"mmm-dd")	Mar-15

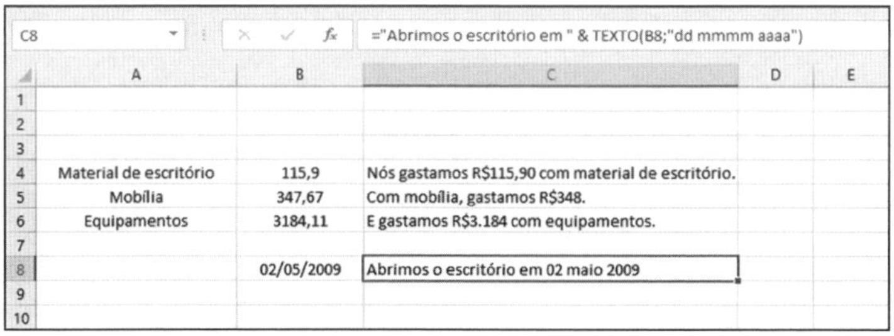

FIGURA 16-6: Usando a função TEXTO para apresentar as coisas de um jeito bem-formatado.

Veja como usar a função TEXTO:

1. **Posicione o cursor do mouse na célula em que você quer ver o resultado.**
2. **Digite** =TEXTO(**para iniciar a entrada da função.**
3. **Clique na célula que contém um número, uma data ou insira seu endereço.**
4. **Insira um ponto e vírgula (;).**
5. **Insira uma " e depois, insira o padrão de formatação.**

   Veja a caixa de diálogo Formatar Células (categoria Geral da aba Número) para orientação.

6. **Insira uma " após a inserção do padrão.**
7. **Digite um) e pressione Enter.**

A função VALOR faz o oposto da função TEXTO; ela converte strings em números (não em um texto como `vinte`, mas em números que foram formatados como texto). O Excel faz isso por padrão de qualquer jeito, então eu não abordo a função VALOR aqui. Você pode procurá-la no sistema de ajuda do Excel se estiver curioso.

Repetindo o texto

A REPT é uma função elegante que não faz nada além de repetir uma string de texto. Ela aceita dois argumentos:

» A string ou referência para uma célula que contenha uma string.

» A quantidade de itens para repetir o texto.

A função REPT facilita a inserção de uma grande quantidade de caracteres repetidos. A Figura 16-7 mostra como isso funciona. As células B14 e B15 contêm um importante resumo de informações. Para destacar isso, uma string de asteriscos (*) foi posicionada acima e abaixo, respectivamente, em B13 e B16. A função REPT foi usada aqui com esta fórmula: `=REPT("*";120)`. Essa simples função deixou de lado o trabalho penoso de ter que inserir 120 asteriscos.

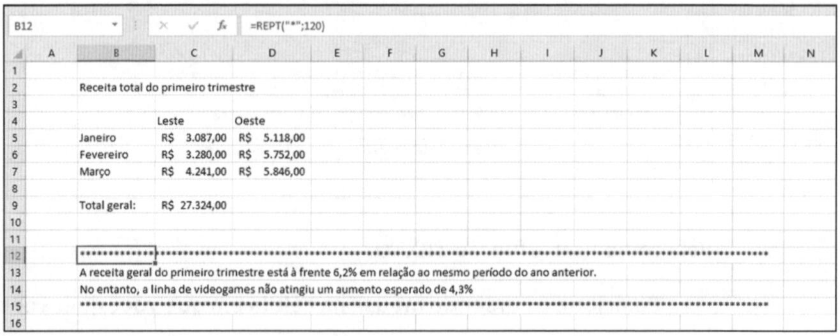

FIGURA 16-7: Repetindo o texto com a função REPT.

Tente usar a função REPT:

1. **Posicione o cursor do mouse na célula em que você quer ver o resultado.**
2. **Digite** =REPT(**para iniciar a entrada da função.**
3. **Clique na célula que contém texto ou insira texto entre aspas.**

   Normalmente, você inseriria um caractere (como um ponto ou um asterisco), mas qualquer texto funcionará.

4. **Insira um ponto e vírgula (;).**

5. **Insira um número para informar à função quantas vezes repetir o texto.**

6. **Digite um) e pressione Enter.**

Alternando entre os textos

Duas funções — MUDAR e SUBSTITUIR — substituem uma parte de uma string por outro texto. As funções são praticamente idênticas no conceito, mas são usadas em situações diferentes.

DICA

Ambas as funções, MUDAR e SUBSTITUIR, substituem texto dentro de outro texto. Use a MUDAR quando souber a posição do texto que você quer substituir. Utilize a SUBSTITUIR quando não souber a posição do texto que deseja substituir.

MUDAR

A função MUDAR aceita três argumentos:

- A string de destino como uma célula de referência.
- A posição do caractere na string de destino, onde deve começar a substituição.
- A quantidade de caracteres a substituir.
- A string a ser substituída (não precisa ter o mesmo tamanho que o texto a ser substituído).

Por exemplo, se a célula A1 contém a string `Nosso escritório em Brasília fechou.`, a fórmula `=MUDAR(A1;28;8;"Rio de Janeiro")` retorna a string `Nosso escritório em Rio de Janeiro fechou.`

A Figura 16-8 mostra como utilizar a função MUDAR com os dados do Controle de Estoque exibidos pela primeira vez na seção "Separando o Texto". Uma nova tarefa está disponível. Para compatibilidade com o novo sistema de computador, você deve modificar os códigos de produto dos dados de estoque com dois traços entre o ID do vendedor e o número de rastreio interno. Os códigos originais estão na Coluna A. Use uma combinação das funções MUDAR e ESQUERDA para fazer o trabalho: `=MUDAR(A4; 1; 3; ESQUERDA(A4;3) & "- -")`.

Esses argumentos substituem os três caracteres originais em cada código de produto pelos mesmos três caracteres seguidos de dois traços. A Figura 16-8 mostra como a função MUDAR altera os códigos dos produtos. Na figura, os três primeiros caracteres de código de produto são substituídos por eles mesmos e pelos traços. A função ESQUERDA e os traços servem como o quarto argumento da função MUDAR.

D4 =MUDAR(A4;1;3;ESQUERDA(A4;3)&"--")

	A	B	C	D	E	F
1	Controle de Inventário					
2						
3	Código do Produto	Fornecedor	Número de rastreio interno	Novo código do produto		
4	WES7164	WES	7164	WES--7164		
5	NER6578	NER	6578	NER--6578		
6	NER8400	NER	8400	NER--8400		
7	APP5333	APP	5333	APP--5333		
8	POW9655	POW	9655	POW--9655		
9	WES2141	WES	2141	WES--2141		
10	APP7496	APP	7496	APP--7496		
11	POW1500	POW	1500	POW--1500		
12	POW1600	POW	1600	POW--1600		
13	WES8224	WES	8224	WES--8224		
14	NER2112	NER	2112	NER--2112		
15	NER4228	NER	4228	NER--4228		
16	APP6077	APP	6077	APP--6077		
17	TRE4444	TRE	4444	TRE--4444		
18	WES9055	WES	9055	WES--9055		

FIGURA 16-8: Usando a função MUDAR para alterar o texto.

LEMBRE-SE

Lembre-se de algumas observações sobre a função MUDAR:

» **Você precisa saber em que lugar o texto sendo substituído está no texto maior.**

Especificamente, você deve informar à função em qual posição o texto começa e quantas posições ele ocupa.

» **O texto a ser substituído e o texto novo a ocupar o seu lugar não precisam ser do mesmo tamanho.**

Veja como utilizar a função MUDAR:

1. **Posicione o cursor do mouse na célula em que você quer que o resultado apareça.**
2. **Digite** =MUDAR(**para iniciar a entrada da função.**
3. **Clique na célula que contém uma string completa a partir da qual uma parte será substituída.**
4. **Insira um ponto e vírgula (;).**
5. **Insira um número para informar à função a posição inicial do texto a ser substituído.**
6. **Insira um ponto e vírgula (;).**
7. **Insira um número para informar à função quantos caracteres serão substituídos.**
8. **Insira um ponto e vírgula (;).**
9. **Clique na célula que contém texto ou insira texto entre aspas.**

   Esse é o texto substituído.

10. **Digite um**) **e pressione Enter.**

DICA

Você também pode usar a função MUDAR para apagar texto de uma string. Simplesmente especifique uma string vazia (" ") como o texto a ser substituído.

SUBSTITUIR

Utilize a função SUBSTITUIR quando não souber a posição na string de destino do texto a ser substituído. Em vez de informar à função a posição inicial e a quantidade de caracteres (como faz com a função MUDAR), você somente informa a ela qual string procurar e substituir.

A função SUBSTITUIR aceita três argumentos e um quarto argumento opcional:

- » Uma referência à célula que contém a string de texto de destino.
- » A string dentro da string de destino a ser substituída.
- » O texto a ser substituído.
- » Um número opcional para informar à função qual ocorrência da string substituir.

O quarto argumento informa à função SUBSTITUIR qual ocorrência do texto será modificada (o segundo argumento) e substituída por um texto novo (o terceiro argumento). O texto a ser substituído pode aparecer mais de uma vez na string de destino. Se você omitir o quarto argumento, todas as ocorrências são substituídas. No caso do primeiro exemplo na Tabela 16-2, apenas a segunda ocorrência da palavra `dois` é modificada para a palavra `três`.

TABELA 16-2 **Aplicando a Função SUBSTITUIR**

Exemplo	String Retornada	Comentário
=SUBSTITUIR("maçã banana cereja figo";" ";", ")	maçã, banana, cereja, figo	Todos os espaços são substituídos por vírgulas.
=SUBSTITUIR("maçã banana cereja figo";" ";", ";1)	maçã, banana cereja figo	O primeiro espaço é substituído por uma vírgula. Os outros espaços permanecem como estão.
=SUBSTITUIR("maçã banana cereja figo";" ";", ";3)	maçã banana cereja, figo	O terceiro espaço é substituído por uma vírgula. Os outros espaços permanecem como estão.
=SUBSTITUIR("Há dois gatos e dois pássaros."; "dois";"três")	Há três gatos e três pássaros.	Ambas ocorrências de dois são substituídas por três.
=SUBSTITUIR("Há dois gatos e dois pássaros."; "dois";"três";2)	Há dois gatos e três pássaros.	Apenas a segunda ocorrência de dois é substituída por três.

Agora é sua vez de tentar! Veja com usar a função SUBSTITUIR:

1. **Posicione o cursor do mouse na célula em que você quer ver o resultado.**
2. **Digite** =SUBSTITUIR(**para iniciar a entrada da função.**
3. **Clique em uma célula que contém um texto ou insira seu endereço.**

   Esta é uma string completa na qual uma parte será substituída.
4. **Insira um ponto e vírgula (;).**
5. **Clique em uma célula que contém texto ou insira o texto entre aspas.**

   Esta é a parte do texto a ser substituída.
6. **Insira um ponto e vírgula (;).**
7. **Clique em uma célula que contém texto ou insira o texto entre aspas.**

   Este é o texto substituído. Se você quiser especificar qual ocorrência do texto modificar, continue nos Passos 8 e 9; caso contrário, vá para o Passo 10.
8. **Insira um ponto e vírgula (;).**
9. **Insira um número que informe à função em qual ocorrência aplicar a substituição.**
10. **Digite um**) **e pressione Enter.**

DICA

Você pode usar a função SUBSTITUIR para remover os espaços de textos. No segundo argumento (o que substituir), insira um espaço entre aspas. No terceiro argumento, insira duas aspas. No terceiro argumento, insira duas aspas *sem nada entre elas.* Isso é conhecido como uma *string vazia.*

Aparando o texto

De alguma forma, os espaços chegam sorrateiramente e arruínam o seu trabalho. O pior é que você geralmente nem consegue vê-los! Quando o espaço que você precisa remover está no início ou no final de uma string, use a função ARRUMAR para removê-los. A função simplesmente apara quaisquer espaços que ficam na frente ou atrás de uma string. Ela também remove os espaços extras de dentro da string; uma sequência de dois ou mais espaços é substituída por um espaço único.

A Figura 16-9 mostra como isso funciona. Na coluna A, há uma lista de nomes. Observando de perto, é possível notar alguns espaços indesejados que precedem os nomes nas células A5 e A10. A coluna B mostra a correção usando a função ARRUMAR. Esta é a fórmula na célula B5: `=ARRUMAR(A5)`.

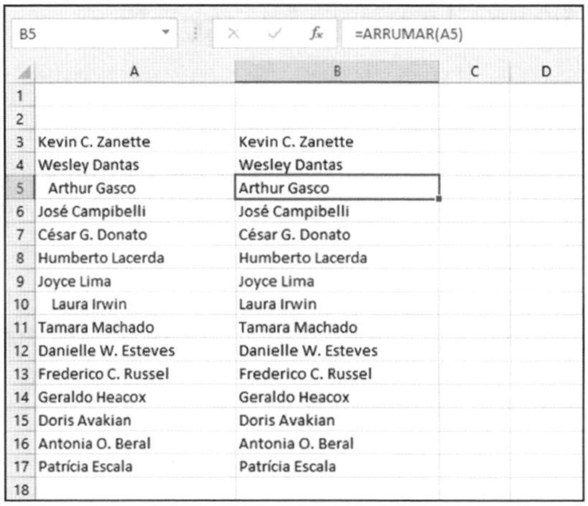

FIGURA 16-9: Removendo os espaços com a função ARRUMAR.

A função ARRUMAR aceita somente um argumento: o texto a ser limpo de espaços à frente ou atrás. Veja como ela funciona:

1. **Posicione o cursor do mouse na célula em que você quer ver o resultado.**
2. **Digite** =ARRUMAR(**para iniciar a entrada da função.**
3. **Clique em uma célula que contém um texto que tenha espaços sobrando à frente ou atrás, ou insira o endereço da célula.**
4. **Digite um**) **e pressione Enter.**

CUIDADO

Fique atento: embora você normalmente utilize a função para remover espaços extras no início ou o no final, a ARRUMAR remove espaços extras no meio de uma string. Caso dois ou mais espaços estejam próximos um do outro, a ARRUMAR remove os espaços extras e deixa apenas um espaço.

Em geral, isso é bom. Na maioria das vezes, você não quer espaços extras no meio do seu texto. Mas e se você quiser? Veja duas alternativas para remover um espaço extra no início, se houver um, sem afetar o meio de uma string:

Fórmula para Remover Espaço Inicial	Comentário
=SE(ESQUERDA(E10;1)=" "; SUBSTITUIR(E10;" ";"";1);E10)	Se um espaço é encontrado na primeira posição, substitua-o por uma string vazia; caso contrário, apenas retorna a string original.
=SE(ESQUERDA(E10;1)=" ";DIREITA(E10;NÚM.CARACT(E10)-1);E10)	Se um espaço é encontrado na primeira posição, retorna o lado direito da string, menos a primeira posição. (Veja a seção da função NÚM.CARACT, anteriormente neste capítulo.)

Letras maiúsculas e minúsculas

Na escola, fomos ensinados a usar letras maiúsculas no início de uma frase para substantivos próprios. Mas isso foi há um tempão, e agora os neurônios estão um pouco confusos. Por sorte, o Excel dá um jeitinho de corrigir as letras maiúsculas e MINÚSCULAS, minúsculas e MAIÚSCULAS, MiNúScÚLaS e MaiúScULAs — você entendeu o que eu quis dizer.

Existem três funções que alteram as letras maiúsculas e minúsculas do texto: MAIÚSCULA, MINÚSCULA e PRI.MAIÚSCULA. Todas as três funções usam um único argumento — o texto que terá suas letras alteradas. Veja alguns exemplos:

Fórmula	Resultado
=MINÚSCULA("A Vaca Saltou Sobre a Lua")	a vaca saltou sobre a lua
=MAIÚSCULA("a vaca saltou sobre a lua")	A VACA SALTOU SOBRE A LUA
=PRI.MAIÚSCULA("a vaca saltou sobre a lua")	A Vaca Saltou Sobre A Lua

Experimente usar essas funções:

1. **Insira uma frase em uma célula.**

   Qualquer frase serve, mas não deixe nenhuma letra em caixa alta. Por exemplo, digite **o excel é ótimo** ou **computadores me dão dor de cabeça.**

2. **Posicione o cursor do mouse em uma célula vazia.**
3. **Digite** =MAIÚSCULA(**para iniciar a função.**
4. **Clique na célula com a frase ou insira seu endereço.**
5. **Digite um**) **e pressione Enter.**
6. **Em outra célula vazia, digite** =PRI.MAIÚSCULO (**para iniciar a função.**
7. **Clique na célula que tem a frase ou insira seu endereço.**
8. **Digite um**) **e pressione Enter.**

   Agora você deve ter duas células que mostram a frase com uma modificação de letras maiúsculas e minúsculas. Uma célula tem a frase em caixa alta; a outra, com as iniciais de cada palavra em letra maiúscula.

DICA

Talvez você tenha reparado outra eventualidade que precisa ser analisada. E quando somente a primeira palavra precisa começar com uma letra maiúscula e o restante da string ficar toda em letra minúscula? Algumas pessoas chamam isso de *sentence case*, a Microsoft chama de *primeira letra da sentença em maiúsculo*. Você pode elaborar uma sentença com a primeira letra de cada palavra em maiúscula usando as funções MAIÚSCULA, ESQUERDA, DIREITA e NÚM.CARACT. (A NÚM.CARACT foi explicada neste capítulo.) Partindo do princípio que o texto esteja na célula B10, veja como é a fórmula:

```
=MAIÚSCULA(ESQUERDA(B10;1)) & DIREITA(B10;NÚM.CARACT(B10)-1)
```

Em síntese, a função MAIÚSCULA é utilizada na primeira letra, que é isolada com a ajuda da função NÚM.CARACT. Esse resultado é concatenado com o restante da string. Você sabe quanto falta usando a NÚM.CARACT para obter o tamanho da string e empregando a função DIREITA para obter todos os caracteres da direita, menos um. Demora um tempo para se acostumar a esse tipo de trabalho por meio das funções de usos variados.

Comparando, Encontrando e Medindo o Texto

O Excel dispõe de muitas funções que manipulam o texto, mas às vezes você precisa somente obter informações sobre o texto antes de qualquer coisa! Uma série de funções determina se um texto corresponde a outro texto, permite que você encontre um texto dentro de outro, e informa o tamanho da string. Essas funções são *passivas* — ou seja, elas não alteram o texto.

Buscando a perfeição com a função EXATO

A função EXATO possibilita que você compare duas strings de texto para conferir se elas são iguais. A função admite dois argumentos — as duas strings de texto — e retorna um valor verdadeiro ou falso. A EXATO distingue as letras maiúsculas das letras minúsculas, assim duas strings que contenham as mesmas letras, porém com letras em caixa alta e baixa retornam um resultado de falso. Por exemplo, `Maçã` e `MAÇÃ` não são iguais.

A função EXATO é ótima para identificar modificações em dados. A Figura 16-10 mostra duas listas de funcionários, uma para cada ano, nas colunas A e B. Elas são idênticas? Você poderia passar algum tempo observando fixamente as duas listas. (O que lhe daria uma baita dor de cabeça!) Ou pode usar a EXATO. As células na coluna C contêm a função EXATO, utilizada para comparar a coluna A com a coluna B. Em sua maioria, os valores retornados são verdadeiros. Isso significa que não há alterações.

C4	=EXATO(A4;B4)			
	A	B	C	D	E

	A	B	C	D	E
1					
2	Funcionários de 2009	Funcionários de 2010	Exato?		
3					
4	Estevan Moulin	Estevan Moulin	VERDADEIRO		
5	Victor Cunha	Victor Cunha	VERDADEIRO		
6	Antonio H. Elmore	Antonio H. Elmore	VERDADEIRO		
7	Nacy Aguilera	Nacy Aguilera	VERDADEIRO		
8	Raimundo Magalhães	Ronaldo Cordeiro	FALSO		
9	Cristina Gonçalves	Cristina Gonçalves	VERDADEIRO		
10	Sandra Rodrigues	Sandra Rodrigues	VERDADEIRO		
11	Eduardo Nobre	Eduardo Nobre	VERDADEIRO		
12	Patricia Carvalho	Patrícia Santana	FALSO		
13	Kimberly K. Leite	Kimberly K. Leite	VERDADEIRO		
14	Ernesto de Souza	Ernesto de Souza	VERDADEIRO		
15	Leonardo Andrade	Leonardo Andrade	VERDADEIRO		
16	Corina Harran	Corina Harran	VERDADEIRO		
17	Marcos Brandão	Marco Brandão	FALSO		
18	Marina Garonzinik	Marina Garonzinik	VERDADEIRO		
19	Ester Hallerman	Ester Hallerman	VERDADEIRO		
20	Maria Astor	Maria Astor	VERDADEIRO		
21					

FIGURA 16-10: Comparando as strings com a função EXATO.

No segundo ano, alguns nomes aparecem diferentes. Casamento, divórcio, erros de digitação — os dados divergentes podem ser quaisquer uns desses. A função EXATO retorna falso para esses nomes, o que significa que eles não são iguais nas duas listas e devem ser verificados manualmente.

Veja como utilizar a função EXATO:

1. **Posicione o cursor do mouse na célula em que você quer que os resultados sejam exibidos.**
2. **Digite** =EXATO(**para iniciar a entrada da função.**
3. **Clique em uma célula com o texto ou insira seu endereço.**
4. **Digite um ponto e vírgula (;).**
5. **Clique em outra célula com o texto ou insira seu endereço.**
6. **Digite um**) **e pressione Enter.**

LEMBRE-SE

Se você receber um resultado verdadeiro com a função EXATO, as strings são idênticas. Um resultado falso significa o oposto.

DICA

E caso você queira comparar as strings sem levar em consideração as letras maiúsculas e minúsculas? Ou seja, `MAÇÃ` e `maçã`seriam consideradas iguais. O Excel não tem uma função para isso, mas o resultado é facilmente obtido com as funções EXATO e MAIÚSCULA. A ideia é converter ambas strings em letras maiúsculas e comparar os resultados:

```
=EXATO(MAIÚSCULA("MAÇÃ"); MAIÚSCULA("maçã"))
```

Você também poderia usar a função MINÚSCULA aqui.

Procurando e localizando

Duas funções, PROCURAR e LOCALIZAR, funcionam de modo bastante semelhante. Duas diferenças são essenciais para decidir qual delas usar. Ambas, PROCURAR e LOCALIZAR, encontram uma string dentro de uma string maior e informam a posição em que tal string foi encontrada (ou geram `#VALOR!` se não a encontram). As diferenças são:

PROCURAR	LOCALIZAR
Diferencia letras maiúsculas de minúsculas. Ela não encontrará, por exemplo, `Em` dentro de `ajudem`.	Não distingue letras maiúsculas de minúsculas.
Você não pode usar caracteres curinga * e?.	Você pode usar caracteres curinga * e?.

Procurar

A função PROCURAR aceita três argumentos:

- » A string a ser encontrada.
- » A string maior na qual pesquisar.
- » A posição na string maior para começar a pesquisar; este argumento é opcional.

Se o terceiro argumento ficar de fora, a função começa a analisar o início da string maior. Veja alguns exemplos:

Valor na Célula A1	Função	Resultado
Parabéns para você	=PROCURAR("parabéns";A1)	#VALOR!
Parabéns para você	=PROCURAR("você";A1)	15
Parabéns para você	=PROCURAR("s";A1)	8
Parabéns para você	=PROCURAR("a";A1;8)	11

No primeiro exemplo usando a função PROCURAR, um erro é retornado. O erro `#VALOR!` é retornado se o texto não puder ser encontrado. `PARABÉNS` não é o mesmo que `Parabéns`, pelo menos não é para a função PROCURAR, que distingue as letras maiúsculas de minúsculas.

LOCALIZAR

A função LOCALIZAR admite os mesmos argumentos que a PROCURAR. Os dois caracteres curingas em comum que você pode usar são o asterisco (*) e o ponto de interrogação (?). Um asterisco informa à função para aceitar qualquer quantidade de caracteres (incluindo zero caracteres). Um ponto de interrogação informa à função para aceitar qualquer caractere unitário. Não é incomum ver mais de um ponto de interrogação junto como um padrão de caracteres curingas. A Tabela 16-3 mostra diversos exemplos.

TABELA 16-3 **Usando a Função LOCALIZAR**

Valor na Célula A1	Função	Resultado	Comentário
Parabéns para você	=LOCALIZAR("você";A1)	15	*Você* começa na posição 15.
Parabéns para você	=LOCALIZAR("r";A1)	3	A primeira posição na qual um *r* é seguido por qualquer caractere está na posição 3, na palavra *Parabéns*.
Parabéns para você	=LOCALIZAR("vo";A1)	15	A primeira posição na qual *vo* é seguido por qualquer caractere é a posição 15, na palavra *você*.
Parabéns para você	=LOCALIZAR("p*b";A1)	1	O padrão de pesquisa é a letra *p*, seguida por qualquer quantidade de caracteres, seguida pela letra *b*. Isso começa na posição 1 na palavra.
Parabéns para você	=LOCALIZAR("*b";A1)	1	O asterisco diz para pesquisar qualquer quantidade de caracteres antes da letra *b*. O início dos caracteres está na posição 1, na palavra *Parabéns*. Usar um asterisco no início não é útil. Retornará um 1 ou um erro se o(s) caractere(s) não estiver(em) no texto maior.
Parabéns para você	=LOCALIZAR("c*";A1)	17	O asterisco diz para pesquisar um *c* seguido de qualquer número de caracteres. Como a pesquisa começa com um caractere fixo, sua posição é o resultado. O asterisco não tem finalidade nenhuma aqui.
Parabéns para você	=LOCALIZAR("r";A1;9)	12	Encontra a posição da primeira letra *r*, começando a pesquisa após a posição 9. O resultado é a posição da primeira letra *r* na posição 12, da palavra *para*.

De volta à Figura 16-3, mostro como concatenar os nomes e os sobrenomes. E se você tiver nomes completos para separar em nomes e sobrenomes? A função LOCALIZAR o ajuda! (Seria este livro praticamente uma missão de busca e salvamento?) A Figura 16-11 mostra como as funções LOCALIZAR, ESQUERDA, DIREITA e ÉERROS trabalham juntas para dividir nomes completos em nomes e sobrenomes individuais.

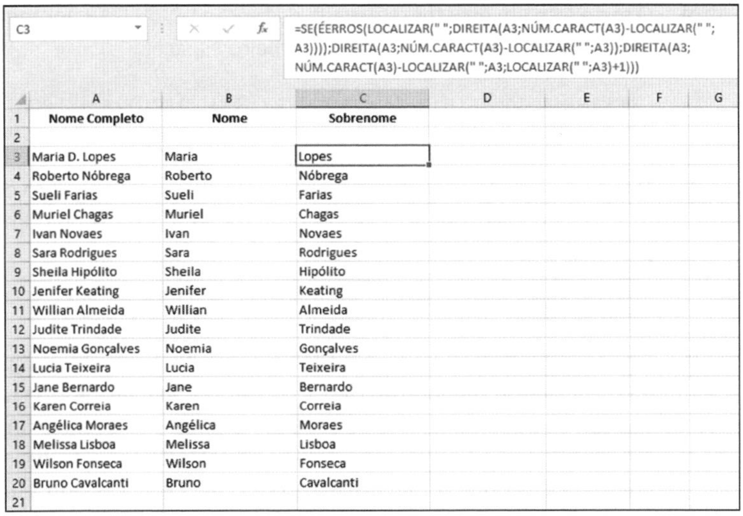

C3 =SE(ÉERROS(LOCALIZAR(" ";DIREITA(A3;NÚM.CARACT(A3)-LOCALIZAR(" ";A3))));DIREITA(A3;NÚM.CARACT(A3)-LOCALIZAR(" ";A3));DIREITA(A3;NÚM.CARACT(A3)-LOCALIZAR(" ";A3;LOCALIZAR(" ";A3)+1)))

	A	B	C	D	E	F	G
1	Nome Completo	Nome	Sobrenome				
2							
3	Maria D. Lopes	Maria	Lopes				
4	Roberto Nóbrega	Roberto	Nóbrega				
5	Sueli Farias	Sueli	Farias				
6	Muriel Chagas	Muriel	Chagas				
7	Ivan Novaes	Ivan	Novaes				
8	Sara Rodrigues	Sara	Rodrigues				
9	Sheila Hipólito	Sheila	Hipólito				
10	Jenifer Keating	Jenifer	Keating				
11	Willian Almeida	Willian	Almeida				
12	Judite Trindade	Judite	Trindade				
13	Noemia Gonçalves	Noemia	Gonçalves				
14	Lucia Teixeira	Lucia	Teixeira				
15	Jane Bernardo	Jane	Bernardo				
16	Karen Correia	Karen	Correia				
17	Angélica Moraes	Angélica	Moraes				
18	Melissa Lisboa	Melissa	Lisboa				
19	Wilson Fonseca	Wilson	Fonseca				
20	Bruno Cavalcanti	Bruno	Cavalcanti				
21							

FIGURA 16-11: Dividindo nomes.

Isolar o primeiro nome de um nome completo é simples. Basta usar a função ESQUERDA para inserir os caracteres no primeiro espaço. A posição do primeiro espaço é retornada pela função LOCALIZAR. Veja:

```
=ESQUERDA(A3;LOCALIZAR(" ";A3)-1)
```

Separar os sobrenomes é simples igual — *só que não!* Quando o nome completo tem apenas um primeiro nome e um sobrenome (sem nomes do meio ou iniciais), você precisa das funções LOCALIZAR, DIREITA e NÚM.CARACT, da seguinte forma:

```
=DIREITA(A3;NÚM.CARACT(A3)-LOCALIZAR(" ";A3))
```

No entanto isso não funciona com nomes do meio ou com iniciais. Mas e com Maria D. Lopes? Se você acha que o último nome está após o primeiro espaço, ele fica D. Lopes. Um erro que acontece, mas você pode fazer melhor do que isso. O que você precisa é uma forma de testar o segundo espaço e então retornar tudo à direita daquele espaço. Existem muitas possibilidades de fazer isso.

Isto é o que você vê na coluna C, na Figura 16-11:

```
=SE(ÉERROS(LOCALIZAR(" ";DIREITA(A3;NÚM.CARACT(A3)-
   LOCALIZAR(" ";A3))));DIREITA(A3;NÚM.
   CARACT(A3)-LOCALIZAR(" ";A3));DIREITA(A3;NÚM.CARACT(A3)-
   LOCALIZAR(" ";A3;LOCALIZAR(" ";A3)+1)))
```

Não restam dúvidas de que é difícil. Mas desempenha todo o trabalho. A seguir, temos uma visão geral do que a fórmula faz:

- » É uma função SE e, portanto, testa para verdadeiro ou falso.

» O teste é se um erro for retornado da função LOCALIZAR por tentar encontrar um espaço à direita do primeiro espaço:

```
ÉERROS(LOCALIZAR(" ";DIREITA(A3;NÚM.CARACT(A3)-LOCALIZAR("
";A3))))
```

» O teste é verdadeiro, se não houver outro espaço. Isso significa que não há inicial no meio; desse modo, retorna somente a parte do nome após o primeiro espaço:

```
DIREITA(A3;NÚM.CARACT(A3)-LOCALIZAR(" ";A3))
```

» Se o teste for falso, há um segundo nome, e a tarefa é retornar a parte da string após o segundo espaço. A função LOCALIZAR informa tanto a posição do primeiro quanto do segundo espaço. Isso é feito aninhando uma função LOCALIZAR dentro de outra. A LOCALIZAR interna fornece o terceiro argumento — onde começar a pesquisar. Um 1 é adicionado à função LOCALIZAR externa procurando uma posição após o primeiro espaço:

```
DIREITA(A3;NÚM.CARACT(A3)-LOCALIZAR(" ";A3;LOCALIZAR("
";A3)+1))
```

Provavelmente, você deve ter ficado vidrado, mas é só isso!

Essa fórmula monstruosa isola os sobrenomes dos nomes completos que incluem uma inicial do meio. Uma coisa que você pode tentar fazer, caso ainda tenha algum neurônio sobrando, é escrever uma fórmula que isole a inicial do meio, se houver uma. Veja como usar as funções PROCURAR e LOCALIZAR:

1. **Posicione o cursor do mouse na célula em que você quer ver o resultado.**
2. **Digite** =PROCURAR(**ou** =LOCALIZAR(**para iniciar a entrada da função.**
3. **Insira uma string de texto que você quer em uma string maior entre aspas ou clique em uma célula que contenha texto.**
4. **Digite um ponto e vírgula (;).**
5. **Clique em outra célula com o texto maior ou insira seu endereço.**

   Se você quer que a função comece a pesquisar no início da string maior, vá para o Passo 7. Caso queira que a função comece a pesquisar na string maior em uma posição diferente de 1, vá para o Passo 6.

6. **Digite um ponto e vírgula (;) e a posição do número.**
7. **Digite um**) **e pressione Enter.**

NESTE CAPÍTULO

» Entendendo uma estrutura de banco de dados do Excel

» Descobrindo como os critérios funcionam

» Somando, calculando a média e contando registros de banco de dados

» Testando para registros duplicados

Capítulo 17

Executando Registros com Funções de Banco de Dados

Acredite ou não, uma planilha do Excel tem a mesma estrutura que uma tabela de banco de dados. Uma tabela de banco de dados tem campos e registros; uma planilha do Excel tem colunas e linhas. A mesma coisa. Dado esse fato, por que não fazer perguntas a respeito ou *consultar* suas informações do mesmo jeito que você faz em um banco de dados?

Neste capítulo, explico como usar as funções de banco de dados do Excel para obter respostas rápidas a partir de listas grandes. Digamos que você tenha uma lista de clientes em uma planilha — nome, endereço, esse tipo de coisa. Você quer saber quantos clientes estão em Nova York. Talvez pense em ordenar sua lista por estado e depois contar as linhas. Esqueça. Essa é maneira antiga! Neste capítulo, eu mostro como fazer esse tipo de coisa com uma única função.

Organizando Seus Dados em uma Estrutura de Banco de Dados

LEMBRE-SE

Para utilizar as funções de banco de dados, você precisa organizar seus dados em um formato estruturado. O Excel é muito flexível. Geralmente, você coloca os dados onde quiser. Mas, para se ter as melhores funções de banco de dados, você precisa inserir seus dados em uma área contínua de linhas e colunas. Cada linha é um registro, e cada coluna é um campo. A linha superior tem rótulos que identificam os campos.

A Figura 17-1 mostra um banco de dados em uma planilha. Este exemplo é uma lista de alunos (por número de ID), suas aulas, professores e notas. Cada estudante ocupa uma linha — isto é, um registro — no banco de dados. Cada um dos quatro campos — ID do Estudante, Professor e Nota Final — está em uma coluna e é identificado por um rótulo na linha superior.

B2 | Cálculo

	A	B	C	D	E
1	ID do Estudante	Disciplina	Professor	Nota Final	
2	VM4182	Cálculo	Sr. Crasdale	7,7	
3	CH8965	Grego Antigo	Sr. Young	8,1	
4	SG9555	Contabilidade Básica	Sra. Morley	7,6	
5	AB5235	Cálculo	Sr. Crasdale	8,6	
6	KD0656	Contabilidade Básica	Sr. Harris	9,8	
7	JG1183	Contabilidade Básica	Sr. Harris	9,8	
8	HE7976	Filosofia	Sr. Crasdale	7,8	
9	NR5090	Cálculo	Mr. Porter	7,9	
10	AJ3549	Contabilidade Básica	Sr. Harris	8,5	
11	CW8495	Literatura	Sr. Johnson	6,6	
12	BR3032	Cálculo	Sr. Porter	8,8	
13	QT6223	Contabilidade Básica	Sra. Morley	7,3	
14	MP9632	Literatura	Sra. Rendson	8,4	
15	DK7492	Contabilidade Básica	Sr. Richards	7,1	
16	RE3968	Grego Antigo	Sr. Young	7,5	
17	AP8356	Contabilidade Básica	Sr. Richards	8,8	
18	FL1423	Filosofia	Sra. Untermeyer	9,3	
19	BW2559	Cálculo	Sr. Porter	8,6	
20	QL9026	Cálculo	Sr. Crasdale	7,7	
21	FE4903	Literatura	Sr. Appleson	7,4	
22	TY3987	Cálculo	Sr. Porter	7,4	
23	EE4688	Literatura	Sr. Johnson	7,3	
24	WD0448	Grego Antigo	Sr Young	7,6	
25	GY7754	Literatura	Sr. Johnson	6,6	

FIGURA 17-1: Usando um banco de dados para armazenar as informações dos estudantes.

Os dados na planilha da Figura 17-1 são apenas dados normais. Eles não têm nada de especial. No entanto os dados estão organizados em linhas e colunas, de modo que estejam prontos para uso com as funções de banco de dados do Excel:

» Cada coluna é um campo que armazena um item específico de dados, tal como ID do Estudante ou Disciplina. A coluna não pode conter outro dado.

» Cada linha contém um registro. Neste exemplo, um registro é o dado de um aluno.

» A linha superior do banco de dados contém rótulos que identificam os campos.

Esses dados de amostra são usados neste capítulo a fim de demonstrar funções de banco de dados. Claro, você pode ter um banco de dados no Excel e nunca usar as funções de banco de dados, mas terá muito mais alcance se usá-las.

Trabalhando com Funções de Banco de Dados

Todas as funções de banco de dados funcionam basicamente da mesma forma. Elas realizam algum cálculo em um campo especificado para aqueles registros que atendem a critérios específicos. Por exemplo, você pode usar uma função de banco de dados a fim de calcular a média final para todos os alunos em Contabilidade Básica.

LEMBRE-SE

Todas as funções de banco de dados usam os três argumentos a seguir:

- **O intervalo de banco de dados:** Este argumento informa à função onde os dados estão. Você o insere usando endereços de célula (por exemplo, A1:D200) ou um intervalo nomeado (por exemplo, Estudantes). O intervalo deve incluir todos os registros, incluindo a linha superior de nomes dos campos.
- **O campo:** Informe à função de banco de dados em qual campo operar. Você não pode esperar que ela descubra sozinha! É possível inserir um número de coluna ou nome de campo. Um número de coluna, se usado, é o número da coluna deslocada a partir da primeira coluna da área de banco de dados. Dito de outro modo, caso o banco de dados comece na coluna C e o campo esteja na coluna E, o número de coluna é 3, não 5. As funções de banco de dados calculam um resultado com base nos valores deste campo. Apenas a quantidade de valores usados depende do terceiro argumento: o critério.
- **O critério:** Informa à função onde o critério está localizado; não é de fato o critério. O critério informa à função quais registros utilizar em seu cálculo. Você configura o critério em uma parte separada da pasta de trabalho, fora da área de banco de dados. Esse endereço de área é passado para a função de banco de dados. Os critérios são explicados em detalhes durante este capítulo.

Definindo seu banco de dados

Todas as funções de banco de dados usam uma referência de banco de dados como primeiro argumento. A área de base de dados deve incluir *cabeçalhos* (nome de campos) na primeira linha. Na Figura 17-1, mostrada anteriormente neste capítulo, a primeira linha usa ID do Estudante, Disciplina, Professor e Nota Final como cabeçalhos para as informações em cada coluna respectiva.

DICA

Uma boa maneira de se trabalhar com as funções de banco de dados é nomear a área de banco de dados e em seguida inserir o nome, em vez de um endereço de intervalo, na função.

Para configurar um nome, siga os passos:

1. **Selecione toda a área de banco de dados.**

   Certifique-se de que a linha superior tenha cabeçalhos e esteja incluída na seleção.

2. **Clique na aba Fórmulas (na parte superior da janela do Excel).**

3. **Clique em Definir Nome na área Nomes Definidos.**

   A caixa de diálogo Novo Nome aparece, com o endereço do intervalo na caixa Refere-se a.

4. **Digite um nome na caixa Nome (ou use um nome sugerido).**

5. **Clique em OK para fechar a caixa de diálogo.**

Mais tarde, se os registros forem adicionados à parte inferior do banco de dados, você precisa redefinir o intervalo da área nomeada para incluir linhas novas. Você pode fazer isso da seguinte maneira:

1. **Clique no botão Gerenciador de Nomes, na aba Fórmulas do Excel.**

   A caixa de diálogo Gerenciador de Nomes aparece.

2. **Clique no nome na lista que você deseja redefinir.**

3. **Clique no botão Editar na caixa de diálogo.**

   O Excel abre a caixa diálogo Editar nome, exibida na Figura 17-2, com informações sobre o intervalo selecionado.

4. **Mude a referência na caixa Refere-se a.**

   Você pode usar o pequeno botão do quadrado à direita da caixa Refere-se a para definir a referência nova arrastando o ponteiro do mouse sobre ele. Clicar nesse botão reduz o tamanho da caixa de diálogo Editar Nome e permite que você acesse a planilha. Quando você acabar de arrastar o mouse sobre a nova área da planilha, pressione Enter e volte para a caixa de diálogo Editar Nome.

5. **Clique no botão OK para salvar a mudança de referência e fechar a caixa de diálogo.**

6. **Clique em Fechar.**

DICA

Caso você adicione registros em seu intervalo de banco de dados inserindo novas linhas na parte do meio em vez de adicioná-los ao final, o Excel ajusta automaticamente a referência ao intervalo nomeado.

FIGURA 17-2: Atualizando as referências da área nomeada.

Definindo sua área de critérios

- » Conforme mencionado anteriormente, os critérios não fazem parte dos argumentos da função de banco de dados, mas estão em algum lugar da planilha e são referenciados pela função. A área de critérios pode conter um único critério ou pode conter dois ou mais critérios. Cada critério individual é estruturado como segue:
- » Em uma célula, insira o nome do campo (cabeçalho) da coluna do banco de dados, onde o critério será aplicado.
- » Na célula abaixo, insira o valor que o campo de dados deve atender.

A Figura 17-3 mostra o banco de dados de estudantes com uma área de critérios à direita do banco de dados. Existem lugares para inserir os critérios para Disciplina, Professor e Nota Final. No exemplo, um critério foi definido para o campo Disciplina. Esse critério força a função de banco de dados a processar somente os registros (linhas) em que a Disciplina seja de Contabilidade Básica. Note, no entanto, que um critério pode ser definido para mais de um campo. Neste exemplo, os critérios de Professor e Nota Final ficaram em branco para que não afetem os resultados.

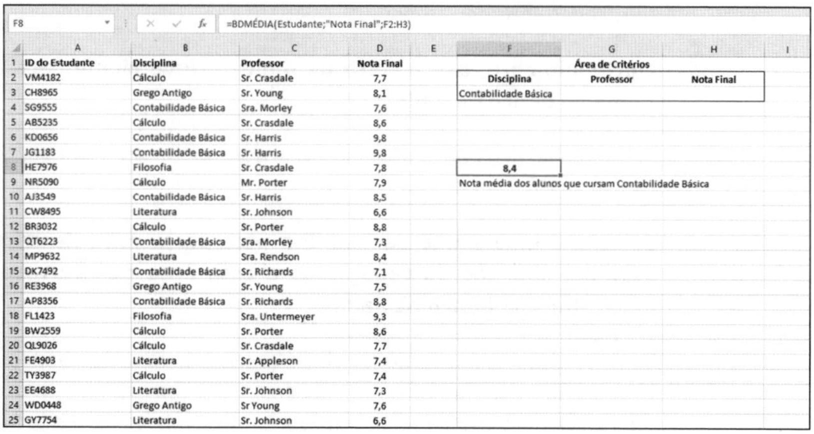

F8 =BDMÉDIA(Estudante;"Nota Final";F2:H3)

	A	B	C	D	E	F	G	H
1	ID do Estudante	Disciplina	Professor	Nota Final			Área de Critérios	
2	VM4182	Cálculo	Sr. Crasdale	7,7		Disciplina	Professor	Nota Final
3	CH8965	Grego Antigo	Sr. Young	8,1		Contabilidade Básica		
4	SG9555	Contabilidade Básica	Sra. Morley	7,6				
5	AB5235	Cálculo	Sr. Crasdale	8,6				
6	KD0656	Contabilidade Básica	Sr. Harris	9,8				
7	JG1183	Contabilidade Básica	Sr. Harris	9,8				
8	HE7976	Filosofia	Sr. Crasdale	7,8		8,4		
9	NR5090	Cálculo	Mr. Porter	7,9		Nota média dos alunos que cursam Contabilidade Básica		
10	AJ3549	Contabilidade Básica	Sr. Harris	8,5				
11	CW8495	Literatura	Sr. Johnson	6,6				
12	BR3032	Cálculo	Sr. Porter	8,8				
13	QT6223	Contabilidade Básica	Sra. Morley	7,3				
14	MP9632	Literatura	Sra. Rendson	8,4				
15	DK7492	Contabilidade Básica	Sr. Richards	7,1				
16	RE3968	Grego Antigo	Sr. Young	7,5				
17	AP8356	Contabilidade Básica	Sr. Richards	8,8				
18	FL1423	Filosofia	Sra. Untermeyer	9,3				
19	BW2559	Cálculo	Sr. Porter	8,6				
20	QL9026	Cálculo	Sr. Crasdale	7,7				
21	FE4903	Literatura	Sr. Appleson	7,4				
22	TY3987	Cálculo	Sr. Porter	7,4				
23	EE4688	Literatura	Sr. Johnson	7,3				
24	WD0448	Grego Antigo	Sr Young	7,6				
25	GY7754	Literatura	Sr. Johnson	6,6				

FIGURA 17-3: Selecionando os critérios para usar com uma função de banco de dados.

A função BDMÉDIA foi inserida na célula F8 e utiliza esse intervalo de critérios. Os três argumentos foram definidos. O nome Estudante informa à função onde a banco de dados está, o campo Nota Final (coluna) é onde a função encontra os valores para calcular a média, e os critérios são definidos no intervalo da planilha que tem os critérios que, por sua vez, informam à função para usar apenas registros onde a Disciplina seja Contabilidade Básica — em outras palavras, F2:H3. A entrada na célula F8 fica assim:

```
=BDMÉDIA(Estudantes;"Nota Final";F2:H3)
```

Por que essa função se refere ao F2:H3 como o intervalo de critério quando somente o critério definido está localizado no intervalo F2:F3? É uma questão de conveniência. Como as células G3 e H3 no intervalo de critérios estão em branco, os campos Professor e Nota Final são ignorados pela função de banco de dados que usa esse intervalo de critérios. No entanto, se você quiser inserir um critério para um desses campos, apenas o insira na célula apropriada; não há necessidade de editar os argumentos da função de banco de dados. Que tal atribuir um nome à área de critérios e depois usar esse nome como o terceiro argumento para a função de banco de dados? Isso também funciona perfeitamente.

CUIDADO

Se usar uma área nomeada como critério ou simplesmente digitar um endereço de intervalo, você deve tomar cuidado para especificar uma área que inclua todos os critérios, mas *não* inclua as linhas ou as colunas em branco. Caso faça isso, os resultados da função de banco de dados serão incorretos.

Veja como inserir qualquer uma das funções de banco de dados. Este exemplo usa a função BDSOMA, mas as instruções são as mesmas para todas as funções de banco de dados; utilize somente aquela que realiza o cálculo desejado. Siga as instruções:

1. **Importe ou crie um banco de dados de informações em uma planilha.**

   As informações devem estar em linhas e colunas contínuas. Faça questão de usar cabeçalhos de campos.

2. **Opcionalmente, use a caixa de diálogo Novo Nome para atribuir um nome ao banco de dados.**

   Para nomear seu banco de dados, veja a seção "Definindo seu banco de dados" neste capítulo.

3. **Selecione uma parte da planilha para ser a área de critérios e, em seguida, adicione os cabeçalhos a essa área que correspondam aos cabeçalhos do banco de dados.**

   Você precisa fornecer cabeçalhos de critérios para seus campos do banco de dados onde os critérios são aplicados. Por exemplo, sua área de banco de dados pode ter dez campos, mas você precisa definir critérios para três campos. Portanto, a área de critérios pode abranger três colunas.

4. **Posicione o cursor do mouse na célula em que você quer ver o resultado.**

   Essa célula não deve estar na área de banco de dados ou na área de critérios.

5. **Digite** =BDSOMA (**para iniciar a entrada da função.**
6. **Insira um intervalo de banco de dados ou um nome, se algum estiver definido.**
7. **Digite um ponto e vírgula (;).**
8. **Insira uma das seguintes opções:**
   - O nome do cabeçalho, entre aspas, do campo do banco de dados que a função deve processar.
   - O número da coluna.
9. **Digite um ponto e vírgula (;).**
10. **Insira o intervalo da área de critérios.**
11. **Digite um**) **e pressione Enter.**

Refinando os Critérios com as Funções E e OU

As funções de banco de dados do Excel não teriam lá muita utilidade se você não pudesse criar consultas sofisticadas. Veja alguns tipos de consultas:

- » Registros que correspondam a dois ou mais critérios individuais.
- » Registros que correspondam a qualquer um de vários critérios individuais.
- » Valores que se enquadrem em um intervalo especificado.

Para encontrar os registros que correspondam a dois ou mais critérios, insira os critérios em colunas adjacentes na área de critérios. Continuando com o banco de dados das notas dos estudantes, a área de critérios exibida na Figura 17-4 corresponde aos registros onde o campo Disciplina contém `Contabilidade Básica` e o campo Professor contém `Professor Harris`. Esse critério é chamado de E.

FIGURA 17-4: Encontrando registros que correspondam a dois critérios.

	Área de Critérios	
Disciplina	Professor	Nota Final
Contabilidade Básica	Sr. Harris	

A fim de combinar os registros que atendam a qualquer um de vários critérios, insira os critérios individuais em duas ou mais linhas abaixo, no campo dos nomes. A Figura 17-5 mostra um intervalo de critérios que corresponde a todos os registros em que o campo Disciplina contenha `Contabilidade Básica` ou `Literatura`. Isso se chama critério OU.

Área de Critérios		
Disciplina	**Professor**	**Nota Final**
Contabilidade Básica		
Literatura		

FIGURA 17-5: Encontrando registros que correspondam a qualquer um de dois ou mais critérios.

Para combinar E com OU em um intervalo de critérios, use duas ou mais colunas e duas ou mais linhas. A Figura 17-6 mostra um intervalo de critérios que encontra todos os registros, em que Disciplina é `Contabilidade Básica` e Professor é `Professor Harris` ou `Professor Richards`.

Área de Critérios		
Disciplina	**Professor**	**Nota Final**
Contabilidade Básica	Sr. Harris	
Literatura	Sr. Richards	

FIGURA 17-6: Combinando os critérios E e OU.

Para definir um critério que use intervalos, utilize os operadores de comparação numérica:

- < para menor que.
- > para maior que.
- <= para menor ou igual a.
- >= para maior ou igual a.

É claro que você pode aplicar todos eles em campos com valores numéricos. A Figura 17-7 ilustra duas áreas de critérios. A área superior combina todos os registros onde a Nota Final é `9,0` ou mais. A área inferior combina todos os registros onde a Nota Final é maior ou igual a `8,0` e menor que `9,0`.

Nota Final
>=9,0

Nota Final
<9,0
>=8,0

FIGURA 17-7: Definindo os critérios de intervalo numérico.

Somando o que Importa com a Função BDSOMA

A função BDSOMA possibilita que você some os números em uma coluna de banco de dados apenas para aquelas linhas que correspondem aos critérios especificados. Por exemplo, pegue um banco com dados de valores de vendas individuais por vendedores. O intervalo do banco de dados é chamado de Vendas. Você quer calcular o total de vendas para cada um dos três representantes de vendas. A Figura 17-8 mostra como isso é feito. Três áreas de critérios são definidas em D2:D3, E2:E3 e F2:F3. A função BDSOMA é inserida nas células E8:E10. A fórmula na célula E8 é:

```
=BDSOMA(VENDAS; "Montante de Vendas"; D2:D3)
```

E8 | =BDSOMA(Vendas;"Montante de vendas";D2:D3)

	A	B	C	D	E	F
1	**Vendedor**	**Montante de vendas**				
2	Joel	R$ 43.234,00		**Vendedor**	**Vendedor**	**Vendedor**
3	Emília	R$ 22.314,00		Joel	Emília	Wagner
4	Wagner	R$ 22.355,00				
5	Emília	R$ 12.500,00				
6	Wagner	R$ 8.900,00				
7	Joel	R$ 12.450,00			**Total de vendas**	
8	Emília	R$ 22.334,00		**Joel**	R$ 79.134,00	
9	Emília	R$ 34.223,00		**Emília**	R$ 123.741,00	
10	Wagner	R$ 12.332,00		**Wagner**	R$ 70.387,00	
11	Emília	R$ 6.700,00				
12	Wagner	R$ 12.400,00				
13	Joel	R$ 23.450,00				
14	Wagner	R$ 10.900,00				
15	Emília	R$ 25.670,00				
16	Wagner	R$ 3.500,00				
17						

FIGURA 17-8: Calculando a soma de vendas com a função BDSOMA.

As funções inseridas nas células E9 e E10 são idênticas, exceto por referenciarem intervalos de critérios diferentes. Os resultados mostram claramente que Amy é a líder de vendas.

Calculando a Média com a Função BDMÉDIA

A função BDMÉDIA permite que você encontre a média, ou *mediana,* de um campo apenas para as linhas que correspondam aos critérios. Para este exemplo, você retorna o banco de dados de estudantes.

A Figura 17-9 mostra uma planilha em que a nota média para cada curso foi calculada pela função BDMÉDIA. Por exemplo, a célula G22 mostra a nota média para Filosofia. Veja a fórmula:

```
=BDMÉDIA(Estudantes;"Nota Final";F14:G15)
```

G24 =BDMÉDIA(Estudantes;"Nota Final";G2:G3)

	A	B	C	D	E	F	G	H
1	**ID do Estudante**	**Disciplina**	**Professor**	**Nota Final**				
2	VM4182	Cálculo	Sr. Crasdale	7,7		**Disciplina**	**Professor**	
3	CH8965	Grego Antigo	Sr. Young	8,1		Contabilidade Básica		
4	SG9555	Contabilidade Básica	Sra. Morley	7,6				
5	AB5235	Cálculo	Sr. Crasdale	8,6		**Disciplina**	**Professor**	
6	KD0656	Contabilidade Básica	Sr. Harris	9,8		Grego Antigo		
7	JG1183	Contabilidade Básica	Sr. Harris	9,8				
8	HE7976	Filosofia	Sr. Crasdale	7,8		**Disciplina**	**Professor**	
9	NR5090	Cálculo	Mr. Porter	7,9		Cálculo		
10	AJ3549	Contabilidade Básica	Sr. Harris	8,5				
11	CW8495	Literatura	Sr. Johnson	6,6		**Disciplina**	**Professor**	
12	BR3032	Cálculo	Sr. Porter	8,8		Literatura		
13	QT6223	Contabilidade Básica	Sra. Morley	7,3				
14	MP9632	Literatura	Sra. Rendson	8,4		**Disciplina**	**Professor**	
15	DK7492	Contabilidade Básica	Sr. Richards	7,1		Filosofia		
16	RE3968	Grego Antigo	Sr. Young	7,5				
17	AP8356	Contabilidade Básica	Sr. Richards	8,8		Média das notas por disciplina		
18	FL1423	Filosofia	Sra. Untermeyer	9,3		**Contabilidade Básica**	**8,4**	
19	BW2559	Cálculo	Sr. Porter	8,6		**Grego Antigo**	**7,7**	
20	QL9026	Cálculo	Sr. Crasdale	7,7		**Cálculo**	**8,1**	
21	FE4903	Literatura	Sr. Appleson	7,4		**Literatura**	**7,3**	
22	TY3987	Cálculo	Sr. Porter	7,4		**Filosofia**	**8,6**	
23	EE4688	Literatura	Sr. Johnson	7,3				
24	WD0448	Grego Antigo	Sr Young	7,6		**Média geral**	**8,0**	
25	GY7754	Literatura	Sr. Johnson	6,6				

FIGURA 17-9: Calculando a média para cada disciplina.

Cada média calculada usa uma área de critérios diferente. Cada área filtra um resultado por uma disciplina específica. Em todos os casos, a área de critérios para Professor é deixada em branco e, portanto, não influencia os resultados.

Para fins de comparação, a função BDMÉDIA também é usada na célula G24 a fim de exibir a média geral para todos os cursos. Como o critério é um argumento obrigatório de função, o cálculo na célula G24 é definido para analisar uma célula vazia. Nenhuma das células de critério Disciplina está disponível, logo a função considera o critério Professor na célula G3. Como essa célula não tem um professor em particular usado como critério, todos os registros do banco de dados são utilizados para criar essa média — exatamente o que você quer. Veja a fórmula na célula G24:

```
=BDMÉDIA(Estudantes;"Nota Final";G2:G3)
```

Não importa qual campo de cabeçalho você usa no critério quando obtém um resultado baseado em todos os registros do banco de dados. O que *realmente* importa é que não há um critério abaixo do cabeçalho.

Calculando o que Importa com a Função BDCONTAR

A função BDCONTAR possibilita que você determine quantos registros no banco de dados correspondem aos critérios.

A Figura 17-10 mostra como a função BDCONTAR pode determinar quantos estudantes fazem cada disciplina. As células G18:G22 contêm as fórmulas que contam os registros com base no critério Disciplina, nas seções de critérios associadas. Esta é a fórmula utilizada na célula G20, que calcula a quantidade de alunos em Cálculo Básico:

```
=BDCONTAR(Estudantes;"Nota Final";F8:G9)
```

G20 | =BDCONTAR(Estudantes;"Nota Final";F8:G9)

	A	B	C	D	E	F	G	H
1	ID do Estudante	Disciplina	Professor	Nota Final				
2	VM4182	Cálculo	Sr. Crasdale	7,7		Disciplina	Professor	
3	CH8965	Grego Antigo	Sr. Young	8,1		Contabilidade Básica		
4	SG9555	Contabilidade Básica	Sra. Morley	7,6				
5	AB5235	Cálculo	Sr. Crasdale	8,6		Disciplina	Professor	
6	KD0656	Contabilidade Básica	Sr. Harris	9,8		Grego Antigo		
7	JG1183	Contabilidade Básica	Sr. Harris	9,8				
8	HE7976	Filosofia	Sr. Crasdale	7,8		Disciplina	Professor	
9	NR5090	Cálculo	Mr. Porter	7,9		Cálculo		
10	AJ3549	Contabilidade Básica	Sr. Harris	8,5				
11	CW8495	Literatura	Sr. Johnson	6,6		Disciplina	Professor	
12	BR3032	Cálculo	Sr. Porter	8,8		Literatura		
13	QT6223	Contabilidade Básica	Sra. Morley	7,3				
14	MP9632	Literatura	Sra. Rendson	8,4		Disciplina	Professor	
15	DK7492	Contabilidade Básica	Sr. Richards	7,1		Filosofia		
16	RE3968	Grego Antigo	Sr. Young	7,5				
17	AP8356	Contabilidade Básica	Sr. Richards	8,8		Contangem de estudantes por disciplina		
18	FL1423	Filosofia	Sra. Untermeyer	9,3		Contabilidade Básica	7	
19	BW2559	Cálculo	Sr. Porter	8,6		Grego Antigo	3	
20	QL9026	Cálculo	Sr. Crasdale	7,7		Cálculo	7	
21	FE4903	Literatura	Sr. Appleson	7,4		Literatura	5	
22	TY3987	Cálculo	Sr. Porter	7,4		Filosofia	2	
23	EE4688	Literatura	Sr. Johnson	7,3				
24	WD0448	Grego Antigo	Sr Young	7,6				
25	GY7754	Literatura	Sr. Johnson	6,6				

FIGURA 17-10: Calculando a quantidade de alunos em cada disciplina.

Repare que a função BDCONTAR exige uma coluna de números para contar. Portanto, o cabeçalho Nota Final é inserido na função. O cálculo com Disciplina ou com o Professor resultaria em zero. Utilizar uma coluna que especificamente tenha números pode parecer um pouco estranho. A função não está somando os números; apenas conta o número de registros. Mas e daí? Funciona.

Agora, vamos um pouco mais além. Que tal contar a quantidade de alunos que obteve uma nota igual ou maior que 9,0 em qualquer matéria ou aula? Como isso pode ser feito? Esse cálculo requer um critério diferente — um que selecione todos os registros em que Nota Final seja igual ou maior que `9,0`. A Figura 17-11 mostra uma planilha com esse critério e o resultado calculado exibido.

O resultado na célula F6 *concatena* — isto é, combina mas não soma — a resposta da função BDCONTAR com algum texto. A fórmula fica assim:

```
=BDCONTAR(Estudantes;"Nota Final";F2:F3) & " estudantes que tiraram
   9,0 OU uma nota melhor."
```

O critério afirma especificamente para usar todos os registros em que Nota Final é maior que `8,9` (>8,9). Você pode especificar >=9,0 com o mesmo resultado.

F6 =BDCONTAR(Estudantes;"Nota Final";F2:F3) & " estudantes que tiraram 9,0 ou uma nota melhor."

	A	B	C	D	E	F	G
1	ID do Estudante	Disciplina	Professor	Nota Final			
2	VM4182	Cálculo	Sr. Crasdale	7,7		Nota Final	
3	CH8965	Grego Antigo	Sr. Young	8,1		>8,9	
4	SG9555	Contabilidade Básica	Sra. Morley	7,6			
5	AB5235	Cálculo	Sr. Crasdale	8,6			
6	KD0656	Contabilidade Básica	Sr. Harris	9,8		3 estudantes que tiraram 9,0 ou uma nota melhor.	
7	JG1183	Contabilidade Básica	Sr. Harris	9,8			
8	HE7976	Filosofia	Sr. Crasdale	7,8			
9	NR5090	Cálculo	Mr. Porter	7,9			
10	AJ3549	Contabilidade Básica	Sr. Harris	8,5			
11	CW8495	Literatura	Sr. Johnson	6,6			
12	BR3032	Cálculo	Sr. Porter	8,8			
13	QT6223	Contabilidade Básica	Sra. Morley	7,3			
14	MP9632	Literatura	Sra. Rendson	8,4			

FIGURA 17-11: Calculando a quantidade de alunos que tiraram uma nota 9,0 ou melhor.

Encontrando o Máximo e o Mínimo com as Funções BDMÍN e BDMÁX

As funções BDMÍN e BDMÁX encontram os valores mínimo e máximo, respectivamente, em uma coluna do banco de dados, apenas para as linhas que correspondem aos critérios. A Figura 17-12 mostra como essas duas funções podem encontrar as notas máximas e mínimas para Literatura.

F8 ="A maior nota em " & $F$3 & " é " & BDMÁX(Estudantes;"Nota Final";$F$2:$F$3)

	A	B	C	D	E	F	G
1	ID do Estudante	Disciplina	Professor	Nota Final			
2	VM4182	Cálculo	Sr. Crasdale	7,7		Disciplina	
3	CH8965	Grego Antigo	Sr. Young	8,1		Literatura	
4	SG9555	Contabilidade Básica	Sra. Morley	7,6			
5	AB5235	Cálculo	Sr. Crasdale	8,6			
6	KD0656	Contabilidade Básica	Sr. Harris	9,8			
7	JG1183	Contabilidade Básica	Sr. Harris	9,8			
8	HE7976	Filosofia	Sr. Crasdale	7,8		A maior nota em Literatura é 8,4	
9	NR5090	Cálculo	Mr. Porter	7,9			
10	AJ3549	Contabilidade Básica	Sr. Harris	8,5		A menor nota em Literatura é 6,6	
11	CW8495	Literatura	Sr. Johnson	6,6			
12	BR3032	Cálculo	Sr. Porter	8,8			
13	QT6223	Contabilidade Básica	Sra. Morley	7,3			
14	MP9632	Literatura	Sra. Rendson	8,4			
15	DK7492	Contabilidade Básica	Sr. Richards	7,1			

FIGURA 17-12: Calculando as notas máximas e mínimas para uma disciplina específica.

As fórmulas nas células F8 e F10 são praticamente idênticas. Veja a fórmula na F8:

```
="A maior nota em " & $F$3 & " é " & BDMÁX(Estudantes;"Nota
   Final";$F$2:$F$3)
```

Identificando Valores Duplicados com a Função BDEXTRAIR

A BDEXTRAIR é uma função de banco de dados diferenciada. Ela não realiza um cálculo, mas verifica as entradas duplicadas. A função retorna um desses três valores:

- » Se um registro corresponde ao critério, a BDEXTRAIR retorna o critério.
- » Se nenhum registro corresponde ao critério, a BDEXTRAIR retorna o erro `#VALOR!`.
- » Se mais de um registro corresponde a um critério, a BDEXTRAIR retorna o erro `#NÚM!`.

Ao testar para ver se BDEXTRAIR retorna um erro, você pode descobrir problemas com seus dados. Talvez você suspeite que um aluno se matriculou duas vezes em uma turma. Se isso for verdade, dois registros terão o mesmo ID e a mesma disciplina.

A Figura 17-13 mostra como verificar se o aluno NR5090 está inserido mais de uma vez em Cálculo. Se houver mais de um registro, a função BDEXTRAIR retorna um erro. A célula F5 contém uma fórmula que aninha a função BDEXTRAIR dentro de uma função ÉERROS; tudo isso dentro de uma função SE. Se BDEXTRAIR retornar um erro, uma mensagem é retornada; caso contrário, uma mensagem diferente é retornada. Veja a fórmula:

```
=SE(ÉERROS(BDEXTRAIR(Estudantes;"ID do Estudante";F2:G3));F3 & " tem
    registro duplicado";F3 & " tem um registro")
```

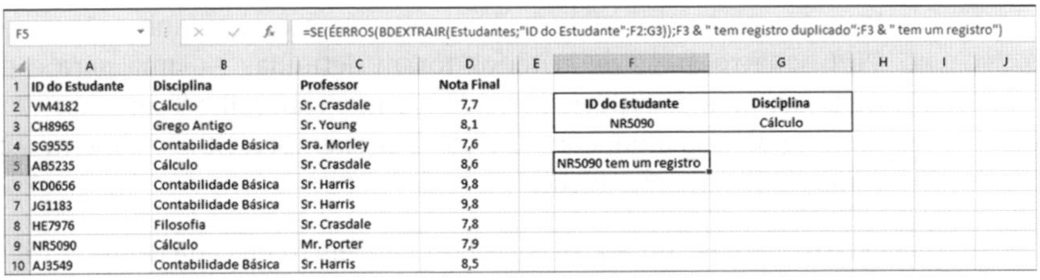

F5 =SE(ÉERROS(BDEXTRAIR(Estudantes;"ID do Estudante";F2:G3));F3 & " tem registro duplicado";F3 & " tem um registro")

	A	B	C	D	E	F	G
1	ID do Estudante	Disciplina	Professor	Nota Final			
2	VM4182	Cálculo	Sr. Crasdale	7,7		ID do Estudante	Disciplina
3	CH8965	Grego Antigo	Sr. Young	8,1		NR5090	Cálculo
4	SG9555	Contabilidade Básica	Sra. Morley	7,6			
5	AB5235	Cálculo	Sr. Crasdale	8,6		NR5090 tem um registro	
6	KD0656	Contabilidade Básica	Sr. Harris	9,8			
7	JG1183	Contabilidade Básica	Sr. Harris	9,8			
8	HE7976	Filosofia	Sr. Crasdale	7,8			
9	NR5090	Cálculo	Mr. Porter	7,9			
10	AJ3549	Contabilidade Básica	Sr. Harris	8,5			

FIGURA 17-13: Usando BDEXTRAIR para procurar os registros duplicados em um banco de dados.

Sendo Produtivo com a BDMULTIPL

A função BDMULTIPL multiplica os valores que correspondem ao critério no banco de dados. Isso é expressivo, mas também pode gerar resultados não intencionais. Em outras palavras, é algo para adicionar e efetuar uma soma. Esta é uma operação comum em um conjunto de dados. Voltando à Figura 17-8, é possível ver que o total de vendas para Joel, R$79.134, é a soma de três quantias: R$34.234, R$12.450 e R$23.450. Se a multiplicação fosse usada nessas três quantias, a resposta (produto) seria R$12.622.274.385.000. Opa! Mais de 12 *trilhões* de reais!

A BDMULTIPL multiplica e, portanto, não deve ser usada com frequência como a BDSOMA, mas, quando você precisar multiplicar itens em um banco de dados, a BDMULTIPL é a ferramenta de escolha.

A Figura 17-14 demonstra uma situação em que a BDMULTIPL é produtiva. A área de banco de dados contém camisas. Para cada tamanho de camisa, há duas linhas: o preço por camisa e a quantidade de camisas em uma embalagem. O custo para a embalagem de camisas é, consequentemente, o produto do preço por camisa vezes o número de camisas. Existem quatro tamanhos de camisa, cada um com um preço e uma contagem de embalagem.

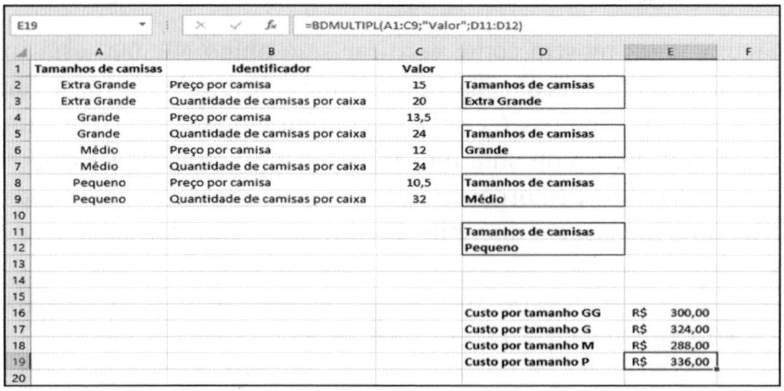

FIGURA 17-14: Calculando os custos totais de embalagens cheias de camisas.

Para garantir que você trabalhe apenas com um tamanho por uso da BDMULTIPL, quatro áreas de critérios foram definidas — uma para cada tamanho. Qualquer área de critério individual tem o cabeçalho Tamanhos de Camisas e o número do tamanho, como Médio. Por exemplo, D8:D9 contém o critério para camisas de tamanho médio.

Quatro células contêm BDMULTIPL, e, dentro de cada célula, a área de critério determinada é usada. Por exemplo, a célula E18 tem a seguinte fórmula:

```
=BDMULTIPL(A1:C9; "VALOR"; D8:D9)
```

O intervalo de banco de dados é A1:C9. O VALOR é o campo em que a função procura os valores para multiplicar, e a multiplicação ocorre nos valores em que o tamanho da camisa atenda aos critérios.

Uma planilha definida, conforme a exibida na Figura 17-14, é sobretudo útil quando dados novos são ocasionalmente inseridos na área de banco de dados. Os ajustes das funções BDMULTIPL sempre fornecerão os produtos baseados nos dados inseridos na área de banco de dados. Esse exemplo em particular da BDMULTIPL mostra como trabalhar com dados nos quais mais de uma linha pertence a um item. Nesse caso, cada tamanho de camisa tem uma linha mostrando o preço por camisa e uma segunda linha com o número de camisas que cabem em uma embalagem.

5

A Parte dos Dez

NESTA PARTE...

Conheça as dez melhores dicas para trabalhar com fórmulas.

Veja dez funções que você deveria conhecer.

Use dez funções muito legais.

NESTE CAPÍTULO

» Garantindo que a ordem dos operadores esteja correta

» Visualizando e corrigindo as fórmulas

» Referenciando células e usando nomes

» Definindo o modo de cálculo

» Usando a formatação condicional e a validação de dados

» Escrevendo suas próprias funções

Capítulo **18**

Dez Dicas para Trabalhar com Fórmulas

Diversos elementos podem ajudá-lo a ser o mais produtivo possível ao escrever e corrigir as fórmulas. Você pode ver todas as suas fórmulas de uma vez só e corrigir os erros um por um, usar os assistentes de suplementos para ajudá-lo a escrever as funções e até mesmo criar suas próprias funções!

Precedência dos Operadores Principais

Um dos fatores mais importantes em escrever fórmulas é obter os operadores corretos — e não estou falando a respeito dos operadores das companhias de telefone. Isso tem a ver com operadores matemáticos — você sabe, pequenos detalhes como sinais de adição e multiplicação e onde os parênteses vão. A *precedência dos operadores* — a ordem na qual as operações são realizadas — pode fazer uma grande diferença no resultado. Você consegue se lembrar facilmente da precedência dos operadores. Tudo o que precisa lembrar é: "Poxa, eu me divirto aprendendo sempre."

Não, eu não estou louco! Essa frase é um mnemônico para:

Parênteses

Expoentes

Multiplicação

Divisão

Adição

Subtração

Assim, os parênteses têm a primeira precedência (maior), e a subtração tem a última. Bem, para ser sincero, a multiplicação tem a mesma precedência da divisão, e a adição tem a mesma precedência da subtração, mas você entendeu.

Por exemplo, a fórmula `=1 + 2 × 15` é igual a 31. Se você acha que deveria ser 45, entenda que essa resposta só existe se você incluir parênteses, desta forma: `=(1 + 2) × 15`.

CUIDADO

Acertar a ordem dos operadores é crucial para o bem-estar de sua planilha. O Excel gera um erro quando os números de parênteses abertos e fechados não correspondem, mas, se você quiser somar dois números antes da multiplicação, o Excel não sabe que você simplesmente deixou os parênteses de fora!

Alguns minutos para refrescar sua memória sobre a ordem de operadores podem evitar muita dor de cabeça no futuro.

Exibir as Fórmulas

Caso você não tenha percebido, é um pouco difícil visualizar suas fórmulas sem acidentalmente editá-las. Isso ocorre porque, a qualquer momento que você esteja em modo "editar" e a célula ativa tenha uma fórmula, a fórmula pode incorporar o endereço de qualquer outra célula clicada. Isso bagunça tudo.

Não seria fácil se você pudesse apenas *olhar* para todas as suas fórmulas? Existe uma maneira! É simples. Clique em Arquivo, na parte superior da área de trabalho do Excel, clique em Opções, em seguida, na aba avançado e desça com a barra de rolagem até as opções de Exibição para a seção desta planilha (veja a Figura 18-1).

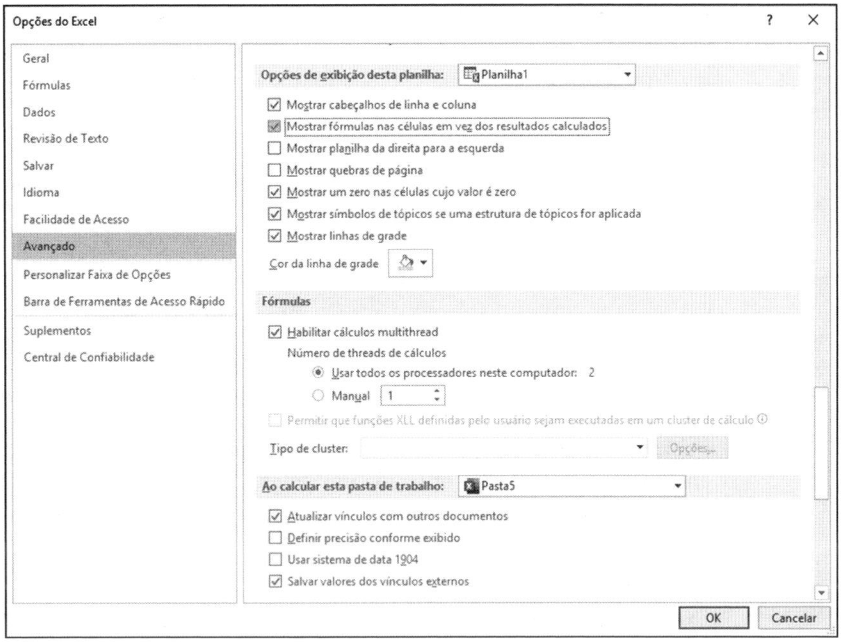

FIGURA 18-1: Definindo as opções.

Note a caixa Mostrar fórmulas nas células em vez dos resultados calculados. Essa caixa informa ao Excel que quaisquer células que tenham fórmulas devem exibir a própria fórmula em vez do resultado calculado. Para retornar à visualização normal, repita esses passos e desmarque a opção. Essa opção facilita a visualização de todas as fórmulas!

Mês	Brinquedos	Videogames	Bicicletas	Total
Janeiro	1173,14	622,55	1290,99	=SOMA(D6:F6)
Fevereiro	1055,92	689,05	1535,01	=SOMA(D7:F7)
Março	1614,25	946,82	1680,24	=SOMA(D8:F8)
Total	=SOMA(D6:D8)	=SOMA(E6:E8)	=SOMA(F6:F8)	

FIGURA 18-2: Visualizando as fórmulas da maneira fácil.

CUIDADO

Você pode editar as funções sem querer, mesmo quando tiver selecionado a opção Mostrar Fórmulas. Tenha cuidado ao clicar na planilha.

Corrigindo as Fórmulas

Suponha que sua planilha tenha alguns erros. Não entre em pânico! Isso acontece até com os usuários mais experientes, e o Excel pode ajudá-lo a descobrir o que está dando errado. Na aba Fórmulas, na seção Auditoria de Fórmulas, existe o botão Verificação de Erros. Clicar nesse botão exibe a caixa de diálogo Verificação de Erros, exibida na Figura 18-3. Ou seja, a caixa de diálogo aparece se sua planilha tiver algum erro. Caso contrário, ela apenas exibe uma mensagem que a verificação de erros está completa. O Excel é tão inteligente!

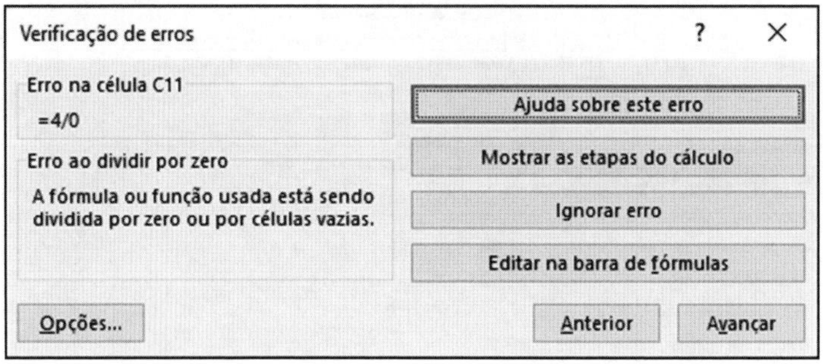

FIGURA 18-3: Verificando os erros.

Quando *existem* erros, a caixa de diálogo aparece e fica por mais um tempo, enquanto você trabalha em cada um deles. Os botões Próximo e Anterior permitem que você percorra todos os erros antes da caixa de diálogo fechar. Para qualquer erro encontrado, você escolhe o que fazer:

- **Ajuda sobre este erro:** Isso o direciona ao sistema de Ajuda do Excel e exibe um tópico para o tipo de erro específico.
- **Mostrar etapas de cálculo:** A caixa de diálogo Avaliar Fórmula abre, e você pode ver passo a passo como a fórmula é calculada. Isso permite que você identifique o passo específico que causou o erro.
- **Ignorar Erro:** Talvez o Excel esteja errado. Ignore o erro.
- **Editar na Barra de Fórmulas:** Esta é uma forma rápida de você mesmo corrigir a fórmula se não precisar de outra ajuda.

A caixa de diálogo Verificação de Erros também tem um botão Opções. Clicar nesse botão abre a aba Fórmulas da caixa de diálogo Opções do Excel. Nessa aba, é possível selecionar as configurações e as regras sobre como erros são reconhecidos e desencadeados.

Use Referências Absolutas

Se você for usar a mesma fórmula para um grupo de células, como as que estão em uma coluna, o melhor método é escrever a fórmula uma vez e depois arrastá-la para as outras células utilizando a alça de preenchimento. O problema é que, quando você arrasta a fórmula para novos locais, quaisquer referências relativas são modificadas.

Muitas vezes, essa *é* a intenção. Quando há uma coluna de dados e uma coluna adjacente de fórmulas, normalmente, cada célula na coluna de fórmulas refere-se à sua vizinha na coluna de dados. Mas se todas as fórmulas referenciam uma célula que não é adjacente, a intenção geralmente é que todas as células de fórmula referenciem uma referência de célula permanente. Faça isso corretamente usando uma referência absoluta para a célula.

DICA

Para utilizar uma referência absoluta para uma célula, use o cifrão ($) antes do número da linha, antes da letra da coluna, ou antes de ambos. Faça isso quando escrever a primeira fórmula, antes de arrastá-la para outras células, ou precisará atualizar todas as fórmulas.

Por exemplo, não escreva:

```
=A4 × (B4 + A2)
```

Escreva:

```
=A4 × (B4 + $A$2)
```

Dessa maneira, todas as fórmulas fazem referência à A2, independente de onde você as copia, em vez de aquela referência se tornar A3 e A4, e assim por diante.

Você pode percorrer as referências relativas, perdidas e absolutas. Pressione F4 para usar esse atalho.

Ativar e Desativar a Calculadora

O padrão do Excel é calcular suas fórmulas automaticamente, conforme elas são inseridas ou quando você modifica a planilha. Em algumas situações, você pode querer definir o cálculo como manual. Deixar a configuração automática geralmente não é um problema, mas, se você estiver trabalhando em uma pasta de trabalho pesada com muitos cálculos, talvez seja hora de reconsiderar.

Imagine a seguinte situação: você tem uma célula que inocentemente não faz nada além de exibir a data. Porém dúzias de cálculos em toda a planilha fazem referência àquela célula. Logo, dúzias de mais cálculos referenciam o primeiro lote de células que fazem referência à célula com dados. Entendeu? Em uma pasta de trabalho complexa, muitos cálculos poderiam estar errados, e chega um momento em que isso pode ser percebido.

Deixar a configuração de cálculo no manual possibilita que você decida quando calcular. Faça isso na caixa de diálogo Opções do Excel; clique na aba Arquivo, na Faixa de Seleções e, em seguida, clique em Opções. Na caixa de diálogo, clique na aba Fórmulas, onde os cálculos são selecionados, conforme exibido na Figura 18-4. Você pode selecionar uma das configurações de cálculo automático ou de cálculo manual.

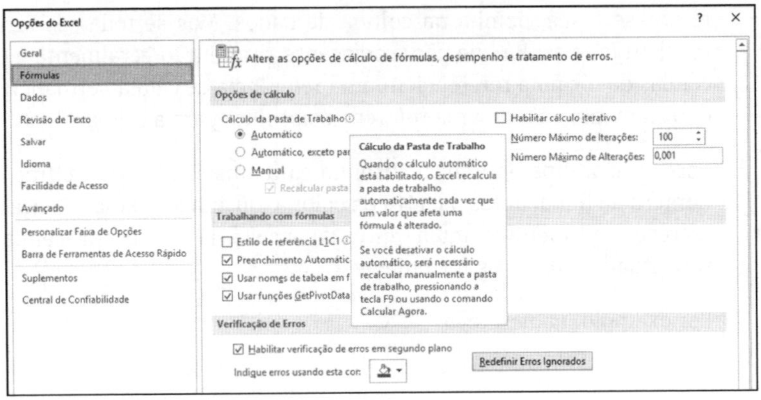

FIGURA 18-4: Definindo o método de cálculo.

Pressionar F9 calcula a pasta de trabalho. Use-o quando o cálculo estiver definido em Manual. Veja mais algumas opções:

O que Você Pressiona	O que Você Recebe
F9	Calcula as fórmulas que foram modificadas, desde o último cálculo, em todas as pastas de trabalho abertas.
Shift+F9	Calcula as fórmulas que foram modificadas, desde o último cálculo, apenas na planilha ativa.
Ctrl+Alt+F9	Calcula todas as fórmulas em todas as pastas de trabalho abertas, independente de quando elas foram calculadas pela última vez.
Calcular Agora	Este é um botão no grupo de cálculo, na aba de Fórmulas. Calcula as fórmulas que foram alteradas, desde o último cálculo, em todas as pastas de trabalho abertas.

Use as Áreas Nomeadas

Poxa, talvez seja só comigo, mas acho mais fácil lembrar uma palavra como *Cliente*, *Estoque* ou *Dezembro* do que me lembrar de B14:E26 ou AF220:AR680. Assim, criei nomes para os intervalos que sei que referenciarei nas minhas fórmulas e funções.

Nomear as áreas é simples, e é possível fazer isso de algumas maneiras. A primeira é usar a caixa de diálogo Novo Nome. Você pode acessá-la clicando no botão Definir Nome na aba Fórmula da Faixa de Seleções. Na caixa de diálogo, você define um intervalo, o nomeia e clica no botão OK (veja a Figura 18-5). A finalidade de comentário é útil para outras anotações sobre o intervalo. Por exemplo, o nome do intervalo pode ser "Vendas de julho", e na área de comentários você pode inserir outras informações relacionadas.

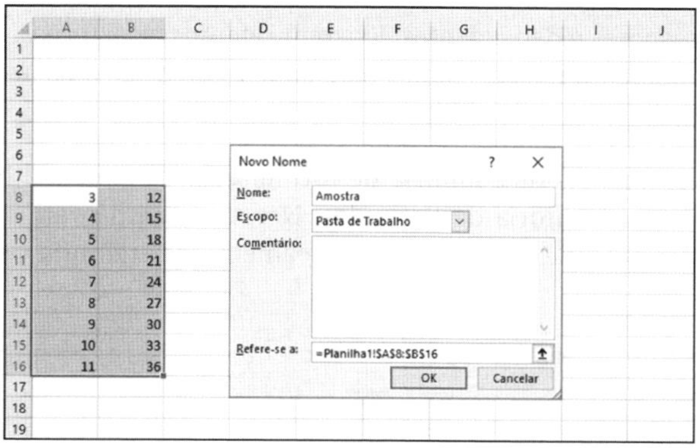

FIGURA 18-5: Definindo uma área nomeada.

O Gerenciador de Nomes é outra caixa de diálogo que você pode exibir clicando em seu botão na aba Fórmulas. Essa caixa de diálogo permite que você adicione, atualize e apague áreas nomeadas. Uma forma muito rápida de adicioná-las (não atualizar ou apagar) é seguir as etapas:

1. **Selecione uma área na planilha.**
2. **Clique na Caixa de Nome e insira o nome.**

   A Caixa de Nome é parte da Barra de Fórmulas e fica à esquerda de onde as fórmulas são inseridas.

3. **Pressione Enter.**

Feito! Agora você pode ver os nomes quando quiser. A Figura 18-6 mostra um nome sendo inserido na Caixa de Nome. Obviamente, você pode utilizar um nome específico apenas uma vez na pasta de trabalho. Após o nome definido ser inserido, você pode encontrá-lo na Caixa de Nome, clicando na seta para baixo à direita da caixa.

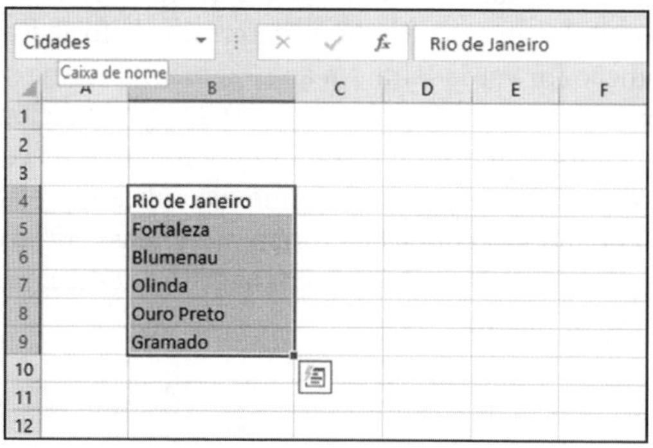

FIGURA 18-6: Definindo uma área nomeada de maneira fácil.

Use a Auditoria de Fórmulas

Existem precedentes e dependentes. Existem referências externas. Existe interação em tudo quanto é lugar. Como você pode rastrear de onde as referências de fórmula vêm e para onde vão?

Usando as ferramentas de auditoria de fórmulas, naturalmente! Na aba Fórmulas há a seção Auditoria de Fórmulas. Nessa seção, há vários botões que controlam a visibilidade das setas de rastreamento de auditoria (veja a Figura 18-7).

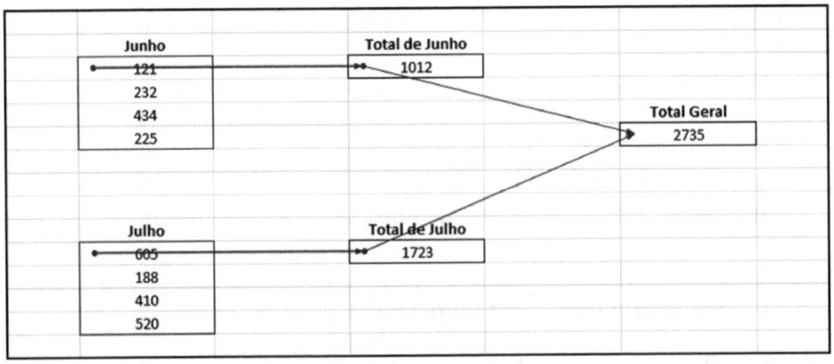

FIGURA 18-7: Auditando as fórmulas.

A barra de ferramentas Auditoria de Fórmulas tem várias opções que permitem que você navegue pelas suas fórmulas. Além de exibir as setas de rastreamento, a barra de ferramentas também permite que você verifique erros, avalie fórmulas, verifique dados inválidos e acrescente comentários nas planilhas.

Use a Formatação Condicional

Assim como a função SE retorna um determinado valor quando o primeiro argumento condicional é verdadeiro e outro valor quando ele é falso, a formatação condicional possibilita que você aplique determinada formatação em uma célula quando a condição for verdadeira. Na aba Página Inicial, na seção estilos, há um menu suspenso com muitas opções de formatação condicional. A Figura 18-8 mostra alguns valores que foram tratados com formatação condicional. A formatação condicional permite que você defina a condição e selecione o formato que é aplicado quando as condições forem atendidas. Por exemplo, você poderia especificar que a célula seja exibida em negrito e itálico quando o valor que estiver nela for maior que 100.

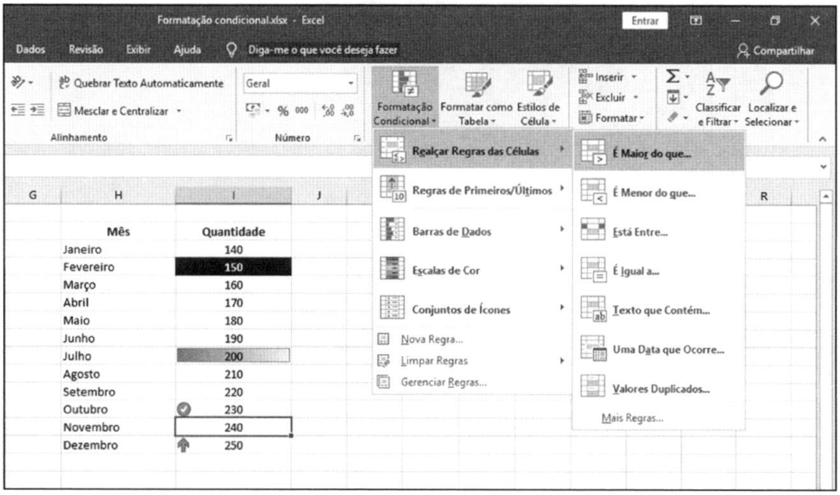

FIGURA 18-8: Aplicando uma formatação quando uma condição for atendida.

Condições são definidas como regras. Os tipos de regras são:

- » Formatar todas as células com base em seus valores.
- » Formatar apenas células que têm...
- » Formatar somente os valores alocados na parte superior ou inferior.
- » Formatar apenas os valores que estão acima ou abaixo da média.
- » Formatar somente os valores únicos ou duplicados.
- » Usar uma fórmula para determinar quais células formatar.

Quando a condição for verdadeira, a formatação pode controlar o seguinte:

- » Limites.
- » Formatação de números.
- » Configurações de fonte (estilo, cor, negrito, itálico e assim por diante).
- » Preenchimento (uma cor de fundo de uma célula ou padrão).

As células também podem ser formatadas com esquemas de cores ou ícones de imagens inseridos na célula.

Use a Validação de Dados

Na aba Dados, na seção Ferramentas de Dados há a Validação de Dados. A Validação de Dados permite que você aplique uma regra a uma célula (ou células) à qual a entrada deve obedecer. Por exemplo, uma célula pode ser configurada para aceitar apenas uma entrada inteira entre 50 e 100 (veja a Figura 18-9).

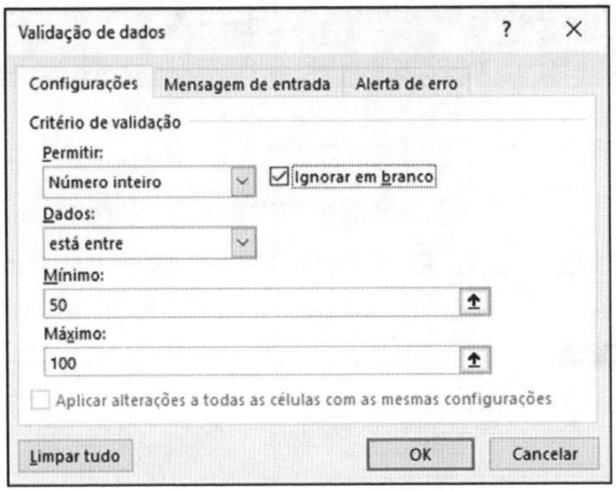

FIGURA 18-9: Configurando a validação de dados.

Quando a entrada não é aceita pela regra, uma mensagem é exibida (veja a Figura 18-10).

DICA

A mensagem de erro pode ser personalizada. Por exemplo, se alguém inserir o número errado, a mensagem de erro exibida pode ser `Cabeça Oca - aprenda a contar!` Só não deixe o seu chefe ver.

FIGURA 18-10: Pego fazendo uma entrada errada.

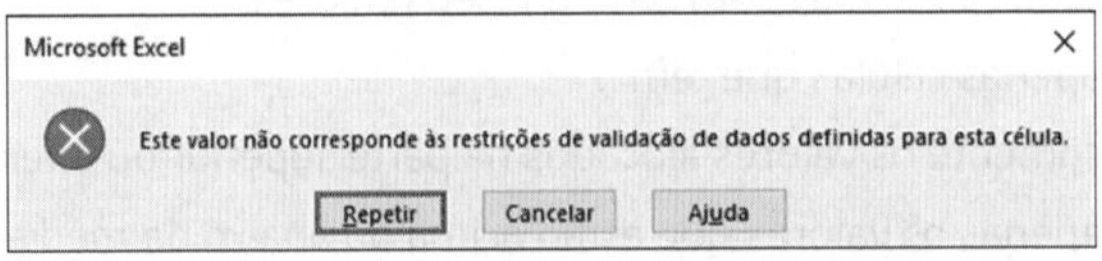

Crie Suas Próprias Funções

Apesar de todas as funções oferecidas pelo Excel, você pode precisar de uma que você não viu disponibilizada. O Excel permite que você crie suas próprias funções usando um código de programação VBA; suas funções são exibidas na caixa de diálogo Inserir Função.

Certo, eu sei o que você está pensado: "Eu, escrever código VBA? É ruim, hein!" É verdade — isso não é para todos. Mas, apesar disso, veja um exemplo breve e eficaz. Se você conseguir fazer isso, pode querer conhecer mais sobre programação VBA. Quem sabe talvez um dia você crie suas próprias funções sofisticadas! Certifique-se de que esteja trabalhando em uma pasta de trabalho com macro habilitado (um dos tipos de arquivo do Excel).

Siga as instruções para criar funções personalizadas:

1. **Pressione Alt + F11.**

   Você será direcionado para o Editor Visual Basic, onde o VBA é escrito.

Você também pode clicar no botão Visual Basic na aba Desenvolvedor da Faixa de Seleções. A aba Desenvolvedor fica visível apenas se a caixa de verificação Desenvolvedor estiver marcada na aba Personalizar Faixa de Seleções na caixa de diálogo Opções do Excel.

2. **Selecione Inserir⇨Módulo no editor.**

Você recebe um módulo de código vazio. Agora está na hora de criar sua própria função.

3. **Digite este código de programação, exibido na Figura 18-11:**

```
Public Function Adição(Número1 As Double, Número2 As Double)
    Adição = Número1 + Número2
  End Function
```

4. **Salve a função.**

LEMBRE-SE

Os macros e programação VBA podem ser salvos apenas em uma pasta de trabalho macro.

Após digitar a primeira linha e pressionar Enter, a última aparece automaticamente. Esse exemplo de função adiciona dois números, e a palavra `Public` enumera a função na caixa de diálogo Inserir Função. Você pode ter que encontrar a pasta de trabalho do Excel na barra de tarefas do Windows porque o Editor do Visual Basic é executado em um programa separado. Ou pressione Alt+F11 para retornar à pasta de trabalho.

5. **Retorne ao Excel.**

6. **Clique no botão Inserir Função na aba Fórmulas para exibir a caixa de diálogo Inserir Função (veja a Figura 18-12).**

7. **Clique em OK.**

A caixa de diálogo Argumentos da Função abre, pronta para receber os argumentos (veja a Figura 18-13). Não é incrível? É como se você estivesse criando uma extensão do Excel — e, de fato, está.

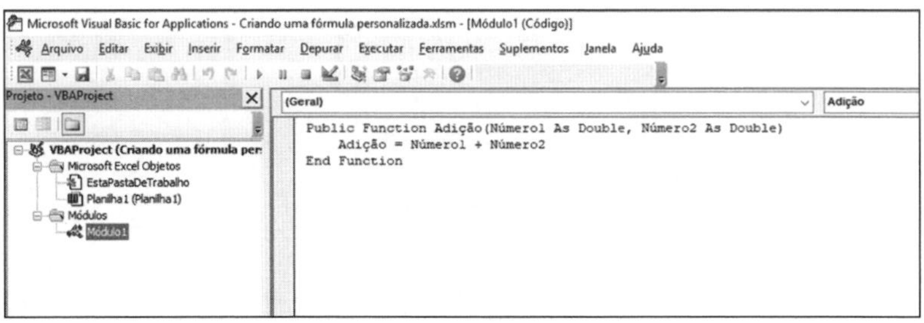

FIGURA 18-11: Escrevendo sua própria função.

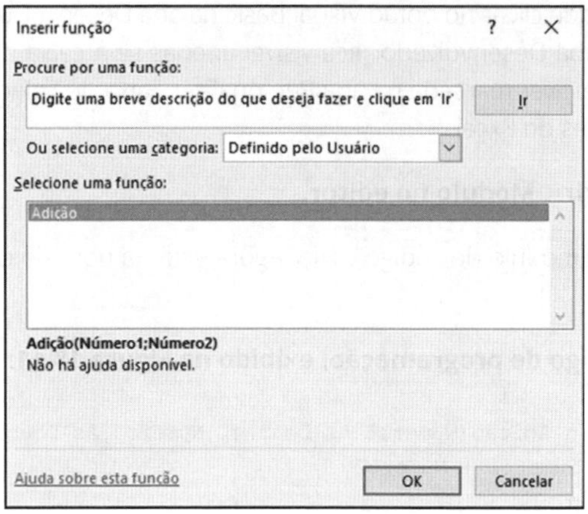

FIGURA 18-12: Encontrando a função na categoria Definido pelo Usuário.

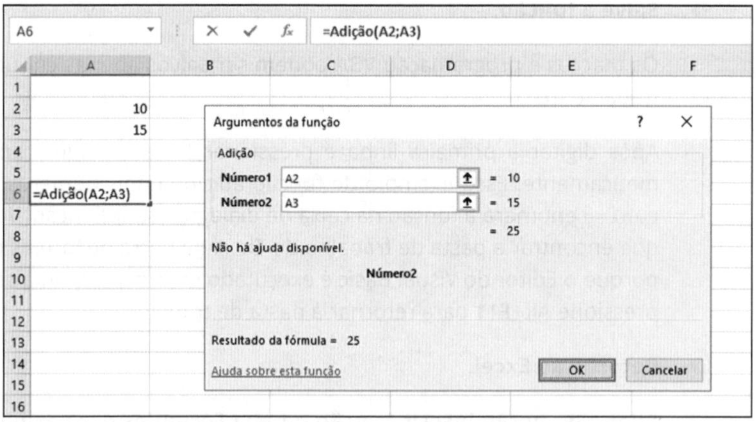

FIGURA 18-13: Usando a função personalizada Add.

Esse é um exemplo bem básico do que você pode fazer escrevendo sua própria função. As possibilidades são infinitas, mas, é claro, você precisa saber como programar em VBA. Sugiro que você leia *Programando Excel VBA Para Leigos*, tradução da 5ª edição.

DICA

Pastas de trabalho habilitadas para macro têm a extensão `.xlsm`.

NESTE CAPÍTULO

» Somando, tirando a média e contando

» Arredondando números

» Usando a função SE em resultados condicionais

» Usando data e hora atuais

» Determinando se um valor é um número

» Encontrando os valores maiores e menores

» Utilizando a soma e a contagem condicionais

Capítulo 19

Dez Funções que Você Deveria Conhecer

Este capítulo enumera as dez melhores funções do Excel. Na verdade, a lista tem 15 funções, mas, em alguns casos, duas funções relacionadas são tratadas como um único item. Para ser justo, não há uma lista definitiva das dez melhores funções, porém, ao longo dos anos (não pergunte quantos!), trabalhei com centenas de planilhas e vi algumas destas mesmas funções sendo sempre usadas.

As funções nesta lista são do tipo que atendem a uma variedade grande de usos. Você não verá uma função financeira ou nenhuma função de estatística avançada — somente as básicas —, mas saber as funções deste capítulo é primordial para se trabalhar bem no Excel. Esta parte sempre poderá ser usada como um guia rápido de como usar estas funções importantes.

SOMA

Somar os números é uma das operações matemáticas mais básicas, desse modo, a função SOMA se dedica às operações de adição. A função SOMA aceita até 255 argumentos.

Cada argumento pode ser um único número ou um intervalo contendo múltiplos números. Isso significa que a SOMA pode somar um montão de números! A sintaxe é esta:

```
=SOMA(número 1; número 2; ...)
```

Você também pode usar a SOMA com um intervalo, desta forma:

```
=SOMA(A1:A12)
```

E usá-la com mais de um intervalo, assim:

```
=SOMA(A1:A12; B1:B12)
```

MÉDIA

Embora tecnicamente seja uma função de estatística, a MÉDIA é usada com tanta frequência que merece um lugar entre as dez mais. Todo mundo se interessa por médias. Qual é a média do placar? Qual é a média salarial? Qual é a altura média? Quantas horas em média assistimos à TV? (Esse é um assunto delicado lá em casa!)

A função MÉDIA aceita até 255 argumentos. Cada um deles pode ser um número ou um intervalo que contenha números. A sintaxe é esta:

```
=MÉDIA(número 1; número 2; ...)
```

Você também pode empregar a MÉDIA com um intervalo, desta forma:

```
=MÉDIA(A1:A12)
```

E usá-la com mais de um intervalo, assim:

```
=MÉDIA(A1:A12; B1:B12)
```

CONT.NÚM

A função CONT.NÚM faz a contagem da quantidade de células em um intervalo que tenha números. Ela não fornece a soma, apenas a contagem. Com uma lista de dez números, por exemplo, a CONT.NÚM retorna 10, independente de quais sejam esses números.

A CONT.NÚM aceita até 255 argumentos, que podem ser referências de células e de intervalos ou os próprios números. A função CONT.NÚM ignora os valores que não sejam numéricos. Se um argumento para CONT.NÚM é A1:A10, mas somente duas células contêm um número, CONT.NÚM retorna 2. A sintaxe é esta:

```
=CONT.NÚM(referência de célula 1; referência de célula 2; ...)
```

Você também pode usar CONT.NÚM com um intervalo, assim:

```
=CONT.NÚM(A1:A12)
```

E usá-la com mais de um intervalo, deste jeito:

```
=CONT.NÚM(A1:A12; B1:B12)
```

INT e ARRED

As funções INT e ARRED funcionam retirando ou diminuindo a parte decimal de um número. A diferença está em *como* elas fazem isso.

INT

A função INT remove a parte decimal sem arredondar — ou seja, sem se preocupar se o número está perto do próximo inteiro maior ou menor. Esteja ciente de que a INT sempre arredonda para o próximo inteiro menor. Por exemplo, a INT transforma 12,05 em 12, mas também transforma 12,95 em 12. Além disso, a INT transforma tanto −5,1 quanto −5,9 em −6, e não em −5, porque −6 é o próximo inteiro menor. A INT aceita um único argumento: o número atual ou uma referência de célula. A sintaxe é esta:

```
=INT(número ou referência de célula)
```

ARRED

Por outro lado, a função ARRED possibilita que você controle a manipulação da parte decimal. A ARRED admite dois argumentos: o número a ser manipulado e a quantidade de casas decimais a ser arredondada. Dessa forma, você controla mais a função. Um número como 5,6284 pode ser transformado em 5,628, 5,63, 5,6 ou 6. A ARRED sempre arredonda para cima ou para baixo, para o número mais próximo do próximo dígito significante, portanto 5,628 se transforma em 5,63, e não em 5,62.

A função ARRED transforma 12,95 em 12,9 ou 13, dependendo da configuração do segundo argumento. Repare que as duas funções — ARREDONDAR.PARA.CIMA e ARREDONDAR.PARA.BAIXO — arredondam em somente uma direção. A sintaxe para ARRED é:

```
=ARRED(número; quantidade de casas decimais para arredondar)
```

A sintaxe para ARREDONDAR.PARA.CIMA e ARREDONDAR.PARA.BAIXO é a mesma da ARRED:

```
=ARREDONDAR.PARA.CIMA(número; quantidade de casas
   decimais para arredondar)
=ARREDONDAR.PARA.BAIXO(número; quantidade de casas
   decimais para arredondar)
```

SE

A SE é uma função muito prática. Ela testa uma condição e retorna um dos resultados, dependendo do resultado do teste. O teste deve retornar uma resposta verdadeira ou falsa. Por exemplo, `B25 > C30` é o teste. Se for verdadeiro, a SE retorna seu segundo argumento. Se falso, a SE retorna seu terceiro argumento.

Em geral, a função SE é usada como etapa de validação para prevenir erros indesejados. Seu uso mais comum é testar se um denominador é 0 antes de efetuar uma operação de divisão. Ao testar 0 primeiro, é possível evitar o erro `#DIV/0!`.

Uma das melhores coisas da função SE é que o resultado pode ser em branco. Ela é ótima quando você quer retornar um resultado se o teste resulta em uma coisa, mas não se o resultado for outra coisa. A sintaxe é esta:

```
=SE(teste lógico; valor se verdadeiro; valor se falso)
```

AGORA e HOJE

A função AGORA retorna a data e a hora atuais de acordo com o relógio interno do seu computador. A função HOJE retorna somente a data. Se a data ou a hora estiverem erradas, não há como culpá-la.

Um uso comum da AGORA é retornar a data e a hora em um relatório impresso. Portanto, a mensagem `Impresso em 20/12/2019 0:15` pode ser colocada no papel impresso.

Um uso comum para a HOJE é calcular o tempo decorrido entre uma data passada e uma atual. Por exemplo, você pode querer registrar a duração de um projeto. Uma célula na planilha tem a data de início. Outra célula tem uma fórmula que subtrai a data da função HOJE. A resposta é a quantidade de dias que se passaram.

As funções AGORA e HOJE não aceitam argumentos. A sintaxe é esta:

```
=AGORA()
=HOJE()
```

PROCH e PROCV

As funções PROCH e PROCV encontram um valor em uma tabela. Uma *tabela* é é uma área de linhas e colunas que você definiu. Ambas as funções trabalham usando um valor de busca para o primeiro argumento, que, quando encontrado na tabela, ajuda a retornar um valor diferente.

A PROCH em particular é usada para retornar um valor em uma linha que esteja na mesma coluna do valor de busca. A PROCV é utilizada para retornar um valor em uma coluna que esteja na mesma linha do valor de busca. Estas são as sintaxes para as funções:

```
=PROCH(valor de busca; área da tabela; linha; combinar o
  tipo)
=PROCV(valor de busca; área da tabela; coluna; combinar
  o tipo)
```

ÉNUM

Uma rosa com outro nome ainda assim teria o mesmo perfume, mas com os números não é bem assim. Por exemplo, 15 é um número, mas *quinze* é uma palavra. A função ÉNUM classifica como verdadeiro ou falso de forma direta, se um valor em uma célula for um número (incluindo o resultado das fórmulas). Esta é a sintaxe:

```
=ÉNUM(valor)
```

MÍNIMO e MÁXIMO

As funções MÍNIMO e MÁXIMO encontram os valores numéricos mínimos e máximos em um intervalo de valores. Essas funções aceitam até 255 argumentos, e um argumento pode ser um intervalo. Portanto, você pode testar uma lista grande de números simplesmente inserindo a lista como um intervalo. A sintaxe para essas funções é:

```
=MÁXIMO(número 1; número 2; ...)
=MÍNIMO(número 1; número 2; ...)
```

Você também pode usar a MÍNIMO e a MÁXIMO com um intervalo, desta forma:

```
=MÁXIMO(A1:A12)
```

ou com mais de um intervalo, como:

```
=MÁXIMO(A1:A12; B1:B12)
```

SOMASE e CONT.SE

As funções SOMASE e CONT.SE somam ou contam valores, respectivamente, se um critério for previamente estabelecido, coisa que deixa os cálculos robustos. Com essas funções, fica fácil retornar respostas para uma pergunta como "Quantos envios foram feitos em outubro?" ou "Quantas vezes a bolsa de valores fechou próxima a 18.000 no ano passado?".

A SOMASE aceita três argumentos:

- O intervalo cujos critérios são definidos.
- O critério atual.
- O intervalo da soma dos valores.

O importante aqui é que o primeiro argumento pode ou não estar no mesmo intervalo cujos valores são somados. Portanto, a função SOMASE pode ser usada para responder uma pergunta como "Quantos envios foram feitos em outubro?" e também "Qual é a soma dos números até 100 nesta lista?". A sintaxe de SOMASE é:

```
=SOMASE(intervalo; critério; soma_intervalo)
```

Observe também que o terceiro argumento na função SOMASE pode ser deixado de fora. Quando isso acontece, SOMASE utiliza o primeiro argumento como o intervalo em que os critérios são definidos e, também, como o intervalo cuja soma deve ser efetuada.

A CONT.SE conta a quantidade de itens em um intervalo que atendem a um critério. É apenas uma contagem. O valor dos itens que atendem aos critérios não importa, desde que atendam aos critérios. Mas, depois de o valor de uma célula atender aos critérios, a contagem da célula é 1. A CONT.SE aceita somente dois argumentos:

- O intervalo a partir do qual contar o número de valores.
- Os critérios a serem aplicados.

A sintaxe de CONT.SE é:

```
=CONT.SE(intervalo; critério)
```

NESTE CAPÍTULO

» Convertendo os números entre as bases decimais

» Convertendo os valores de uma unidade de medida em outra

» Encontrando o divisor e o múltiplo comuns

» Gerando números aleatórios com um twist

» Conversão em algarismos romanos

» Obtendo um fatorial rápido

» Identificando o percentual do ano

» Testando os tipos de dados

» Identificando o tamanho

» Conversão de letras maiúsculas e minúsculas

Capítulo 20

Dez Funções Muito Legais

É uma coisa boa atrás da outra! Quando você pensou que já tinha todas as funções do Excel na ponta da língua, eis que apareço para botar mais lenha na fogueira. Adicione essas funções ao seu cardápio do Excel e você será um mestre no Excel. Deixe seus colegas morrendo de inveja!

Trabalhe com Números Binários, Decimais, Octais e Hexadecimais

Em determinados tipo de trabalho é desejável, ou até mesmo necessário, trabalhar com outro sistema de base. Desenvolver sistemas de computadores é um bom exemplo. Os chips que estão em um computador funcionam com o sistema binário. Os circuitos estão ligados ou desligados. Isso significa que há somente dois estados possíveis — eles se apresentam em 0 e 1.

Na base 2, ou binária, todos os números são expressos com os dígitos 0 ou 1. O número 20 como conhecemos como decimal é 10100 em binário. O número 99 é 1100011. O sistema binário tem como base potências de 2.

Dito de outro modo, na base 10 você pode contar até dez dígitos em uma posição antes de mudar uma posição para a esquerda do próximo dígito significativo. E depois a primeira posição retorna ao dígito inicial. Para simplificar, conte de 0 a 9, adicione 1 ao próximo dígito significante e comece a primeira posição em 0. Assim, 10 vem depois de 9.

Binários, octais e hexadecimais contam até um dígito diferente antes de incrementar o próximo dígito significativo. É por isso que quando qualquer número de base maior, como um número na base 10, é convertido em um número binário, existem mais posições de dígitos. Veja o que acontece com o número 20. Na base 10, 20 é representado com dois dígitos. Em binário, é representado com cinco dígitos.

O octal, com base em potências de 8, conta até 8 dígitos — de 0 a 7. Os dígitos 8 e 9 nunca são usados. O hexadecimal, com base em potências de 16, conta até 16, mas como? O que vem depois do 9? As letras do alfabeto, não é?!

O hexadecimal usa estes dígitos: 0, 1, 2, 3, 4, 5, 6, 7, 8, 9, A, B, C, D, E e F. As letras de A a F representam os valores decimais de 10 a 15, respectivamente. Se você já trabalhou com cores em um site, deve saber que FFFFFF é branco. O servidor web reconhece as cores representadas em notação hexadecimal e responde de acordo com ela.

O número 200 em notação decimal se transforma em C8 em notação hexadecimal. O número 99 em notação decimal se transforma em 63 em notação hexadecimal.

O ponto a que quero chegar é que há um grupo de funções para fazer todas essas conversões. Essas funções levam em consideração todas as combinações de conversão entre binários, octais, decimais e hexadecimais. Elas estão na tabela a seguir.

Função	O que Ela Faz
BINADEC	Converte binário em decimal
BINAHEX	Converte binário em hexadecimal
BINAOCT	Converte binário em octal
DECABIN	Converte decimal em binário
DECAHEX	Converte decimal em hexadecimal
DECAOCT	Converte decimal para octal
HEXABIN	Converte hexadecimal em binário
HEXADEC	Converte hexadecimal em decimal
HEXAOCT	Converte hexadecimal para octal
OCTABIN	Converte octal em binário
OCTADEC	Converte octal em decimal
OCTAHEX	Converte octal em hexadecimal

Essas funções podem ser encontradas na seção Engenharia da caixa de diálogo Inserir Função. Clique no botão Inserir Função na guia Fórmulas na Faixa de Opções.

Converta Unidades de Medidas

A função CONVERTER é uma função excelente que o Excel disponibiliza. Não é de se surpreender que ela converta as coisas. Mais especificamente, ela converte medidas. A quantidade de medidas que ela converte é assombrosa. A função converte pés em polegadas, metros em pés, Fahrenheit em Celsius, pints em litros, cavalos de potência em watts e muito mais. Na verdade, mais de 12 categorias contêm diversas unidades de medida para converter alguma coisa em outra. As principais categorias são:

- » Peso e massa
- » Distância
- » Tempo
- » Pressão
- » Energia
- » Potência
- » Temperatura
- » Medidas de líquidos

A função aceita três argumentos: o valor, a unidade de medida "de" e a unidade de medida "para". Como exemplo, veja uma sintaxe da função para converter 10 galões em litros: `=CONVERTER(10;"gal";"l")`. A propósito, a resposta é `37,85`.

Consulte a Ajuda do Excel para uma lista completa das conversões disponíveis.

Encontre o Máximo Divisor Comum e o Mínimo Múltiplo Comum

Um *máximo divisor comum* é o maior inteiro que divide uniformemente cada número em um conjunto de números. Em outras palavras, é dividido sem restar nada. Observe os números 5, 10 e 100. O máximo divisor comum é 5 porque cada um dos números dividido por 5 retorna outro inteiro (sem a parte decimal).

A função MDC aceita até 255 valores como argumentos. Os valores que não são inteiros são truncados. Por natureza, qualquer máximo divisor comum retornado deve ser igual ou menor do que o menor valor do argumento. Algumas vezes, não há máximo divisor comum além de 1 — que todos os inteiros compartilham. A sintaxe da função MDC é:

```
MDC(número 1; número 2; ...)
```

O mínimo múltiplo comum é o inteiro que é o menor múltiplo comum em um grupo de inteiros. Por exemplo, o mínimo múltiplo comum de 2, 4 e 6 é 12. O mínimo múltiplo comum de 9, 15 e 48 é 720.

A função MMC aceita até 255 valores como argumentos. Os valores que não são inteiros são truncados. A sintaxe da função MMC é:

```
MMC(número 1; número 2; ...)
```

Gere um Número Aleatório com Facilidade

A função ALEATÓRIO do Excel retorna um número entre 0 e 1. E é isso. Normalmente, você deve transformar o número retornado em algo útil. O mais comum é multiplicá-lo por algum número para inseri-lo em um intervalo de valores, adicionar o limite inferior e, por fim, usar a função INT para transformá-lo em um inteiro. Acabaram-se os dias de pegar no pesado.

A função ALEATÓRIOENTRE retorna um inteiro aleatório entre dois valores. Dois argumentos são usados: o limite inferior do intervalo e o limite superior do intervalo. Era o que precisávamos! Por exemplo, `=ALEATÓRIOENTRE(5; 10)` retorna um número inteiro entre 5 e 10. Sempre.

Conversão de Numerais Romanos

C, V, L, I; sempre me confundo. C é para 100 ou 1.000? O L é qual número? Ufa — não preciso mais memorizá-los.

A função ROMANO se encarrega dessa parte. Insira um número no formato normal, com o qual você já está acostumado, e seu numeral romano equivalente aparecerá. Moleza! Veja a sintaxe:

```
=ROMANO(número para converter; estilo opcional)
```

Fatorial

Se você gosta de multiplicação, vai gostar da função FATORIAL. Um *fatorial* é, de fato, o produto da multiplicação sequencial de inteiros. Em notação matemática, 6! (observe o ponto de exclamação) é 1 × 2 × 3 × 4 × 5 × 6, que é igual a 720. Tente em sua calculadora ou use uma planilha do Excel.

A função FATORIAL faz com que a entrada da função não seja um tédio, então acho que você vai gostar. A FATORIAL pega um número — a quantidade de inteiros a ser usada para o produto final.

Determine Partes do Ano com a FRAÇÃOANO

Se você precisa saber qual a porcentagem de um ano de um intervalo de datas, o Excel tem a função perfeita para você! A FRAÇÃOANO retorna a porcentagem de um ano. Você insere na função uma data de início e de fim, e uma opção para fazer a contagem das datas (igual a um ano de 360 dias, de 365, e assim por diante). O número retornado é a porcentagem — um número menor do que 1, presumindo que o intervalo de datas seja menor do que o ano inteiro. Um intervalo exato de um ano retorna 1, e um intervalo maior do que um ano retorna um número maior do que 1.

Encontre o TIPO dos Dados

Um conteúdo em uma célula pode ser um texto, um número, um valor lógico, um erro ou uma matriz. A função TIPO informa qual é o tipo do conteúdo. Ao observar uma célula, fica óbvio qual é o tipo dela. Entretanto, se suas fórmulas estão usando referências de células, talvez você queira usar a função TIPO na fórmula antes de executar uma operação matemática. Assim, é certo que o resultado retornado será válido e não um erro. Por exemplo, A4 tem 25 e A5 tem "Maçã". Um erro é retornado ao tentar somar esses itens. Em vez disso, insira a função TIPO na fórmula para determinar se o cálculo pode ser feito. A fórmula é esta:

```
=SE(TIPO(A4)=1&TYPE(A5)=1;A4+A5;"Impossível de calcular")
```

Neste caso, o resultado é `Impossível de calcular`, porque não é possível somar um número com texto.

A função TIPO retorna cinco valores possíveis:

- » 1=número
- » 2=texto
- » 4=um valor lógico (E, Ou e assim sucessivamente)
- » 16=um erro
- » 64=uma matriz

Encontre o Comprimento do Seu Texto

Identificar o tamanho ou o comprimento de uma string pode ser muito útil nos casos em que você tem muitas partes semelhantes de texto. Por exemplo, se você tiver uma extensa lista de códigos de peças de fábrica, poderá testar se algum deles é inválido, testando o comprimento. Digamos que o formato válido para um código de fábrica seja de cinco caracteres. Executar a função NÚM.CARACT em uma coluna próxima aos códigos de fábrica pode revelar aqueles com comprimento diferente de cinco caracteres e, portanto, inválidos.

A função NÚM.CARACT é simples; admite somente argumento — a célula ou texto a ser referenciado. Por exemplo, veja a célula de referência da função NÚM.CARACT na célula F15:

```
=NÚM.CARACT(F15)
```

Caso Seja Necessário...

Existem funções bem práticas que facilitam a formatação do texto. Essas funções diferenciam uma string de texto e retornam a string com letras minúsculas, com letras maiúsculas ou com as primeiras letras em maiúsculo. Isso ajuda na hora de formatar títulos e cabeçalhos.

Supondo que esta string de texto esteja na célula A5 — "Olá, como vai você?":

```
MINÚSCULA(A5) retorna olá, como vai você?
MAIÚSCULA(A5) retorna OLÁ, COMO VAI VOCÊ?
PRI.MAIÚSCULA(A5) retorna Olá, Como Vai Você?
```

Índice

E

F

H

I

J

L

M

ROTAPLAN
GRÁFICA E EDITORA LTDA

Rua Álvaro Seixas, 165
Engenho Novo - Rio de Janeiro
Tels.: (21) 2201-2089 / 8898
E-mail: rotaplanrio@gmail.com